Österreichisches Studienzentrum
für Frieden und Konfliktlösung (Hg.)

Projektleitung: Thomas Roithner

Globale Armutsbekämpfung –
ein Trojanisches Pferd?

DIALOG

Beiträge zur Friedensforschung

Band 56

LIT

Österreichisches Studienzentrum
für Frieden und Konfliktlösung (Hg.)
Projektleitung: Thomas Roithner

Globale Armutsbekämpfung – ein Trojanisches Pferd?

Auswege aus der Armutsspirale
oder westliche Kriegsstrategien?

LIT

Umschlagbild: Matthäus Zinner, Wien

Lektorat/Register/Satz: draft fachlektorat frieden, Wilhelm Nolte, Hamburg

Bibliografische Information der Deutschen Nationalbibliothek
Die Deutsche Nationalbibliothek verzeichnet diese Publikation in der
Deutschen Nationalbibliografie; detaillierte bibliografische Daten sind
im Internet über http://dnb.d-nb.de abrufbar.

ISBN 978-3-7000-0899-6 (Österreich)
ISBN 978-3-8258-1762-6 (Deutschland)

© LIT VERLAG GmbH & Co. KG Wien 2009
Krotenthallergasse 10/8
A-1080 Wien
Tel. +43 (0) 1 / 409 56 61
Fax +43 (0) 1 / 409 56 97
e-Mail: wien@lit-verlag.at
http://www.lit-verlag.at

LIT VERLAG   Dr. W. Hopf
Berlin 2009
Verlagskontakt:
Fresnostr. 2
D-48159 Münster
Tel. +49 (0) 2 51/620 32 - 22
Fax +49 (0) 2 51/922 60 99
e-Mail: lit@lit-verlag.de
http://www.lit-verlag.de

Auslieferung:
Deutschland/Schweiz: LIT Verlag Fresnostr. 2, D-48159 Münster
Tel. +49 (0) 2 51/620 32 - 22, Fax +49 (0) 2 51/922 60 99, e-Mail: vertrieb@lit-verlag.de

Österreich: Medienlogistik Pichler-ÖBZ GmbH & Co KG
IZ-NÖ, Süd, Straße 1, Objekt 34, A-2355 Wiener Neudorf
Tel. +43 (0) 2236/63 535-290, +43 (0) 2236/63 535 - 243, mlo@medien-logistik.at

Inhalt

Anhang

GLOBALE ARMUTSBEKÄMPFUNG – EIN TROJANISCHES PFERD? VORWORT

THOMAS ROITHNER

> „Armut ist die schrecklichste Form der Gewalt."
> Mohandas K. Gandhi

Zum Thema

Die Vereinten Nationen und ihre 192 Mitgliedstaaten haben sich in ihren Millenniumszielen darauf geeinigt, den Anteil der hungernden Menschen und jener, die von weniger als einem US-Dollar täglich leben müssen, bis ins Jahr 2015 auf die Hälfte zu reduzieren.[1] Über 50 % der Menschheit leben heute von weniger als zwei US-Dollar pro Tag. Die Zwischenbilanzen zeigen, dass dies in weiten Teilen der Welt nicht erfüllt werden kann. Auch die ökonomischen Grenzen, unter denen ein Mensch als „absolut arm" gilt, sind in Diskussion geraten. Der US-Ökonom Jeffrey Sachs hat errechnet, dass der Welthunger mit dem dreifachen Jahresbonus der Wall-Street-Banker auf zehn Jahre nachhaltig beseitigt werden könnte.[2]

Schnee von gestern sind die Zeiten, in denen U2-Frontman Bono, Bob Geldof oder ein breites Netzwerk von Nichtregierungsorganisationen die Rolle als Ankläger von Politik und Wirtschaft in der Öffentlichkeit als Alleinanspruch innehatten. „Der Krieg gegen den Terror ist mit dem Krieg gegen die Armut verbunden"[3], tönte auch General Colin Powell, ehemaliger US-Außenminister und seinerzeite „Taube" in der Administration

---

[1] Vgl. United Nations Development Programme (UNDP), Deutsche Gesellschaft für die Vereinten Nationen (Hrsg.) (2003), Bericht über die menschliche Entwicklung 2003, Die Millenniums-Entwicklungsziele: Ein Pakt zwischen Nationen zur Beseitigung menschlicher Armut, Deutsche Ausgabe, Berlin oder http://www.un.org/millenniumgoals/.

[2] Karin Bauer (2007), CSR-Profis, in: Der Standard, Karrieren, 29./30.9.2007, Seite K1.

[3] Zitiert nach Bono (2006), Vorwort, Seite 11, in: D. Jeffrey Sachs (Hrsg.), Das Ende der Armut. Ein ökonomisches Programm für eine gerechtere Welt, München.

Thomas Roithner

von George W. Bush. Zweifellos führt Krieg für viele Menschen zu Armut. Wann, wo und warum führt Armut zu Krieg? Die unterschiedlichen Formen und Ausprägungen des „Krieges" stellen sowohl Militärs wie auch die Friedens-, Konflikt- und Entwicklungsforschung vor enorme Herausforderungen.

Im Engagement gegen Armut setzt die westliche Staatengemeinschaft auf „die Integration aller Länder in die Weltwirtschaft".[4] Sowohl EU als auch USA erkennen in den Finanzinstitutionen nicht zu hinterfragende Schlüsselinstitutionen der globalen Entwicklung. Der einflussreiche US-Stratege Thomas Barnett hat dargelegt: „Verliert ein Land gegen die Globalisierung oder weist es viele Globalisierungsschritte zurück, besteht eine ungleich größere Chance, dass die Vereinigten Staaten irgendwann Truppen dorthin entsenden werden."[5] Jean Ziegler, bis 1.5.2008 UN-Sonderberichterstatter für das Recht auf Nahrung, ortet im gegenwärtigen neoliberalen Weltwirtschaftssystem das Epizentrum dieses Problems: „Im Imperium der Schande, das vom organisierten Mangel regiert wird, ist der Krieg nicht mehr eine zeitweilige Erscheinung, sondern permanent."[6]

Die EU-Sicherheitsstrategie formuliert als Einbahnstraße, dass Sicherheit eine Vorbedingung für Entwicklung ist.[7] Die politische Wegstrecke von EU-Soldaten im Kongo, Sudan, Tschad oder am Horn von Afrika im Sinne der „humanitären Hilfe", der „Stabilisierung" oder des US-amerikanisch geprägten Krieges gegen Terrorismus zur militärischen Wahrnehmung von Rohstoffinteressen oder von neokolonialen Begehrlichkeiten ist mittlerweile sehr kurz geworden. Afrika wird zum Testgelände für EU-„battle groups" und militärisch geprägten Auslandseinsätzen.[8] Der Weg

---

4   Europäische Union (2008), Konsolidierte Fassungen des Vertrags über die Europäische Union und des Vertrags über die Arbeitsweise der Europäischen Union, 2008/C 115/01, ISSN 1725-2407, 9. Mai 2008, Artikel 21, 2 e, Quelle: http://eur-lex.europa.eu/JOHtml .do?uri=OJ:C:2008:115:SOM:DE:HTML, Zugriff am 5.9.2008.

5   Thomas Barnett (2003), Die neue Landkarte des Pentagon, in: http://www.thomaspm barnett.com/published/PNMGerman.htm, (deutschsprachiger Erstabdruck in: Blätter für deutsche und internationale Politik, Berlin, Mai 2003), Zugriff am 5.9.2008.

6   Jean Ziegler (2008), Alle fünf Sekunden stirbt ein Kind, Die Subventionen der EU fabrizieren den Hunger in Afrika, der Zynismus der Kommissare in Brüssel ist bodenlos. Eine solche Weltordnung muss radikal bekämpft werden, in: http://www.tagesspiegel.de /meinung/kommentare/Nahrungsmittelpreise-Afrika;art141,2520873, Printfassung vom 27.4.2008, Zugriff am 5.9.2008.

7   Europäische Union (2003), Ein sicheres Europa in einer besseren Welt. Europäische Sicherheitsstrategie, Brüssel, 12.12.2003, Abschnitt „Globale Herausforderungen".

8   Thomas Roithner (2008), Welches Militär für welchen Frieden? Die militärischen Aspekte der EU-Außenpolitik, S. 210-245, in: Österreichisches Studienzentrum für Frieden und Konfliktlösung (Hrsg.), Projektleitung und Redaktion: Gerald Mader / Thomas Roithner, Europäische Friedenspolitik? Inhalt, Differenzen und Chancen, Münster/Wien.

zur Halbierung der Armut gemäß den UN-Zielen scheint den „Umweg" der Schaffung von Sicherheitsapparaten und Staatlichkeit zu nehmen, manchmal auch aus den Mitteln des Entwicklungsfonds. Die Grenzen zwischen „Nation Building" und Imperialstrategien können leicht durchlässig werden. Eine „Versicherheitlichung" der Entwicklungspolitik unter dem Leitbild westlicher Demokratie scheint ein zentrales Modell im Umgang mit gescheiterten oder zum Scheitern gebrachten Staaten zu sein. Dies mag so manchen Georg Büchners politische Flugschrift umdeuten lassen: „Krieg den Hütten, Friede den Palästen"[9].

Die EU zählt in der Entwicklungszusammenarbeit als größter „global player", und die Bemühungen werden von einem sehr niedrigen Niveau – weit unter den vereinbarten 0,7 % des BSP – intensiviert, ohne jedoch die Wirtschaftsbeziehungen im Grundsätzlichen in Frage zu stellen. Im Zuge der Herausbildung eines „global player" EU werden nicht nur Auslandseinsätze zur Interessendurchsetzung, sondern auch die Rüstungsagentur Teil der Union, die für die Weiterführung des Trends sorgt, dass die EU-Staaten seit 2005 mehr konventionelle Waffen verkauft haben als Russland oder die USA.[10]

Zahlreiche alternative internationale, staatliche und nichtstaatliche Ansätze zur Armutsreduktion liegen vor. Sie schließen Aspekte wie Geschlechtergerechtigkeit, Ökologie, Menschenrechte, Verteilungsgerechtigkeit, Migration oder neue Formen politischer Beteiligung und Streitbeilegung sowie deren Erprobung in die Debatte ein. Wie und wo mit dem gegenwärtigen neoliberalen Wirtschaftssystem zu brechen ist, ist Gegenstand dieser Diskussion – Zur Politik der Armutsbekämpfung gibt es allerdings keine Alternative.

Lebensmittelpreise und Hungerrevolten

In den letzten Wochen und Monaten waren die globalen Folgen der gestiegenen Lebensmittelpreise im Zentrum der öffentlichen Berichterstattung. Die Food and Agriculture Organisation (FAO) der UNO warnt seit zwei Jahren vor den bereits seinerzeit prognostizierbaren Preissteigerungen. Ab-

---

9   Christoph Marischka / Jürgen Wagner (2006), Europas Platz an Afrikas Sonne, S. 225-247, hier: S. 235, in: Tobias Pflüger / Jürgen Wagner (Hrsg.), Welt-Macht EUropa. Auf dem Weg in weltweite Kriege, Hamburg.

10 Zu den Quellen vgl. Daten in den Beiträgen von Carola Bielfeldt (Seite 180) und Thomas Roithner (Seite 236) in diesem Band.

11

dolreza Abbassian von der FAO legt dar, dass afrikanische Länder heuer viermal so viel für Importe bezahlen wie im Vergleichsjahr 2000.[11] Jüngst konnten wir angesichts der gestiegenen Lebensmittelpreise Hungerrevolten in Mittel- und Südamerika oder Schlägereien in Ägypten vor Bäckereien mit subventioniertem Brot über die Medien mitverfolgen.[12] In Haiti, Kamerun, Burkina Faso[13] und Ägypten gab es Unruhen mit Todesopfern, und in mehr als einem Dutzend Ländern Ausschreitungen und Proteste wegen der gestiegenen Lebensmittelpreise, so die Weltbank.[14] Die Ursachen sind – auch wenn die Debatte nunmehr rasch aus der Presse wieder verschwunden ist – vielfältig: u.a. Missernten durch den Klimawandel, Biotreibstoffe, Bevölkerungsentwicklungen, höhere Ölpreise, veränderte und gestiegene Konsumbedürfnisse in einigen asiatischen Staaten, Exportsubventionen aus USA und EU, Spekulationen, eine wenig an die Folgen denkende Liberalisierung, Rohstoffspekulationen oder die aggressive Einkaufspolitik der Industrieländer von Produkten aus dem globalen Süden.[15] Weitestgehend außer Streit steht, dass es kein allgemeines Knappheitsproblem gibt, sondern ein globales Verteilungsproblem vorliegt. Jean Ziegler bezeichnet dies als „lautlosen Massenmord".[16] Die FAO rechnet damit, dass die Preise für Nahrungsmittel auf einem hohen Niveau bleiben werden.[17] Der ehemalige EU-Agrarkommissar und derzeitige Präsident des Ökosozialen Forums Franz Fischler verlangt von Österreich, die vor der UNO getätigten Zusagen einzuhalten, „anstatt sich weiter in kreativer Buchführung zu üben."[18] Mit „kreativer Buchführung" meint Fischler, dass Österreich den Militäreinsatz im Tschad zu wesentlichen Teilen aus

---

[11] Abbassina Abdolreza (2008), „Wir warnen die Welt seit zwei Jahren", Interview mit Andreas Schnauder, in: Der Standard, 12./13.4.2008, S. 18.

[12] Karim El-Gawhary, ORF-Korrespondent in Kairo, im Journal Panorama, 14.5.2008, 18.25 Uhr oder Georg Friesenbichler (2008), Hungergespenst trotz Rekordernten. Die hohen Lebensmittelpreise nagen an der Existenz von nahezu der Hälfte der Weltbevölkerung, in: Wiener Zeitung, 22.4.2008, S. 3.

[13] Marc Engelhardt (2008), „Der Hunger bekommt ein neues Gesicht", in: Der Standard, 12./13.4.2008, S. 19.

[14] Wiener Zeitung (2008), „Mörderische Handelspolitik", 15.4.2008, S. 7.

[15] Vgl. Petra Schulz (2008), Hunger und Wut. Warum die Welternährungskrise kein Zufall ist, TV-Dokumentation, 3sat, 22.9.2008, 20.15 Uhr, Vgl. dazu: http://www.3sat.de/3sat .php?; http://www.3sat.de/specials/126282/index.html, Zugriff am 23.9.2008.

[16] Jean Ziegler (2008): „Ich will nie mehr auf der Seite der Henker stehen", Interview mit Conny Bischofberger, in: Kurier, 20.4.2008, S. 4 f.

[17] Jacques Diouf (FAO-Generaldirektor) (2008), „Preise werden hoch bleiben", Diouf im Interview mit Johannes Ruzicka, in: Der Standard, 22.7.2008, S. 20.

[18] Franz Fischler (2008), Auswege aus der Hungerkrise, in: Der Standard, 19./20.4.2008, S. 21.

den Mitteln der Entwicklungszusammenarbeit bezahlt. Franz Küberl, Präsident der Caritas Österreich und Autor in diesem Band, stellte angesichts einer Debatte über die Entwicklungszusammenarbeit fest: „Die Globalisierung hat einen unumkehrbaren Punkt: Die Armen wissen, wo die Reichen wohnen. Dagegen stehen die Abschottungsversuche der wohlhabenden Länder – auch Österreichs – und deren Sehnsucht nach einem ungestörten Fruchtgenuss des Reichtums."[19]

Dominique Strauss-Kahn, Chef des Internationalen Währungsfonds (International Monetary Fund, IMF) und Weltbank-Chef Robert Zoellick fordern die Welt zum Handeln auf.[20] Der Chef der Welthandelsorganisation (World Trade Organisation, WTO) Pascal Lamy schlussfolgert aus der Lebensmittelkrise, wie dringend das Ende der Doha-Gespräche über die Liberalisierung des Welthandels sei.[21] Das globalisierungskritische Netzwerk ATTAC fordert hingegen einen Paradigmenwechsel, denn „ein Weltmarkt von Lebensmitteln, auf dem nur die Lidls und Nestlés dieser Welt bestehen können, wird niemals die Hungerkrise lösen können." Die systematische Vernichtung kleinbäuerlicher Existenzen durch die Strukturanpassungspolitik des IWF, die Öffnung der Märkte für Billigimporte und die Ausrichtung der Landwirtschaft auf Export lässt ATTAC zum Schluss kommen: „Es ist an Zynismus kaum zu überbieten, wie sich hier zwei Sensenmänner [IWF und Weltbank, d. Verf.] über das gefallene Gras wundern und die gestiegenen Lebensmittelpreise bedauern."[22] Die Berliner Ökonomin Birgit Mahnkopf spricht von der „Mär der zivilisierenden Macht der Märkte"[23] und kritisiert, dass der Mainstream der Ökonomie an der Wachstumsfixierung festhält.

Der österreichische Wirtschaftsforscher Stephan Schulmeister (WIFO) sieht in den „Spekulationen auf den Derivatmärkten die Hauptursache der Verteuerung von Nahrungsmittel". Seit 2005 haben sich die Umsätze mit

---

19 Christoph Prantner (2008), „Die Armen wissen, wo die Reichen wohnen". Wie entwickelt sich die Entwicklungshilfe?, in: Der Standard, 19.9.2008, S. 8.

20 Der Standard (2008), Weltbank fordert Millionenhilfe für arme Länder, 12./13.4.2008, S. 18.

21 Wiener Zeitung (2008), Task Force gegen Hungerkrise, 30.4.2008, S. 8.

22 ATTAC Deutschland Agrarnetz (2008), Lebensmittelkrise: IWF und Weltbank an Zynismus kaum zu überbieten. ATTAC fordert Abkehr von neoliberaler Handels- und Agrarpolitik, in: Sand im Getriebe, Ausgabe 66, 6.6.2008, S. 14. Die TV-Dokumentation „Hunger und Wut" (Vgl. Fußnote 15) geht davon aus: „Der Welthunger ist längst kein temporäres Problem mehr, sondern eine strukturelle Welternährungskrise. Sie ist das Ergebnis einer jahrelangen Entwicklung, die nur am Wohlergehen der Industrieländer orientiert war."

23 Birgit Mahnkopf (2006), Globalisierung, Armut und Gewalt, in: Blätter für deutsche und internationale Politik, Heft 7/2006, S. 820.

Rohstoffderivaten verdreifacht und der Handel mit Öl-Futures ist inzwischen sechsmal so hoch wie die globale Produktion von Erdöl. Schulmeister stellt den Glauben an das „Laisser-faire" massiv in Frage, denn freie Märkte ohne den Eingriff der Politik bilden „systematisch falsche Preise" und führen zu „manisch-depressiven Schwankungen" von Rohstoffpreisen, Wechsel- und Aktienkursen.[24]

Entwicklungspolitische wissenschaftliche Debatte in den USA

William Easterly, Professor für Ökonomie und Afrikastudien der New York University, plädiert in seinem vieldiskutierten und umstrittenen Buch „Wir retten die Welt zu Tode",[25] Entwicklungsgelder „konsequenter wie unternehmerische Investitionen" zu behandeln, und er warnt vor der Setzung utopischer Ziele, weil diese schwer realisierbar seien. Im Jahr 2005 haben die acht größten Industrieländer zugesichert, die Entwicklungshilfebudgets bis 2010 zu verdoppeln. Bereits im Jahr darauf sanken die Ausgaben dieser Industriestaaten,[26] wenngleich vielfach die Erhöhung der Mittel für Entwicklungszusammenarbeit und die darauf folgenden Wachstumsimpulse („Big Push") angezweifelt werden. Die Zweifel bestehen, weil der „Big Push" nicht mit einer strukturellen Änderung der globalen Handels- und Wirtschaftsbeziehungen einhergehen muss. William Easterly spricht angesichts der Versprechen der Industriestaaten von der „Legende vom Big Push".[27] „Sich Ziele zu setzen, mag motivierend wirken, doch für die Umsetzung ist diese Methode kontraproduktiv. Die freie Markwirtschaft funktioniert ohne konkrete Vorgaben. Sie benötigt lediglich allgemeine Ziele".[28]

Easterly differenziert bei seiner Kritik an staatlicher Entwicklungshilfe durchaus zwischen Staat und Zivilgesellschaft: „Die Mitarbeiter der Hilfsorganisationen oder Nichtregierungsorganisationen (NGOs) auf Arbeitsebene sind eher Sucher als Planer. Bedauerlicherweise oktroyieren die politischen Sachzwänge der reichen Länder diesen Mitarbeitern große Pläne

---

[24] Stephan Schulmeister (2008), Die Preistreiber und ihr Legitimationsproblem, in: Der Standard, 24.6.2008, S. 35.

[25] William Easterly (2006), Wir retten die Welt zu Tode. Für ein professionelleres Management im Kampf gegen die Armut, Frankfurt/Main.

[26] Adelheid Wölfl (2007), Geld statt Fairness, in: Der Standard, 4.7.2007, S. 4.

[27] Easterly 2006, a.a.O., Kapitel 2.

[28] Ders. ebd., S. 20 f.

auf, die Geld, Zeit und Energie von durchführbaren Maßnahmen abziehen."[29]

Schwerwiegende Kritik übt Easterly an der Kreditvergabe und den damit verbundenen Auflagen der internationalen Finanzinstitutionen. „Es ist schwer, an einen spürbaren positiven Effekt der Kredite zu glauben. Jahr um Jahr wurden weitere Strukturanpassungshilfen gewährt, sodass sich die Frage stellt, warum der Patient nicht genas, obwohl der doch immer neue Dosen seiner Medizin erhielt."[30] „Es wurde also in drei Regionen hoffnungsvoll auf Strukturanpassung und Schocktherapie gesetzt: in Afrika, in den vormals kommunistischen Staaten und in Lateinamerika. Und in allen drei Regionen zerplatzten diese Hoffnungen. Der Westen reagierte darauf mit immer neuen Dosen seiner wirkungslosen Medizin. IWF und Weltbank vergaben noch über zwanzig Jahre lang Strukturanpassungsdarlehen, und diese vergeben solche Kredite bis heute. Lediglich der Name wurde geändert, sie heißen nun ‚Kredite zur Armutsminderung'",[31] um gleich festzustellen, dass der freie Markt von universalem Nutzen ist und differenziert zwischen Finanzinstitutionen und freiem Markt.

Paul Collier, ehemaliger Leiter der Forschungsabteilung der Weltbank, heute tätig an der Universität Oxford, legt in seinem Buch „Die unterste Milliarde"[32] dar: „Abgesehen von ein paar wichtigen Ausnahmen kann Entwicklungshilfe, zumindest in der bisher praktizierten Form, diese Länder nicht wirklich voranbringen."[33] Die Problematik liegt nach Collier darin, dass die Gruppe am untersten Rand immer weiter zurückfällt. „Je weiter sich diese eine Milliarde von einer zunehmend komplexeren Weltwirtschaft abkoppelt, desto schwieriger wird es, sie noch zu integrieren."[34] Collier meint, Jeffrey Sachs übertreibe in seinem Buch „Das Ende der Armut" den Nutzen und William Easterly die Nachteile der Entwicklungshilfe.[35]

Bei der Lösung der Probleme setzt Collier auf die öffentliche Meinung. Diese ist bei der Änderung und der Reform der Entwicklungshilfe von zentraler Bedeutung.[36] Eine ähnliche große Bedeutung sieht er in der Öffentlichkeit bei der Mobilisierung von Veränderungen bei militärischen

---

[29] Ders. ebd., S. S. 28.

[30] Ders. ebd., S. 75.

[31] Ders. ebd., S. 77.

[32] Paul Collier (2008), Die unterste Milliarde. Warum die ärmsten Länder scheitern und was man dagegen tun kann? München.

[33] Ders. ebd., S. 11.

[34] Ders. ebd., S. 17 f.

[35] Ders. ebd., S. 235 f.

[36] Ders. ebd., S. 227.

15

Interventionen. Die NGOs sind der zentrale Motor bei der Änderung der Gesetze und der Verbreitung internationaler Chartas. Collier sieht eine mangelnde Konzentration auf die unterste Milliarde. Die UN-Millenniumsziele betreffen viele Menschen, und die Effizienz im obigen Sinne geht leicht „im allgemeinen Gerede"[37] unter. Der politischen Linken rät Collier, „das Wachstum zu lieben", und der Rechten, dass Entwicklungshilfe nicht Teil des Problems sei und lediglich „eine Sozialhilfe an Schmarotzer und Gauner" sei.

Schlaininger Sommerakademie 2008

Es wird deutlich, dass der Streit um die ökonomischen Aspekte – ob man sich nun „utopische" oder „unternehmerische" Ziele setzt – wichtige Teile der Debatte bestimmt. Und daher auch bei der Sommerakademie und dem hier vorliegenden Band. Dieser geht auf die gleichnamige 25. Internationale Sommerakademie zurück, die vom 6. bis 11. Juli 2008 am Friedensforschungszentrum Burg Schlaining stattfand.

Unsere Analysen möchten wir aber nicht anstellen, ohne konkrete Fallbeispiele unter die Lupe zu nehmen. Failed States in Afrika, Gewaltkonflikte am Horn von Afrika, dem Kongo oder der Zusammenhang von Armut und Krieg im Nahen und Mittleren Osten haben wir als Beispielregionen ausgewählt. Alternative Ansätze aus der Staatenwelt und der Zivilgesellschaft werden u.a. unter dem Gesichtspunkt der „global governance" diskutiert.

Ein besonderer Abend im Rahmen der Sommerakademie war ein Gespräch mit dem bekannten Kabarettisten und Schauspieler Josef Hader unter der Gesprächsleitung des „Furche"-Journalisten Wolfgang Machreich. Josef Hader betonte im Zusammenhang mit der globalen Armutsbekämpfung die Bedeutung der Landwirtschaft. Die hohen Exportsubventionen der reichen Länder des Nordens führen dazu, dass „die Bauern vor Ort nicht konkurrenzfähig sind und ihre Selbständigkeit verlieren",[38] so Josef Hader. Er fügte hinzu, dass „strukturell und ständig eine Art Entwicklungshilfe geleistet wird, die in Wirklichkeit nur den Interessen der Geber dienen". Hader betonte an Hand mehrerer Beispiele die wirtschaftliche Ab-

---

[37] Ders. ebd., S. 234.

[38] Josef Hader im Gespräch mit Wolfgang Machreich: Globale Armutsbekämpfung – ein Trojanisches Pferd? Ein Gespräch über Alternativen und Ansätze aktiver Friedenspolitik, unveröffentlichte Tonaufzeichnung, Dienstag, 8. Juli 2008 im Rahmen der Schlaininger Sommerakademie 2008. Für die große Unterstützung beim Zustandekommen dieses Gesprächs sei Alois Reisenbichler herzlich gedankt.

hängigkeit der Länder des Südens vom Norden. Im Vergleich zu den vor Jahren informell und auf idealistischer Basis verkauften fair gehandelten Produkten (z.b. Kaffee, Tee, Schokolade) ist es aber heute ein großer Fortschritt, dass diese Produkte in großen Supermarktketten angeboten werden und nicht abgesondert in spezifischen Geschäften gekauft werden müssen.

Rund 450 Menschen – viele davon mit einem enormen Vorwissen – fanden im Zuge dieser Arbeitswoche ihren Weg in die südburgenländische Ritterburg, darunter erfreulicherweise auch zahlreiche Medienvertreter-Innen, die in Fernsehen, Radio, Zeitungen, Zeitschriften und online über die Ergebnisse und Diskussionen der Sommerakademie eine breitere Öffentlichkeit informiert haben. Besonders viele junge Menschen und Studierende (Kultur- und Sozialanthropologie, Internationale Entwicklung, Politikwissenschaft, Soziologie, Kommunikationswissenschaft u.a.) beteiligten sich an der Akademie. Wichtige Institutionen aus dem bunten Spektrum der Zivilgesellschaft haben – beinahe traditionell – die Sommerakademie zu einem Zusammentreffen genützt. Das enorme Interesse von Teilnehmer-Innen und Medien hat uns bestärkt, die Akademie durch Beiträge der Vortragenden in Form dieses Buches vorzulegen.

Wien – Stadtschlaining, 25. September 2008

Thomas Roithner

Inhaltlicher und organisatorischer Koordinator der Internationalen Sommerakademie

ZUR ERÖFFNUNG
DER 25. INTERNATIONALEN SOMMERAKADEMIE 2008

GERALD MADER

Die Armut hat viele Gesichter und Ursachen. Eine Ursache möchte ich besonders ansprechen, auch wenn ich mir bewusst bin, dass man das Armutsproblem nicht mit der Beseitigung einer Ursache lösen kann, denn es gibt selbstverständlich eine Wechselwirkung vieler Ursachen.

Zur Ausgangslage

Wir leben in einer Welt, in der es seit der industriellen Revolution einen wachsenden Wohlstand gibt, aber gleichzeitig sind wir schon seit längerer Zeit mit einer erschreckend hohen Zahl (fast eine Milliarde) von absolut Armen konfrontiert, die mit einem Dollar pro Tag auskommen müssen. In China ist die Zahl der Armen rückläufig. In anderen Weltregionen – wie Afrika – verdoppelt sich ihre Zahl, und in Lateinamerika haben wir die größte Ungleichheit in den Lebensbeziehungen zwischen Reichen und Armen. In den europäischen Ländern gibt es eine relative Armut, die im Zunehmen ist. Das hängt u.a. damit zusammen, dass neuerdings die alten Industrieländer einem Verdrängungswettbewerb der neuen Industrieländer (China und Indien) ausgesetzt sind.

Zu den Ursachen

Wenn wir nach den Ursachen der Armut fragen, sollten wir sie nicht bei den Einzelnen, den Armen suchen, vielmehr ist die Armut vor allem ein Armutszeugnis für die Anderen, für die Gesellschaft und vor allem für die Politik – der USA, aber auch der EU. Wenn Jürgen Habermas über „Ach, Europa" seufzt, sollten wir lieber über „Ach, Politik" seufzen. Gemeinsam haben die USA und die EU-Länder den unterentwickelten Ländern Freihandelsabkommen aufgezwungen, wodurch deren Landwirtschaft ruiniert und ihre industrielle Entwicklung verhindert wird. Mit anderen Worten:

19

Die Bekämpfung der Armut ist weniger ein individuelles Problem der Armen, sondern ein strukturelles Problem. Das heißt: Es bedarf echter Veränderungen im politischen Handeln der Regierungen, einschließlich der Regierungen der Entwicklungsländer, und der weltwirtschaftlichen Rahmenbedingungen. Mit Recht fordert daher Franz Nuscheler eine Entwicklungspolitik, die sich als globale Strukturpolitik versteht.

Realkapitalismus und Finanzkapitalismus

Wenn wir eine globale Strukturpolitik wollen, dann müssen wir beginnen, die herrschende Wirtschaftsideologie des Neoliberalismus konsequent in Frage zu stellen, der sich zu seiner Rechtfertigung bekanntlich auf Adam Smith (Wohlstand der Nationen, 1776) und David Riccardo (Gesetz der komparativen Kostenvorteile, 1813) beruft. Inzwischen hat sich aber die Welt verändert. Durch die Globalisierung, vor allem aber durch die freien Finanzmärkte, nachdem die USA das Bretton Woods-System aufgelöst haben. Die Annahme der Klassiker, dass die freie Marktwirtschaft und der Freihandel zu einer Vermehrung des Wohlstands für alle Nationen führen und dem Gesamtinteresse aller Menschen dienen, wird durch die Realität widerlegt.

Die Zeit ist vorbei, als die Marktwirtschaft als „soziale Veranstaltung", als soziale Marktwirtschaft verstanden wurde. General Motors konnte noch sagen: Wenn es General Motors gut geht, geht es dem Land und seinen Beschäftigen gut. In Zeiten der Globalisierung ist das Unternehmensinteresse vom Gemeinschaftsinteresse und dem Interesse der Beschäftigten abgekoppelt, so wie sich der Staat von der sozialen Marktwirtschaft abgekoppelt hat. Je freier die Wirtschaft, umso sozialer ist sie, lautet die Parole des real existierenden Neoliberalismus, der durch die Verwerfungen und Turbulenzen der Finanzmärkte immer unhaltbarer wird. Diese neokonservative Revolution haben Margret Thatcher und Ronald Reagan eingeleitet. Sie haben nicht die Marktwirtschaft durchgesetzt, sondern die Abkoppelung der Wirtschaft von der Politik. Die Politik passte sich den Interessen der internationalen Konzerne im Wege der Standortkonkurrenz an. Die Staaten, auch in der EU, denken wieder mehr nationalistisch und sind zu einer gemeinsamen Gegenstrategie nicht bereit. So leben wir in einer Welt, in der sich alles um das Geld dreht und alles zu Geld machen lässt.

Mit Recht wird zwischen Realkapitalismus und Finanzkapitalismus unterschieden. Die freien Finanzmärkte sorgen dafür, dass nicht nur die Energie (Öl und Gas), sondern auch Hunger und Nahrungsmittel zum Gegenstand profitabler Spekulationen werden. Kritiker sprechen von Exzessen der Globalisierung, von einem Diktat der Finanzmärkte und von einem Neoliberalismus als einer „pervertierten, degenerierten Version der Marktwirtschaft", wodurch die Welt extrem inhumaner, ungleicher und ungerechter wird. Ungerechtigkeit und Ungleichheit wird es immer geben, sie sind für die Entfaltung der freien Persönlichkeit notwendig; aber heute haben sie ein unerträgliches Ausmaß angenommen.

Nur Romantiker und Weltverbesserer?

Wer in dieser Situation für Eingriffe des Staates, Regelungen, Sozialpolitik oder gar für soziale Gerechtigkeit, für eine Umverteilung von oben nach unten, z.B. im Wege der Besteuerung der Finanzmärkte, eintritt und sich gegen die Verschwendung knapper Ressourcen zugunsten einer Aufrüstungspolitik wendet, wird als Weltverbesserer, als Romantiker, bestenfalls als Idealist, als Ewiggestriger bezeichnet, der in den 80er Jahren stehen geblieben ist. Dabei verteidigt der Großteil der Medien mit den in diesem Zusammenhang billigen Lehrbuchargumenten von Angebot und Nachfrage und der sogenannten unsichtbaren Hand des Marktes einen Neoliberalismus, der für die Aufrechterhaltung eines ungezähmten, außer Rand und Band geratenen Finanzkapitalismus verantwortlich ist, der im Finanzplatz London seinen obersten Wächter hat. Nochmals: Nicht die Marktwirtschaft gilt es zu bekämpfen, sondern einen Finanzkapitalismus, der die Rolle der Politik übernommen hat.

Freihandel – aber Schutz der nationalen Interessen in USA und EU und Quasi-Kolonialisierung Afrikas durch China

Die Verfechter des neoliberalen Kurses halten sich jedoch selbst nicht an ihre Wirtschaftsideologie, wenn diese ihren egoistischen bzw. nationalen Interessen widerspricht. Sie tragen dadurch selbst zur Unglaubwürdigkeit der herrschenden Wirtschaftssysteme bei. Zwei Beispiele:

Im Zuge der Bankkrisen zum Jahresbeginn 2008 erklärte der Vorstandssprecher der Deutschen Bank, Josef Ackermann, bisher ein Verfechter der freien Wirtschaft ohne Wenn und Aber, dass der Staat aus Gründen des Gesamtinteresses verpflichtet sei, die Deutsche Bank finanziell in ihrer Notsituation zu unterstützen. Ganz nach dem Motto: die Gewinne privatisieren, die Verluste sozialisieren.

Beispiel Freihandel: Der amerikanische Präsident Ronald Reagan wetterte in den 1980er Jahren gegen den Protektionismus, führte aber gleichzeitig Importquoten für Automobile, Stahl, Zucker und Textilien ein und erhöhte bestehende Schutzzölle um das Elffache. Hinzu kommt, dass die USA und die EU ihre Agrar-Multis derart subventionieren, dass sie zu

Preisen verkaufen können, mit denen niemand sonst mithalten kann. Hierdurch wurden die Landwirtschaft unterentwickelter Länder ruiniert, der Aufbau eines industriellen Sektors verhindert – und die Weltbank und der Internationale Währungsfonds haben diese Politik noch unterstützt. China setzt diese einseitige Politik auf der Suche nach Rohstoffzugriffen in Afrika fort, die Senghaas mit Recht als Quasi-Kolonialisierung Afrikas durch China bezeichnet hat.

Warten auf Trendumkehr – erste Anzeichen

Die Frage ist, müssen wir auf noch größere Krisen und Katastrophen warten, bis die Politik eine Trendumkehr einleitet? Eine Trendumkehr im internationalen Wirtschaftssystem ist durch einen Staat nicht möglich, so wie Frieden erst möglich ist, wenn alle gemeinsam daran arbeiten. Aber oft sind es Einzelne oder Minderheiten, die den Anstoß, den Ausschlag für Veränderungen geben. Einen Erfolg kann eine neue Politik, die das Verhältnis Politik – Wirtschaft wieder zurechtrückt, aber nur haben, wenn es zu neuen weltwirtschaftlichen Rahmenbedingungen z.B. in der EU oder in den USA (Obama) kommt.

Ich glaube, dass es Anzeichen für eine solche Entwicklung gibt.

An erster Stelle möchte ich jene Fakten erwähnen, welche schon jetzt – wie die Armut, die Kluft zwischen Arm und Reich und die krassen Einkommens- und Vermögensunterschiede – die Öffentlichkeit aufregen und bewegen. Der Versuch, die Auseinandersetzung über Verteilung und Gerechtigkeit sowie über das internationale Wettrüsten zu tabuisieren, wird daher auf Dauer nicht durchdringen. Der Widerstand der unterentwickelten Völker gegen den Freihandelsimperialismus könnte allerdings gewalttätige Formen annehmen, wenn nicht ein vernünftiger sozialer Ausgleich gelingt. Hinzu kommt, dass es schon jetzt eine zunehmende Zahl von WissenschaftlerInnen und führenden Köpfen der internationalen Institutionen gibt, welche sich dem neoliberalen Kurs und dem Kriegs- und Aufrüstungskurs widersetzen. Es gibt darüber hinaus unzählige NGOs, Organisationen und Institutionen – wie Schlaining, die sich dem Kampf für einen Friedenskurs und für mehr sozialen Ausgleich verschrieben haben.

Zum Schluss

„Nur ein toter Fisch schwimmt mit dem Strom", lautet der Titel eines Buches. Panta rhei, alles fließt, war der Leitspruch griechischer Philosophen. Aufgabe einer Friedenswissenschaft kann es daher nicht sein, mit dem

Strom der Mächtigen zu schwimmen, sondern den Zeitgeist, auch in der EU, immer wieder in Frage zu stellen. Nur so kann Wissenschaft zum humanen Fortschritt und zur Bändigung des Leviathans beitragen. Der heutige Zeitgeist ist in der Wirtschaftspolitik geprägt von der Neoklassik, dem Neoliberalismus, der trotz wachsenden Wohlstands zumindest in großen Teilen der Welt zunehmend mit extremer Armut, Ungleichheit und Ungerechtigkeit sowie mit einem einseitigen Freihandel verbunden ist, dessen neuer Höhepunkt eine Quasi-Kolonialisierung Afrikas durch China ist.

Der Zeitgeist in der Sicherheitspolitik ist immer noch durch die realistische Schule und das Sicherheitsdilemma geprägt, die zum internationalen Wettrüsten und zu neuen Kriegen führen. Im Namen einer extremen Unvernunft. Die Politik wird zweidimensional: Entweder man hat Macht oder nicht. Für politische Vernunft, geschweige politische Ethik bleibt dann kein Platz. Wir sehen daher unsere Aufgabe darin, beide Theorien und Politiken in Frage zu stellen und den Einfluss zu untersuchen und aufzuzeigen, den nicht nur Medien, sondern auch Rüstungslobby und internationale Konzerne auf die Politik der EU ausüben. Vor allem geht es aber darum, Gegenstrategien, Lösungen für konkrete Probleme zu entwickeln und diese mit Hilfe einer Zivilgesellschaft umzusetzen, die Druck auf die Politik ausübt. Unsere Sommerakademie versteht sich als ein Beitrag zu dieser Zukunftsaufgabe.

WEGE AUS DER ARMUT. ENTWICKLUNGSGESCHICHTLICHE UND AKTUELLE LEHREN

DIETER SENGHAAS

Die Beobachtungen, Überlegungen und Thesen, die in diesem Beitrag entfaltet und dargelegt werden sollen, haben eine positive Botschaft zum Ziel: Es gibt Wege aus der Armut – und die entwicklungsgeschichtlichen und die aktuellen Lehren sind im Wesentlichen identisch. Die Argumente, die eine solche konstruktive Botschaft begründen können, sind nicht moralischer Natur, sondern das Ergebnis erfahrungswissenschaftlicher Analyse, d.h. im Wesentlichen von Schlussfolgerungen aus einer historisch und aktuell orientierten komparativen Entwicklungsforschung.

Eine allgemeine Beobachtung vorab: Die gängige Entwicklungsdiskussion leidet an einer bemerkenswerten Geschichtsvergessenheit. Das zeigt sich vor allem in vielen apologetischen bzw. kritischen Auseinandersetzungen mit der so genannten Globalisierung. Doch die moderne Globalisierungsproblematik, die sich tief in der inneren Entwicklungsdynamik von Gesellschaften niederschlägt, machte sich spätestens seit der zweiten Hälfte des 18. Jahrhunderts bemerkbar, als es an einer Stelle in der Welt, nämlich in England, zu einer Kombination von Agrar-, Industrie- und Dienstleistungsrevolution kam – einem Modernisierungsschub und Entwicklungsdurchbruch, die beide für die übrige Welt in den kommenden Jahrzehnten und Jahrhunderten eine Grundproblematik erwachsen ließ: *die nochmalige Ermöglichung nachholender Entwicklung,* seinerzeit auch bei weit geringerer Reichweite und Intensität von Interdependenzen auf regionaler, kontinentaler oder weltweiter Ebene. Mit dieser Problematik hat sich die früheste entwicklungspolitische Diskussion auf dem europäischen Kontinent sowie in den USA, später in Ozeanien und Lateinamerika auseinandergesetzt; mit dieser Problematik schlägt sich auch die Entwicklungsdiskussion heute noch herum, gleichgültig ob diese Begrifflichkeit benutzt oder nicht benutzt wird, sie akzeptiert oder verworfen wird. Und weil dem so ist, sind die nachfolgenden Beobachtungen auch auf diese vergangene und dennoch immer noch aktuell virulente entwicklungspolitische Problematik gerichtet. Dabei wird der Rückgriff auf die Vergangenheit („entwicklungsgeschichtliche Lehren") auch zur Illustration, ja zum Beleg für deren Aktualität und Relevanz.

Nachholende Entwicklung als Problem

Ausgangspunkt meiner Überlegungen ist das *Problem nachholender Entwicklung.* Es entsteht, wenn zwischen Ökonomien, die miteinander einen regen Austausch pflegen, eine Kluft an Know-how und organisatorischen Fähigkeiten existiert bzw. wenn sich eine solche Kluft in der Folge von sich ungleich verbreitenden technologischen und organisatorischen Innovationen herausbildet. Dann steht einer weniger produktiven Ökonomie eine produktivere gegenüber. Zwischen ihnen, den Zentren und den Peripherien, entwickelt sich ein Gefälle an Fähigkeiten. Bei anhaltendem Austausch resultiert aus ihm ein *Verdrängungswettbewerb* zwischen der, in der Diktion von Friedrich List, „mehr vorgerückten" Ökonomie und der „minder vorgerückten": Die Vorreitergesellschaft oder Spitzenökonomie (in der Diktion von François Perroux: die *économie dominante*) wird mühelos imstande sein, die mit hoher Produktivität erzeugten Waren preisgünstig auf den nationalen und internationalen Markt zu werfen. Gibt es keine Schutzmaßnahmen, werden in der *économie dominée* die mit geringerer Produktivität erzeugten Waren niederkonkurriert. Und ist überdies das Kompetenzgefälle besonders groß, werden Anstrengungen, die auf eine Gegensteuerung ausgerichtet sind, oft von vornherein entmutigt. Bei den Nachzüglern drohen dann, in der Folge von Überforderung, die Leistungs- und Innovationsbereitschaft vollends zu versiegen, da die kompetentere Spitzenökonomie in jeder Hinsicht ihre Überlegenheit ausspielen kann: in den Produktionsverfahren, den Produkten selbst sowie in der Fähigkeit zur kontinuierlichen Innovation. Eine solche Spitzenökonomie kann und weiß immer schon alles besser. Der Verdrängungswettbewerb ist also eine umfassende Erscheinung; er dokumentiert sich nicht nur im Konkurrenzdruck billiger Waren.

Gesellschaften, die solchem Kompetenzgefälle ausgesetzt sind, werden leicht an den Rand gedrängt: Sie werden peripherisiert oder gar marginalisiert. Erliegen sie dem Peripherisierungsdruck, kommt es in ihnen entweder zum Verfall der herkömmlichen Lebensformen, also zu gesellschaftlicher Regression. Dann werden sie einfach überwältigt. Oder sie werden im oberflächlich betrachtet günstigeren Fall zu Anhängseln oder Außenposten der höher entwickelten Gesellschaft umfunktioniert (Senghaas 1972 und 1974). Wie die Geschichte von Peripherien dokumentiert, wurde dabei nicht selten von außen mit überlegener militärischer Gewalt nachgeholfen.

Im letzteren Fall – der Entwicklung von sektoralen Verlängerungen der Zentren-Ökonomien in den Peripherien – entstehen, aus der Sicht der Spitzenökonomie betrachtet, „Exklaven-Ökonomien" in der Art von Monokulturen oder Plantagenwirtschaften. Dabei handelt es sich um zerklüftete Gebilde, in denen es in aller Regel nicht zu einer ausgeglichenen und breitenwirksamen Entfaltung der verfügbaren Produktivkräfte kommt. Zwar wird bei großer Nachfrage der mehr vorgerückten Gesellschaft nach landwirtschaftlichen Erzeugnissen und unverarbeiteten Rohstoffen in den entsprechenden Sektoren der minder vorgerückten Export-Ökonomie ein erhebliches Wachstum ausgelöst. Aber die Folge ist oft nicht mehr als eine kurzlebige konjunkturelle Scheinblüte. Peripherien bleiben dabei zwischen einem nach außen gerichteten Wachstumspol und einer relativ stagnierenden Restökonomie – äußerlich betrachtet – dualistisch zergliedert. Geht in der Folge konjunktureller und/oder struktureller Veränderungen auf Seiten der Vorreiter-Ökonomie die Nachfrage nach landwirtschaftlichen Gütern und Rohstoffen zurück, bricht nicht nur das von außen stimulierte Wachstum in der Enklave zusammen, es versiegen auch die spärlichen Folgeeffekte solchen Wachstums in der übrigen Ökonomie. Die betroffene Gesellschaft wird dann auf eine keineswegs mehr intakte herkömmliche Subsistenzwirtschaft zurückgeworfen. Hält demgegenüber das von außen induzierte Wachstum an, verfestigt sich in aller Regel die exklavenhafte Struktur dieses Typs von Ökonomie.

Die Geschichte von Peripherien in und außerhalb Europas im 19. und 20. Jahrhundert belegt dutzendfältig diesen Sachverhalt.

Prinzipiell sowie empirisch beobachtbar ist aber auch eine ganz andersartige Reaktion auf ein sich herausbildendes Kompetenzgefälle vorstellbar: Der Peripherisierungsdruck kann als eine Herausforderung verstanden werden, und man kann ihm durch forcierte Maßnahmen entgegenwirken. Die Kluft zwischen Vorreiter und Nachzügler wird dann vom letzteren als eine Chance begriffen: Durch Imitation, geeignete Schutzvorkehrungen und gezielte Entwicklungsprojekte soll der Entwicklungsvorsprung verringert oder gar ganz aufgehoben werden. Die Devise lautet dann: einholen oder gar überholen! In diesem Fall läge also eine aktive und innovative Antwort auf Peripherisierungsdruck vor, ganz anders als im Falle passiver Regression oder der einseitigen exklavenhaften Ausrichtung einer nachgeordneten Ökonomie auf die Bedürfnisse einer Vorreiter-Ökonomie. Voraussetzung für eine solche konstruktive Reaktion ist allerdings, dass wesentliche für einen erfolgreichen Aufholprozess erforderliche innergesellschaftliche Voraussetzungen gegeben sind.

Entwicklungsgeschichtlich betrachtet, wurde die aufgezeigte Problematik nicht von den vielzitierten Klassikern der politischen Ökonomie Adam Smith und Karl Marx thematisiert, sondern von dem vergessenen Friedrich List (1789–1846), einem scharfsinnigen Diagnostiker von Entwicklungsprozessen und seinerzeit umtriebigen Entwicklungspolitiker par excellence. An einige seiner zentralen Thesen ist zu erinnern, weil sie sich durch entwicklungsgeschichtliche und aktuelle Befunde auf bemerkenswerte Weise bestätigt finden.[1]

Wie entgeht man der Peripherisierung? Was sind die Wege aus der Armut? Eine wegweisende Antwort auf diese Frage ist immer noch in Lists entwicklungsprogrammatischen Überlegungen enthalten (List 2008, zuerst 1841).

Zur Erinnerung: Lists Entwicklungsprogrammatik

List diskutierte in der *ersten* Hälfte des 19. Jahrhunderts das Problem nachholender Entwicklung im Hinblick auf Staaten, die sich in einer Übergangsphase von feudal-aristokratischer Ordnung zur industriellen Gesellschaft befanden. Seine Darlegungen verdeutlichen, dass er die Entwicklungschancen einzelner berufener Gesellschaften in Abhängigkeit vom Ausmaß und der Reichweite des in ihnen stattfindenden Prozesses der Entfeudalisierung sah. Denn für eine erfolgreiche Entwicklung waren ihm zufolge angemessene gesellschaftliche und öffentliche Zustände erforderlich: An die Stelle feudaler Despotie und Autokratie musste eine weitsichtige und effizient arbeitende Verwaltung treten, einschließlich einer starken politischen Führung, die für den Zusammenhalt einer in Entwicklung begriffenen Nation zu sorgen hatte; an die Stelle eines in Privilegien erschlaffenden Adels hatte eine an Gewinn und materieller Prosperität orientierte Geschäftswelt zu treten; an die Stelle von Leibeigenschaft ein freies Bauerntum; gut ernährte und bezahlte Arbeiter hielt er für eine der Grundlagen zunehmender Arbeitsproduktivität und der dynamischen Entwicklung des Binnenmarktes; die segensreichen Auswirkungen frei schaffender Wissenschaften und Künste kontrastierte er mit den Folgen des überkommenen Fanatismus, wie er sich in Religionskriegen und in der Inquisition zeigte; eine geistig und sozial mobile Gesellschaft sah er als Gegenstück zu den versäulten Gesellschaften des *ancien régime*.

---

1 Eine synoptische Analyse aus einer List'schen Problemsicht findet sich in Senghaas 1982, wo diesbezüglich unterschiedliche Erfahrungen aufgearbeitet und kontrastiert werden. Über einschlägige detaillierte Fallstudien siehe Menzel 1988.

Entfeudalisierung kam also der Mobilisierung von Kräften gleich, die in der überkommenen Gesellschaft brachliegen blieben. Wurde dieser Prozess gehemmt oder nur halbwegs in Gang gesetzt bzw. unterbrochen, musste es zu Entwicklungsblockaden kommen. Freiheit und Freizügigkeit waren also für List wichtige Voraussetzungen eines Entwicklungsprozesses. Ein stabiler nationaler Rahmen war dabei ebenso wichtig wie Rechtssicherheit und die Erweiterung von Selbstverwaltung; ein freier Unternehmergeist in *allen* Schichten der Bevölkerung ebenso wie eine umsichtig und weitsichtig planende öffentliche Verwaltung; ein weitverzweigtes Verkehrswesen (Straßen, Eisenbahnen, Kanäle) ebenso wie ein vielgliedriges Erziehungswesen für alle Schichten der Bevölkerung.

In seinen Überlegungen über einzelne Hintergrundbedingungen erfolgreicher Entwicklung bzw. von Entwicklungsblockaden hat List eine Diskussion vorweggenommen, die insbesondere in den fünfziger und sechziger Jahren des vergangenen Jahrhunderts eine erhebliche Bedeutung hatte. Was allerdings seine Überlegungen von der späteren Diskussion unterscheidet, ist ihre *konfigurative* Ausrichtung: List thematisierte niemals einzelne entwicklungsförderliche oder -hinderliche Faktoren als gesonderte Größen, sondern immer eine Vielzahl von ihnen in ihrer Wechselwirkung. Vor allem war ihm ökonomistisches Denken fremd. Vielmehr zeugt sein Denken von einer empiriegesättigten, an Wahrscheinlichkeitsaussagen orientierten, vieldimensionalen Argumentation. Sie ist auch der Hintergrund für gelegentliche kontrafaktische Überlegungen, mit denen List die Möglichkeiten alternativer Entwicklungswege argumentativ austestete.

Wenn List einem Sachverhalt einen merklichen Vorrang einräumte, dann war es seine Hochschätzung für immaterielle geistige Kräfte gegenüber materiellen Gütern. Im „unsichtbaren Kapital", d.h. in der Stimulierung und Förderung von geistiger Arbeit und Erfindungsgeist, von Wissen und Können, kurz: von Kompetenzen („capital of mind", wie er den Sachverhalt in seinen in den USA entstandenen englischsprachigen Publikationen nannte), erkannte er eine schwerlich durch natürliche Ressourcen („capital of nature") ersetzbare Quelle von entwicklungspolitisch mobilisierbarer Energie und Kraft.

List hatte zu seiner Zeit schon genügend positive und negative Entwicklungsvorgänge beobachtet, um mit guten Gründen die Idee verwerfen zu können, Entwicklung sei ein von einer „hidden hand" gelenkter Selbstläufer. Für ihn war Staatsintervention zum angemessenen Zeitpunkt in einem angemessenen Ausmaße eine unerlässliche Bedingung für den Erfolg von Entwicklung. Staatsintervention hatte für ihn zwei Stoßrichtungen: Zum einen ging es ihm um innenpolitische För-

derungsmaßnahmen, hier insbesondere um weitreichende Verfassungs-
und Verwaltungsreformen („good governance") sowie um Maßnahmen
zum Ausbau der Infrastruktur; zum anderen hielt er dosierte außen-
wirtschaftliche Schutzmaßnahmen zur Abwehr schädlicher Einwirkun-
gen von Seiten der Vorreiter-Ökonomie für unerlässlich. Beide Maß-
nahmenbündel waren für ihn gleich wichtig, wenngleich bis heute eigentlich nur sein Plädoyer für den selektiven Schutz aufstrebender In-
dustriezweige, also das *infant industry*-Argument erinnert wird.

Doch auch dieses Plädoyer wurde von ihm umsichtiger vorgetra-
gen, als es heute im Allgemeinen erinnert wird. List war keineswegs
unter allen Umständen für Schutzzölle. Der Schutzzoll war als ein
flankierendes und dosiert einzusetzendes außenwirtschaftspolitisches
Instrument gedacht, um die Überlebenschancen von jungen Industrien
in sich schon entwickelnden Gesellschaften zu erhöhen. Aber auch für
diesen Fall war der List'sche Vorschlag differenziert: Geschützt werden sollten junge Industrien, die *Massen*konsumgüter produzierten,
weil diese für die Erschließung des eigenen Binnenmarktes von zentraler Bedeutung sind. Nicht geschützt werden sollte die Produktion von
kostbaren und hochwertigen Luxuskonsumgütern. Auch sollte der Import von ausländischen Maschinen und Know-how in einer frühen
Phase des Entwicklungsprozesses freizügig gehandhabt werden. Ent-
wicklungsbefähigte Nationen hielt er für imstande, die Ausrüstungsgüter und Technologien der fortgeschrittenen Ökonomie zum eigenen
Vorteil und zur Beschleunigung nachholender Entwicklung zu nutzen.
Wahrscheinlich war die seinerzeit weniger brisante Technologielücke
zwischen England und den „berufenen" Nachzüglern auf dem europäischen Kontinent und in den USA der Hintergrund für diese relativ
optimistische Bewertung des Technologietransfers.

Übrigens hat List durchaus die Nachteile der von ihm empfohlenen
flankierenden Schutzmaßnahmen gesehen, so beispielsweise die höheren Preise für möglicherweise noch dazu schlechtere Waren gegenüber
den bisher importierten. Auch den politischen Konflikt zwischen den
an Freihandel orientierten Agrariern und den generell an Schutzmaßnahmen interessierten inländischen Industriellen galt es in Rechnung
zu stellen, konnte ein solcher Konflikt doch in entwicklungsabträgliche
politische Turbulenzen münden.

Aber solche Nachteile waren für List von geringem Gewicht und
nur von vorübergehender Bedeutung, weil nach seiner Vorstellung die
Industrialisierung zur Herausbildung und Stärkung inländischer Konkurrenz und zu einer höheren inländischen Nachfrage nach Agrargütern aus der eigenen Landwirtschaft führen würde. Agrarier, Industrielle und Konsumenten würden deshalb langfristig gleichermaßen zu

30

Nutznießern der in einer Übergangszeit unerlässlichen, wohlüberlegt zu dosierenden Schutzmaßnahmen.

In List'scher Argumentation sind also kurzfristige Nachteile der Preis für den entscheidenden langfristigen Vorteil, nämlich die umfassende Förderung der eigenen produktiven Kräfte (auch als „capital of matter" bezeichnet). Sind diese einmal voll entwickelt, so gilt es, die Schutzmaßnahmen zu beenden. Denn dann ist eine Nation befähigt, sich ohne Peripherisierungsgefahr dem Freihandel auszusetzen und selbst eine freihändlerische Position mit Aussicht auf Erfolg zu verfechten.

Schutzmaßnahmen waren somit für List kein Allheilmittel: Je nach Entwicklungsstand können sie förderlich oder hinderlich sein. Ausdrücklich warnte er vor Voreiligkeit und vor übertriebenen Zollsätzen, aber auch vor zu geringen. Für besonders schädlich hielt er protektionistische Maßnahmen, die sich nur durchsetzungsfähigen lobbyistischen Interessen verdanken, nicht aber einer kohärenten Entwicklungsstrategie. In der kritischen frühen Phase nachholender Entwicklung galt es, die branchen- und sektorenspezifisch richtige Dosierung von Offenheit nach außen und Schutzmaßnahmen zu finden. List war also mit Blick auf die Vermeidung von sowohl Überforderung als auch Unterforderung der Verfechter einer qualifizierten Mischstrategie von *selektiver Weltmarktintegration* und *selektiver Abkoppelung,* und er sah das Mischungsverhältnis abhängig von der Selbstbehauptungs- bzw. Konkurrenzfähigkeit der jeweils schon mobilisierten produktiven Kräfte. Den richtigen Weg zu finden, war Aufgabe übergeordneter staatlicher Politik. Das weichenstellende entwicklungspolitische Kunststück bestand darin, die eigene Ökonomie weder zu überfordern noch zu unterfordern. Selbstredend ist es leichter, eine solche Devise zu formulieren, als sie in Praxis zu übersetzen.

Ziel der Förderungs- und flankierenden Schutzmaßnahmen war die Herausbildung eines breitenwirksamen wohlproportionierten („harmonischen") Gefüges von Landwirtschaft, Industrie und Dienstleistungen. Der Weg dahin konnte nur Schritt für Schritt begangen werden; Überstürzungen galten als schädlich. Wie Adam Smith ging es auch List um die Ausweitung und Vertiefung von Arbeitsteilung, aber Lists Augenmerk war noch mehr auf die „Konföderation der produktiven Kräfte" gerichtet, also auf die Vermaschung und Vernetzung *(linkages)* der sich ausdifferenzierenden Wirtschaftssektoren mit dem Ziel struktureller Kohärenz und also der Vermeidung einer „inharmonischen" sektoralen Arbeitsteilung – beides seit Jahrzehnten mit Input-Output-Tabellen messbar.

Da Entwicklungsimpulse kaum flächendeckend entstehen und nur punktuell sich inszenieren lassen, ist ungleichgewichtiges Wachstum nicht zu vermeiden. List war Realist genug, um diesen Sachverhalt zu erkennen. Aber er war ein Anhänger eher gleichgewichtigen als ungleichgewichtigen Wachstums. Hypertrophe Wirtschaftssektoren, wie sie in Monokulturen- und Plantagenökonomien zu finden sind, galt es zu verhindern. Seine normative Orientierung an gleichgewichtigem Wachstum, insbesondere demjenigen zwischen Landwirtschaft und Industrie, hinderte ihn möglicherweise daran, eine Theorie der Krisen zu formulieren, die sich aus den typischen Disproportionalitäten eines Entwicklungsprozesses ergeben. In diesem Punkt war Marx weitsichtiger als List.

Lists Entwicklungsszenario folgte einer in sich schlüssigen Stufenfolge: Er verfocht das Konzept einer sich schrittweise erweiternden und vertiefenden Importersatzindustrialisierung. Wichtig war für ihn, dass die industrielle Wertschöpfung allmählich immer stärker ins Inland verlagert wurde, einschließlich der von ihr ausgehenden Ausstrahlungseffekte *(spread-Effekte)*. Auf die frühe Entwicklungsstufe einer Agrargüter und Rohstoffe erzeugenden sowie exportierenden und Fertiggüter importierenden Gesellschaft sollte eine zweite Stufe folgen, in der es um die *nationale* Herstellung der Fertiggüter einfacheren Typs geht. In einer dritten Stufe der Entwicklung galt es, den eigenen Maschinenbau zu fördern. So baut sich eine Ökonomie auf, die schrittweise zur Verarbeitung und Veredelung eigener und fremder Agrargüter und Rohstoffe fähig wird und die überdies immer mehr die dafür erforderlichen Ausrüstungsgüter selbst zu erzeugen imstande ist. Werden in einer späten Stufe auch technologie- und fertigkeitsintensive Produkte international wettbewerbsfähig, ist aus einem Agrarland schließlich und endlich eine für Freihandel reife Industriegesellschaft geworden.[2]

Bei List finden sich keine Zeitangaben über diese Stufen, auch nicht über die Dauer des gesamten Entwicklungsprozesses. Tatsächlich dauerte er bei den meisten OECD-Gesellschaften der früheren Generation fast 80 bis 100 Jahre; bei manchen Schwellenländern läuft er heute wesentlich schneller ab.

Lists Überlegung zufolge hat ein solcher jahrzehntelanger Entwicklungsprozess von Anfang an eine leistungsfähige Landwirtschaft zur Voraussetzung. Ihre Aufgaben sind vielfältiger Natur: Einmal geht es darum, dass eine wachsende städtische Bevölkerung durch eine immer geringer werdende Zahl von in der Landwirtschaft Erwerbstätigen er-

---

2   Indikatoren für eine solche Stufenfolge finden sich in Menzel/Senghaas 1986, Kap. 6.

nährt werden muss. Dann gilt es, die Industrie mit agrarischen Rohstoffen zu versorgen. Auch kommt die Landwirtschaft nicht umhin, in der Frühphase der Industrialisierung durch offenen oder versteckten Ressourcentransfer die Industrialisierung und den Aufbau von Infrastruktur zu alimentieren. Zum anderen ist aber der landwirtschaftliche Sektor auch ein wichtiger Markt für die Industriegüter des täglichen Bedarfs und für landwirtschaftliche Ausrüstungsgüter. Trotz erheblicher Anforderungen und Belastungen muss also gerade im ländlichen Raum eine zahlungskräftige Nachfrage übrigbleiben, wenn die gesamtwirtschaftliche Entwicklungsdynamik aufrechterhalten werden soll. In solcher Überlegung wird deutlich, wie abwegig es ist, ohne prosperierende, d.h. rechtlich gesicherte *(property rights),* agrotechnisch wohl ausgestattete Landwirtschaft und eine gut ausgebildete Bauernschaft erfolgreich industrialisieren zu wollen.

Für List war es selbstverständlich, dass in Entwicklungsprozessen die Landwirtschaft – im optimalen Fall auf der Grundlage von Familienbetrieben mit ausreichend verfügbarem Grund und Boden – einen entwicklungsstrategischen Stellenwert besitzt. Aber in den Entwicklungsprogrammen des ausgehenden 19. und des 20. Jahrhunderts hatte man diese Selbstverständlichkeit schlichtweg vergessen. Erst die vielen Entwicklungsdebakel der vergangenen Jahrzehnte und der Gegenwart haben dieser elementaren Einsicht, wenngleich mühsam, zu neuem Leben verholfen, aber leider mit unzureichenden praktischen Konsequenzen.

Lists entwicklungsprogrammatische Überlegungen bündeln sich in der These, die Produktion von produktiven Kräften sei wichtiger als die Produktion von Werten. Das heißt, was immer der *breitenwirksamen* Erschließung eines *nationalen* Produktionspotentials dient, ist höher zu bewerten als die unter kurzfristigen betriebswirtschaftlichen, überdies vor allem weltwirtschaftlich ausgerichteten Kalkülen effizient erscheinende Produktion wohlfeiler Waren. Zu den Konstitutionsbedingungen einer Volkswirtschaft gehört also mehr als die Summe einzelbetrieblicher Rentabilitätsgesichtspunkte. Unerlässliche Lernkosten, die sich kurzfristig nicht rechnen, sind nicht zu vermeiden, soll langfristig eine solide, sektoral wohlproportionierte Ökonomie entstehen.

In solchen Überlegungen lag für List der Unterschied zwischen kosmopolitischer und politischer Ökonomie. Es war sinnvoll, *kosmopolitisch* – d.h. auf *weltweite* Allokationseffizienz ausgerichtet – zu argumentieren, sobald das eigene nationale Produktionspotential umfassend erschlossen war. Nur unter dieser spezifischen Bedingung nähern sich betriebswirtschaftliches, nationalwirtschaftliches und weltwirtschaftliches Kalkül tendenziell einander an. Solange aber nationale Produktivkräfte noch brachliegen, nur zum Teil entwickelt sind und überdies unter Peripherisierungsdruck stehen, gilt es, von den Imperativen *nationaler* Ökonomie aus zu argumentieren und zu planen. In diesem zentralen Punkt unterschied sich List fundamental von der „englischen Schule", also von der klassischen Lehre eines Adam Smith und seiner Nachfolger – deshalb der Buchtitel des Hauptwerkes von List: „Das *nationale* System der politischen Ökonomie".

Entwicklungsgeschichtliche und aktuelle Erfahrungen

List hatte seine Überlegungen aus einer vergleichenden Analyse historischer Erfahrungen und vor allem aus eigener Anschauung gewonnen. Die wechselvolle, jeweils ganz unterschiedliche Geschichte Venedigs, Spaniens, Portugals, des Hansebundes, Hollands und Englands waren ihm ebenso Beleg für seine Thesen wie die entwicklungspolitischen Erfahrungen, die er selbst in verschiedenen Teilen Deutschlands, in Frankreich, in den USA und in Ungarn machte. Aber erst in den rund 170 Jahren nach seiner Schaffenszeit gewann die von ihm thematisierte Entwicklungsproblematik eine weltweite Bedeutung, insbesondere seit dem Entkolonisierungsschub in den fünfziger und sechziger Jahren des vergangenen Jahrhunderts.

Lassen sich aus der schier unübersehbaren Fülle geschichtlicher und aktueller Erfahrungen mit Entwicklungsprozessen bedenkenswerte Lehren ziehen?[3] Wird durch sie die List'sche Perspektive eher bestätigt oder widerlegt?

Lists hohe Bewertung einer breitgefächerten Mobilisierung des landwirtschaftlichen Potentials wird sowohl durch positive als auch negative Erfahrungen unterstrichen. In und außerhalb Europas hatten Länder mit erfolgreicher Leistungssteigerung im landwirtschaftlichen Sektor vor oder während des Industrialisierungsprozesses zweifelsfrei erhebliche Entwicklungserfolge zu verzeichnen. Demgegenüber blieben Länder ohne institutionelle Agrarreform und ohne agrartechnische Modernisierung unfähig, ihr Entwicklungspotential zu erschließen; sie gerieten in der Regel in erhebliche Engpässe.

Es ist fatal, dass Entwicklungsplaner im 19. Jahrhundert, die auf List aufzubauen glaubten, aus seinem Werk eine einseitige Industrialisierungsstrategie unter protektionistischen Vorzeichen herauslasen, überdies seine Empfehlungen hinsichtlich der erforderlichen Agrarentwick-

---

3   Eine ausführliche Diskussion findet sich in Menzel/Senghaas 1986, weiterhin Taft Morris/Adelman 1988. Siehe auch den aufschlussreichen Beitrag von Janos 1989.

lung übersahen bzw. missachteten. Vor allem in Ost- und Südosteuropa war diese Fehlinterpretation gang und gäbe. Leider hat sich dieselbe Erfahrung im größten Teil der Länder der Dritten Welt wiederholt. In all diesen Fällen blieb der Entwicklungsprozess brüchig, in der Diktion Lists: „einarmig" bzw. „verkrüppelt".

Mit diesen bildlich klaren Begriffen bezeichnete List einen gesellschaftlichen Zustand, der in der neueren Entwicklungstheorie als innere Zerklüftung oder „strukturelle Heterogenität" beschrieben wird.[4] Was Entwicklungsprozessen unter solchen Vorzeichen fehlt, ist eine proportionierte und breitenwirksame Vernetzung zwischen Landwirtschaft, Industrie und Handel. Auf die begrenzten Märkte einer kleinen kaufkräftigen Nachfrage ausgerichtet, führt Industrialisierung in solchen Gesellschaften vor allem zu Entzugseffekten zuungunsten der Landwirtschaft und zum Vorteil städtischer Agglomerationen („urban bias"). Die dabei sich vertiefende politische, sozio-ökonomische und kulturelle Zerklüftung wird zur Geburtsstätte für viele sich zuspitzende Sozialkatastrophen: für den Zusammenbruch der landwirtschaftlichen Selbstversorgungsfähigkeit, für Landflucht und Massenpauperismus gerade auf dem Land, für eine übermäßige Urbanisierung, für Arbeitslosigkeit und chronisch werdende Unterbeschäftigung, also die Herausbildung eines marginalen Pols, schließlich für ein unkontrollierbares Bevölkerungswachstum. Diese Erscheinungen mit massenhafter Armut als Folge waren in der Geschichte der Peripherien innerhalb Europas, also in Ost- , Südost- und Südeuropa und in Irland, ebenso oft anzutreffen, wie sie in der derzeitigen Dritten Welt vielerorts oft in dramatischen Ausmaßen zu beobachten sind.

Die Erfahrung lehrt, dass sich homogene Binnenmärkte nur durch ein List'sches Entwicklungsprogramm erreichen lassen: durch eine Mobilisierung brachliegender Ressourcen in allen Teilen der Gesellschaft, insbesondere auch in der Landwirtschaft, durch die dafür erforderlichen institutionellen Reformen und technologischen Innovationen sowie durch staatlicherseits gezielte unterstützende Maßnahmen. Industrialisierungsversuche ohne vorgängige oder begleitende Reformmaßnahmen sind, wie aus List'scher Perspektive erwartbar, in aller Regel gescheitert.

Relativ spät hat die neuere Entwicklungsdiskussion das so genannte „immaterielle Kapital" oder Humankapital entdeckt, also jene geistigen Ressourcen, die List als Grundlage agrarwirtschaftlicher, industrieller, kommerzieller und administrativer Kompetenzen erkannte („capital of mind"). Länder, die in der Alphabetisierung ihrer Bevölkerung sowie

---

4 Zu diesem Konzept siehe zusammenfassend Senghaas 1977.

im Ausbau weiterführender Bildungsstätten wie Fachhochschulen, Volkshochschulen, technischen und allgemein ausbildenden Universitäten zurückblieben, waren nicht nur weniger erfinderisch als Gesellschaften mit differenziertem Ausbildungsangebot, sondern verhinderten auch die soziale Aufwärtsmobilität von Menschen. Dadurch blieben Intelligenzressourcen brach liegen. Man vergleiche in dieser Hinsicht die skandinavische Entwicklung mit derjenigen weiter Teile Süd- und Südosteuropas, aber auch die Entwicklung der bildungsbeflissenen und in der Folge aufwärtsmobilen „vier Tiger Ostasiens" (Korea, Taiwan, Hongkong und Singapur) mit anderen Teilen der Dritten Welt wie z.B. den arabisch-islamischen Gesellschaften und dem dort noch beobachtbaren hohen Prozentsatz an Analphabetismus.

Was List nicht sah, aber seiner Theorie nicht widerspricht, ist die Möglichkeit, einen extremen Mangel an natürlichen Ressourcen durch eine unverhältnismäßige Mobilisierung geistigen Kapitals regelrecht wettzumachen. Auf diesem Wege konnten ressourcenarme, auch kleine Länder mit relativ dürftigen natürlichen Ressourcen (man denke an Finnland!) eine hohe Spezialisierung in den Nischen der Weltwirtschaft erreichen.

Im Großen und Ganzen haben sich Lists Überlegungen über den entwicklungsstrategischen Stellenwert einer sich verzweigenden Infrastruktur als korrekt herausgestellt. Bei wachsender Arbeitsteilung und daraus erforderlich werdender Vernetzung einzelner Wirtschaftsbranchen und -sektoren wird eine leistungsfähige Infrastruktur zu einem unerlässlichen Medium in der Vermittlung wirtschaftlicher Aktivitäten. Da Infrastruktur ein öffentliches Gut ist, ist nicht zu erwarten, dass betriebswirtschaftlich kalkulierende Einzelunternehmen die für die Entwicklung einer Volkswirtschaft erforderlichen Investitionen tätigen. Infrastruktur wird also zur öffentlichen Aufgabe (List hatte das klar erkannt), und diejenigen Länder, die diesen Sachverhalt korrekt wahrgenommen haben, haben dadurch ihrem nationalen Entwicklungsprozess gute Dienste erwiesen.

Was die außenwirtschaftspolitischen Maßnahmen angeht, so lehrt die Entwicklungsgeschichte des 19. und 20. Jahrhunderts, dass Freihandel ein Sonderfall und unterschiedliche Ausmaße von Protektion die Regel waren. Wie zu Lists Zeiten war auch später Freihandel die Doktrin der in der Weltwirtschaft vorherrschenden Spitzenökonomien (Bairoch 1993).

List hatte recht, wenn er prognostizierte, dass Schutzmaßnahmen nur bei entsprechenden inneren Bedingungen und Aktivitäten für den Entwicklungsprozess hilfreich seien. Fehlen solche Bedingungen, führt Protektion ins Abseits. Dieser Zusammenhang wird durch die Geschichte vieler Peripherien belegt, in denen eine Abschottung nach außen ohne gezielte Strukturreformen und entwicklungspolitische Maßnahmen im Innern betrieben wurde. Auch ist der oft gehörte Hinweis, die meisten Entwicklungsländer in der Welt hätten im 19. und 20. Jahrhundert trotz erheblicher Schutzmaßnahmen ihr Entwicklungsziel nicht erreicht und deshalb seien Protektion und Staatsintervention abzulehnen sowie Freihandel prinzipiell zu favorisieren, nicht überzeugend, weil in dem unverkürzten Entwicklungskonzept à la List zwar der Außenwirtschaftspolitik eine wichtige, aber letztlich doch nur eine die inneren Entwicklungsanstrengungen flankierende Bedeutung zugesprochen wurde.

Die Fälle erfolgreicher nachholender Entwicklung, vor allem jene, in denen einer Mischstrategie von partieller Weltmarktintegration und selektiver Abkoppelung gefolgt wurde (Skandinavien, Ozeanien, Nordamerika, die Schwellenländer Ostasiens), belegen die von List hervorgehobene Bedeutung nationaler Selbstbestimmung und nationaler Verfügung über die eigenen materiellen und immateriellen Ressourcen. Politische Souveränität ist also ein nicht gering zu schätzender Aktivposten von Entwicklung, wie gerade auch die neuere Entwicklung in Ostasien dokumentiert (Amin 1986).

Im Titel seines Hauptwerkes hat List die *nationale* Dimension politischer Ökonomie unterstrichen. Er konnte nicht voraussehen, wie späterhin geschichtsmächtig der Nationalismus werden sollte. Nicht nur in jenen Ländern, in denen er bei entsprechenden politischen Maßnahmen die Chance einer erfolgreichen nachholenden Entwicklung sah, wurde Nationalismus zu einer bewegenden Kraft, sondern gerade auch in den Peripherien in und außerhalb Europas, wo allenthalben die Forderung nach politischer Unabhängigkeit, ökonomischer Modernisierung und kultureller Identität aufkam. Der Aufschwung von Nationalismus setzte bemerkenswerterweise bei jenen Völkern ein, die zu Lists Zeiten (nicht von ihm!) als „geschichtslos" charakterisiert wurden, so in Ost- und Südosteuropa. Von der *weltweiten* Relevanz seiner Diagnose und den dutzendfachen Versuchen, nationale Entwicklungsprogramme auf den Weg zu bringen, wäre er selbst wohl am meisten überrascht gewesen, hätte er seine Zeit überlebt.[5]

Die Betonung *nationaler* Rahmenbedingungen von Entwicklungsprozessen unterschied Lists Leitperspektive sowohl von der klassischen politischen Ökonomie Englands, der „kosmopolitischen Schule", als auch vom klassischen Marxismus. Die erste war auf eine *weltweit* kalkulierte effiziente Allokation knapper Ressourcen ausgerichtet; ihr Ho-

---

5 Zu dieser Problematik siehe die klassische Studie von Karl W. Deutsch 1966.

rizont war die Menschheit und nicht die Nation. In der Wirklichkeit haben sich aber die *nationalen* Rahmenbedingungen von Entwicklungsprozessen für Erfolg oder Misserfolg als richtungsweisend herausgestellt. Und analog: Der klassische Marxismus verdammte Nation und
Nationalismus als Ausdruck bürgerlicher Ideologie und setzte an ihre
Stelle die weltweite, grenzenlose Klassensolidarität des Proletariats.
Doch auch der Marxismus wurde im Laufe der Zeit allenthalben ein
Nationalmarxismus. Diese Hinwendung zur Nation zeigte sich schon in
den späten Kommentaren von Marx zur irischen Frage und zur Industrialisierung Russlands; sie kam ausdrücklich im Austro-Marxismus an
der Wende vom 19. zum 20. Jahrhundert zur Sprache; und schließlich
wurde sie zu einer Selbstverständlichkeit in allen späteren Varianten
des real existierenden Sozialismus. In seiner frühen Polemik gegen List
hatte sich Marx gründlich geirrt! List betonte zu Recht den nationalen
Rahmen für Prozesse nachholender Entwicklung.[6]

Die Relevanz der List'schen Überlegungen zeigt sich auch im Hinblick auf die Erfahrungen mit Entwicklungsprozessen in Gesellschaften
des real existierenden Sozialismus. Jede einzelne der dort beobachtbaren Schwerpunktsetzungen hätte Lists berechtigte Kritik erfahren;
und nicht überraschenderweise kam angesichts erheblicher Fehlentwicklungen schon seit den 1960er Jahren eine Kritik im List'schen Sinne auch in der in diesen Gesellschaften selbst artikulierten, allerdings politisch meist unterdrückten Selbstkritik zum Ausdruck:

Wenn ein autokratisch bis totalitär verfasster Staat die Freiheitsräume
der Gesellschaft, wie es im stalinistischen Modell exzessiv der Fall war,
beseitigt, wird aus List'scher Perspektive eine der wichtigsten Entwick-
lungsressourcen, die freie Entfaltung von Individuen und Gruppen, zunich-
te gemacht. Wenn man die Landwirtschaft anhaltend aussaugt, sind negative gesamtwirtschaftliche Rückwirkungen nicht zu vermeiden. Die anhaltend investive Überbetonung der Schwerindustrialisierung (Sektor I) führt
zu einer Produktion an den naheliegenden alltäglichen Bedürfnissen der
Konsumenten vorbei, also zu einem chronischen Mangel an Investitionen
für die Produktion von Konsumgütern (Sektor II). Das wiederum führt zum
Zusammenbruch von Leistungsmotivation und zur Apathisierung. Die Vernachlässigung des Dienstleistungssektors und seine ideologische Verken-
nung als „unproduktiv" müssen sowohl die Arbeitsteilung als auch die
„Konföderation der produktiven Kräfte" behindern. Die totale Abschottung
nach außen, also die Politik der Autarkie, entzieht einer Gesellschaft die
Anreize für Innovation, was im Realsozialismus doppelt negativ zu Buche

---

6   Über das Verhältnis von List'schem Paradigma und dem Marxismus siehe die exzel-
     lente Studie von Szporluk 1988.

schlug: Denn anders als in der List'schen Programmatik war in Staatshandelsländern auch die innere Konkurrenz als eine mögliche Quelle von Innovation eliminiert. Im Übrigen belegt auch die Geschichte des Realsozialismus die Beobachtung, dass das Wachstum eine notwendige, aber keine hinreichende Bedingung für Entwicklung ist. Wie in anderen Teilen der Welt war entwicklungsrelevant, was jeweils wie stark und unter welchen Verteilungsbedingungen wuchs.

Was aus List'scher Perspektive im Realsozialismus fehlte, liegt also auf der Hand: die Emanzipation der Gesellschaft gegenüber dem Staats- und Parteimonopol, insbesondere der Übergang von einer Art Despotie zum aufgeklärten Absolutismus und schließlich zur Demokratie; die Schaffung politischer Freiheitsräume als Ausgangspunkt von sich selbst mobilisierenden brachliegenden Kräften und die dafür unerlässliche Möglichkeit politischer Partizipation und von Selbstverwaltung; eine Agrarreform, die eine weltweite Erfahrung in Rechnung stellt: nämlich die hohe Produktivität selbstwirtschaftender und gleichzeitig genossenschaftlich vernetzter Betriebe mittlerer Größenordnung; die Erhöhung der Arbeitsproduktivität in allen Teilen der Ökonomie durch eine Verlagerung der Wachstumsprioritäten von der Grundstoff- und Schwerindustrie zur Konsumindustrie bei Förderung eines technologisch fortgeschrittenen Maschinenbaus; der Ausbau von Infrastruktur sowie die Wertschätzung und Förderung des Dienstleistungssektors; eine wachsende Öffnung zur weiteren Umwelt durch Intensivierung des Austausches von Menschen, Gütern, Technologie und Kapital. Ehe proklamiert, waren *glasnost* und *perestroika* also längst überfällig.[7] Und wahrscheinlich krankte der Realsozialismus im Kontext der real existierenden Weltwirtschaft eher an einer chronischen Unterforderung als an einer Überforderung durch die vorherrschenden westlichen Ökonomien.

Rückblick und Ausblick

Lists Diagnose und Entwicklungsprogrammatik sind schon allein deshalb erinnernswert, weil in ihnen weithin die richtigen Gründe für die positiven und die negativen Entwicklungserfahrungen der vergangenen 170 Jahre zur Sprache kommen.[8] Man hätte viele Fehler vermeiden können, wenn man sich seiner Erkenntnisse erinnert hätte, als nach 1960 die Weichen für die nationale und internationale Entwicklungspolitik gestellt wurden.

---

7   Aus der Fülle von Literatur siehe die zusammenfassende Diskussion bei Segbers 1989 und schon grundlegend Kornai 1980.

8   Siehe hierzu jetzt die grundlegenden Studien von Chang 2002 und Reinert 2007.

39

Es bleibt jedoch die Frage, ob unter heutigen Bedingungen von weltweit ausgreifenden und vertieften Interdependenzen, der so genannten *Globalisierung* (Held et al. 1999), die List'sche, durch die bisherige Entwicklungsgeschichte verifizierte Entwicklungsprogrammatik noch trägt. Wer nun dies bezweifelt, müsste jedoch den Nachweis führen, dass die wesentlichen, hier aufgezeigten Aktivposten einer *potentiell* erfolgreichen Entwicklungsstrategie nicht mehr die entscheidenden sind, sondern andere – aber dann: welche wären das? Auch die vielgehörte These, Staaten verfügten heute nicht mehr über einen ausreichenden Handlungsspielraum, um Entwicklungsprozesse vermittels selektiver Dissoziation samt Binnenmarkterschließung erfolgreich inszenieren zu können, ist weniger überzeugend, als es den Anschein hat. Denn das Spektrum diesbezüglicher unterschiedlicher aktueller Erfahrungen zwischen Ostasien und Schwarz-Afrika, innerhalb Lateinamerikas und der Karibik, in den islamischen Gesellschaften von Marokko bis Indonesien, von China und Indien in den vergangenen Jahrzehnten einmal ganz abgesehen, ist markant genug, um der generellen Skepsis den Boden zu entziehen (Landes 1999): Weiterhin gibt es die Chance, eine gewiss in unterschiedlichen Ausmaßen gegebene Handlungsautonomie entwicklungsoperativ einzusetzen, so wie es leider weit mehr Erfahrungen gibt, dass viele Eliten, in aller Regel die von exklavenhaft strukturierten Export-Ökonomien lebenden und ihre Klientel alimentierenden so genannten Rentenklassen, überhaupt kein Interesse haben, den gesamtgesellschaftlich abträglichen, aber für sie selbst einträglichen politischen und sozio-ökonomischen Status quo zu überwinden.[9]

In diesem Zusammenhang ist nicht uninteressant zu registrieren, dass selbst die Weltbank mit ihrem *Weltentwicklungsbericht 2006* („Chancengerechtigkeit und Entwicklung") nach Jahrzehnten fragwürdiger programmatischer Generalorientierungen (meist neoklassischer Natur) und vieler freischwebender und deshalb fehlplatzierter spezifischer Sonderempfehlungen in den früheren Berichten der vergangenen zwei Jahrzehnte schließlich und endlich zu einer überzeugenden, *konfigurativ* aufbereiteten Lagebeurteilung ganz im Sinne einer komplexen Argumentation à la List gefunden hat – gewissermaßen eine Hommage an List, ohne sich dessen jedoch bewusst zu sein!

Eine ganz andere Entwicklungsproblematik, die List noch nicht umtreiben konnte, stellt sich beginnend mit den 1970er- und 1980er Jahren nunmehr in wachsendem Maße den bisherigen weltwirtschaftlich tonangebenden Spitzenökonomien, den *économies dominantes*, also vor allem den Alt-Industrieländern der OECD-Welt. Das Stichwort ist hier *„dependency re-*

---

9   Siehe hierzu die bleibend bedeutenden Studien von Hartmut Elsenhans, jüngst Elsenhans 2001.

versal", also die Umkehr der Abhängigkeit mit dem Ergebnis eines Verdrängungswettbewerbs von Seiten jener Schwellenländer, die ein *upgrading* durchlaufen haben und die nun mit preisgünstigen, qualitativ hochwertigen, zunächst arbeitsintensiv und später auch kapitalintensiv produzierten Gütern die Märkte der Alt-Industrieländer durchdringen und dort in entsprechenden Segmenten der Ökonomie zu Entindustrialisierungsprozessen führen. Bisher war dieser Verdrängungswettbewerb (ursprünglich von Japan ausgehend) grosso modo verdaubar, weil er sich potentiell durch einen gezielten Strukturwandel leidlich konterkarieren ließ. Indem jedoch Länder von der Größenordnung Chinas und Indiens mit entsprechenden Exportvolumina die Märkte der Alt-Industrieländer durchdringen werden, akzentuiert sich diese Herausforderung.

Hier also liegt eine Umkehr der von Friedrich List frühzeitig diagnostizierten Problematik vor, ausgehend jetzt von erfolgreichen Neu-Industrieländern, die zwar noch keine *économies dominantes* mit neuen präzedenzlosen weltwirtschaftlich relevanten Leitsektoren sind, aber potent genug, um unter weltwirtschaftlich freihändlerischen Bedingungen, die die OECD-Gesellschaften seit ca. 1960/70 verfochten haben, in letzteren erhebliche Verwerfungen auszulösen, insbesondere in wegbrechenden unterdurchschnittlich produktiven Branchen eine *strukturelle* Arbeitslosigkeit. Wenn einst in der lateinamerikanischen *dependencia*-Diskussion als Folge des Verdrängungswettbewerbs der Alt-Industrieländer insbesondere auf den größeren Märkten der lateinamerikanischen Gesellschaften die Herausbildung eines so genannten *marginalen Pols* diagnostiziert wurde – also einer großen Zahl von potentiell Erwerbstätigen, die niemals eine Chance haben, in die formelle moderne Ökonomie integriert zu werden und weder als Produzenten noch als Konsumenten zählen (Quijano 1974; Sunkel 1972) –, dann wiederholt sich dieser Prozess nun in den Industrieländern selbst: also hier ein *downgrading* in der Folge des *upgrading* von Schwellenländern à la China angesichts von deren beispiellosen quantitativem und in wachsendem Maße sich qualitativ steigerndem Exportpotential. Hier also wird angesichts drohender, zum Teil schon sich herausbildender struktureller Heterogenität in den Alt-Industrieländern (Scholz 2002) und somit der realen Gefahr eines Prozesses *„nachholender Peripherisierung"* eine Kehre im entwicklungspolitischen Diskurs überfällig (Senghaas 2006), weil nunmehr Grundfragen der weiteren Entwicklungsdynamik von erheblicher gesellschaftspolitischer Brisanz sich den *économies dominantes* selbst stellen: Wie geht man *hierzulande* (und in der übrigen OECD-Welt) mit einem Verdrängungswettbewerb der Neu-Industrieländer um, der sich, anders als bisher, nicht mehr ausschließlich mit den Instrumentarien der herkömmlichen Politik einer Inszenierung von Strukturwandel abfedern oder gar bewältigen lässt? Antworten sind gefragt, und sie müssten, wenn schon nicht mehr inhaltsgleich, zumindest die Komplexität und konfigurative Ausrichtung haben, die einst List im Hinblick auf die Bewältigung des Verdrängungswettbewerbs von Seiten der *économies dominantes* in den *économies dominées* artikuliert hatte. Gefragt ist also neben der weiterhin bestehenden Alt-List'schen Problematik, die sich auf weite Teile der Dritten Welt bezieht, eine vielleicht als *neolistianisch* zu bezeichnende Diagnose und Programmatik für die Metropolen selbst. Die bleibende Existenz der alten und die hier kurz umrissene neue Problematik werden dazu beitragen, dass schließlich und endlich synthetisierend die Welt insgesamt und nicht nur ein, wenngleich erhebliches Segment zum vortrefflichen Gegenstand einer wirklich global orientierten Entwicklungsforschung werden wird (Senghaas 2003; Menzel 2002 und 2004; Altvater/Mahnkopf 1996).

Benötigen wir also angesichts historischer und aktueller Entwicklungserfahrungen neue Entwicklungsvisionen? – so ist abschließend zu fragen. Im engeren Sinne des Begriffes sind solche nicht vonnöten, denn die Lehren aus bisherigen Entwicklungserfolgen und -fehlschlägen sind immer noch tragfähig. Nur muss man sie im positiven wie im negativen Sinne zur Kenntnis nehmen und aus den offenkundigen Lehren entsprechende Konsequenzen ziehen, wobei im Einzelnen festzuhalten wäre:

- dass ohne eine vorgängige und die Industrialisierung begleitende Produktivkraftentfaltung im landwirtschaftlichen Sektor eine gedeihliche Entwicklung nicht zu erwarten ist;

- dass Industrialisierung landwirtschaftsnah zu beginnen hat, ehe der Schritt in die große Industrie getan wird;

- dass es auf die Erschließung von Massenmärkten, die sich zunächst durch einfache Güter auszeichnen, ankommt;

- dass eine mäßige Ungleichheit in der Verteilung von Grund und Boden und bei den Einkommen einen positiven entwicklungsstrategischen Stellenwert besitzt, um Binnenmärkte zu erschließen;

- dass die Mobilisierung von Kompetenzen durch ein vielgliedriges Erziehungssystem geeignet ist, fehlende natürliche Ressourcen zu kompensieren und die Grundlage für Innovation zu legen;

- dass es darauf ankommt, angemessene Technologien zu schaffen und fremde Technologien an eigene Bedürfnisse anzupassen;

- dass ein solcher Entwicklungsweg der außenwirtschaftlichen Absicherung bedarf, um ihn binnenwirtschaftlich zu fördern und gegen nachteilige externe Einflüsse abzuschirmen;

- dass zu viel Schutz innovationshemmend wirkt und zu wenig Schutz Eigenanstrengungen entmutigt;

- dass es auf die Selektivität von Förderungs- und Schutzmaßnahmen ankommt, d.h. auf die weitsichtige kluge Politik eines „sophisticated development state" à la Friedrich List;

- dass eine sozial mobil werdende Gesellschaft im Übergang von traditionaler zu sich modernisierender Gesellschaft erweiterter Chancen für politische Beteiligung bedarf.

In einem weiteren Sinne des Begriffes sind jedoch neue Entwicklungsvisionen erforderlich. Sie betreffen die Problematik „nachhaltiger Entwicklung‚" also des pfleglichen Umganges mit Ressourcen, um der Menschheit insgesamt in der Zukunft überhaupt noch eine Entwicklungschance zu geben. „Nachhaltige Entwicklung" ist jedoch zunächst und in erster Linie eine Herausforderung an die hochindustrialisierten Gesellschaften der Welt, die Großverschwender von Energie und Ressourcen (ca. 15 Prozent der Weltbevölkerung): Ohne deren vorgängige eigene entwicklungspolitische Wende wird Entwicklung allein schon aus ökologischen Gründen in eine Sackgasse geraten. Aber auch eine ökologisch umsichtige Entwicklung hier und andernorts wird nicht an den grundlegenden Lehren der Vergangenheit, den „offenkundigen Wahrheiten" vorbeikommen.

Dieser in der Entwicklungsdiskussion wenig bedachte Sachverhalt wird selbst offenkundig, wenn man nur bereit ist, eine ökologisch weitsichtige Entwicklungspolitik operativ zu durchdenken: *Keine* der historisch belegbaren und somit offenkundigen Lehren widerspricht dem unabweisbaren Imperativ ökologischer Umsicht. Doch steht die praktisch-konkrete Erfahrung einer Entwicklung unter den Vorzeichen ökologischer Umsicht, insbesondere einer nicht fossilistisch fundierten Ökonomie (Altvater 2005), der Menschheit erst bevor. Hierfür sind technologische, aber auch institutionelle, zunächst vor allem aber mentale Innovationen erforderlich, aller Wahrscheinlichkeit nach auch ein Abbau der sich heute dramatisch globalisierenden, ökologieinsensitiven ökonomischen Interdependenzen mit der Folge einer überfälligen stärkeren Konzentration von Wirtschaftskreisläufen erneut im regionalen und subregionalen Bereich.

Literatur

Altvater, Elmar (2005), Das Ende des Kapitalismus, wie wir ihn kennen, Münster.

Altvater, Elmar / Mahnkopf, Birgit (1996), Grenzen der Globalisierung, Münster.

Amin, Samir (1986), La déconnexion, Paris.

Bairoch, Paul (1993), Economics and World History. Myths and Paradoxies, London.

Berend, Ivan T. (2007), Markt und Wirtschaft. Ökonomische Ordnungen und wirtschaftliche Entwicklung in Europa seit dem 18. Jahrhundert, Göttingen.

Chang, Ha-Joon (2002), Kicking away the Ladder. Development Strategy in Historical Perspective, London.

Deutsch, Karl W. (1966), Nationalism and Social Communication. An Inquiry into the Foundations of Nationality. Cambridge.

Elsenhans, Hartmut (2001), Das internationale System zwischen Zivilgesellschaft und Rente, Münster.

Gilpin, Robert (2000), The Challenge of Global Capitalism. The World Economy in the 21st Century, Princeton.

Gilpin, Robert (2001), Global Political Economy. Understanding the International Economic Order, Princeton.

Held, David et al. (1999), Global Transformations. Politics, Economics and Culture, Oxford.

Henderson, William (1984), Friedrich List, Düsseldorf/Wien.

Janos, Andrew C. (1989), The Politics of Backwardness in Continental Europe, 1780–1945, in: World Politics, Bd. 41, Nr. 3, S. 325-358.

Kornai, Janos (1980), Economics of Shortage, Amsterdam.

Küng, Hans / Senghaas, Dieter (Hrsg.) (2003), Friedenspolitik, München.

Landes, David S. (1999), Wohlstand und Armut der Nationen, Berlin.

List, Friedrich, 1927–1935: Schriften, Reden, Briefe. Hrsg. von E. V. Beckerath et al., 10 Bde., Berlin.

List, Friedrich (2008), Das Nationale System der politischen Ökonomie. Hrsg. von Eugen Wendler, Baden-Baden (Erstdruck 1841).

Menzel, Ulrich (1985), In der Nachfolge Europas. Autozentrierte Entwicklung in den ostasiatischen Schwellenländern Südkorea und Taiwan, München.

Menzel, Ulrich (1988), Auswege aus der Abhängigkeit. Die entwicklungspolitische Aktualität Europas, Frankfurt/M.

Menzel, Ulrich (2001), Globalisierung vs. Fragmentierung, Frankfurt/Main.

Menzel, Ulrich (2004), Paradoxien der neuen Weltordnung, Frankfurt/Main.

Menzel, Ulrich / Senghaas, Dieter (1986), Europas Entwicklung und die Dritte Welt. Eine Bestandsaufnahme, Frankfurt/M.

Müller, Johannes / Wallacher, Johannes (2005), Entwicklungsgerechte Weltwirtschaft, Stuttgart.

Perroux, François (1955), Note sur la notion de pôle de croissance, in: Economie appliquée, Bd. 8, S. 307-323.

Quijano, Aníbal (1974), Marginaler Pol der Wirtschaft und marginalisierte Arbeitskraft, in: Senghaas, Dieter (Hrsg.), Peripherer Kapitalismus, Frankfurt/M., S. 298-341.

Reinert, Erik S. (2007), How Rich Countries Got Rich... and Why Poor Countries Stay Poor, London.

Schafmeister, Klaus (1995), Entstehung und Entwicklung des Systems der Politischen Ökonomie bei Friedrich List, St. Katharinen.

Scholz, Fred (2002), Die Theorie der ‚fragmentierenden Entwicklung‘, in: Geographische Rundschau, Bd. 54, S. 6-11.

Segbers, Klaus (1989), Der sowjetische Systemwandel, Frankfurt/M.

Senghaas, Dieter (Hrsg.) (1972), Imperialismus und strukturelle Gewalt. Analysen über abhängige Reproduktion, Frankfurt/M.

Senghaas, Dieter (Hrsg.) (1974), Peripherer Kapitalismus. Analysen über Abhängigkeit und Unterentwicklung, Frankfurt/M.

Senghaas, Dieter (1977), Weltwirtschaftsordnung und Entwicklungspolitik. Plädoyer für Dissoziation, Frankfurt/M.

Senghaas, Dieter (1982), Von Europa lernen. Entwicklungsgeschichtliche Betrachtungen, Frankfurt/M.

Senghaas, Dieter (2003), Die Konstitution der Welt – eine Analyse in friedenspolitischer Absicht, in: Leviathan, Bd. 31, S. 117-152.

Senghaas, Dieter (2006), Überfällige Kehre im entwicklungspolitischen Diskurs?, in: eins. Entwicklungspolitik, Heft 21, S. 48-51.

Sunkel, Osvaldo (1972), Transnationale kapitalistische Integration und nationale Desintegration. Der Fall Lateinamerika, in: Senghaas, Dieter (Hrsg.) (1972), Imperialismus und strukturelle Gewalt, Frankfurt/M., S. 258-315.

Szporluk, Roman (1988), Communism and Nationalism. Karl Marx versus Friedrich List, New York/Oxford.

Taft Morris, Cynthia / Adelman, Irma (1988), Comparative Patterns of Economic Development, 1850–1914, London.

Weltbank (Hrsg.) (2006), Weltentwicklungsbericht 2006. Chancengerechtigkeit und Entwicklung, Düsseldorf.

Wendler, Eugen (1989), Friedrich List. Politische Wirkungsgeschichte des Vordenkers der europäischen Integration. München.

TEIL I:

ARMUT MACHT KRIEG. GLOBALE ARMUTSBEKÄMPFUNG
IN DES KAISERS NEUEN KLEIDERN

PARAMETER VON KRIEGEN IM 21. JAHRHUNDERT ODER DIE UNÜBERSICHTLICHKEIT SOZIALER ORDNUNGEN UNTER BEDINGUNGEN VON SCHATTENGLOBALISIERUNG UND NEOLIBERALEM CHAOS

PETER LOCK

Ausgangsthese

Allgemein formuliert gilt: Der Zustand der Weltgesellschaft bestimmt den Charakter von Kriegen bzw. gewaltförmigen Konflikten. In der gegenwärtigen Weltgesellschaft vollziehen sich tiefgreifende Wandlungen, die denkbare Kriegsszenarien bestimmen. Es handelt sich dabei um massiv veränderte soziale und wirtschaftliche Parameter, die unabhängig vom Wandel politischer Ordnungen das Spektrum wahrscheinlicher Kriegshandlungen eingrenzen. Unsere politischen Diskurse, auch die der Friedensbewegung, und die operative Ausrichtung von Streitkräften orientieren sich hingegen an Kriegserfahrungen, die nicht länger brauchbar sind, weil ein zweckrationaler Einsatz traditioneller militärischer Gewaltmittel in weiten Teilen der sich verändernden Weltgesellschaft immer weniger zielführend möglich ist. Das heißt freilich nicht, dass instrumentelle, auch kriegerische, Gewalt notwendig abnehmen wird, wohl aber dass sich ihre Erscheinungsformen verändern. Kriege werden unübersichtlicher, verlieren sowohl ihre eindeutige geographische Dimension als auch klare zeitliche Abgrenzungen. Gewalt tritt erratisch in Erscheinung, eine Abgrenzung von Krieg wird willkürlich und hängt letztlich vom interessenbestimmten Diskurs vor allem der westlichen Industrienationen ab. Die politische Definitionsmacht liegt bislang allein in ihren Händen.

In diesem Text wird versucht, einige Beobachtungen zu skizzieren, die diese Thesen stärken. Zu bedeutenden Faktoren, die zukünftige „Kriegsszenarien" beeinflussen, zählen die rasante Urbanisierung, Herausbildung von unregierbaren Megastädten und die damit einhergehende Slumbildung, ebenso die so genannte ökonomische Modernisierung und die daraus folgende allgemeine Beschleunigung der Lebensweisen sowie die vollständige Abhängigkeit von der globalen Warenzirkulation, verbunden mit der symbiotischen Verflechtung formaler, informeller und krimineller Sphären der Wirtschaft. An die Stelle bescheidener (klein)bäuerlicher Landwirtschaft mit einem hohen Grad der Selbstversorgung tritt selbst in wenig entwickelten Ländern die Produktion marktorientierter Agrarprodukte und treibt verarmte Kleinbauern in Massen in die urbanen Agglomerationen. Ausufernde Megastädte zeigen diese Entwicklung weltweit an. Die weit über eine Milliarde extrem armer Menschen überlebt dort in einem äußerst störanfälligen „just-in-time"-Wirtschaftszyklus von täglich unsicherem Verdienst als Voraussetzung zum Erwerb oft unzureichender Mengen an „Lebensmitteln". Sie haben längst ihre einstige relative Ernährungssicherheit in Form von Selbstversorgung und anderen, vor allem wirtschaftlichen, Reserven verloren.

Der soziologische Sachverhalt, dass in weiten Teilen der Welt Kinder und Jugendliche eine Bevölkerungsmehrheit bilden, für die die herrschende neoliberale weltmarktorientierte Wirtschaftsdoktrin auch langfristig keine reguläre Beschäftigungsperspektive bietet, beschleunigt die sozialräumliche Fragmentierung von Gesellschaften bei gleichzeitig dramatischer Verminderung der Reichweite von Staatlichkeit. An die Stelle des öffentlichen Gutes Sicherheit treten apartheidartige soziale Segregation durch Bodenpreise und Architektur, kommodifizierte Sicherheit und private legale, informelle und kriminelle Sicherheits- bzw. kriminelle Schutzdienstleistungen. Sicherheitsdienstleistungen oder allgemeiner die Produktion von latenter und manifester Gewalt und Gegengewalt expandieren mit abnehmender Reichweite des Staates und dem Verschwinden öffentlicher Güter. Die hieraus resultierende formelle und informelle Beschäftigung mehrt allerdings nicht die gesellschaftliche Wohlfahrt, sondern schafft ausschließlich individuelle Einkommen, die als eine Art Zwangssteuer aufgebracht werden. Sozialer Zusammenhalt beschränkt sich in der Folge zunehmend auf untereinander in oft militanter Konkurrenz stehende Identitätsgruppen. Sie sind nicht selten als Folge von Migration transnational vernetzt und fungieren jenseits gesamtgesellschaftlicher oder nationalstaatlicher Loyalität vor allem als Akteure der Schattenglobalisierung.

Trends und Fehleinschätzungen

Die Klage, dass die Militärausgaben zu hoch seien und sogar noch steigen, gehört zu den Ritualen friedens- und entwicklungspolitischer Kritik an den bestehenden Verhältnissen. Seit vierzig Jahren liefert SIPRI, das Stockholmer Friedensforschungsinstitut, jährlich die Belege für die rituelle Anklage in tabellarischer Form, eine Statistik weltweiter Militärausgaben. Dieser auch in der vergleichenden Politikwissenschaft noch immer beliebte

Datensatz ist von der realen Entwicklung der Rolle des Militärs längst entwertet worden. Der Stellenwert und die Funktion von Streitkräften als Teil der Gesamtheit Sicherheit produzierender Formationen haben sich tiefgreifend verändert. Der relative Stellenwert und die funktionale Ausrichtung und nicht selten auch die außerbudgetäre, manchmal auch illegale Reproduktion der Streitkräfte haben extreme und zugleich uneinheitliche Veränderungen erfahren. Daher ist es unverständlich, dass die funktionale Zuordnung des Militärs im europäischen Verfassungsmodell unhinterfragt als weltweit gegeben in der jährlichen SIPRI-Statistik fortgeschrieben wird, obwohl dies in weiten Teilen der Welt außerhalb Europas schon lange nicht mehr zutrifft und vielleicht von Anfang an nur Ideologie[1] war.

In weiten Teilen der Welt fungiert das Militär definitiv im Wesentlichen als Polizei im Inneren und besitzt häufig keine logistischen Kapazitäten, um militärische Operationen entlang von Staatsgrenzen zum Schutz der territorialen Souveränität durchzuführen. In unterschiedlicher zeitlicher Abfolge haben indigene Misswirtschaft der herrschenden Eliten und aufgeherrschte neoliberale Rezepturen viele Staaten der Fähigkeit beraubt, das von Europa übernommene Modell der institutionellen Trennung von äußerer und innerer Sicherheit, von Militär und Polizei, angemessen zu alimentieren. In der Praxis haben sich die konstitutionelle Vorgabe und die funktionale Rolle des Militärs als de facto Polizei voneinander entfernt.

Die friedens- und entwicklungspolitischen Diskurse in Europa nehmen diese strukturellen Veränderungen nicht zur Kenntnis. Sie beklagen und sanktionieren, ohne genauer hinzusehen, zu hohe Militärausgaben und beklagen gleichzeitig die Defizite staatlicher Leistungen und den Mangel öffentlicher Sicherheit in den betreffenden Ländern. Für die Vereinigten Staaten, auf die etwa die Hälfte aller Militärausgaben entfallen, wäre eine solche Kritik angemessen, nicht jedoch gegenüber Ländern, die durch IWF-Auflagen und Korruption nur noch über Fragmente eines Staatsapparates verfügen, das Gewaltmonopol längst verloren haben und die nicht mehr in der Lage sind, Steuern für die Reproduktion des Staates zu erheben. Leistungsfähige Staatlichkeit als Voraussetzung für Entwicklung wird eingefordert, zugleich aber kritisiert, wenn sie sich formal in Militärausgaben niederschlägt. Hier wäre im Einzelfall zu klären, wie die gesellschaftliche Sicherheitsarchitektur aussieht. Allein an der Höhe der Militärausgaben lässt sich Kritik nicht festmachen. In extremen Fällen wie in Nikaragua unter Somoza gab es keine eigenständige Polizei, das Militär war das einzige Sicherheitsorgan.

---

[1] In Afrika etwa wurden aus den kolonialen Hilfstruppen zur Kontrolle der Bevölkerung mit dem Tage der Unabhängigkeit die nationalen Streitkräfte.

Die herrschende entwicklungspolitische Programmatik propagiert eine Reform des Sicherheitssektors. Dieses Paradigma war eine Reaktion auf zahlreiche Militärdiktaturen und will eine demokratisch legitimierte Kontrolle des Militärs durch die Zivilgesellschaft befördern. Es hat sich als wenig weiterführend erwiesen, zumal Militärdiktaturen in vielen Fällen längst durch andere Formen der Machtausübung abgelöst worden sind. Weiterhin gilt für die große Mehrzahl der Staaten in der Dritten Welt, dass ihre militärische Leistungsfähigkeit seit einem Vierteljahrhundert mangels finanzieller Ressourcen mehr oder weniger stark abgenommen hat. Die Bereitstellung von Militärpersonal für UN-Missionen bedeutet in diesen Ländern finanzielle Entlastung für unzureichende Militärhaushalte. Lediglich vor allem erdölexportierende Länder[2] retransferieren einen Teil ihrer Rohstoffrenten in Form von umfänglichen Waffenkäufen zurück in die Industrienationen.

Angesichts der beständigen militärischen Interventionsdrohung in unterschiedlichen Gewändern – wie Recht zu helfen und sehr selektives Vorgehen zum Schutz der Menschrechte –, die von den Industriestaaten ausgeht und eingedenk extrem bescheidener militärischer Fähigkeiten in weiten Teilen der Dritten Welt sollte sich vor allem die Friedensbewegung differenzierte Analysen zur Grundlage ihrer Kritik an Militärausgaben und Rüstungskäufen erarbeiten. Denn leistungsfähige Staatlichkeit erfordert bewaffnete Sicherheitskräfte.

Die radikale Modernisierung der Lebenswelten, die nahezu ausnahmslos weltweit Gesellschaften durchdringt, schränkt die Möglichkeiten für bewaffnete Gruppen und moderne Armeen stark ein, zielorientiert zu agieren. Dem Zeithorizont bewaffneten Kampfes sind in durchmodernisierten Lebenswelten enge Grenzen gesetzt. Gleiches gilt für den Einsatz konventioneller, vor allem kinetischer Gewaltmittel. Allerdings kann ein bewaffneter Kampf in einem labilen Gleichgewicht auf Dauer gestellt werden. Er wird zur weniger schlechten Möglichkeit aus meist sehr unterschiedlichen, auch „exogenen"[3] Gründen für die beteiligten Konfliktparteien. Es bilden sich soziale Strukturen, die bewaffnete Gewalt und deren Folgen existenziell resorbieren und sie ideologisch zu sozialem Kitt aufwerten, der den Zusammenhalt und die Machtverhältnisse der jeweiligen Identitätsgruppe garantiert.

---

2   Selbstverständlich gibt es auch Fälle unangemessener Rüstung, die nicht auf Rohstoffrenten basieren.

3   Hiermit will ich darauf verweisen, dass bewaffnete Konflikte in ihrer sozialen Basis, zumindest heute, nie auf die Territorialität eines Staates oder eine, wie auch immer definierte „ethnische Heimat" beschränkt sind.

Vieles deutet darauf hin, dass die radikale Modernisierung das Problem und die subjektive Wahrnehmung sozialer Exklusion noch verschärft. Die politische Frage, die Exklusion langfristig immer provoziert, ob und wann im Widerstand gegen Exklusion politische Ziele mit bewaffneter Gewalt durchgesetzt werden sollen, dürfte sich gegenüber Konstellationen, die in der Vergangenheit zu bewaffnetem Kämpfen geführt haben, nicht wesentlich verändert haben. Aber in weiten Teilen der Welt verändern sich die operativen Rahmenbedingungen für bewaffneten Kampf tiefgreifend, während sich gleichzeitig eine Disposition zu umfassender präventiver Repression unter dauerhafter offener Preisgabe rechtsstaatlicher Grundsätze und durch sozialgeographische bzw. architektonische Kommodifizierung der Exklusion entwickelt.

Die sozialwissenschaftlichen Befunde hinsichtlich Zahl und Tendenz bewaffneter Konflikte (Forschungsgruppen in Uppsala, Vancouver, Hamburg, Heidelberg u.a.m.) helfen wenig, den Faktor Modernisierung (steigende Fragilität gesellschaftlicher Reproduktion), die zunehmend in einem extrem störanfälligen Modus „just-in-time" stattfindet, durch den globalen Makrotrend Megastädte und Slumbildung in seinen Auswirkungen auf die Handlungsoption bewaffneter Konflikt zu beleuchten. Hierzu wäre es notwendig, methodisch all jene Konstellationen zu analysieren, in denen sich keine bewaffneten Gruppen bilden bzw. bilden konnten oder es zumindest nicht zu einem bewaffneten Konflikt kommt, obwohl viele Faktoren vorliegen, die in anderen Ländern zu bewaffneten Konflikten geführt haben. Aber die Kakophonie der Gewaltbetroffenheitsdiskurse schafft dominante Diskursfelder, die zwangsläufig auch die Sozialwissenschaften einbinden und die Aufmerksamkeit und Forschungsressourcen vorrangig auf Gewalt in Form bewaffneter Konflikte lenken. Nicht wenige Kriegsparteien füttern diese Berichterstattung und Analysen mittels professioneller Öffentlichkeitsarbeit, vor allem in London und Washington; sie engagieren Agenturen und richten ihre Operationen auf die mediale Präsentation aus. Mindestens ebenso wichtig und analytisch ertragreich wäre es, nach dem Ausbleiben bewaffneter Konflikte in Fällen stärkster sozialer Fragmentierung zu fragen.

Auch das zivilgesellschaftliche Engagement als Reaktion auf die selektive mediale Abbildung von gewaltförmigen Konflikten auf dem gesamten Globus ist Produkt einer moralischen Betroffenheit. In den OECD-Staaten hat sie inzwischen zu einem Industriezweig aufgewachsene Netzwerke privater und staatlicher Organisationen generiert, deren Geschäftsfeld „humanitäre Hilfe" ist. Ihre Aktivitäten machen sie zwangsläufig zu einem Teil der jeweiligen Konfliktformationen und erweitern die entterritorialisierte soziale und ökonomische Basis bewaffneter Konflikte. Dieses Dilemma ist unausweichlich und muss bei allen „Interventionen (=Hilfe)" bedacht werden.

Die relative Wirkungslosigkeit in der politischen Praxis des ebenfalls relativ beschäftigungsintensiven Entwicklungshilfesektors während eines halben Jahrhunderts Entwicklungshilfe bzw. -politik im Hinblick auf die gesetzten Ziele kommt hinzu. Humanitäre Nothilfe und Entwicklungshilfe sind in weiten Bereichen nicht mehr gegeneinander abzugrenzen. In beiden (Wirtschafts-)Sektoren haben die Mitarbeiter seit knapp zwanzig Jahren zunehmend ein Sicherheitsproblem vor Ort an ihren Arbeitsplätzen. Dies hat in einem sehr kurzen Zeitraum einen kontroversen Paradigmenwechsel in der Entwicklungspolitik provoziert. Statt absoluter Abgrenzung zu (militärischer) Sicherheitspolitik bemüht man immer häufiger die Begriffe Komplementarität und Interdependenz, um die gemeinsamen, für die jeweilige institutionelle Legitimation unverzichtbaren Arbeitsfelder in Krisenregionen zu erhalten. Das Bundesministerium für wirtschaftliche Zusammenarbeit und das Bundesministerium für Verteidigung in Deutschland erfinden sich zunehmend als siamesische Zwillinge in der deutschen Außenpolitik. Privater bewaffneter „Werkschutz" hat sich längst zu einer alltäglichen Praxis bei vielen Hilfsorganisationen entwickelt, auch wenn man davon möglichst wenig redet.

Der Krieg gegen den Terror als manipulative Folie politischer Machtausübung und -erhaltung hat dazu beigetragen, dass wegen der Konkurrenz um Ressourcen nahezu alle Politikfelder sich inzwischen als Beitrag zur Sicherheitspolitik darstellen müssen. Ideologisch wird Bedrohung global verortet. Aus dieser Logik leitet sich ab, dass bewaffnete Konflikte, in welchen entfernten und ökonomisch marginalen Gebieten auch immer, in eine enterritorialisierte Dynamik mittelbarer und direkter Einmischung geraten. Was bis zur Implosion der Sowjetunion von bipolarer hegemonialer Konkurrenz geprägt war, ist heute fast zwangsläufig ein Geschäftsfeld einer „humanitären" Interventionsindustrie. Man kann diese Industrie mit der Missionsarbeit im 19. Jahrhundert vergleichen, die als Schuhlöffel wirtschaftlicher Interessen fungierte. Die Grenzen zwischen zivilgesellschaftlichem Engagement und dem „Outsourcing" staatlicher Interessenpolitik sind ebenso unscharf, wie es die Grenzen zwischen christlicher Mission und imperialer Interessenpolitik waren.

Nicht zufällig hat sich parallel hierzu das Völkerrecht in Richtung auf eine neue Abwägung zwischen nationalstaatlicher Souveränität, ausgedrückt im Verbot der Einmischung in innere Angelegenheiten, und einer kollektiven Verantwortung für den Schutz der Menschenrechte und in Richtung Einmischung entwickelt. Diese Entwicklung ist eine logische und notwendige Begleiterscheinung der wirtschaftlichen Globalisierungsdynamik.

Beide Entwicklungen haben der sozialwissenschaftlichen Forschung zu bewaffneten Konflikten und zunehmend privatwirtschaftlich organisierter Politikberatung (Consulting, NGO & Co.) mit dem erweiterten Themenfeld bewaffnete Konflikte zu einem großen Markt verholfen. Hierzu gehört, dass die Weltbank vor einem Jahrzehnt bewaffnete Konflikte und deren Folgen zu einem zentralen Entwicklungshemmnis erklärt hat. Entsprechend ihrer Mission hat sie unter Federführung von Paul Collier ein autoritatives Erklärungsmuster geliefert, das die entwicklungspolitisch ausgerichteten wirtschaftlichen (nicht-militärischen) Interventionen umfassend anleiten soll. Im Kontext des Krieges gegen den Terror läuft dies auf eine faktische Militarisierung und gleichzeitige Entpolitisierung[4] der Bearbeitung bewaffneter Konflikte hinaus.

Das sozialwissenschaftliche Dienstleistungsgewerbe beliefert die begleitenden politischen Diskurse mit innovativem Vokabular, das zumeist im traditionell politiknahen Umfeld angelsächsischer Eliteuniversitäten[5] generiert wird. Zur Vermeidung allzu großer Brennschärfe, die Widersprüche offenkundig machen würde, findet dieses Vokabular unübersetzt den Weg in entwicklungs- und sicherheitspolitische Diskurse in Europa und vermittelt eine Aura von Professionalität in der breiten Öffentlichkeit.

Angesichts dieser Lage finde ich es weiterführend, wenn man sich mit den Konfliktkonstellationen und Kriegen in Israel und in den besetzten Gebieten auseinandersetzt. Radikale Modernität, zunehmende neoliberale Integration in den Weltmarkt und Abkehr vom zionistischen Nationalkapitalismus erfordern dort den gleichzeitigen Ausschluss einer Bevölkerungsmehrheit. Schaffung und Aufrechterhaltung der daraus abgeleiteten Apartheidstrukturen werden in Israel von einer politischen Mehrheit als legitime Handlungen der Selbstverteidigung verstanden. Bei genauerer Betrachtung ist dies eine Folie für Entwicklungen, die sich in unterschiedlichen Varia-

---

4   Es kann an dieser Stelle nur darauf hingewiesen werden, dass die vor allem in den USA herrschende Ideologie des Krieges gegen den Terror einen totalitär verfassten Gegner beschreibt. Konfliktbeendigung durch Verhandlungen ist so ausgeschlossen. Kriegsziel kann nur die Vernichtung oder ein „unconditional surrender" (bedingungslose Unterwerfung) sein. Nur wenn der nächste Präsident in den USA diese fatale Ideologie überwindet, ist es zu verantworten, dass sich europäische Nationen weiter in Afghanistan engagieren. Andernfalls muss sich Europa umgehend aus diesem perspektivlos geführten militärischen Konflikt zurückziehen.

5   Heerscharen amerikanischer und britischer Sozialwissenschaftler haben lukrative Beratertätigkeit für den amerikanischen Viceroy im Irak Bremer ausgeübt. Aktuell und zu Afghanistan folgende Information: „In September, Defence Secretary Robert M. Gates authorized a 44 million expansion (N.B. P.L.) of the program, which will assign teams of anthropologists and social scientists to each of the 26 American combat brigades in Iraq and Afghanistan." Quelle: David Rohde, Army Enlists Anthropology in War Zones, NYT Oct. 5, 2007.

tionen im Gefolge von neoliberal inspirierten Strategien wirtschaftlicher Entwicklung wiederholen (werden). Der repressive Apparat Israels und die hochentwickelte Kommodifizierung von Kontrolle und Exklusion sind zu einem weltweit anerkannten Experimentierfeld zukünftiger Repressionsstrategien geworden. Die israelischen Erfahrungen bzw. Praxis haben u.a. großen Einfluss auf die militärische Doktrinentwicklung in den Vereinigten Staaten (vgl. die ausführliche Debatte u.a. in Aviation Week & Space Technology). Zugleich machen dieses Know-how und die entsprechende Technologie einen wichtigen, wachsenden Anteil an Israels Exporten aus.

Exkurs

An dieser Stelle möchte ich auf die scharfsichtige Studie der israelisch-palästinensischen Gesellschaft von Eyal Weizmann „Hollow Land" verweisen, in der der in London lehrende Sozialgeograph die oft exotisch und einmalig erscheinenden Ordnungs- und Repressionsstrategien des israelischen Staates als Ausdruck globaler Entwicklungstrends analysiert. Das sprunghafte Anwachsen der Kolonisierung der Westbank in den achtziger Jahren fiel mit der Flucht der amerikanischen Mittelklassen und dem Bau schützender Mauern (gated communities) während der Reagan-Ära zusammen. Beide Entwicklungen sind eine Reaktion auf Armut und Gewalt, die sie freilich selbst mitzuverantworten hatten. Die Perfektionierung der Politik der Angst, Trennung, Ausschluss und der visuellen Kontrolle, der Siedlungen, der Kontrollposten, Mauern und anderen Sicherheitsmaßnahmen entspricht dem Trend der Verbarrikadierung von Enklaven und der physischen und virtuellen Ausweitung von Grenzen im gegenwärtigen globalen Krieg gegen den Terror. Die Architektur der israelischen Besatzung kann daher als Beschleuniger anderer globaler politischer Prozesse gesehen werden, sozusagen ein „Worst-case-Scenario" der kapitalistischen Globalisierung und deren räumlicher Auswirkungen. Diese Herrschafts- und Kontrollmechanismen kann man als „koloniale Gegenwart" beschreiben, die weltweit in den globalen Megastädten Einzug halten. Auch der eklatante Widerspruch zwischen erklärter Politik und repressiver Praxis ist eine Folie, die gegenwärtig, oft begründet mit dem 11. September, weite Verbreitung erfährt. Koexistenz und Toleranz sind in der militärisch geprägten israelischen Politik nur jederzeit einseitig wieder aufhebbare Zustände. Dies findet sich im amerikanischen strategischen Denken wieder und so nimmt es nicht Wunder, dass amerikanische Militärexperten und Geheimdienste Israel als eine Art Testlabor betrachten, dessen Erfahrungen sich in der amerikanischen Doktrinentwicklung niederschlagen.[6]

---

6 Eine ausführliche Besprechung dieses wichtigen Buches findet sich unter www.Peter-Lock.de.

Den riesigen Markt für Repressions- und soziales Kontroll-Know-how kann man ermessen, wenn man sich den sozialen Kontroll- und Segregationsbedarf des aktuellen Testfelds neoliberaler kapitalistischer Sozialordnung in Dubai veranschaulicht, die das reibungslose Nebeneinander von sklavenartig gehaltenen Arbeitskräften aus Asien und Afrika, westlichen Funktionseliten, Heerscharen betuchter Touristen und den Residenzen der Superreichen dieser Welt wie des islamisch geprägten politischen Veranstalters (Scheich und Familie) erfordert. Andere „glokale" Metropolen generieren ähnliche Anforderungen an Sicherheitsarchitekturen. Man möchte den empirisch arbeitenden Sozialwissenschaftlern zurufen, untersucht Dubai, wenn ihr unsere Zukunft unter gegenwärtigen Bedingungen herausfinden wollt.

Modernisierung und Überlebenselastizität

Seit erstmaligen Reisen in die ehemalige Sowjetunion bzw. Russland nach 1989 stelle ich mir die Frage, weshalb die sozialen Brüche nicht zu Bildung von bewaffneten Gruppen und Konflikten geführt haben. Ein leistungsfähiger Repressionsstaat kann es in der ersten Hälfte der neunziger Jahre nicht gewesen sein, der das Entstehen von bewaffneten Gruppen verhindert hat. Denn die Akteure des sowjetischen Sicherheitsapparates hatten sich in Abwesenheit nennenswerter staatlicher Gehaltszahlungen bei um wirtschaftliche Kontrolle konkurrierenden Gruppen verdingt.

Die Heerscharen recyclierter Sowjetologen und die Schwärme neoliberaler Transformationsberater, allen voran die Harvard Group unter Leitung von J. Sachs, haben nie wirklich die Möglichkeit untersucht, dass die offenen politischen Verteilungskämpfe nach 1990 in bewaffnete Auseinandersetzungen umschlagen könnten, obwohl fast alle Ingredienzien für derartige Szenarien gegeben waren. Auf dem selbstbewussten ideologischen Pilgerpfad „zum Ende der Geschichte durch Markt und Demokratie" spielte diese Frage keine Rolle. Die bewaffneten Konflikte vor allem außerhalb Russlands im Kaukasus wurden als lange „tiefgekühlte" Konflikte aus der vorsowjetischen Geschichte abgeleitet. Der lange Vorlauf einer Differenzierung und Autonomisierung der Strukturen gesellschaftlicher Reproduktion bei gleichzeitiger Aufrechterhaltung einer Fassade zentralistischer Planung vor der Implosion der Sowjetunion wurde in der systemischen Umbruchsituation kaum ausgeleuchtet. Fragen unterschiedlicher Wirtschaftsverfassungen im Hinblick auf die relative Bedeutung informeller Strukturen in der sich zentralistisch koordiniert verstehenden Sowjetunion wurden im Hinblick auf deren Bedeutung für die post-sowjetische unterschiedliche Entwicklung kaum gestellt. Zu den wichtigen Ausnahmen gehören Christophes Arbeit zu Georgien und die Arbeiten von Jacques Sapir.

Eine zentrale abzuarbeitende Arbeitshypothese zur Erklärung der Abwesenheit von bewaffnetem Konflikt in Russland oder der Ukraine ist aus meiner Sicht das typisch sowjetische Habitat, das 70 Jahre Sowjetunion geschaffen haben. Dieses Habitat zeichnet sich in Stadt *und* Land dadurch aus, dass die Gesellschaft in absoluter Abhängigkeit von sehr verletzlicher vertikaler Versorgung und Infrastrukturen lebt. Das System verfügte über minimale Flexibilität, um auf Störungen, wie sie bewaffnete Konflikte auslösen, zu reagieren. Im sowjetischen Habitat gab es keine Fluchträume mehr. Vor allem der ländliche Raum hatte im sowjetischen System jede Autonomie und Flexibilität verloren. Gleichzeitig waren die individuellen Möglichkeiten verschwunden, bei Störungen das Überleben zu organisieren. Der zentralistische sozialistische Fortschritt und das Leben in zentral versorgten Hochhäusern in den Städten und kleineren Wohnblocks auf dem Lande zwingen alternativlos, infrastrukturelle Störungen um den Preis des Überlebens zu verhindern. Unterstützung für bewaffneten Kampf zur Durchsetzung eines politischen Zieles, der unweigerlich zum Zusammenbruch der unverzichtbaren Versorgungslogistik (Lebensmittel, Heizung in Moskaus Winter etc.) führt, dürfte unter diesen Umständen bestenfalls einen kurzen Zeithorizont haben.

Um diese Qualität von modernen Gesellschaften zu beschreiben und vergleichend, auch im zeitlichen Ablauf, zu betrachten, schlage ich den aus der Volkswirtschaft entlehnten Begriff Überlebenselastizität vor und expliziere das zunächst am Beispiel Irak.

Die mächtige Fehleinschätzung der westlichen Betroffenheitsindustrie (Flüchtlingshilfswerke etc.) hinsichtlich der Folgen des amerikanischen Angriffs und der militärischen Besetzung des Irak, die sich im hastigen Bau von Flüchtlingslagern in Nachbarländern manifestierte, wäre bei sorgfältiger Analyse vermeidbar gewesen. Die unmittelbare Überlebenselastizität der irakischen Bevölkerung war aufgrund des „Oil for Food"-Programms, das keiner spekulativen Marktpreisfluktuation unterlag, sehr hoch. Die irakische Bevölkerung hatte vor Kriegsbeginn ihre Rationen für einige Zeit im Voraus erhalten und hatte keinen Anlass, aus Überlebensnot zu fliehen. Dem Saddam-Regime war durch die UN-Sanktionen eine zentralverwaltungswirtschaftliche Verteilung der Lebensmittel aufgezwungen worden, die sich ironischer Weise während des Krieges bewährte. Denn die Versorgungsasymmetrien, die durch marktwirtschaftliche Preiseffekte in Verknappungssituationen zwangsläufig zu katastrophaler Unterversorgung und Fluchtmigration führen, konnten nicht entstehen, weil die Bevölkerung ein marktneutrales „Entitlement" auf Lebensmittelversorgung hatte. In wahrscheinlich jedem anderen Lande, vor allem in den Megastädten, wäre es in einem mit dem amerikanischen Angriff vergleichbaren Szenario zu einem Versorgungszusammenbruch mit den unausweichlichen Folgen, Hunger, Spekulation, Flucht usw., gekommen.

Auch im Falle Jugoslawiens hat es schmerzlich lange gedauert, bis der sozialwissenschaftliche Diskurs das Titoregime zu dechiffrieren begann, um Erklärungen für die bewaffnete Gewalt und Einblicke in die deterritorialisierte soziale Basis der bewaffneten Gruppen zu gewinnen. Man stößt auch auf eine den Strukturen des Titoregimes (keine Kollektivierung und wenig Modernisierung der Landwirtschaft) geschuldete, fast vormoderne Versorgungsautonomie weiter Teile der Bevölkerung und damit auf eine hohe Überlebenselastizität der gesellschaftlichen Reproduktion selbst angesichts der Störungen durch bewaffnete Kämpfe und NATO-Bombardements.

In dem Maße, in dem die gesellschaftliche Reproduktion dominant postmodern stattfindet – der wohl wichtigste Indikator ist das Verschwinden der Kleinbauern –, verändern sich die „stofflichen" Rahmenbedingungen für bewaffnete Gruppen, politische Ziele mit bewaffneter Gewalt durchzusetzen. Die Chance, dass der bewaffnete Kampf die politische Legitimation des politischen Anliegens befördert, verringert sich bei minderer Überlebenselastizität der Gesellschaft dramatisch.

Um die Belastbarkeit dieser Hypothese zu prüfen, wäre es sinnvoll, erneut Fälle in den Blick zu nehmen, wie das Scheitern der Tupamaros (Uruguay) und den argentinischen Bürgerkrieg. Beide Länder hatten bereits eine Agrarverfassung ohne Kleinbauern. Aber auch mit der erstaunlichen Stabilität zahlreicher arabischer Regime und dem weitgehenden Fehlen der Bildung von Gruppen, die ihren politischen Widerstand schließlich bewaffnet artikulieren, müsste man sich beschäftigen. Der allseitige Verweis auf die Leistungsfähigkeit der Repressionsapparate reicht als Erklärung nicht. Wie steht es dort z.B. um die Elastizität der gesellschaftlichen Reproduktion?

Die große und wahrscheinlich wachsende Bedeutung bewaffneter Gruppen in Indien und Pakistan wird durch die Verfügbarkeit vormoderner überlebenselastischer, weil autonom wirtschaftender Rückzugsräume gemäß der Hypothese erleichtert. Diese Beschreibung wird z.B. von den „Tribal Areas" in Pakistan erfüllt. Aus meiner Sicht ist dies ein politisch wichtiges, noch weitgehend vernachlässigtes Forschungsfeld, auf das ich hier nur verweisen wollte.

Eine „heiße Kartoffel" der aktuellen sozialwissenschaftlichen Diskurse sind private Militärunternehmen. Dieser Diskurs hat zwei Pole, zum einen eine linke Anklage, dass der Staat sein Gewaltmonopol verlöre, und zum anderen die Studien, die belegen, dass dies alles eigentlich wenig Neues ist. So hat von Seeckt in China in den zwanziger Jahren des vergangenen Jahrhunderts exakt das gemacht, was gescholtene Firmen, wie Executive Outcomes, in Westafrika in den letzten Jahren getan haben.

Dass sich hinter der Erscheinung privater militärischer Dienstleistungsunternehmen in ihrer heutigen Form makro-strukturelle Veränderungen verbergen, die diese Entwicklung erst möglich machen, wird kaum diskutiert. Hier wäre z.B. die Hypothese zu prüfen, dass das Verschwinden des territorialen Frontenkrieges eine Voraussetzung für die Privatisierung zahlreicher Tätigkeitsfelder ist, die für das Funktionieren von Kampfverbänden unverzichtbar sind. Das operative Ziel militärischer Interventionen beschränkt sich tendenziell immer stärker auf „denial" und nicht länger mehr auf „domination" (= territoriale Kontrolle im Sinne einer wie auch immer verfassten Staatlichkeit). Dieser Wandel führt zu weitgehend sicheren Zonen als Handlungsraum, in denen private Unternehmen Dienstleistungen erbringen können. Sie sind eine Voraussetzung für die Privatisierung von Tätigkeiten, die integraler Bestandteil bzw. Voraussetzung für militärische Operationen vor allem angelsächsischer Streitkräfte sind. Das bedeutet aber, dass sich die Territorialität von bewaffneten Konflikten verändert hat, was ich einerseits mit der radikalen Modernisierung der gesellschaftlichen Reproduktion in Verbindung bringe und andererseits mit dominanten Entwicklungstrends in der Militärtechnologie und deren Umsetzung in neue Doktrinen.

Vollständig kontrollierende militärische Besatzung ist in modernen Gesellschaften kaum noch möglich, weil die Vermeidung des Zusammenbruchs von überlebensnotwendigen Strukturen Kooperation und Kooptation erfordert. Ein Beispiel: Erst als die USA den sunnitischen Widerstand in Sold genommen haben und Autonomie gewährten, hat sich die Lage ein wenig beruhigt. Insbesondere das wirtschaftliche Potential der Schattenglobalisierung erhöht die Flexibilität von Widerstand, gleichzeitig bedeutet die fortgeschrittene Globalisierung eine hohe Verletzlichkeit, die militärischen Operationen Grenzen in Form von humanitären Katastrophen, die sie auslösen. Sie können medial nicht geheim gehalten werden, nicht zuletzt, weil diese Katastrophen Arbeitsfelder für die nicht-staatliche Hilfeindustrie sind.

Stichworte im Bereich Militärtechnologie sind: „total battlefield awareness, network-centric warfare" (vollständige informationelle Erfassung des Schlachtfeldes, netzwerkzentrierte Kriegsführung), aber auch nach dem Scheitern im Irak „distributed battle" (Wiederentdeckung der Auftragstaktik) und „undercover operations" (verdeckte Operationen). Die neuen Doktrinansätze sehen zunehmend auch eine geografische Trennung zwischen Ort der militärischen Handlung und dem Standort der Operateure (remote battle field control) vor, was den Einsatz privater militärischer Dienstleister geradezu attraktiv macht, z.B. die Steuerung des Einsatzes eines UAV (unbemannter Flugkörper) in Herat oder Bagdad von einem im Mittleren Westen der USA stehenden Computer aus. Es kommt hinzu, dass die Streitkräfte nicht in der Lage sind, die für den Einsatz innovativer Hochtechnologie notwendigen Spezialisten (Einsatz und Wartung) kurzfristig auszubilden. Es ist daher für alle Seiten attraktiv, bei den Herstellern neuer Waffensysteme ein Gesamtpaket einschließlich Einsatz und Wartung zu kaufen. Da derartige Akteure nicht länger in den Kampfzonen operieren müssen, gilt solche Privatisierung als unproblematisch.

Ziel dieses Textes war es, am normativ begründeten Selbstvertrauen der Friedensbewegung zu rütteln, dazu aufzufordern, einige alte „Wahrheiten" angesichts der veränderten Verhältnisse über Bord zu werfen, neue analytische Anstrengungen zu unternehmen, der Realität ins Auge zu sehen und zu fragen, ob Israel/Palästina oder Dubai und die Emirate die logischen Folien zukünftiger Entwicklungen unter der gegenwärtigen globalen neoliberalen Regulierungsdoktrin sind und welche strukturellen politischen Veränderungen dies verhindern können.

Literatur

Avant, Deborah D. (2005), The Market for Force, Cambridge.

Aviation Week & Space Technology, wöchentlich McGraw-Hill.

Christophe, Barbara (2005), Metamorphosen des Leviathan in einer postsowjetischen Gesellschaft, Bielefeld.

Collier, Paul / Sambanis, Nicolas (Hrsg.) (2005), Understanding Civil War, 2 volumes, Washington D.C.

Davis, Mike (2006), Planet of Slums, London (Verso).

Kurtenbach, Sabine / Lock, Peter (Hrsg.) (2004), Kriege als (Über)Lebenswelten, Bonn.

Sapir, Jacques (1990), L'économie mobilisée, Paris (La Découverte); deutsch: Logik der sowjetischen Ökonomie oder die permanente Kriegswirtschaft, Münster 1992.

UN-Habitat (2003), The Challenge of Slums, Global Report on Human Settlements, London (Earthscan).

Weizmann, Eyal (2007), Hollow Land, Israel's Architecture of Occupation, London (Verso).

ARMUT SCHAFFT KRIEGE – NICHT IMMER, ABER FAST ÜBERALL. ZUM ZUSAMMENHANG VON MANGEL UND (BEWAFFNETEN) KONFLIKTEN

ANDREAS ZUMACH

Ich möchte mit einem kleinen Experiment starten. Bitte zeigen einmal alle unter Ihnen auf, deren Nachname mit einem der ersten 16 Buchstaben des Alphabets beginn – also mit A bis P.

Das sind etwa drei Viertel der Anwesenden. Alle, die sich jetzt gemeldet haben, stellen sich bitte einmal Folgendes vor:

- für den Bus, der Sie gestern von Wien hier nach Schlaining brachte, mussten sie 20 Euro bezahlen, diejenigen TeilnehmerInnen, deren Nachname mit den Buchstaben Q bis Z anfängt, aber nur 10 Euro.

- Das schöne Buffet gestern Abend durften Sie nur anschauen. Davon essen und den Wein genießen durften nur diejenigen mit den Nachnamens-Initialen Q–Z.

- Die Nacht haben Sie auf dem Sportplatz verbracht, in regendurchlässigen Zelten und ohne Luftmatratze oder andere weiche Unterlage. Für Waschen, Trinken oder Kochen standen Ihnen pro Kopf nicht mehr als ein Liter Wasser zur Verfügung.

- Und heute Morgen während der dreistündigen Veranstaltung hier im Saal dürfen nur die mit den Buchstaben Q–Z auf den Stühlen sitzen, alle anderen müssen stehen.

Ich bin sicher, es wäre zu erheblichen Auseinandersetzungen gekommen zwischen der großen Mehrheitsgruppe A–P und der privilegierten Minderheit Q–Z. Zwar nicht zu bewaffneten Auseinandersetzungen, da unter den TeilnehmerInnen dieser Sommerakademie als einzige „Waffen" höchstens ein paar Taschenmesser vorhanden sein dürften. Aber wahrscheinlich zu gewaltsamen Auseinandersetzungen. Und dies trotz aller pazifistischen Überzeugungen.

„Schafft Armut Kriege?" Bei zwei Umfragen in Genf, die ich zur Vorbereitung auf diesen Vortrag sowohl unter UNO-Diplomaten wie in meinem sozial, ethnisch und kulturell sehr gemischten Wohnviertel durchgeführt habe, antworteten 91 Prozent der Befragten mit „Ja".

Die Sache scheint also klar – zumindest in der öffentlichen Wahrnehmung. Doch die Realität ist komplizierter und nicht ganz so eindeutig wie diese Wahrnehmung.

Unter den Kriegs- und KonfliktforscherInnen, die sich mit der Frage „Schafft Armut Kriege?" befasst haben, gibt es keine einhellige Antwort.

Begriffsdefinitionen

a) Krieg

Hier halte ich mich an die Arbeitsgemeinschaft Kriegsursachenforschung (AKUF) an der Universität Hamburg. Die AKUF definiert Krieg als „gewaltsam ausgetragene Massenkonflikte zwischen zwei oder mehr bewaffneten Gruppen, von denen zumindest eine Seite reguläre Streitkräfte einer Regierung sind. Die Kampfhandlungen müssen ein Mindestmaß an zentral gelenkter Organisation aufweisen und mit einer gewissen Kontinuierlichkeit geführt werden."

Nach dieser Definition haben von 1945 bis 2005 229 Kriege stattgefunden, davon 159 innerstaatliche und 70 zwischenstaatliche.

Dazu kommen noch einige wenige bewaffnete Konflikte, die nicht unter die Definition der AKUF fallen, zum Beispiel, weil keine der an den Kampfhandlungen beteiligten Gruppen reguläre Streitkräfte einer Regierung sind, oder weil die Kämpfe nicht kontinuierlich, sondern sporadisch stattfinden.

b) Armut

Armut bezeichnet in erster Linie den Mangel an lebenswichtigen Gütern (z.B. Essen, Obdach, Kleidung). Armut ist ein Zustand gravierender sozialer Benachteiligung mit der Folge von Mangelversorgung mit materiellen Gütern und Dienstleistungen. Es gibt zahlreiche Definitionen. Die Europäische Union (EU) definiert als „arm", wer weniger als 60 Prozent des mittleren Einkommens seines Heimatlandes zur Verfügung hat. Die Weltgesundheitsorganisation (WHO) legt diese Grenze bei 50 Prozent fest.

Die detaillierteste und für internationale Vergleichszwecke wohl brauchbarste Definition findet sich im „Index für die menschliche Entwicklung" (Human Development Index, HDI), mit Hilfe dessen das Entwicklungsprogramm der UNO (United Nations Development Program, UNDP) in seinem jährlich veröffentlichten „Bericht über die menschliche Entwicklung" (Human Development Report) die wirtschaftliche und soziale Lage der Bevölkerungen der 192 UNO-Staaten in einer Rangliste bewertet.

Empirisch lässt sich durchaus ein enger Zusammenhang zwischen Armut und Krieg feststellen. Nach einer im Jahre 2002 veröffentlichten Untersuchung der britischen Entwicklungsökonomin Frances Stewart waren acht der zehn Staaten mit dem niedrigsten Human Development Index (HDI) und ebenfalls acht der zehn Länder mit dem geringsten Pro-Kopf-Einkommen innerhalb der letzten zwei Jahrzehnte des 20. Jahrhunderts von Bürgerkriegen größeren Ausmaßes betroffen. Im Jahr 2002 fanden 18 der insgesamt 29 von der AKUF identifizierten Kriege sowie 17 der insgesamt 18 bewaffneten Konflikte in Ländern statt, welche nach der HDI-Rangliste des UNDP der unteren Einkommensgruppe zugehören, das heißt, ein jährliches Pro-Kopf-Einkommen von weniger als 755 US-Dollar aufweisen. Diese 17 Länder gehören zu den 48 laut UNO-Definition „am wenigsten entwickelten Staaten" (Least Developed Countries, LDC's). Die übrigen 31 Staaten dieser Gruppe blieben von Krieg und bewaffneten Konflikten verschont. Das zeigt: Es gibt keinen Automatismus, wonach Armut immer zu Kriegen führt. In der wissenschaftlichen Diskussion zu den Ursachen von Kriegen und bewaffneten Konflikten gilt Armut allein nicht als ursächlicher Faktor, sondern es wird davon ausgegangen, dass sich destabilisierende Faktoren von Armut erst in der Kombination mit anderen Faktoren entfalten. Zum Beispiel steigt das Risiko bewaffneter Konflikte signifikant, wenn ein Land stark vom Rohstoffexport abhängig und damit den entsprechenden Preisschwankungen auf dem Weltmarkt ausgesetzt ist.

Allerdings zeigen wissenschaftliche Untersuchungen der letzten Jahre auch eindeutig: Je ärmer ein Land, desto höher die Wahrscheinlichkeit, dass in diesem Land ein Bürgerkrieg ausbricht. Die Weltbank hat in einer im Jahr 2003 veröffentlichten Studie („Breaking the conflict trap – civil wars and development policy") 161 Länder und 78 Bürgerkriege untersucht. Nach dieser Studie lässt ein Einbruch des Wirtschaftswachstums eines Landes um fünf Prozent die Wahrscheinlichkeit eines bewaffneten Konfliktes um 50 Prozent steigen. Verdoppelt sich hingegen das Bruttosozialprodukt von 250 auf 500 US-Dollar pro Einwohner, halbiert sich die Wahrscheinlichkeit, dass es in den nächsten fünf Jahren zum Bürgerkrieg kommt.

Die Weltbankstudie macht zudem deutlich, dass Demokratien keineswegs automatisch – nur weil sie Demokratien sind – besser vor bewaffneten Konflikten geschützt sind als autokratisch oder diktatorisch regierte Staaten. Entscheidend ist die sozio-ökonomische Lage, in der sich ein Land befindet. Die Weltbank-Studie kam sogar zu dem Ergebnis, dass „bei einem niedrigen Pro-Kopf-Einkommen der Bevölkerung politische Institutionen in Demokratien weniger stabil sind, als in Autokratien." Unabhängig von der Regierungsform sei das Risiko eines Bürgerkrieges in ökonomisch

marginalisierten Staaten zehn Mal höher als in wirtschaftlich „erfolgreichen Entwicklungsländern", wie zum Beispiel den asiatischen Tigerstaaten.
Die Weltbank hat in ihrer Studie Ursachen von bewaffneten Konflikten
beschrieben, für die – oder zumindest für deren erhebliche Verschärfung –
sie selber eine erhebliche Mitverantwortung trägt. Zum Beispiel durch die
ökonomische Restrukturierung durch so genannte „Strukturanpassungsprogramme" (SAP), die Weltbank und Internationaler Währungsfonds (IWF)
im Verein mit den Regierungen der westlichen Industriestaaten zahlreichen
Ländern Asiens, Afrikas und Lateinamerikas seit den 70er Jahren des letzten Jahrhunderts aufgenötigt haben. Claudia Haydt hat in einer Studie ein
besonders beeindruckendes Beispiel für die Zusammenhänge zwischen
SAP's, Armut und Krieg beschrieben: Somalia.

Fallbeispiel Somalia

Bis zu den Interventionen von IWF und Weltbank zu Beginn der 80er Jahre
basierte die sozioökonomische Struktur Somalias auf dem wechselseitigen
Austausch zwischen nomadischen Hirten und traditionellen Bauern. In den
70er Jahren wurde die kommerzielle Viehwirtschaft stark ausgebaut und
erbrachte 80 Prozent der Exporterlöse des Landes. Bis zu den 70ern versorgte sich Somalia fast vollständig selbst. Mitte der 70er Jahre bis zur Mitte der 80er Jahre nahm die internationale Lebensmittelhilfe zu, und der billige überschüssige Weizen und Reis verdrängten die lokalen Produzenten
vom Markt. Vom IWF verordnete Sparmaßnahmen deregulierten den Getreidemarkt und führten zu massiver Verarmung der Bauern. Gleichzeitig
stiegen die Preise für Saatgut, Treibstoff und Düngemittel. Somalia wurde
ermutigt, auf dem besten bewässerten Land für den Export bestimmte Erzeugnisse anzubauen, die eine höhere Wertschöpfung versprachen, wie
Südfrüchte, Baumwolle, Gemüse und Ölsaaten. Die von IWF und Weltbank verordneten Sparmaßnahmen trafen auch die Hirten und ihr Vieh. Die
tierärztliche Versorgung und Impfung der Tiere war fortan nicht mehr Teil
der öffentlichen Dienstleistungen des Landwirtschaftsministeriums. Diese
Leistungen mussten jetzt kostendeckend refinanziert werden. Die Kommerzialisierung des Wassers in Somalia setzte Bauern und Hirten zusätzlich unter Druck ebenso wie die Auflösung von Vorräten zur Fütterung der
Tiere in Dürrezeiten. In der Folge breiteten sich Krankheiten unter den
Tierherden aus. Ohne Herden und ohne finanzielle Mittel waren die Hirten
dem Hunger ausgeliefert. Sie konnten kein Vieh mehr gegen Getreide eintauschen und das soziale Gefüge der ländlichen Ökonomie löste sich auf.
Subventioniertes Fleisch und Milchprodukte aus der Europäischen Union
zerstörten die einheimische Viehwirtschaft Somalias völlig. Die Einnah-

men des Staates und seine Möglichkeiten, die soziale Ordnung zu gestalten, brachen zusammen. Die Auflagen des IWF für Kredite verunmöglichten die Aufrechterhaltung öffentlicher Dienstleistungen. Zwischen 1975 und 1989 sanken die Ausgaben im Gesundheitsbereich um 75 Prozent. Der Schulbesuch ging um 41 Prozent zurück, dies zog die Schließung von einem Viertel aller Grundschulen nach sich. Die realen Einkommen im öffentlichen Dienst fielen um 90 Prozent. Der totale Zusammenbruch des öffentlichen Sektors war die unausweichliche Folge. Es kam zu Hungersnöten. Der Kollaps der Zivilgesellschaft führte dazu, dass Flüchtlinge und Milizen in die Hauptstadt Mogadischu strömten. Seit Anfang der 90er Jahre macht Somalia nur noch Schlagzeilen mit Bürgerkrieg und gilt als „gescheiterter Staat" (failed state).

Führt Krieg zu Armut?

Eindeutiger als die Frage, ob Armut Krieg schafft, lässt sich die umgekehrte Frage beantworten, ob Krieg zu Armut führt. Umfangreiche und empirisch fundierte Studien weisen nach, dass Gewaltkonflikte massive soziale und ökonomische Folgekosten verursachen und damit in hohem Maße Verarmungsprozesse verschärfen oder, wie im Fall langjähriger Bürgerkriege, auf Dauer verstetigen. Kriege und bewaffnete Konflikte stellen in erster Linie eine furchtbare menschliche Tragödie dar, die sich unter anderem in Vertreibung, physischen und psychischen Gewaltakten gegen die Zivilbevölkerung und der Zerstörung von volkswirtschaftlichen Werten sowie sozialer Infrastruktur ausdrückt. Auf der Makroebene wird die Wirtschaftsleistung durch hohe Militärausgaben, fehlende Investitionen und Plünderungen gesenkt, was für viele individuelle Haushalte und Gemeinschaften zur Abnahme von Einkommen und Einkommensmöglichkeiten führt.

DIE KRIEGE DER ARMEN MIT DEN WAFFEN DER REICHEN – REGIONALE KONFLIKTE UND IHRE GLOBALEN URSACHEN

ELMAR ALTVATER

Einleitung: Paradoxien der Kriege

In militärischen Interventionen, die im NATO-Jargon und im Grundlagen-
vertrag der EU (Art. 42) „Missionen" genannt werden, wird zumeist das
zerstört, was die intervenierenden Parteien zu verteidigen vorgeben. Das
war schon während der Missionen der Missionare des Kolonialzeitalters so.
Um die Seele für den Christengott zu retten, wurden die missionierten
„armen Teufel" schon einmal ins Verderben geführt. In J. M. Coetzees Roman „Warten auf die Barbaren" aus dem Jahre 1980 (Coetzee 2003) bege-
hen die Verteidiger der „Zivilisation" gegen die Barbarei Gräueltaten, die
alles in den Schatten stellen, was man den „Barbaren" als Grausamkeiten
zuschreibt. Heute bleiben bei der vorgeblichen Verteidigung der Menschenrechte diese sehr oft schon wegen der Unverhältnismäßigkeit der eingesetzten militärischen Mittel auf der Strecke.

Die Absicht ist gut: Menschen sollen, auch mit Hilfe militärischer Interventionen, in Wahrnehmung einer „Schutzverantwortung" („responsibility
to protect", abgekürzt: R2P) vor Verletzungen ihrer Rechte bewahrt werden. Doch die Verletzung von Menschenrechten, die Unterminierung von
menschlicher Sicherheit, die Blockade menschlicher Entwicklung, – um
diesen „Dreiklang" im Diskurs der Vereinten Nationen an den Anfang zu
stellen –, sind nicht immer von Schurkenstaaten oder korrupten Regierungen zu verantworten, sondern die Folge globaler Krisen, die sehr häufig in
der OECD-Welt ihren Ursprung haben, wenn von Naturkatastrophen wie
dem Tsunami 2006 in Südostasien oder dem Wirbelsturm Nargis in Myanmar im Frühjahr 2008 zunächst einmal abgesehen wird.

Mit dieser Thematik beschäftigt sich der nachfolgende Beitrag. Zu Beginn wird das Konzept der „Schutzverantwortung" näher betrachtet. Danach werden globale Krisen und die Zusammenhänge der Krisensymptome
als „root causes", als Ursachen für und Wurzeln der Verletzungen der
Menschenrechte thematisiert, bevor die Konsequenzen der „root causes"
und der daraus resultierenden Menschenrechtsverletzungen für Ungleich-

heit und Armut betrachtet werden. Schließlich wird gezeigt, wie die globalen Risiken und deren Konsequenzen zur politischen Chaotisierung in der Welt beitragen und wie durch Aufrüstung der NATO-Länder und einen umfangreichen Waffenhandel kriegerische Auseinandersetzungen provoziert und ermöglicht werden. Waffenhandel und Aufrüstung werden zu einem großen Teil mit dem Zugriff auf verwertbare Ressourcen finanziert. Kriegsökonomien entstehen, die aber nur funktionieren können, wenn die Industrieländer, die auf der einen Seite Verantwortung für den Schutz der Menschenrechte übernehmen, auf der anderen Seite dabei aktiv mitwirken und als Abnehmer der Rohstoffe fungieren.

Eine Verantwortung für den Schutz der Menschenrechte?

Das Konzept der „Verantwortung zum Schutz von Menschen" steht spätestens seit dem völkerrechtswidrigen Krieg gegen Jugoslawien in der UNO zur Debatte. Die zu Schützenden werden zum Objekt einer wohlmeinenden militärischen Intervention der ein legitimes Gewaltmonopol – gegen die nationalstaatliche Souveränität – beanspruchenden „Weltgemeinschaft". Kofi Annan formulierte diese „Verantwortung" noch als Frage: „... if humanitarian intervention is, indeed, an unacceptable assault on sovereignty, how should we respond to a Rwanda, to a Srebrenica – to gross and systematic violations of human rights that affect every precept of our common humanity?"[1]

Tatsächlich deutet die Frage auf ein Dilemma zwischen Souveränität als dem Grundprinzip der internationalen Ordnung seit dem Westfälischen Frieden von 1648 und dem Schutz der Menschenrechte als dem Grundprinzip des menschlichen Zusammenlebens seit der französischen Revolution und der amerikanischen Unabhängigkeitserklärung etwa 150 Jahre später. Die Übernahme einer „Schutzverantwortung" ist daher im Prinzip einerseits an die vor 60 Jahren vereinbarten Normen aus der allgemeinen Erklärung der Menschenrechte gebunden. Es handelt sich um „... action taken against a state or its leaders, without its or their consent, for purposes which are claimed to be humanitarian or protective" (ICISS 2001, S. 8; ähnlich Evans 2008, Thakur 2008). Im irritierenden Gegensatz zur harten „action taken", sprich zu militärischen Missionen, drückt der Begriff der Schutzverantwortung etwas Informelles, jedenfalls kein formelles Recht aus. Er ergibt sich aus der Konstruktion, dass Souveränität Verantwortung des Souveräns, sprich des Nationalstaats und seiner politischen Klasse, ver-

---

[1] Zitat in: International Commission on Intervention and State Sovereignty – ICISS 2001: VII.

langt, eine Bevölkerung auf dem Territorium des Nationalstaats vor Unbilden aller Art zu schützen und nicht selbst zur Quelle von Übeln durch Handeln oder Unterlassen zu werden. Das Menschenrechte missachtende und verletzende Handeln wurde den Serben 1999 zur Last gelegt, nämlich ethnische Säuberungen in Bosnien und Herzegowina sowie im Kosovo. Unterlassen von möglicher Hilfe und deren Ver- oder zumindest Behinderung war der Vorwurf gegen die Regierung Myanmars nach dem durch den Wirbelsturm Nargis angerichteten Desaster.

Aus beidem kann der „liberale Interventionismus" abgeleitet werden, d.h. das Recht der präventiven Einmischung in die inneren Angelegenheiten anderer souveräner Staaten. Denn das „im Westfälischen Frieden von 1648 etablierte Prinzip der Nichteinmischung (sei) veraltet" (Powell 2008, S. 56). Es gehe darum, „Menschheitsverbrechen" zu unterbinden (Evans 2008) und dies mit dem „allerletzten Mittel" der militärischen Intervention, wenn andere Maßnahmen der Prävention versagt haben und „kein anderes Mittel überzeugender oder erzwingender Art – politisch, diplomatisch, ökonomisch oder rechtlich – noch eine Erfolgsaussicht hat" (ebenda). Die Argumentation, dass Souveränität Verantwortung einschließt und dass diese von der „internationalen Gemeinschaft" auch militärisch (in Gestalt von Blauhelmen, aber vor allem von Eingreiftruppen der NATO) wahrgenommen werden kann und muss, wenn dem Nationalstaat zum Beispiel bei der Bekämpfung von Naturkatastrophen Versagen unterstellt wird (Myanmar im Frühjahr 2008) wird breit geteilt, und zwar über die politischen Lager hinweg – vom französischen Außenminister Kouchner bis zur deutschen Ministerin für wirtschaftliche Zusammenarbeit Wieczorek-Zeul oder dem Abgeordneten Neskovic der Partei Die Linke. Dass externe Hilfsleistungen das Zerstörungswerk einer Naturkatastrophe politisch fortsetzen können, hat Naomi Klein (2007) am Beispiel des Tsunami, Weihnachten 2004 in Südostasien, gezeigt.

Doch das faktische Handeln der großen Mächte folgt in aller Regel nicht der Norm der Schutzverantwortung. Sonst wäre es nicht nachvollziehbar, warum die „Weltgemeinschaft" während der Militärdiktaturen in Lateinamerika, die für schreckliche Menschenrechtsverletzungen verantwortlich sind (Stanley 2008), oder während des Ethnozids in Ruanda, dem an die 800.000 Menschen zum Opfer gefallen sind, untätig blieb, aber ein halbes Jahrzehnt später in Jugoslawien in Gestalt der sich selbst mandatierenden NATO schlagkräftig intervenierte (so Michael Jäger schon 1999), obwohl doch Kofi Annan die Gleichartigkeit von Menschenrechtsverletzungen unterstrichen hat und diese auch im R2P-Konzept hervorgehoben wird.

Möglicherweise gab es in Ruanda keine besonderen ökonomischen und politischen Interessen zu verteidigen, in Jugoslawien aber sehr wohl. Geopolitische Erwägungen und die Errichtung von Militärstützpunkten sind wichtige Beweggründe für staatliches Handeln. Das haben schon die Konditionen von Rambouillet vor dem Bombardement Serbiens gezeigt. Am Horn von Afrika werden die Transportrouten durch das Rote Meer gegen „Terroristen" oder Piraten geschützt. Der geplante und dann gescheiterte Zugriff auf Myanmar mit dem R2P-Argument nach dem Wirbelsturm Nargis hatte sicherlich auch geostrategische Gründe, liegt doch Myanmar am Eingang zur Straße von Malakka und an den Grenzen Chinas (Radtke 2008). Afghanistan ist die Brücke zwischen dem ölreichen Zentralasien und dem indischen Ozean und die östliche Klammer um den Iran. Der Irak ist die westliche Klammer, mit der der Iran in die Zange genommen wird. Es fließt viel Blut wegen der Kontrolle des Ölflusses aus dem Nahen und Mittleren Osten, dem Kaukasus und Zentralasien und alle Rechtfertigungen mit Bedrohungen menschlicher Sicherheit (Die Massenvernichtungswaffen des Saddam Hussein-Regimes) haben sich als interessierte und plumpe Lügen herausgestellt. Daher nennt der liberal-konservative Zbigniew Brzezinski die Aggression der USA und ihrer schändlichen „Allianz der Willigen" gegen den Irak eine „historische, strategische und moralische Katastrophe" (nach Grefe/Schumann 2008, S. 413).

Dabei ist sich die „International Commission on Intervention and State Sovereignty" (ICISS), die das R2P-Projekt maßgeblich gestaltet hat, durchaus über eine in die Schutzverantwortung einbezogene Verantwortung zur Vorbeugung („responsibility to prevent") im Klaren. Allerdings bezieht sie (ebenso Ramesh Thakur 2008, der Mitglied der Kommission war) diese nur auf „root causes and direct causes of internal conflict and other man-made crises putting populations at risk" (ICISS 2001, S. XI). Root causes, die sich aus „global risks" (WEF 2008) ergeben, sind dabei nicht explizit berücksichtigt. Hier bereits zeigt sich einer der vielen Widersprüche im R2P-Konzept: Sicherheit hat eine geopolitische Dimension und ist daher staatliche Sicherheit, bevor menschliche Sicherheit zum Ziel werden kann.

Das Konzept der Verantwortung zum Schutz der Menschenrechte wirft eine Reihe von grundsätzlichen Fragen auf, etwa wenn die Verantwortung von nationalstaatlichen Regierungen, deren „primäre" Zuständigkeit nicht in Frage gestellt wird (DESA 2008, S. VII), auf die „internationale Gemeinschaft" übergehen soll.

Erstens ist das Konzept der „Schutzverantwortung" völkerrechtlich nicht verbindlich; wohl nur deshalb ist es auf dem Reformgipfel der UNO 2005 von 188 Staaten akzeptiert worden. Die meisten Staaten – darunter die weltpolitisch wichtigen BRICS-Staaten (Brasilien, Indien, China, Russland, Südafrika) befürchten, dass das Völkerrecht außer Kraft gesetzt und die nationalstaatliche Souveränität durch R2P eingeschränkt werden könnten. Die USA wiederum wollen sich der möglichen Bindungswirkung des

Konzepts nicht unterwerfen. Sie üben bereits eine „Schutzverantwortung" aus – freilich gegenüber den eigenen Interessen, und an internationalen Institutionen und deren bindenden Wirkungen vorbei. Wenn es denn opportun erscheint, werden Allianzen von Willigen, oder wie der Konservative Kagan und der republikanische Präsidentschaftskandidat McCain vorschlagen, eine „League of democracies" aus der Taufe gehoben. Verbindliches Völkerrecht wird durch Kumpanei ersetzt.

Zweitens fungieren Menschenrechte darin als „moralische Wertorientierungen", wie Jürgen Habermas in seiner Rechtfertigung der Bombardierung Serbiens durch die NATO im Frühjahr 1999 (Die Zeit 19/1999) darlegt. Es habe sich eine Transformation des Völkerrechts in ein „Recht der Weltbürger" vollzogen. Folglich könne die „unmittelbare Mitgliedschaft in einer Assoziation von Weltbürgern ... den Staatsbürger auch gegen die Willkür der eigenen Regierung schützen. ... Nach dieser westlichen Interpretation könnte der Kosovo-Krieg einen Sprung auf dem Wege des klassischen Völkerrechts der Staaten zum kosmopolitischen Recht einer Weltbürgergesellschaft bedeuten." Mit dieser dogmatischen Position ausgestattet, kommen Habermas allenfalls „Zweifel ... an der Zweckmäßigkeit der Militärschläge", nicht an deren politischem Sinn, moralischer Qualität oder humanitären Konsequenzen. Um diese Zweifel ausräumen zu können, hat die ICISS „precautionary principles" ausgearbeitet, die sich zum Teil den Diskursen um den „gerechten Krieg" verdanken: „right intention, last resort, proportional means, reasonable prospects" (ICISS 2001). Doch die Versuche, R2P so zu rechtfertigen, führen in den „Bankrott einer Ideologie" (Canfora 2008).

Halten diese Prinzipien stand, wenn *drittens* die Art der Kriegführung berücksichtigt wird? Im Luftkrieg wird eine Zerstörungskraft mobilisiert, die zur Erreichung des Ziels, die Menschenrechte zu schützen, in jeder Hinsicht unangemessen ist. Dies ist ein weiteres Beispiel für die Paradoxie der Schutzverantwortung: Menschenrechte werden geschützt, indem sie infolge der Art der Kriegführung massiv verletzt werden. Dies war schon in Jugoslawien so und geschieht ungleich stärker im Irak und in Afghanistan.

Viertens sind in der „Weltbürgergesellschaft" alle Weltbürger formell gleich – der Pilot im Cockpit eines Tornado und die Reisende im Zug auf der bombardierten Brücke, der Kriegsgewinnler und der Kriegsverlierer; der Arme, dem Leistungen gestrichen werden, weil der Krieg finanziert werden muss, und der Boss eines transnationalen Unternehmens, dessen Gehalt nach einer globalen Fusion gerade aufgestockt wurde, diejenigen, die aufgrund der globalen Finanzkrise ihre Arbeit verloren haben, und jene, deren Vermögen minütlich um einen vierstelligen Betrag wächst. In nationalen Gesellschaften hat es gegen extreme Ungleichheiten Ausgleichsmechanismen gegeben, die infolge der Globalisierung rostig geworden sind.

71

In der „Weltbürgergesellschaft" gibt es die Mechanismen nicht oder nur höchst unzureichend als „Entwicklungshilfe". Es gibt aber Prävention gegen die möglicherweise unangenehmen Folgen von Armut, Elend, Krise und Zerstörung: durch Mauern, Stacheldraht und elektronische Schranken oder auch, wenn denn anders nicht möglich, durch Einreise- und Abschieberichtlinien – und den Einsatz des Militärs. Die Schutzverantwortung wird in diesem sozialen und politischen Kontext zur Verteidigung des Status quo einer Welt von Ungleichheit, Ungerechtigkeit und Krisen wahrgenommen. Doch darüber schweigt das Räsonnement der „liberalen Interventionisten" (vgl. Powell 2008 und seine Rechtfertigung der Kriegspolitik von Tony Blair).

Dabei ist *fünftens* zu berücksichtigen, dass die Souveränität eines Nationalstaats in aller Regel institutionell geteilt wird zwischen der lokalen, regionalen und nationalen Ebene und manchmal auch unter Einbeziehung der supranationalen Ebene, wenn regionale Wirtschafts- oder andere Gemeinschaften einen Teil der nationalstaatlichen Souveränität übertragen bekommen haben. Die Schutzverantwortung kann also nicht einfach zugeordnet werden. In aller Regel handelt es sich um multiple Verantwortung.

Entscheidend ist aber *sechstens*, dass Gefährdungen von Menschenrechten, dass die Unterminierung von menschlicher Sicherheit (UNDP 1994; DESA 2008) durch jene Mächte verursacht wird, die dann die Schutzverantwortung für Bevölkerungen übernehmen, die die Sekundärfolgen der Untergrabung menschlicher Sicherheit zu erleiden haben. Es gibt also nicht nur „internal root causes", sondern auch „global root causes". Für diese sind aber die Machtstrukturen der globalisierten Welt verantwortlich – und dabei die Akteure in diesen Strukturen. Das sind nicht nur Staaten und deren Regierungen oder Nicht-Regierungsorganisationen, sondern ökonomische Großmächte, transnationale Konzerne. Viele haben sich schwerer Verstöße gegen Prinzipien der „good governance" schuldig gemacht. Sie verfolgen Praktiken der Korruption und unterminieren so demokratisch legitimierte Institutionen, missachten soziale Standards in der Arbeitswelt, wie sie von der ILO festgelegt wurden, sind für große ökologische Schäden und gar Katastrophen verantwortlich. Sie sind auch an Verletzungen der Menschenrechte direkt und indirekt beteiligt. Dafür ließen sich viele, viel zu viele Beispiele zitieren, z.B. jene, die auf den Sitzungen des Permanenten Tribunals der Völker über die Verletzung sozialer und ökologischer Menschenrechte durch transnationale Unternehmen aus der EU in Lateinamerika während der Gegenkongresse „Enlazando Alternativas" (in Wien 2006 und Lima 2008) präsentiert und von einer internationalen Jury zu einem Richtspruch zusammengefasst wurden.[2] Der Verantwortung für Menschenrechtsverletzungen im Süden, die ihren Ursprung im Norden haben, können sich die auf „good governance" drängenden Industrieländer nicht entziehen. Wir müssen uns also mit den globalen „Risiken", die sich schon längst zu globalen Krisen zugespitzt haben, auseinandersetzen.

Siebtens sind auch die unterschiedlichen Traditionen des Sicherheitsverständnisses zu berücksichtigen. Dass in Lateinamerika das Konzept menschlicher Sicherheit auf Skepsis stößt, verdankt sich den Erfahrungen mit den Militärdiktaturen, die einerseits im geopolitischen Diskurs mit der äußeren Sicherheit die innere Repression begründeten und zum anderen diese repressive Seite mit rudimentärer sozialer Sicherheit kombinierten, ohne dabei wirklich im Sinne von Hegemonieerhaltung erfolgreich zu sein (Stanley 2008).

Die vierfache globale Krise

Das einer kritisch-emanzipatorischen Weltsicht nicht verdächtige Weltwirtschaftsforum von Davos hat in der bislang zumeist als stabil interpretierten neoliberalen Weltordnung 2008 gleich vier „globale Risiken" ausgemacht, die die menschliche Sicherheit gefährden: (1) die Energiekrise, weil das Öl dabei ist, zur Neige zu gehen (Peakoil) und daher die Energiepreise nach oben weisen, (2) klimatische Veränderungen mit ihren negativen Auswirkungen auf das humane Habitat, (3) die Krisen der Finanzmärkte, und nicht zuletzt (4) Ungleichheit und Armut, Hunger und andere „Mangelerscheinungen" in der Welt (vgl. WEF 2008). In manchen Ländern wird die Einkommensarmut mehr und mehr durch Energiearmut verstärkt, zumal wenn sich auch die Versorgung mit Nahrungsmitteln, das ist Energieversorgung für das menschliche Leben, verschlechtert.

Die globalen Risiken sind nicht unabhängig voneinander, sie beeinflussen sich wechselseitig, wohl weil es sich um systemische Krisen handelt, um Krisen des Kapitalismus. Der Klimawandel ist vor allem eine Folge der Verbrennung fossiler Energieträger, weil sich die Emissionen der Treibhausgase in der Atmosphäre konzentrieren und daher den Strahlenhaushalt der Erde verändern: die Wärmeabstrahlung ins „kalte" Weltall wird behindert. Der Konzentrationsgrad ist von vorindustriellen ca. 280 ppm auf heute etwa 380 ppm angestiegen. Dafür sind zu vier Fünfteln die alten Industrieländer in Nordamerika und Westeuropa verantwortlich. Auch heute noch stammt der größte Teil der Emissionen aus den Auspuffs und Schloten in

---

2   Siehe http://www.enlazandoalternativas.org/spip.php?article229.

den „reichen" Ländern. Die Folgen der Erderwärmung sind bekannt, der Weltklimarat (IPCC 2008) oder der „Stern-Review" (2007) haben sie aufgeführt. Sie reichen vom Abschmelzen der Eiskappen an den Polen, dem Anstieg des Meeresspiegels, von Überflutungen küstennaher Gebiete, dem Verschwinden der Hochgebirgsgletscher, ausgedehnten Dürren mit Wüstenbildung bis zu ungewöhnlichen Wetterereignissen wie Hitzewellen oder zerstörerischen tropischen Stürmen. Die Schäden können sich, so rechnet insbesondere der Stern-Review vor, auf bis zu 20 % des globalen Sozialprodukts belaufen.

Nun verbreitet der Review die Trostformel, man könne diese monetär bemessenen Schäden durch Klimaschutzmaßnahmen in Höhe von 1 % des Weltsozialprodukts präventiv (responsibility to prevent) vermeiden. Wenn der Stern-Review sich irrt und die Folgelasten nicht präventiv vermieden werden können, sind Klimakonflikte, ja Klimakriege nicht ausgeschlossen (Welzer 2008). Eine wirkliche Prävention ist nur möglich, wenn das Energieregime von der Quelle (der Extraktion des Öls aus dem Boden) bis zur Senke (der Deponierung der Treibhausgase in der Atmosphäre) umgebaut wird (Altvater 2005).

Im Stern-Review kommt eine generelle Tendenz zum Ausdruck, nämlich globale Risiken und Krisen in monetären Größen zu bewerten und so von den qualitativen Verschiedenheiten der ökologischen, sozialen, ökonomischen und politischen Folgen des Anstiegs der Erdmitteltemperatur abzusehen und mit der Geldbewertung implizit zu unterstellen, die Schäden seien durch monetäre Zahlungen zu vermeiden, zu kompensieren oder zu beheben (vgl. dazu Altvater 2008). Die monetären Maßzahlen, wie sie in den vielen internationalen Reports zur Weltentwicklung, zur menschlichen Entwicklung, zur menschlichen Sicherheit, zur Instabilität von Finanzmärkten, zu den Verlusten der Artenvielfalt usw. zu finden sind, ergeben sich aus der Logik der fetischhaften Warenwelt. Die drohende Klimakatastrophe, die Ausrottung einer Art, die Finanzkrise – alles hat einen Preis, der ist hoch und mindert den Wohlstand. Klimaschutz ist zwar nicht umsonst zu haben, kostet aber weniger als die Klimaschäden. Also ist er ein gutes, rational begründbares Geschäft. Die Kalkulation in monetären Größen scheint es zu beweisen. Die Voraussetzung, dies tun zu können, ist eine weitreichende Ignoranz gegenüber dem Gebrauchswert, gegenüber der natürlichen Natur und die fetischhafte Überhöhung der in Geld bemessenen Natur. Dazu fällt einem das Lied über den Preis des Reises aus Bertolt Brechts Lehrstück „Die Maßnahme" ein:

„Ich weiß nicht, was ein Reis ist/
ich weiß nicht, wer das weiß?/
Ich weiß nicht, was ein Reis ist,/
ich weiß nur seinen Preis."

Auch der WBGU hat in seiner Studie zum „Sicherheitsrisiko Klimawandel" (2007) auf verschiedene „klimainduzierte Konfliktkonstellationen" aufmerksam gemacht: die Degradation der Süßwasserressourcen, den Rückgang der Nahrungsmittelproduktion, die Zunahme von Sturm- und Flutkatastrophen, die erzwungene Migration. Staaten werden geschwächt, Regierungen verlieren ihre regulative Potenz an Marktakteure mit negativen Auswirkungen für die Verteilung der Einkommen und Vermögen. Die internationale Stabilität wird in einer so zu charakterisierenden Lage gefährdet.

Die Preissteigerungen der fossilen Energieträger sind auch eine Folge der finanziellen Spekulation, die sich auf liberalisierten Finanzmärkten unreguliert entfalten und die Ernährung der Menschen gefährden kann. Die Finanzkrise des Immobiliensektors seit 2007 nämlich hat zur Folge, dass Geldvermögensbesitzer auf der Suche nach renditeträchtigen Anlagen nun in Rohstoffe oder in Derivate von Rohstoffwerten investieren, so dass deren Preise steigen. Dies geschieht seit 2008 in großem Umfang sowohl auf Märkten für fossile Energieträger als auch für Nahrungsmittel, so dass die Finanzspekulation einen Einfluss auf die Preise fossiler Energie für die Motoren der Autos und auf die Preise von biotischer Energie für die Ernährung von Menschen ausübt. Weil diese Energieformen zum Teil substituierbar sind, wird es rentabel, bei steigendem Preis fossiler Energie die in Pflanzen gespeicherte biotische Energie als Energiequelle für Motoren zu nutzen, die für die Verbrennung fossiler Energie konstruiert worden sind.

Die Spekulation auf steigende Preise von Energierohstoffen würde zu einem Halt kommen, wenn nicht tatsächlich „fundamentale" Tendenzen die Preissteigerung tragen würden. Das Öl hat den Höhepunkt der Förderung erreicht oder wird ihn sehr bald erreichen („Peakoil"). Das Angebot von Öl lässt sich nach dem Peak nicht mehr dauerhaft steigern. Zwar ist es möglich, kurzfristig die Ölförderung mit hohen Kapitalinvestitionen in die Infrastruktur der Förderung (zumal im Falle „unkonventionellen Öls", etwa bei Tiefseebohrungen), in den Transport (Pipelines), in die Raffinerie und Weiterverarbeitung, nicht zuletzt auch in die militärische Sicherung der „Brennpunkte" der Transportrouten (durch das Rote Meer, in der Straße von Hormuz, im Kaukasus etc.) zu steigern. Da gleichzeitig die Nachfrage nach fossiler Energie in der Welt zunimmt, gehen aber dennoch auf freien, unregulierten Märkten die Preise unweigerlich in die Höhe. Spekulanten auf langfristig steigende Ölpreise sind also auf der sicheren Seite. Die Energiepreise haben sich seit dem Jahrhundertwechsel bis Juni 2008 vervierfacht (World Bank 2008). Die Preissteigerungen sind zwar ungünstig für Verbraucher. Doch teures Öl – oh List der Geschichte – sei der beste

Klimaschutz, argumentiert der ehemalige Forschungsdirektor des Internationalen Währungsfonds Kenneth Rogoff (FTD 13.5.2008).

Wenn dieser aber zustande kommt, nicht weil weniger mit dem Auto gefahren wird, sondern weil nun mehr Agrokraftstoffe in den Tank der Autos gefüllt werden, wird die Landnutzung von der Nahrungsmittelproduktion zur Spritdestille umgewidmet. Dies ist der wohl wichtigste Grund für den gegenwärtigen, starken Preisanstieg bei Nahrungsmitteln; sie haben sich seit 2000 fast verdreifacht und die Preise für Düngemittel sind 2008 mehr als doppelt so hoch wie im Jahr 2000 (World Bank 2008). Der „Guardian" (3.7.2008) zitiert eine Studie der Weltbank, die die Produktion von Agrokraftstoffen für 75 % des Preisanstiegs bei den Nahrungsmitteln verantwortlich macht.[3] Auch Oxfam (2008) schreibt, dass und wie Agrokraftstoffe zur Verarmung der Menschen beitragen und noch nicht einmal das Klima entlasten, sondern im Gegenteil den Klimawandel noch beschleunigen. Vorsichtiger, aber im Ergebnis ganz ähnlich wird in Empfehlungen der Weltbank zum Hokkaido-Toyako-Gipfel der G8 argumentiert.[4]

Die EZB benennt noch weitere Ursachen des Anstiegs der Preise von Nahrungsmitteln, die unabhängig von der Ölpreisentwicklung sind: demografische Verschiebungen, veränderte Ernährungsgewohnheiten der besser gestellten Mittelklassen in der Welt, „ungünstige Witterungsbedingungen", steigende Transportkosten und Verteuerung der Düngemittel (die wiederum eine Folge des Anstiegs der Energiepreise ist) (EZB, Monatsberichte Juni 2008, S. 8 ff). Nicht erwähnt werden in diesem Katalog: die Agrarsubventionen und die Exportpolitik der EU und der USA, die Liberalisierung des Agrarhandels und dessen Unterwerfung unter das Regelwerk der WTO, die Öffnung der nationalen Ökonomien bei der Anwendung der „Konditionalität" der Bretton Woods-Institutionen gegenüber verschuldeten Ländern (gemäß „Konsens von Washington"), die Zerstörung einer autonomen Landwirtschaft und die Auslieferung der Agrarproduktion und der Vermarktungsstrukturen an die großen transnational agierenden Agro-Konzerne. Diese setzen obendrein auf genetisch manipuliertes Saatgut, Dünge- und Schädlingsbekämpfungsmittel und unterminieren so die „Ernährungssouveränität", wie die global operierende Bauernorganisation Via Campesina kritisiert. Daher werden Nahrungsmittel in vielen Ländern teuer wie Produkte aus Luxusboutiquen und für breite Massen unerschwinglich. Revolten brechen aus. Nicht immer sind es die Hungernden, die revoltieren. Denn die sind zumeist viel zu sehr mit dem Überlebenskampf beschäftigt.

---

3 Vgl. auch Neues Deutschland, 5.7.2008, und die heftige Polemik in der Süddeutschen Zeitung, 10.7.2008.

4 Siehe: http://web.worldbank.org/WBSITE/EXTERNAL/NEWS/0,,contentMDK:218276 81~pagePK :64257043~piPK:437376~theSitePK:4607,00.html.

Es sind die Bewohner der chaotischen Favelas, Barrios, Slums, im „Planet of Slums" (Davis 2007), die demonstrieren, revoltieren, plündern.

Längerfristig, so tröstet die OECD,[5] können höhere Preise für Nahrungsmittel aber für arme Länder ein „Glück im Unglück" sein („a blessing in disguise for Africa"). Es lohne sich, die Subsistenz-Landwirtschaft in ein „profitable business" zu verwandeln und die Vermarktung von Nahrungsmitteln voranzubringen. Die OECD hat aus der Krise nichts gelernt. Denn dieser „Segen" des Marktmechanismus kann sich sehr schnell in einen Fluch verkehren. Lebensmittel, die zur Handelsware geworden sind, dienen nicht in erster Linie dazu, den Bauch der Hungrigen zu füllen, sondern den Geldsack der Reichen. Wenn es um Profit geht, bleiben die Nahrungssicherheit und die Ernährungssouveränität als fundamentale Menschenrechte auf der Strecke. Das war und ist einer der Gründe für die Zerstörung der tradierten Landwirtschaft und der ihr angepassten Vermarktungsstrukturen (Bello 2008).

Die destabilisierende Entwicklung der Energiepreise, des Klimas und der Nahrungsversorgung haben mit natürlichen Bedingungen so gut wie nichts zu tun, sind aber für die Natur und die in ihr und von ihr lebenden Menschen schädlicher als ein tropischer Wirbelsturm oder ein durch ein Seebeben ausgelöster Tsunami. Dies sind auch die Ursachen für die wachsende Ungleichheit in der Welt, für die zunehmende Informalisierung von Arbeit, Geld und Politik (Altvater/Mahnkopf 2002), für Armut und Hunger, die trotz der Millenniumsziele und der auf ihre Realisierung gerichteten Anstrengungen nicht dabei sind, zu verschwinden. Anders, als der Mecklenburger Heimatdichter Fritz Reuter meinte, kommt die Armut doch nicht „von der Powerteh", sondern von den „global root causes" der menschlichen Unsicherheit (vgl. auch DESA 2008).

Die Armut in der Welt

Armut hat es in menschlichen Gesellschaften zwar immer gegeben und auch karitative Umgangsformen mit ihr. Aber erst in unserer („modernen") Zeit wird Armut gemessen, in monetären Größen kalkuliert und in der Zeit und im Raum vergleichbar gemacht. Auch wenn Armut nicht einfach in Geldgrößen indiziert werden kann, geschieht dies; erneut kann Bertolt Brecht mit seinem Lehrstück „Die Maßnahme" zitiert werden:

„Weiß ich, was ein Mensch ist?/
Weiß ich, wer das weiß!/

---

5 Development Center, Policy Insights No. 66, May 2008.

Ich weiß nicht, was ein Mensch ist/
Ich kenne nur seinen Preis".

Der ist niedrig, wenn wir die Armutsstatistiken von Weltbank und UNDP betrachten. Armut kann vieles bedeuten, ganz verschiedene Gesichter in verschiedenen Kontinenten und Ländern haben. Doch sie wird von den internationalen Organisationen über den monetären Kamm geschoren: Menschen, die weniger als 1 US-Dollar pro Tag „kosten" und diese als Einkommen kaufkräftig ausgeben können, gelten nach dieser monetären Definition als arm. Diese ist deshalb so wichtig, weil sie benutzt wird, um die Erfüllung des ersten Millenniumsziels zu messen, nämlich die Zahl der Armen und Hungernden bis 2015 zu halbieren.

Der Preisausdruck eines Menschen ist in mehrfacher Hinsicht problematisch; von ethischen Erwägungen ganz abgesehen. *Erstens* können gleiche Pro-Kopf-Einkommen, auch wenn sie in Kaufkraftparitäten umgerechnet werden, den unterschiedlichen Lebensbedingungen in verschiedenen Gesellschaften nicht Rechnung tragen. *Zweitens* werden Verteilungsungleichheiten zwischen Ländern nicht berücksichtigt, ebenso wenig wie unterschiedliche Zusammensetzungen der Güterbündel zwischen Einkommensschichten in einem Land und zwischen Ländern. Die Messung der Armut in Geldgrößen (1 US-Dollar-Armutsgrenze) ist dann fragwürdig, wenn die Preise von überlebensnotwendigen Gütern im internationalen Vergleich stärker anziehen als die Preise von weniger grundlegenden Gütern. So könnte es sein, dass die auch für Hilfsleistungen herangezogenen Armutsstatistiken die Zahl der Armen zu niedrig ausweisen (Pogge 2008). Auch die Frage, von welchem Basisjahr ausgehend die Entwicklung der Armut berechnet wird, ist wichtig. Denn sie kann zu (Selbst-)Täuschungen führen. Das erste Millenniumsziel von 2000, die Reduktion des Anteils von Menschen an der Weltbevölkerung, deren Einkommen weniger als 1 US-Dollar beträgt, um die Hälfte im Vierteljahrhundert von 1990 bis 2015 ist „trickreich" formuliert (Pogge 2006). Denn wenn die Zahl der Armen gleich bleibt oder gar ansteigt, sinkt dennoch deren Anteil infolge des bis 2015 prognostizierten Bevölkerungswachstums. Erfolg kann vermeldet werden. Außerdem ist die Zeitspanne vom Jahr der Formulierung der Millenniumsziele (2000) aus ins Jahr 1990 zur „Großvätergeneration" zurückdatiert worden, um den Zeitraum zur Erreichung des Ziels um 10 auf insgesamt 25 Jahre zu dehnen. In China und Indien ist gemäß dieser Zeitrechnung paradoxerweise schon vor der Formulierung der Millenniumsziele im Jahre 2000 das Ziel der Halbierung der Armut erreicht worden. In vielen anderen Weltregionen jedoch wird das Ziel auch 2015 weit verfehlt.

Arme Menschen sind *drittens* anders von Krisen betroffen als die Reichen, und der Wert eines Dollars für Arme ist ein anderer als für Reiche. Die Verfügung über Geld und Geldeinkommen macht die Menschen auf der einen Seite (qualitativ) gleich, ist auf der anderen Seite aber für (quantitative) Ungleichheiten je nach der Höhe der verfügbaren Beträge verantwortlich. Der monetäre Maßstab kann also in die Irre führen; die Vergleichbarkeit ist nur eine scheinbare. Dies zeigt sich auch, wenn berücksichtigt wird, dass unterschiedliche monetäre Einkommen auch Unterschiede bei der Ressourcennutzung, beim Zugang zur Natur einschließen, also unterschiedliche „capabilities" der menschlichen Entwicklung begründen (Amarthya Sen). Diese sind in urbanen Slums andere als auf dem Land, und dort je nach Landverteilung und Anbauart unterschiedlich.

Die globalen Krisen haben zur Folge, dass die Zahl der Armen und Hungernden nicht zurückgeht, der informelle Sektor nicht kleiner sondern größer wird und daher ein bedeutsamer Grund von Konflikten zwischen Nationen und innerhalb von Gesellschaften schwelt. Wenn diese zu schweren Menschenrechtsverletzungen führen und diplomatische Intervention nicht zufriedenstellend verlaufen, kann dies der Anlass für eine militärische Intervention bzw. Mission auf der Grundlage des R2P der Staaten sein, die für sich beanspruchen, den Menschenrechtsnormen einer „good governance" zu genügen.

Die Waffen des Nordens für die Konflikte im Süden

Weil viel Geld in die Rüstung gesteckt wird, können Konflikte auch militärisch ausgefochten werden, häufig gerechtfertigt mit der „Schutzverantwortung". Die Drohung, militärisch einzugreifen, wird sehr häufig als politisches Druckmittel verwendet (besonders gefährlich im Fall der Drohungen gegenüber dem Iran). Die Reaktion darauf sind weitere Rüstungsanstrengungen. Der Rüstungswettlauf des frühen 21. Jahrhunderts unterscheidet sich vom Wettrüsten während des Kalten Krieges in der zweiten Hälfte des 20. Jahrhunderts dadurch, dass sich nicht mehr zwei koordinierte Blöcke gegenüber stehen, sondern eine Vielzahl von Staaten in „neuer Unübersichtlichkeit" an dem tödlichen Wettrennen beteiligt sind. Zwischen 2001 und 2006 nahmen die weltweiten Militärausgaben real um etwa 30 Prozent zu, auf im Jahr 2006 geschätzte 1,179 Billionen US-Dollar. Fast die Hälfte, nämlich insgesamt 528 Milliarden US-Dollar, entfallen auf die USA (BICC 2008, S. 12). Die Zahlen des SIPRI sind ganz ähnlich. 45 % aller Rüstungsausgaben der globalisierten Welt werden von den USA aufgebracht und mehr als 80 %, wenn alle NATO-Länder berücksichtigt werden. Der Kern des Problems von Unfrieden und Kriegen ist also nicht in den armen Ländern des Südens zu finden; er ist im „charming circle" der NATO-Partner zu suchen, zumal diese für die globalen Krisen, unter denen

die Länder des globalen Südens besonders zu leiden haben, hauptverant-
wortlich sind.

Mehr als 200 Kriege sind seit 1945 geführt worden. Das waren keine
Weltkriege, aber sie haben in fast aller Welt stattgefunden: in Asien, Afrika, Lateinamerika, im Nahen und Mittleren Osten. Der von Präsident Bush
nach dem 11. September 2001 erklärte Krieg gegen den Terror ist vielleicht
ein Weltkrieg, nur hat er Nordamerika nach dem 11.9.2001 und dem Aufbau des „Heimatschutzes" nicht mehr erreicht. Dort gab es keinen Krieg,
wohl aber alltägliche Gewalt, der Hunderttausende zum Opfer gefallen
sind: Jährlich zählt man in Amerika etwa 30.000 Tote und 65.000 Verletzte, die Opfer des Gebrauchs von Handfeuerwaffen werden (Kister
2008). Die USA haben Hunderttausende von Soldaten überall in der Welt
stationiert oder im aktiven Kriegseinsatz, sie betreiben an die 700 Militär-
stützpunkte (nach Chalmers Johnson), die über den gesamten Globus verteilt sind. Der Krieg, den sie in vielen Weltregionen führen, kommt derzeit
in Form von ökonomischen Belastungen, dem Wertverfall des US-Dollar,
extremen „globalen Ungleichgewichten" und als psychische Deformatio-
nen von Soldaten zurück. Allein die Operation Enduring Freedom in Afghanistan, die Operation Noble Eagle zur Sicherung der Militärbasen und
die Operation Iraqui Freedom haben nach Angaben des US-Kongresses
mindestens 700 Mrd. US-Dollar verschlungen.[6]

Die meisten Kriege in der Zeit nach der Blockkonfrontation wurden
nicht zwischen sondern innerhalb von Nationalstaaten geführt. Waren sie
Bürgerkriege? In aller Regel nicht. Denn zumeist waren die Großmächte,
die im Sicherheitsrat der UNO einen ständigen Sitz haben, formelle oder
informelle Kriegspartei: Großbritannien von 1946 bis 2003 21-mal, Frankreich 19-mal, die USA in 16 Fällen. Auch die UdSSR und später Russland
und China waren in Kriege verwickelt (Human Security Brief 2008). Kriege sind häufig „asymmetrisch" (Münkler 2002), weil sich auf einer Seite
des bewaffneten Konflikts ein mächtiger Nationalstaat oder ein noch mäch-
tigeres Bündnis wie das der NATO oder eine „Allianz von Willigen" und
in Zukunft möglicherweise eine „League of Democracies" als informelle
Kriegspartei befindet. Es ist daher eine einseitige Sichtweise, wenn die
nicht-formellen Kombattanten („Terroristen") für die Asymmetrie der
Kriegführung verantwortlich gemacht werden.

Die meisten Kriege waren also innerstaatliche Kriege, aber mit internationaler Beteiligung; sie könnten gar nicht geführt werden, wenn nicht mit
Hilfe des legalen, halblegalen und illegalen Waffenhandels die in den Waffenschmieden des globalen Nordens erzeugten Waffen gegen gutes Geld in

---

6   Siehe: http://www.humansecuritygateway.info/documents/CRS_Iraq-Afghanistan_cost
     GWOT_updated23Jun08.pdf.

den globalen Süden gelangen würden. Der internationale Waffenhandel bringt es heute auf fast 200 Mrd. US-Dollar im Jahr (BICC Jahresbericht 2007/2008). Das ist der Grund, warum in der Welt 639 Millionen Gewehre, darunter 70 Millionen russische Kalaschnikow, 7 Millionen US-amerikanische M-16 und ebenso viele deutsche G3 des mittelständischen Unternehmens Heckler und Koch zirkulieren. Fast 90 Prozent der Waffenlieferungen stammen aus Mitgliedsstaaten des UN-Sicherheitsrats. Mit dem Verweis auf den „dual use" oder mit dem Argument der Förderung der Wettbewerbsfähigkeit und der Schaffung von Arbeitsplätzen werden Verbote und Beschränkungen umgangen. Der Planet Erde ist nicht nur ein „planet of slums", sondern ein waffenstarrender Planet. Auf zehn Erdenbürger kommt eine Schusswaffe (in den USA mehrere Schusswaffen auf einen US-Bürger), und dann bedarf es nur noch der Konflikte, um die Waffen der Reichen in den Händen der Armen „zum Sprechen" zu bringen.

Auf den ersten Blick sind die Kriege des Globalisierungszeitalters weniger blutig als in den Zeiten zuvor. Denn die Zahl der direkten Kriegsopfer ist rückläufig (Human Security Brief 2007). Während der Bombardements Serbiens im Jahr 1999 ist nicht ein NATO-Soldat ums Leben gekommen, und auch die Zahl der gefallenen Soldaten aus Jugoslawien hielt sich in Grenzen. Im Irak oder in Afghanistan gehen die Opfer der Interventionstruppen in die Tausende, aber das ist wenig im Vergleich mit den getöteten Zivilisten. Auch in „intelligent" und mit „chirurgischer Präzision" geführten bewaffneten Konflikten hat die Zivilbevölkerung zu leiden. Wenn nicht eine Hochzeitsgesellschaft „versehentlich" bombardiert und dabei sogar die Braut getötet wird, sind die zivilen und zu vielen Opfer kaum eine Notiz wert. Die Zahl der zivilen Kriegsopfer ist jedenfalls zwischen vier und zehn Mal so hoch wie die Zahl der Opfer unter den Kombattanten (Human Security Report 2005, S. 128):

Kriegsökonomien und Kriegerstaaten

Staaten können zerfallen, wenn die Souveränität schwindet. Das ist keineswegs ein Schicksal von „schwachen Staaten" im globalen Süden, wie von der Forschung über „Räume begrenzter Staatlichkeit" suggeriert wird (z.B. SFB 700 der DFG). Das findet auch im globalen Norden statt. Die zig tausend Tonnen Müll auf Neapels Straßen bezeugen die begrenzte Staatlichkeit ebenso wie die Nutzung einer Grenze zur Einrichtung einer „special jurisdiction" auf einem Alpenfelsen oder auf einem Inselchen in der Karibik oder im Ärmelkanal im Interesse von spekulativen Fonds oder semi-kriminellen Steuerhinterziehern aus wohl-funktionierenden Staaten, die

sich diese Räume begrenzter Staatlichkeit im Interesse ihrer geldver-
mögenden Bürger leisten.

Wenn Staaten zerfallen, heißt das also nicht, dass auch die Ökonomien
scheitern. Gemäß neoliberaler Weltinterpretation können Märkte staatliche
Strukturen ersetzen. Folglich entstehen in Zeiten der Globalisierung eher
Kriegsökonomien als – dem antiken Sparta vergleichbare – Kriegs- und
Kriegerstaaten. Sie sind „global offen", über große Distanzen mit den Waffenschmieden, mit großen Bankhäusern und Transnationalen Konzernen
aus den Industrieländern verbunden. Ohne Offshore-Zentren, wo Sicherheitsfirmen residieren, wo die Waffenhändler häufig ihren Sitz haben,
könnten die Kriegsökonomien gar nicht existieren. Sie bedürfen des Placets
der globalen Machthaber, um schmutziges Geld waschen zu lassen und
dann in die globalen Finanzkreisläufe einzuleiten. Ohne das Mitspielen der
globalen Finanzakteure wäre der 11. September 2001 ausgefallen und die
Welt hätte nicht vergessen, dass am 11. September 1973 der General Pinochet mit Hilfestellung der CIA die Demokratie in Chile blutig hinweg-
geputscht hat. So manche Kriegsökonomie würde obendrein sehr schnell
ohne die Schattenwirtschaft der organisierten Diasporagemeinden, ohne die
Transfernetzwerke von Hawala-Banken zur Überweisung der „remittances"
und ohne die Dienstleistungen von sizilianischer, russischer oder kolum-
bianischer Mafia und ähnlicher ehrenwerter Gesellschaften austrocknen.
Eine schmutzige Kriegsökonomie irgendwo in der Welt setzt also die kooperative Existenz eines Finanzplatzes in den zivilisierten Zentren der Welt
voraus, der als Schnittstelle zum legalen Geldkreislauf des „zivilgesellschaftlichen" Kapitalismus fungieren kann.

Infolgedessen wäre es tatsächlich verfehlt, diese Kriege in traditioneller
Weise als „innerstaatliche" Konflikte zu interpretieren. Das waren die Bürgerkriege während des „Kalten Krieges" zwar ebenfalls nicht. Doch im Unterschied zu der Zeit bis 1989 sind die bewaffneten Konfliktparteien der
„neuen Kriege" Akteure auf globalen Märkten, die mit anderen globalen
Akteuren Handel treiben, Kreditbeziehungen unterhalten und persönliche
Kontakte pflegen. Sie sind durch Marktbeziehungen in das kapitalistische
Weltsystem integriert und weniger durch die politischen Beziehungen zwischen Staaten und deren Institutionen. Alles das ist eine Folge der Liberalisierung der Märkte und Deregulierung der Politik seit der Mitte der
1970er Jahre. Auch die Hilfsorganisationen werden als globale Akteure
funktional in den Konflikt einbezogen, und die Hilfsgelder werden nicht
selten marktvermittelt in die Kassen der Bürgerkriegsparteien umgeleitet.

Wie jedes ökonomische System hat auch die Kriegsökonomie eine In-
put- und eine Outputseite. Auf ihrer „Input-Seite" sind die Waffenschmieden aus den Industrieländern (häufig Kleinwaffenproduzenten) involviert.
Die Waffen und Söldner und manchmal auch professionelle Publicity-

Agenturen, die die Sache der jeweiligen „Bürgerkriegspartei" als eine gute Sache, als „gerechten" Krieg der internationalen Öffentlichkeit verkaufen, müssen bezahlt werden. Die Einnahmen der Bürgerkriegsparteien stammen häufig aus dem Verkauf von mineralischen und energetischen Rohstoffen, von natürlichen Ressourcen wie Tropenholz, seltenen Tierarten und deren Produkten (z.B. Elfenbein), von Drogen, die auf dem Territorium angebaut (oder durchgeleitet) werden, über das die Kriegsparteien militärisch herrschen. Manche der Produkte sind als solche legal (wie Erdöl), andere sind illegal (wie Drogen).

Die „Inputfaktoren" der Bürgerkriegsökonomie werden mit den Gelderlösen aus dem „Output" (etwa aus dem Verkauf der Rohstoffe) finanziert. Häufig wird der Kreislauf zwischen Input und Output „kurz geschlossen": Die Waffenträger und die Soldateska bekommen direkt, also ohne Vermittlung des Geldes, jene Rohstoffe übereignet, deren Extraktion sie kriegerisch erzwingen. Daher arbeiten Söldnerfirmen mit Rohstofffirmen und -händlern eng zusammen.

Wir sehen also, dass der Gegenstand dieses Vortrags ein Kreislauf ist. Die Reichen liefern den Armen die Waffen. Doch müssen diese bezahlt werden. Dies ermöglicht die Geldeinnahmen aus den Verkäufen von Rohstoffen, die mit dem Einsatz der Waffen (zur Erlangung von Kontrolle über Naturreichtümer) gewonnen werden können. Dieser monetäre Kreislauf ist zerstörerisch für die Menschen, untergräbt ihre Sicherheit und verletzt die Menschenrechte. Er wird hauptsächlich vom globalen Norden in Gang gehalten. Regierungen sind zumeist involviert, aus den Industrieländern ebenso wie aus der „armen Welt".

Die Märkte zwischen Waffenhändlern und Käufern in den Kriegsstaaten bzw. -ökonomien, zwischen Rohstoffanbietern und -nachfragern sind eingebettet in globale Marktkomplexe, insbesondere in die globalen Finanzmärkte. Diese besorgen die Verbindung zwischen Kriegsgeschehen und ökonomischer Plünderung, weil sich diese nur lohnt, wenn die Einkünfte aus der Plünderung „recycled" und dabei legalisiert werden können. Die Kriegsökonomie ist also zu einem guten Teil „Ökonomie der Enteignung" (dispossession), integraler Bestandteil des „neuen Imperialismus" (Harvey 2004; Altvater 2005).

Die Privatisierung der Gewaltanwendung und der Einsatz von bezahlten Söldnertruppen haben nicht nur den Zerfall der Nationalstaatlichkeit und die Entstehung der Kriegsökonomie zur Folge. Im Zuge von Globalisierung, Deregulierung und Privatisierung gehen viele Bereiche staatlicher Souveränität an private Akteure der Ökonomie über. Öffentliche Güter werden privatisiert, und als private Güter müssen sie für den Anbieter einen Profit erbringen. Von den Nutzern müssen sie auf dem Markt gekauft werden, da sie als öffentliches Angebot nicht mehr verfügbar sind. Dies gilt selbst für die öffentliche Sicherheit, die privatisiert wird. An Häusern und Mauern drohen auf angebrachten Plaketten private Sicherheitsfirmen mit „armed response", sollte sich jemand am privaten Eigentum vergreifen wollen. Informelle Normen regulieren in zunehmendem Maße an Stelle der normgestützten förmlichen und öffentlichen Institutionen das gesellschaftliche Leben. Das staatliche Gewaltmonopol wird unterminiert – und es wird durch die Mächte, die die „Schutzverantwortung" übernehmen, repariert. Das Instrumentarium der „global governance" steht zur Verfügung, um die souveräne Macht von Nationalstaaten durch international mandatierte Interventions- und Regulationsmacht zum Schutz der Menschenrechte zu ersetzen, „um Menschheitsverbrechen zu beenden", wie der ehemalige australische Außenminister Gareth Evans versichert (in: SEF News, Frühjahr 2008, S. 8).

Was tun?

Finanzkrise, Peakoil, drohender Klimakollaps und Zusammenbrüche der Versorgung mit Nahrungsmitteln und die damit im Zusammenhang stehenden Kriegsdrohungen und militärischen Interventionen erzeugen den Eindruck einer bevorstehenden Apokalypse. Es ist eine Paradoxie, dass sich Mächte zu schützen versuchen, indem sie andere Weltregionen mit Krieg überziehen, um so „das Böse" einzudämmen. Das Böse kommt aber nur scheinbar von außen, es entspringt in der eigenen Welt. Daher ist das Konzept der responsibility to protect wenig hilfreich. Es verdeckt den globalen Kontext der Krisen der Menschheit und lenkt von der Verantwortung des Nordens ab.

Doch wo kann angesetzt werden, um der Chaotisierung der Welt Einhalt zu gebieten? Die Geldflüsse aus dem Rohstoffverkauf müssen ausgetrocknet, d.h. die Aneignung der Rohstoffe muss unterbunden werden. Das betrifft die Verkäufer in den Rohstoffländern ebenso wie die Käufer in den Industrieländern, zumeist transnationale Konzerne. Auch der Verkauf von Waffen, von Kleinwaffen zumal, wäre strikter zu kontrollieren, als dies heute geschieht. Der im R2P-Konzept verwendete Begriff der „root causes" kann also hilfreich sein, wenn diese auch im Wirken des internationalen Systems in Zeiten der Globalisierung und nicht vor allem in „internen Konflikten" eines Landes gesucht werden. Es geht also nicht in erster Linie darum, unter Missachtung nationalstaatlicher Souveränität einer drangsalierten Bevölkerung zu Hilfe zu eilen, auch weil dies sehr häufig schief geht, sondern die internationale Ordnung so umzugestalten, dass die globalen Krisen bewältigt werden können: die Klimakrise, die Energiearmut, der Hunger und die Finanzkrise mit ihren Auswirkungen auf die Beschäftigung und die Einkommen, die Lebensbedingungen der Menschen überall in der Welt. So ließen sich drohende Klimakriege (Welzer 2008) vermeiden, der „Kollaps" von Gesellschaften (Diamond 2006), wie er schon manches Mal in der Geschichte der Menschheit geschehen ist, abwenden.

Literatur

Albrecht, Ulrich et al. (2007), Ein europäisches Sicherheitskonzept, Friedrich Ebert Stiftung, Internationale Politikanalyse, Februar 2008.

Altvater, Elmar (2005), Das Ende des Kapitalismus, wie wir ihn kennen, Münster.

Altvater, Elmar (2008), Kohlenstoffzyklus und Kapitalkreislauf – eine „Tragödie der Atmosphäre", in: Altvater, Elmar / Brunnengräber, Achim (Hrsg.), Ablasshandel gegen Klimawandel? – Marktbasierte Instrumente in der globalen Klimapolitik und ihre Alternativen, Reader des Wissenschaftlichen Beirats von Attac, Hamburg, S. 149-168.

Altvater, Elmar / Mahnkopf, Birgit (2002), Globalisierung der Unsicherheit – Arbeit im Schatten, schmutziges Geld und informelle Politik, Münster.

Bello, Walden (2008), Manufacturing a Food Crisis, in: The Nation, May 15, 2008.

BICC (2008), Bonn International Coversion Center, Jahresbericht 2007/2008, in: http://www.bicc.de/publications/jahresbericht/2008/bicc_jah resbericht_2007_2008.pdf.

Caballero-Anthony, Mely (2008), Die Etablierung von menschlicher Sicherheit innerhalb eines neuen globalen Sicherheitsumfelds, in: Ulbert, Cornelia / Werthes, Sascha (2008) (Hrsg.), Menschliche Sicherheit – Globale Herausforderungen und regionale Perspektiven, Baden-Baden, S. 149-164.

Canfora, Luciano (2008), Die Freiheit exportieren. Vom Bankrott einer Ideologie, Köln.

Coetzee, J. M. (2003), Warten auf die Barbaren, Frankfurt/Main, 2003.

Davis, Mike (2007), Planet der Slums, Berlin/Hamburg (Assoziation).

DESA (2008), Department of Development and Social Affairs of the United Nations Secretariat: World Economic and Social Survey. Overcoming Economic Insecurity, (United Nations) New York, in: http://www.un .org/esa/policy/wess/wess2008files/wess08/wess2008.pdf.

Diamond, Jared (2006), Kollaps. Warum Gesellschaften überleben oder untergehen, Frankfurt/Main.

Evans, Gareth (2008), „Die staatliche Souveränität war eine Lizenz zum Töten", in: Stiftung Entwicklung und Frieden, SEF News, Frühjahr, 2008, S. 8-10.

Grefe, Christiane / Schumann, Harald (2008), Der globale Countdown. Gerechtigkeit oder Selbstzerstörung – die Zukunft der Globalisierung, Köln.

Harvey, David (2003), The New Imperialism, Oxford (Oxford University Press); dt. Der neue Imperialismus, Hamburg.

ICISS (2001), International Commission on Intervention and State Sovereignty, The Responsibility to Protect; in: http://www.iciss.ca/pdf /Commission-Report.pdf.

IPCC (Intergovernmental Panel on Climate Change). (2007). Fourth Assessment Report of the IPCC (2007) on Climate Change: in: http://ipcc-wg1.ucar.edu/wg1/wg1-report.html.

Jäger, Michael (1999), Habermas dixit, in: Freitag 19, 7.5.1999.

Klein, Naomi (2007), Die Schock-Strategie: Der Aufstieg des Katastrophen-Kapitalismus, Berlin.

Kister, Kurt (2008), Ein Schuss Freiheit. Feuerwaffen sind identitätsstiftend in den USA – dem trägt nun auch das Oberste Gericht Rechnung, in: Süddeutsche Zeitung Nr. 149, 28./29.6.2008, S. 2.

Luxemburg, Rosa (1913/1979), Die Akkumulation des Kapitals. Ein Beitrag zur ökonomischen Erklärung des Imperialismus, Berlin.

Münkler, Herfried (2002), Die neuen Kriege, Reinbek.

Oxfam (2008), Another Inconvenient Truth. How biofuel policies are deepening poverty and accelerating climate change, June 2008.

Pogge, Thomas (2008), A Consistent Measure of Real Poverty: A Reply to Ravaillon, in: International Poverty Centre, One pager, No. 54, May 2008.

Pogge, Thomas W. (2006), Eröffnungsrede, Dokumentation der Veranstaltung „Soziale Gerechtigkeit in einer globalisierten Welt – Utopie oder realisierbares Ziel?", 30.11.–1.12.2006, Stiftung Entwicklung und Frieden, Bonn.

Potsdamer Frühjahrsgespräche (2008), Geteilte Schutzverantwortung? in: SEF News, Frühjahr 2008.

Powell, Jonathan (2008), Eine Lanze für liberale Interventionen, in: Internationale Politik, Juli/August 2008, S. 56-61.

Radtke, Katrin (2008), Bomben auf Rangun? – Myanmars und die „Responsibility to Protect", in: Welthungerhilfe Brennpunkt Nr. 3, Juni 2008.

Shaikh, Anwar / Ragab, Amr (2008), The Vast Majority Income (VMI), A New Measure of Global Inequality, in: International Poverty Center, Policy Research brief, No. 7, May 2008.

Stanley, Ruth (2008), Neues Paradigma oder Rückkehr in die Vergangenheit? Menschliche Sicherheit in Lateinamerika, in: Ulbert, Cornelia / Werthes, Sascha (2008) (Hrsg.), Menschliche Sicherheit – Globale Herausfordrungen und regionale Perspektiven, Baden-Baden, S. 165-176.

Stern, Nicholas (2006), Stern-Review on the Economics of Climate Change, Her Majesty's Treasury. Government of the United Kingdom. http://www.hm-treasury.gov.uk/independent_reviews/stern_review _economics_climate_change/sternreview_index.cfm.

Thakur, Ramesh (2008), Menschliche Sicherheit, Intervention und die Verantwortung zum Schutz, in: Ulbert, Cornelia / Werthes, Sascha (2008) (Hrsg.), Menschliche Sicherheit – Globale Herausforderungen und regionale Perspektiven, Baden-Baden, S. 110-122.

UNDP (2007), Human Development Report 2007/2008. Fighting climate change. Human solidarity in a divided world, New York.

WBGU (2003), Wissenschaftlicher Beirat der Bundesregierung Globale Umweltveränderungen: Welt im Wandel. Energiewende zur Nachhaltigkeit, Berlin/Heidelberg/New York et al.

WEF (2008), World Economic Forum: Global Risks 2008, World Economic Forum, January 2008, in: http://www.weforum.org.

Welzer, Harald (2008), Klimakriege, in: Blätter für deutsche und internationale Politik, 5, 2008, S. 31-48.

World Bank (2008), G8 Hokkaido-Toyako Summit. Double Jeopardy: Responding to High Food and Fuel Prices, July 2, 2008.

TEIL II:

ARMUT UND REICHE KRIEGSKASSE.
DAS ARMUTSZEUGNIS DER GLOBALEN ÖKONOMIE

GLOBALE SOZIALE UNGLEICHHEIT VERSUS VERTEILUNGS- GERECHTIGKEIT. ZUR INTERDEPENDENZ VON ARMUT UND KRIEG

UELI MÄDER

Soziale Ungleichheit befindet sich im Widerstreit mit der Verteilungs-gerechtigkeit. Sie verschärft soziale Spannungen und Konflikte. Dabei interessiert, ob Armut zu Krieg führt und Krieg zu Armut?

Ich gehe in meinem Beitrag von der sozialen Ungleichheit und von dem aus, was Verteilungsgerechtigkeit beinhalten könnte. Im Vordergrund steht die Frage nach Zusammenhängen zwischen Armut und Krieg. Ich verknü-pfe sie mit entwicklungspolitischen Perspektiven, die einen sozialen Aus-gleich anstreben und darauf abzielen, die Gefahr kriegerischer Auseinan-dersetzungen zu mindern. Die Perspektiven basieren auf der Annahme, dass Entwicklungspolitik originäre Friedenspolitik ist. Am Schluss meines Beitrages kommentiere ich aktuelle Diskurse über die Konfliktforschung und die Bedeutung sozialer Ungleichheit. Soziale Ungleichheit liegt vor, wenn Gesellschaften dauerhaft in unterschiedlichem Ausmaß über begehrte Güter verfügen – über Ansehen, Wohlstand und Macht.

Globale soziale Ungleichheit

Zwanzig Prozent der reichsten Länder verfügen über achtzig Prozent des Welt-Brutto-Sozialprodukts. Sie verbrauchen zugleich achtzig Prozent der Ressourcen. „Die Weltwirtschaft wächst – die weltweite Armut ebenfalls", titelte die Basler Zeitung (31.5.2000). Und wenige Jahre später: „Schwere Rückschläge im Kampf gegen den Hunger" (15.10.2004). Das ökonomi-sche Wachstum allein bedingt offenbar keinen Rückgang der Armut. Nach anfänglichen Erfolgen der Vereinten Nationen nimmt die Zahl der Unter-ernährten wieder zu. 842 Millionen Menschen leiden an Unterernährung, obwohl genügend Nahrungsmittel vorhanden sind und die Nahrungsmittel-produktion über Jahrzehnte stärker zunahm als die Bevölkerung. Die An-nahme von Malthus, die Nahrung wachse arithmetisch und die Bevöl-kerung geometrisch, trifft nicht zu. Die Engpässe der Versorgung fordern derzeit mehr Todesopfer als alle Kriege und Terroranschläge zusammen.

Mit einer gerechten Verteilung des Wohlstandes hapert es, wobei sich die soziale Ungleichheit auch in „feinen Unterschieden" (Bourdieu) dokumentiert. Klaus Endress ist ein reicher Unternehmer aus Reinach (Schweiz). Während dem Tsunami verbrachte er seine Ferien an einem schönen Strand in Sri Lanka. Die Basler Zeitung (6.1.2005) beschreibt als Wunder, wie Endress den Sturm und die Wasserflut überlebte. Das kleine Hotel nebenan wurde einfach weggeschwemmt. Die Gäste ertranken. Endress kam heil davon. „Sein Schutzengel war bei ihm." Im Hotel mit fünf Sternen. Das feste Mauerwerk und drei Sterne in der Klassierung machten während dem Tsunami den „feinen Unterschied" aus. Die solide Bauweise und die erhöhte Lage waren entscheidend. Sie sollen das Hotel auch gegen künftige Bedrohungen besser schützen. Und das dürfte bitter nötig sein.

Die Klimaerwärmung lässt laut dem Weltbericht der Vereinten Nationen (2008) den Wasserspiegel bis zum Jahr 2030 um einen Meter ansteigen. Sie treibt so 300 Millionen weitere Menschen zur Migration und relativiert somit auch die zuversichtliche These des Soziologen Ulrich Beck. Er nimmt in seinem Buch über die „Risikogesellschaft" (1986) an, dass die Menschen im Übergang zur reflexiven Moderne in der Lage sind, künftige Entwicklungen zu antizipieren und entsprechende Korrekturen einzuleiten. Wer die Umwelt schädigt, realisiere, dass die Folgen seines Handelns auf ihn zurückfallen. Die Täter werden zu Opfern. Der Smog hält sich an keine nationalstaatlichen Grenzen. Das Bewusstsein, dass es fünf vor zwölf Uhr ist, verändert die Welt. Soweit die optimistische Variante. Marianne Gronemeyer vertritt eine andere Auffassung. Sie weist in ihrer Studie zur „Motivation politischen Handelns" (1976) darauf hin, wie Bedrohungen oft zu irrationalen Handlungen und zu einer gefährlichen Flucht nach vorn führen. Wer das Wasser am Hals hat oder mit dem Rücken zur Wand steht, flüchtet nach vorn oder verkriecht sich ins Schneckenhaus. Er versucht allenfalls, die eigene Haut zu retten, ist aber kaum in der Lage, sich für übergreifende Interessen einzusetzen.

Verteilungsgerechtigkeit

Verteilungsgerechtigkeit verlangt, dass alle Menschen ihre existenziellen Bedürfnisse befriedigen können. Die Gerechtigkeit umfasst mehr als Recht, Toleranz und Fairness. Ich gehe hier pragmatisch von diesem einfachen Vorverständnis aus und verzichte auf eine theoretische Debatte über den Begriff. Was Verteilungsgerechtigkeit bedeuten könnte, veranschaulichte die Zeit (Nr. 38/1998) anhand einer Schätzung der Vereinten Nationen. Die westlichen Industrieländer geben pro anno etwa 155 Mrd. Dollar für Alkohol und Zigaretten aus. Ein Viertel dieses Betrages würde genügen, um die Grundbedürfnisse in so genannten Entwicklungsländern wesentlich besser zu befriedigen, wobei der beschränkte Konsumverzicht bei uns keine Einbuße der Lebensqualität zur Folge hätte und sich sogar positiv auf die Gesundheit auswirken könnte.

Manuela Pfrunder ist Absolventin der Luzerner Hochschule für Gestaltung. Ihre Abschlussarbeit heißt „Neotopia" (Zürich 2002). Sie umfasst einen „Atlas zur gerechten Verteilung der Welt". „Als Kind sind wir dem Entscheid des Schicksals, wo und auf welcher Seite wir die Welt erfahren werden, hilflos ausgeliefert, und genau da hat die Frage nach der Gerechtigkeit vielleicht ihren Ursprung", schreibt Pfrunder (2002, S. 3). Wie aber sähe die Welt aus, wenn wir gerechter handelten. Allen Menschen stünden 8,5 Kilogramm Fleisch pro Jahr und Person zur Verfügung. In den USA liegt der durchschnittliche Konsum derzeit bei 110 Kilogramm. In Indien beträgt er ein Kilogramm. Alle Erwerbsfähigen müssten auch damit rechnen, während 15 Jahren arbeitslos zu sein und kein Einkommen zu erhalten. Und während 96 Tagen würden sie ihre Lohnarbeit legal in einem anderen Land verrichten. Alle zehn Jahre könnten wir alle eine Woche mit 92 US-Dollar in die Ferien reisen. Jedes Jahr hätten wir sogar Anrecht darauf, 3,4 Kilometer im Flugzeug zurückzulegen. Soweit ein paar Beispiele aus diesem anschaulichen Buch. Am Schluss schreibt Manuela Pfrunder (2002, S. 55): „Es ist alles verteilt, das Vorgefundene und das Geschaffene, und wir sehen jetzt, was wir besitzen: wenig an Schuhen, viel Hunger, kaum Kaffee und ab und zu Seife. ‚Neotopia' ist beendet, und damit sind wir am Anfang angelangt. Denn jetzt, nach den Dingen, käme die Verteilung dessen, was nicht mehr fassbar ist: Schönheit, Begabung ..." Und vielleicht hätten wir dann eine friedliche Welt?

Armut und Krieg

Kriege sind leider aktuell und beständig. Aktuell, weil sie weltweit unzählige Menschen bedrohen; beständig, weil sich die Geschichte auch als eine Abfolge von Kriegen lesen lässt. Kriege haben viele Facetten, nationalistische, ideologische, politische, wirtschaftliche, gesellschaftliche, kulturelle, ökologische. Kriege haben auch etwas mit der Knappheit und der Privatisierung wichtiger Ressourcen zu tun – mit dem Kampf um Öl und dem Kampf um Wasser. Zu den Ursachen von Kriegen gehört unter anderem die heroisierte Männlichkeit, zu den Folgen von Kriegen die Migration. Kriege lassen sich auf kein rein politisches Kalkül reduzieren. Sie sind ein „totales soziales Phänomen" (Marcel Mauss).

Von der Schweizerischen Gesellschaft für Soziologie (SGS) aus haben wir im September 2007 an der Universität Basel einen internationalen Jahreskongress organisiert. Das Thema lautete schlicht: Krieg (Maeder et al. 2008). Vierhundert Gäste kamen zu den hundert Vorträgen über Konfliktherde und Kriegsursachen am Anfang des 21. Jahrhunderts. Dabei interessierte, ob sich bei neuen Kriegen (Bürger- und Umweltkriege, Staatszerfall, Terror) vergleichbare Erklärungsmuster feststellen lassen. Dies auch im Kontext globaler sozialer Ungleichheiten, die ich im Folgenden mit der sozialwissenschaftlichen Tradition der Kriegsforschung verknüpfe.

„Wenn Du Frieden willst, so rüste zum Krieg." Der St. Galler Soziologe Christoph Maeder erinnerte bei der Eröffnung des Kongresses an diesen bekannten Ausspruch, der sich während des Kalten Krieges zu bewahrheiten schien. Aufrüstung und Drohgebärden kennzeichneten das Verhalten der zivilisierten Blöcke. Kriege hinterließen aber auch in dieser Zeit viel Verheerung, Elend und Tod. Die blutige Spur führte von Vietnam und den südamerikanischen „low intensity conflicts" über die Bürgerkriege in Nordirland und im Baskenland bis zu den militärisch geführten Auseinandersetzungen im Nahen Osten. Ethnisch begründete Vertreibungen und Hegemonieansprüche im Balkan reaktivierten den Krieg auch in Europa. Die traurigen Ereignisse trübten die Gewissheit von einer friedlichen Welt. Und mit dem weltweiten Terrorismus kam ein neuer Feind auf. Er ersetzte der medial omnipräsenten Militärmaschinerie die ideologischen Gegensätze des Kalten Krieges.

Der Züricher Soziologe Kurt Imhof bezeichnete (bei dem erwähnten Kongress) den Krieg als Vater der Sozialwissenschaften. Thomas Hobbes fragte bereits, was eine friedliche soziale Ordnung angesichts egoistisch handelnder Naturrechtssubjekte religiös erweckter Glaubenskämpfer möglich macht. Diese Grundfragen der Sozialwissenschaften beschäftigten ihn aufgrund der Grausamkeiten religiöser Bürgerkriege. Die Kriegstreibenden wollten das Beste und brachten das Schlimmste hervor. Der Mensch erwies sich als Wolf. Hobbes erklärte Herrschaft im „Leviathan" und legitimierte so den Absolutismus. Die religiösen Überzeugungen verwies er auf das private Gewissen. Seine Auffassungen sind auch heute aktuell. Der Kampf um Werte hat wieder Auftrieb erhalten. Der Bürgerkrieg ist zurückgekehrt, obwohl man ihn schon für Geschichte hielt. Und mit dem Bürgerkrieg zieht auch der Leviathan in die Moderne: Die friedenserzwingenden Interventionen von westlichen Zentrumsländern dokumentieren und reproduzieren ihn. Sie bekämpfen die so genannte Achse des Bösen und befördern den Krieg in Somalia, Afghanistan, im Irak und im Nahen Osten. Der Krieg gegen den Terrorismus ist weltweit präsent. Er bestimmt die Sicherheitspolitik der Nationalstaaten und unterläuft wichtige Grundlagen der Moderne. Glaubensfragen und Sinnentwürfe gelten als Privatangelegenheiten. Sie sind aus dem öffentlichen Leben zu verbannen. Krieg beginnt nach dieser Überzeugung, wenn gemeinschaftlich verbundene Individuen die Gesellschaft in ihrem Sinne umgestalten wollen. Das führt zu ethnischer Säuberung, zu Vertreibung und auch zum Genozid. Der Mechanismus ist am Anfang des 21. Jahrhunderts offenbar so modern wie zu Beginn des 17. Jahrhunderts.

„Es besteht das Risiko, dass Afrika austrocknet", titelte die Basler Zeitung am 13.6.2006 und wies auf Gefahren hin, die der Brundtland-Report bereits 1987 betonte und der Rio-Bericht 1992, der auch viele Forderungen der Stockholmer Konferenz (1974) aufnahm. Eine weitere Überschrift in derselben Ausgabe der Basler Zeitung lautete: „Rüstungsausgaben so hoch wie nie zuvor". Im Jahr 2005 betrugen sie 1.118 Mrd. Dollar. Das sind 2,5 % der Weltproduktion oder 210 Franken pro Kopf der Weltbevölkerung. Der von den USA angeführte „Krieg gegen Terror" und die militärische Präsenz in Irak und Afghanistan haben die Rüstungsausgaben auf Höchstwerte getrieben. Nach dem Aufbrechen der Berliner Mauer (1989) und der Entschärfung des West-Ost-Konfliktes sanken die Rüstungsausgaben und erlangten 1998 ihr tiefstes Niveau. Seither stiegen sie um 34 % an. Vier Fünftel des Zuwachses gehen auf die Ankurbelung der Kriegswirtschaft in den USA zurück.

Der Verband Entwicklungspolitik deutscher Nichtregierungsorganisationen (VENRO) setzte sich in seinem Bericht „Perspektive 2015" mit der „Armutsbekämpfung und Krisenintervention" (Bonn 2003) sowie mit dem Zusammenhang zwischen Armut und Krieg auseinander. Was daraus hervor geht: Armut führt zu kriegerischen Auseinandersetzungen und kriegerische Auseinandersetzungen führen zu Armut. Dies allerdings weder simpel kausal noch singulär, wiewohl sich beispielsweise Bürgerkriege ziemlich direkt und zerstörerisch auf Entwicklungsprozesse auswirken. Acht der zehn Länder mit dem niedrigsten Human Development Index und ebenfalls acht der zehn Länder mit dem geringsten Pro-Kopf-Einkommen waren in den letzten zwanzig Jahren von Bürgerkriegen größeren Ausmaßes betroffen. Im Jahr 2002 fanden 18 der insgesamt 29 identifizierten Kriege sowie 17 der 18 bewaffneten Konflikte in Ländern statt, die ein jährliches Pro-Kopf-Einkommen von weniger als 755 US-Dollar aufweisen. Allerdings sind auch ressourcenreiche Gebiete in ähnlichem Ausmaß von (Bürger-)Kriegen betroffen. Die Abhängigkeit eines Landes von Rohstoffexporten gilt jedenfalls als zentraler Risikofaktor. Kriege werden oft ideologisch legitimiert, haben aber viel mit politischer Ökonomie und Rohstoffen wie Diamanten, Edelmetallen, Edelhölzern oder Erdöl zu tun. Das zeigen Erfahrungen in Sierra Leone, Nigeria, Angola, Liberia und im Kongo. Es gibt allerdings Staaten wie Botswana, die ähnlich wie Angola, über viele Diamantenvorkommen verfügen, ohne aber deswegen größere Konflikte zu haben.

Armut ist gewiss kein einziger oder hinreichender Grund für Kriege. So belegt beispielsweise Malawi von 173 Ländern den viertletzten Platz, was das Pro-Kopf-Einkommen betrifft. Malawi ist aber ein relativ friedliches Land. Und auch die von der Weltbank in 161 Ländern untersuchten 78 Bürgerkriege vermitteln keinen eindeutigen Zusammenhang zwischen den Einkommensdisparitäten bzw. den vertikalen Ungleichheiten und Kriegen. Wenn Regionen und einzelne Bevölkerungsgruppen allerdings einen sozialen Abstieg oder eine plötzliche Verschlechterung ihrer Lebensbedingungen erfahren, erhöht sich die Disposition zur Gewalteskalation. Solche (Leidens-)Erfahrungen lassen sich beispielsweise von charismatischen Führern (entlang ethno-religiöser Trennlinien) instrumentalisieren. Aber auch das ist kein zwangsläufiger Prozess. Weitere Faktoren wie die Schwäche des Staates spielen mit. Sie führen unter anderem dazu, dass so genannte Entwicklungsländer soziale Folgen der Globalisierung weniger gut auffangen können, als reiche, institutionell gefestigte und politisch relativ stabile Industrieländer. Laut UNDP (2005) sinkt mit wachsendem Wohlstand die Gefahr gewaltsamer Konflikte. Bei einem Bruttosozialprodukt (BSP) unter 500 US-Dollar pro Kopf beträgt sie rund 15 %, bei einem BSP über 5.000 US-Dollar liegt sie unter 3 %. Die Korrelation scheint eindeutig zu sein. Insgesamt deuten aber widersprüchliche empirische Befunde darauf hin, dass sie vorsichtig zu deuten sind. Gleichwohl formuliere ich, stark verkürzt, ein paar weiter zu begründende Annahmen.

These 1:
Armut erhöht die soziale Brisanz und die Gefahr von gewalttätigen und kriegerischen Auseinandersetzungen. Sie hindert Menschen daran, sich für eigene und übergreifende Interessen einzusetzen.

Diese erste Annahme bezieht sich vorwiegend auf die bisherigen Ausführungen. Sollte sie nicht zutreffen, wäre das kein Grund, sich nicht trotzdem für die Bewältigung der Armut zu engagieren und soziale Folgen der Globalisierung anzugehen.

Soziale Folgen der Globalisierung

Weltweite Verflechtungen kennzeichnen die Globalisierung: wirtschaftlich, gesellschaftlich, politisch, kulturell. Sie eröffnen ein sozialräumliches Gesellschaftsbild, das weder territorial noch national gebunden ist. Zivilgesellschaftliche Ansätze postulieren eine sozial verträgliche Globalität, die

Ausgrenzung und Isolation verhindert. Die Globalisierung ist ein altes Phänomen. Rund drei Viertel der Erdoberfläche wurden während den letzten fünfhundert Jahren europäisch kolonisiert. Neu sind der rasante Anstieg des Welthandels und der Finanzströme. Die Bedeutung der Wirtschaft nimmt zu, der Einfluss des politischen und gesellschaftlichen Korrektivs eher ab. Soziale Verbindlichkeiten und institutionelle Kontrollen weichen sich teilweise auf. Das führt zu Verunsicherungen, die autoritäre Kräfte stärken.

Der Welthandel und die Finanzströme sind zentrumsorientiert. Sie klammern weite Teile der Bevölkerung aus. Während die Preise für industriell gefertigte Güter tendenziell steigen, sinken – im Vergleich – jene für Rohstoffe und Primärgüter. Weil sich die Austauschbedingungen verschlechtern, erzielen viele „Entwicklungsländer" mit mehr Exporten weniger Erlöse. Die verschärfte Standortkonkurrenz zwischen den reichen Zentren erhöht den Rationalisierungsdruck und – wegen der einseitigen Verteilung – die Erwerbslosigkeit. Das wirtschaftliche Wachstum belastet auch die Umwelt. Ein Fünftel der Menschen verbrauchen in Industrieländern vier Fünftel der Weltenergie. Der Treibhauseffekt und die Erwärmung der Erdoberfläche lassen den Meeresspiegel ansteigen. Sie zwingen Millionen von Menschen zur Migration. Theorien der Modernisierung plädieren für geballte Investitionen in Wachstumszentren und nehmen an, dass der implantierte Wohlstand dann allmählich ins „Hinterland" sickert. Doch der erhoffte Effekt lässt auf sich warten. Drei Milliarden Menschen leben immer noch mit weniger als zwei Dollar pro Tag. Mit der Verteilung hapert es. Auch bei der wirtschaftlichen Macht, die sich weiter konzentriert.

500 Unternehmen kontrollieren zwei Drittel des weltweiten Handels. Die Zentralisierung der Wirtschaft berührt politische Grundlagen wie das Territorialprinzip (feste Grenzen), das Souveränitätsprinzip (staatliches Gewaltmonopol) und das Legalitätsprinzip (verbindliches Vertragswesen). Die Aufweichung bestandener Prinzipien erhöht die Verunsicherung und den Ruf nach einer starken Hand, die für Ordnung sorgen soll. Rasche Veränderungen und komplexe gesellschaftliche Strukturen verlocken dazu, Halt in Vereinfachungen zu suchen. Mit der Globalisierung formieren sich somit neue fundamentalistische Strömungen, aber zum Glück auch zivilgesellschaftliche Bewegungen, die sich vernetzen und den sozialen Zusammenhalt intendieren. An diese hier nur stichwortartig skizzierte Analyse knüpfe ich folgende weiteren Thesen an:

These 2:
Der Welthandel und die Finanzströme sind zentrumsorientiert. Das relativiert die Globalisierung, die weite Bevölkerungsteile ausklammert.

These 3:
Der ungleiche Austausch beschert vielen „Entwicklungsregionen" erhebliche Verluste und erhöht die soziale Ungleichheit. Die Konzentration der Wirtschaft refeudalisiert die Besitzverhältnisse.

These 4:
Der Globalismus gefährdet, im Unterschied zur Globalität, den sozialen Zusammenhalt. Er schwächt politische Verbindlichkeiten und stärkt autoritäre Strömungen.

These 5:
Die forcierte Integration in den Weltmarkt verschärft soziale Konflikte und den Ausschluss benachteiligter Regionen.

Die angesprochene Zunahme der sozialen Brisanz zeigt sich in Ansätzen auch in der reichen, privilegierten Schweiz. Nach dem Zweiten Weltkrieg erlebten in der Schweiz breite Bevölkerungskreise einen materiellen Aufschwung, der den „sozialen Kitt" zu fördern schien. Seit den rezessiven Einbrüchen der siebziger Jahre steigen jedoch die Lebenshaltungskosten (für Nahrung, Mieten, Gesundheit) stärker als Teile der unteren Einkommen. Das System der sozialen Sicherheit, das zwar relativ gut ausgebaut ist, hält mit dem Wandel der Lebensformen (Zunahme von Alleinlebenden und Alleinerziehenden) nicht Schritt. Es geht von Voraussetzungen aus, die je länger desto weniger zutreffen. Wir haben weder Vollbeschäftigung mit kontinuierlichen Erwerbsbiographien, noch mehrheitlich traditionelle Familien, bei denen ein Einkommen für einen Haushalt ausreicht. Schon in einer früheren Studie über die „Armut im Kanton Basel-Stadt" (Mäder et al. 1991) fiel uns ein starker innerer Rückzug sozial Benachteiligter auf. Viele der interviewten Armutsbetroffenen fühlten sich relativ stark für Verhältnisse verantwortlich, die primär gesellschaftlich verursacht sind. Wir erklärten uns diesen Rückzug durch den hohen gesellschaftlichen Individualisierungsgrad und die verbreitete Tabuisierung der Armut. Das Schweigen führt dazu, dass Betroffene nach außen den Anschein erwecken, alles sei in bester Ordnung, auch wenn sie selbst einen hohen Leidensdruck verspüren. Heute weisen indes etliche Anzeichen darauf hin, dass sich resignative Haltungen und depressive Verstimmungen teilweise auch in Empörung verwandeln. Das mag mit Schlagzeilen über „abgehobene Managerlöhne" und mit der persönlichen Wahrnehmung sozialer Ungleichheit zu tun haben. Wenn Eltern erleben, wie ihre Kinder keine Lehrstelle finden, während andere sehr hohe Saläre erzielen, empfinden sie Wut. Diese kann sich unterschiedlich auswirken. Die Empörung kann die Bereitschaft fördern, sich mehr für eigene Interessen einzusetzen. Sie kann aber auch die Gefahr erhöhen, Halt bei autoritären und populistischen Kräften zu suchen, die mit ausgrenzenden Maßnahmen eine rigide „Ruhe und Ordnung" anstreben.

Perspektiven

Das modernisierungstheoretische Credo plädiert für eine liberale Öffnung der Märkte und eine Integration der Entwicklungsregionen in den kapitalistischen Weltmarkt. Wenn Ungleiches aber gleich behandelt wird, bleibt es ungleich. Die ungleichen Terms of Trade verschärfen sogar die Polarisierung zwischen Arm und Reich. Daher tendieren einzelne Länder des Südens dazu, den Weltmarkt selektiv zu nutzen und über eine gemeinsame Lobby die Konditionen des Austauschs mehr mitbestimmen zu können. Den Öl produzierenden Ländern gelang das teilweise zu Beginn der 1970er Jahre. Damals entstand die Konzeption einer Neuen Weltwirtschaftsordnung, die nicht mit der neuen, westlich dominierten Weltordnung zu verwechseln ist. Andere Versuche alternativer Monopolbildung scheiterten aber, beispielsweise das mittelamerikanische Bananenkartell. Ein Grund lag wohl in den bereits bestehenden Monopolen multinationaler Konzerne, die, wie beim Kaffee und Kakao, den weltweiten Umsatz dominieren. Mehrere Entwicklungsregionen reagierten mit protektionistischen Maßnahmen und Versuchen, die Produktionsstruktur zu diversifizieren. Sie konzentrierten sich – im Sinne der Dissoziation und Self-Reliance – auf die Entwicklung der eigenen Produktivkräfte, um dann allenfalls später, mit vergleichbaren Ellen, den Weltmarkt wieder so zu nutzen, dass er – komplementär – zum Vorteil aller Beteiligten gereicht. Diese Strategie, die keine Autarkie anstrebte, führte da und dort dazu, die Grundbedürfnisse besser zu befriedigen. Das erwies sich als vielversprechend. Das Aufbrechen des West-Ost-Gegensatzes forcierte jedoch die Globalisierung. Investitionen flossen nun zunehmend in jene Regionen, die eine maximale Kapitalverwertung und Profitmaximierung gewährten. Andere Regionen wurden unfreiwillig ganz abgekoppelt. Unter diesen Bedingungen ist es schwierig, die Not in eine Tugend zu verkehren. Fahrlässig wäre es jedoch, deshalb auf ein kapitalistisches Integrationskonzept einzuschwenken, das breite Bevölkerungskreise ausschließt. Aus meiner Sicht gibt es perspektivisch keine Alternative dazu, die kollektive Eigenständigkeit zu fördern. Dazu meine nächsten Thesen.

99

These 6:
Modernisierungstheoretische Konzepte vernachlässigen die Armut und das
Konfliktpotential, das sich aus einseitigen Abhängigkeiten ergibt.

These 7:
Die selektive Dissoziation verbessert die Disposition zum sozialen Ausgleich.
Sie mindert einseitige Abhängigkeiten und damit auch die Gefahr kriegerischer
Auseinandersetzungen.

Konzepte einer sozialen Globalität plädieren im Gegensatz zum wirtschaftlichen Globalismus für eine gerechtere Weltwirtschaftsordnung. Sie schla-
gen vor, die Preise für Rohstoffe an jene für industriell gefertigte Güter anzupassen. Nach Berechnungen der Vereinten Nationen (UN) genügte den
„Entwicklungsländern" die Hälfte des Mehrerlöses, um ihre existenziellen
Bedürfnisse zu befriedigen. Stabile Abnahmequoten und Preise könnten
helfen, die Produktion aufzufächern und die Abhängigkeit von einzelnen
Exportgütern zu mindern. Diese Vorschläge gehen davon aus, dass die
Zentralisierung der Wirtschaft ein politisches Korrektiv braucht. Typolo-
gien einer „Transnationalen Demokratie" unterscheiden Ansätze einer zen-
tral-demokratischen Weltordnung mit universalen Beschlüssen von einem
liberal-demokratischen Pluralismus, der an bestehende staatliche Vereinbarungen anknüpfen will. Kommunitäre Ansätze zielen darauf ab, zivilgesellschaftliche Einrichtungen zu stärken. Der wirtschaftsfreundliche Soziologe
Ralf Dahrendorf will keine Weltregierung, sondern eine bessere Kooperation staatlicher und zivilgesellschaftlicher Institutionen. Er plädiert
(1999, S. 87 f.) für eine „Bürgergesellschaft", in der die Assoziationen der
Menschen wichtiger sind als der Staat, der ein Grundeinkommen mit ver-
bindlichem Minimal-Lohn garantieren müsse, was bekanntlich kontrovers
diskutiert wird. Die einen befürchten einen demotivierenden Einfluss auf
die Erwerbsarbeit, andere erhoffen sich eine Entlastung sozial Benachteiligter. Wenn es nicht gelingt, der ausgeprägten Wettbewerbsfähigkeit ein
starkes Element des sozialen Zusammenhalts hinzuzufügen, befinden wir
uns jedenfalls laut Dahrendorf auf dem Weg in ein autoritäres 21. Jahrhundert.

Der einseitig wirtschaftlich orientierte Globalismus stärkt borniert nationalistische und provinzialistische Kräfte. Anders die Globalität. Sie
strebt, wie einst skandiert („Hoch die internationale Solidarität!"), den sozialen, kulturellen und politischen Ausgleich an, der auch übergreifend regionale Zusammenschlüsse unterstützt. Verbindliche Vereinbarungen im
Sinne einer Anpassung der Preise für Primärgüter und Rohstoffe an jene
für industriell gefertigte Güter könnten meines Erachtens wesentlich dazu
beitragen. Ulrich Menzel (1992) befürchtet zwar, dass solche Maßnahmen

dazu führen könnten, die Eliten in südlichen Ländern zu bereichern. Aber aus meiner Sicht ist das eine Ausrede, um keine gerechteren Preise für den Kaffee zu bezahlen. Ich halte dafür, den dependenztheoretischen Ansatz gegenüber dem voreiligen Abschreiben aller großen Theorien zu verteidigen. Er zielt zu Recht darauf ab, einseitige Abhängigkeiten zu mindern. Ohne internationale Vereinbarungen im Sinne der Menschenrechte, die auch das Recht auf Existenzsicherung beinhalten, besteht die Gefahr, dass soziale Not und Spannungen zunehmen. Daran knüpfe ich, zum Schluss überleitend, meine letzte These an.

These 8:
Das analysierte Scheitern der großen Erzählungen relativiert und differenziert zwar zu grobe Entwürfe; es verabschiedet aber voreilig kritische Theorie zugunsten einer Beliebigkeit und einer Offenheit, die zu viel offen lässt.

Diskurse

In der Friedensforschung gilt es, über institutionelle Analysen hinaus die Prozesse der Machtkonzentration mehr zu beleuchten. Ältere Ansätze der Konfliktforschung, wie sie etwa Johan Galtung (1975) oder Dieter Senghaas (1977) vertreten, betonen strukturelle Ursachen der Konflikte. Neuere Ansätze konzentrieren sich mehr darauf, Konfliktdynamiken zu dekonstruieren. Sabine Fischer und Astrid Sahm (2005) beschreiben Veränderungen der normativen Grundlagen der Konfliktforschung. Nach ihrer Analyse tritt die Existenz normativer Grundlagen in der jüngeren, systemtheoretisch orientierten Generation weniger hervor als in der älteren Generation der Kritischen Friedensforschung. Während die ältere Generation vor allem für eine inhaltliche Ausgestaltung des Friedens eintritt, richtet die jüngere Generation ihre Aufmerksamkeit „von diesem utopischen Ziel weg" auf pragmatische Aspekte der Konflikte. Sie entfernt sich dabei von einem Friedensbegriff im Sinne der Abwesenheit von (struktureller) Gewalt und, wie zunehmend moniert, einer „normativ aufgeladenen Verteilungsgerechtigkeit". Zur Begründung dient ein radikal konstruktivistischer Ansatz, der den Relativismus stark betont. Während die Kritische Friedensforschung konkrete Wege der Veränderung aufzeigen will, zielt der radikal konstruktivistische Ansatz darauf ab, Akteure zu befähigen, sich aufgrund der Einsicht in die Bedingtheit der eigenen und fremden Wahrnehmungssysteme von festgefahrenen Positionen zu lösen und kompromissfähig zu werden.

Die Kritik der Kritischen Konfliktforschung versucht, die „normativ aufgeladenen" Begriffe zu dekonstruieren und „von emanzipatorischen Inhalten zu befreien". Sie interessiert sich mehr für die Dynamik der Konflikte, denn für die Ursachenforschung. Wichtige Strömungen der neuen Konfliktforschung wollen politisch abstinent sein und sich Werten möglichst enthalten. Sie fokussieren die personale und situative Konfliktdynamik. Damit gerät auch das soziale Engagement aus dem Blick, das laut Pierre Bourdieu kein Widerspruch zum wissenschaftlichen Arbeiten und zur „reflexartigen Reflexivität" zu sein braucht. Das Besondere eines Standpunktes besteht darin, ein Standpunkt in Bezug auf einen andern Standpunkt zu sein. Er erlaubt den Forschenden, den eigenen sozialen und intellektuellen Standpunkt im Forschungsfeld kritisch zu überprüfen. Ein sozial-reflexiver Konstruktivismus berücksichtigt diese Prägung, ohne sich damit radikalkonstruktivistisch von der Praxis zu verabschieden.

Auch in der Sozialstrukturforschung verlagert sich der Blick von der vertikal geschichteten zur horizontal gegliederten Ebene (Geissler 2002, S. 537). Die Klassenmodelle des 19. Jahrhunderts unterschieden die Lohnarbeitenden vom Bürgertum nach der Verfügungsgewalt über die Produktionsmittel. Analysen sozialer Schichten und Klassen differenzierten in der ersten Hälfte des 20. Jahrhunderts die Menschen nach weiteren Merkmalen wie Beruf, Qualifikationen, Einkommen und Besitz. Der Blick galt nach wie vor primär vertikalen Ungleichheiten. Das änderte sich im Laufe der zweiten Hälfte des 20. Jahrhunderts. Theorien sozialer Lagen beziehen das subjektive Wohl (Lebenszufriedenheit) stärker ein. Horizontale Ungleichheiten stehen auch bei Modellen sozialer Milieus im Vordergrund. Sie betonen die Lebensauffassung, den Lebensstil und die Wertorientierung. Die Lagen- und Milieuanalysen weisen auf wichtige Differenzierungen hin, vernachlässigen aber gesellschaftliche Gegensätze. Sie suggerieren eine Entwicklung, die von Klassen und Schichten zu Lagen und Milieus führe. Laut Gerhard Schulze (2000) hat die Suche nach Glück die Sorge um das Materielle abgelöst. Das erlebnisorientierte Denken ersetze das produkteorientierte. Der Alltag verkommt so zur Lebensbühne und Verlängerung der Innenwelt. Symbolwelten scheinen frei wählbar zu sein. Aber die sozialen Gegensätze und Klassen sind nicht passé. Dass der (post-)moderne Diskurs sie wenig thematisiert, spricht nicht dagegen. Die sozialen Gegensätze verschärfen auch die soziale Brisanz. Sie disponieren zu gewalttätigen Konflikten, wobei Krieg zu Armut führen kann und Armut zu Krieg. Dieser Befund ist wichtig. Ebenso die Verteilungsgerechtigkeit. Normativ! Auch ohne empirischen Nachweis.

Literatur

Beck, Ulrich (1986), Risikogesellschaft, Frankfurt/Main.

Bourdieu, Pierre (1993), Comprendre, in: La Misère du monde, Seuil, Paris, S. 903-939.

Brundtland, Gro Harlem (1987), Unsere gemeinsame Zukunft, Der Brundtland-Bericht der Weltkommission für Umwelt und Entwicklung, Verlag Eggenkamp.

Dahrendorf, Ralf (1999), in: Armin Pongs, In welcher Gesellschaft leben wir? München, S. 87-105.

Fischer Sabine / Sahm, Astrid (2005), Friedensforschung und Normativität: Positionen der jüngeren Generationen, in: Jahn, Egbert et al. (Hrsg.), Die Zukunft des Friedens, Wiesbaden, S. 49-73.

Galtung, Johan (1975), Strukturelle Gewalt, Reinbek bei Hamburg.

Geissler, Rainer (2002), Facetten der modernen Sozialstruktur, in: Jäggi, Victoria / Mäder, Ueli / Windisch, Katja (Hrsg.) (2002), Entwicklung, Recht, Sozialer Wandel, Social Strategies, Vol. 35, Bern, S. 537-553.

Gronemeyer, Marianne (1976), Motivation und politisches Handeln, Hamburg.

Imbusch, Peter / Mäder, Ueli / Nollert, Michael (2008), Neue Kriege, Sonderausgabe der Schweizerischen Zeitschrift für Soziologie, Heft 2, Zürich.

Mäder, Ueli (1999), Für eine solidarische Gesellschaft, Zürich.

Mäder, Ueli / Biedermann, Franziska / Fischer, Barbara / Schmassmann, Hector (1991), Armut im Kanton Basel-Stadt, Social Strategies, Basel.

Maeder, Christoph / Mäder, Ueli / Schilliger Sarah (2008), Krieg, Zürich.

Pfrunder, Manela (2002), Neotopia, Zürich.

Menzel, Ulrich (1992), Das Ende der Dritten Welt und das Scheitern der grossen Theorie, Frankfurt/Main.

Schulze, Gerhard (2000), Die Erlebnisgesellschaft, Kultursoziologie der Gegenwart, Frankfurt/New York.

Senghaas, Dieter (1977), Weltwirtschaftsordnung und Entwicklungspolitik. Plädoyer für Dissoziation, Frankfurt/Main.

United Nations Conference on Environment and Development, UNCED, 1992, vgl. http://www.un.org/geninfo/bp/enviro.htm, (Rio-Bericht).

Verband Entwicklungspolitik deutscher Nichtregierungsorganisationen (VENRO), Perspektiven 2015, Armutsbekämpfung und Krisenintervention, Bonn 2003.

GLOBALISIERUNG, ARMUT UND KONFLIKTDYNAMIK

CLAUDIA HAYDT

Bald zwanzig Jahre nach Ende der Blockkonfrontation erleben wir eine neue Phase der globalen Neuaushandlung von Macht- und Marktpositionen. Welchen Platz in dieser neuen Weltordnung die Europäische Union, die USA, Russland, China oder Indien zukünftig haben werden, das wird zurzeit ausgehandelt. Die Aushandlung findet (noch) nicht über direkte militärische Auseinandersetzung statt. Wir erleben jedoch einen neuen Aufrüstungswettlauf und die massive Ausweitung der globalen militärischen Präsenz, vor allem der Armeen westlicher Staaten. Diese Präsenz konzentriert sich auf rohstoffreiche sowie geostrategisch wichtige Regionen. Der Hunger des Westens nach Rohstoffen und Gewinn destabilisiert dabei heute zahlreiche Regionen dieser Welt – durch direkte Militärinterventionen genauso wie durch ökonomische Interventionen zur globalen Durchsetzung einer neoliberalen Wirtschaftsordnung. Kriege um Öl genauso wie die Privatisierung von Wasser, um nur zwei Beispiele zu nennen, entfalten ihre tödliche Wirkung.

Frieden in Zeiten knapper Rohstoffe ist nur möglich durch gerechten Ausgleich sowohl innergesellschaftlich wie auch global. Doch genau ein solcher gerechter Ausgleich wird durch neoliberale Konzepte erschwert, wenn nicht gar unmöglich gemacht. Wenn etwa innergesellschaftlich ein Weg gefunden werden muss, die knappe Ressource Wasser gerecht zu verteilen, dann lässt sich diese Aufgabe nicht durch Privatisierung von Wasser lösen. Neoliberale Mechanismen helfen nur den ohnehin starken und wohlhabenden Gruppierungen – innergesellschaftlich und global. So werden Konflikte geschaffen und verstärkt. Was der Kampf um knappe Ressourcen unter neoliberalen Bedingungen innergesellschaftlich bedeutet, wird im Folgenden am Beispiel Somalias gezeigt werden. Anschließend soll der grundlegende Zusammenhang zwischen Armut, Destabilisierung und Krieg charakterisiert werden.

Die Zerstörung Somalias

Ein beeindruckendes Beispiel – wenn auch bei weitem nicht das einzige – für die Zusammenhänge zwischen externer Einflussnahme, Ressourcen, Armut und Krieg ist Somalia.

Die im Folgenden beschriebene Erosion des Staates Somalia und die Zuspitzung der innergesellschaftlichen Auseinandersetzungen bis hin zum großflächigen Bürgerkrieg kann nicht ohne die zugrunde liegende Ressourcenproblematik verstanden werden. Angesichts der stark wachsenden Bevölkerung spielte die knappe Ressource Wasser sowie die Ausbreitung der Wüsten eine wichtige Rolle bei Konflikten zwischen rivalisierenden Clans, zwischen nomadisierenden Hirten und sesshaften Ackerbauern. Doch wesentlicher für den Konfliktverlauf war, dass der Staat Somalia sukzessive seine materiellen und immateriellen Ressourcen und damit seine Handlungsfähigkeit verlor. Durch erhebliche externe Einflussnahme verlor der Staat jede Möglichkeit, wenigstens in Ansätzen, die existenziellen Bedürfnisse seiner Bevölkerung zu befriedigen und einen Ausgleich zwischen verschiedenen Bevölkerungsgruppen zu erreichen.

Bis zu den Interventionen des Internationalen Währungsfonds (IWF) und der Weltbank zu Beginn der 80er Jahre des letzten Jahrhunderts basierte die sozioökonomische Struktur Somalias auf dem wechselseitigen Austausch zwischen nomadischen Hirten und traditionellen Bauern. Daneben spielte der Fischfang entlang der 3.000 km langen somalischen Küste ebenfalls eine Rolle. Der direkten Einflussnahme von IWF und Weltbank ging in den 1970er Jahren eine partielle Integration Somalias in den Weltmarkt voraus, die zwar Devisen nach Somalia brachte, insgesamt jedoch die Armut in Somalia vergrößerte. Die kommerzielle Viehwirtschaft wurde stark ausgebaut und erbrachte 80 Prozent von Somalias Exporterlösen. Bis zu diesem Zeitpunkt versorgte sich Somalia nahezu vollständig selbst. Von der Mitte der 1970er bis zur Mitte der 1980er Jahre nahmen Hunger und Lebensmittelhilfe zu, und der billige, überschüssige Weizen und Reis der Industriestaaten verdrängte die lokalen Produzenten vom Markt.

Die somalische Regierung erhielt Kredite des IWF, jedoch waren daran Bedingungen geknüpft, so genannte Strukturanpassungsprogramme. Vom IWF verordnete Sparmaßnahmen deregulierten den Getreidemarkt und führten zu weiterer, enormer Verarmung der Bauern. Parallel stiegen die Preise für Treibstoff, Saatgut und Düngemittel. Somalias Regierung wurde ermutigt, auf dem am besten bewässerten Land Erzeugnisse anzubauen, die eine höhere Wertschöpfung ermöglichen, wie Südfrüchte, Baumwolle, Gemüse und Ölsaaten.[1]

Die vom IWF verordneten Sparmaßnahmen trafen auch die Hirten und ihr Vieh. Die tierärztliche Versorgung und Impfung der Tiere war nun nicht mehr Teil der öffentlichen Dienstleistungen des Landwirtschaftsministeriums. Tierärztliche Leistungen mussten jetzt kostendeckend refinanziert werden. Die Kommerzialisierung des Wassers setzte Bauern und Hirten zusätzlich unter Druck ebenso wie die Auflösung von Vorräten zur Fütterung der Tiere in Dürrezeiten.

Infolgedessen war es nicht verwunderlich, dass sich Krankheiten, vor allem die Rinderpest, unter den geschwächten Tieren in den Herden ausbreiteten. Ohne Herden und ohne finanzielle Mittel waren die Hirten dem Hunger schutzlos ausgeliefert. Sie konnten kein Vieh mehr gegen Getreide eintauschen, und das soziale Gefüge der ländlichen Ökonomie löste sich auf. Subventioniertes Fleisch und Milchprodukte aus der Europäischen Union gaben der verbleibenden Viehwirtschaft den Rest. Gleichzeit brachen die Einnahmen des Staates zusammen und damit seine letzten Fähigkeiten, die soziale Ordnung zu gestalten. Die Auflagen des IWF für Kredite verunmöglichten zusätzlich die Aufrechterhaltung öffentlicher Dienstleistungen. Die Ausgaben im Gesundheitsbereich sanken um 75 % von 1975 bis 1989. Der Schulbesuch sank um 41 %, das führte wiederum zu Schließung von einem Viertel aller Grundschulen. Die realen Einkommen im öffentlichen Dienst sanken um 90 %. Da kaum einer der staatlichen Angestellten mit zehn Prozent seines ursprünglichen Einkommens überleben konnte, nahmen Willkür und Korruption zu, und die staatliche Handlungsfähigkeit nahm weiter ab. Der totale Zusammenbruch des öffentlichen Sektors war die nahezu unausweichliche Konsequenz.

Der „Rest" von Somalias Geschichte ist bekannt. Hungersnöte, der Zusammenbruch der Zivilgesellschaft, Ströme von Flüchtlingen und Milizen, deren Ziel meist die Hauptstadt Mogadischu war, führten schließlich zum Bürgerkrieg. Die teilweise dramatische Medienberichterstattung über den Bürgerkrieg und über die gescheiterte Militärintervention 1992 ging so gut wie nie auf die eigentlichen Ursachen (Root Causes) des Konfliktes ein, nämlich auf die sozioökonomische Desintegration als Folge der Strukturanpassungsprogramme des IWF.

Somalia zerfiel zunehmend, in Puntland, Somaliland und den Süden. Doch auch diese Dreiteilung gibt die Zersplitterung des Landes nur teilwei-

---

1 Eine ausführlichere Beschreibung der Entwicklung findet sich bei Michel Chossudovsky, The Globalisation of Poverty: Impacts of IMF and World Bank Reforms, 1997, und bei Evelyne Hong, Globalisation and the Impact on Health – A Third World View, August 2000.

se wieder, da sich auch innerhalb dieser Regionen, besonders im Süden, Herrschaftsgebiete unterschiedlicher Clans und Milizen herausbildeten, die Regionen, selbst Städte spalteten. Eine staatliche Kontrolle der somalischen Küstengewässer fand deswegen seit Anfang der 1990er Jahre nicht mehr statt. Besonders in den fischreichen Fanggebieten vor der Nordostküste Somalias überfischten internationale Fangflotten illegal die somalischen Gewässer. Dadurch brach auch die Fischerei als Einnahmequelle der somalischen Fischer zusammen. Einige Fischer bewaffneten sich daraufhin, und verlangten von den Fangflotten eine Art „Zoll". Daraus entwickelte sich schließlich die Piraterie als lukratives Geschäft.

Piraterie und Oil Choke Points

Die kriminellen Strukturen der Piraterie, inklusive Lösegelderpressung und Raub, sind auch für viele Somalis ein Problem, da sie den regionalen Seetransport und Handel erheblich beeinträchtigen. Deswegen sorgten die Union der Islamischen Gerichtshöfe (UIC), als sie im Sommer 2006 die Kontrolle über große Teile Somalias erlangten, sofort dafür, dass die Piraterie fast vollständig zum Erliegen kam. Die regional unterschiedlich ausgeprägten islamischen Gerichtshöfe hatten sich 2000 zu einer „Union" zusammengeschlossen. Der Anspruch der UIC auf politische Kontrolle des Landes wurde vor allem von den somalischen Händlern gestützt,[2] die sich eine Art Ordnung im Lande, sichere Straßen und Häfen von der UIC erhofften. Diese Ordnung konnten die UIC herstellen, allerdings kombiniert mit einer (je nach Region, mehr oder weniger) strengen Ausprägung der Scharia.

Äthiopische Streitkräfte, unterstützt von US-amerikanischer Luftwaffe, griffen im Dezember 2006 Somalia an, entmachteten die UIC und re-etablierten die in der Bevölkerung wenig beliebte Übergangsregierung unter Yusuf Ahmed. Das Ergebnis dieser externen Militärpräsenz sind bis heute andauernde Kämpfe und hunderttausende Flüchtlinge. Hilfsorganisationen warnen, dass diese Situation zusammen mit Naturkatastrophen und global steigenden Lebensmittelpreisen dazu führen kann, dass Millionen von Somalis von einer humanitären Katastrophe betroffen sein werden. Im Sommer 2008 benötigten nach Angaben des Welternährungsprogramms[3] 3,2 der 8 Millionen Somalis Lebensmittelhilfe, um ihr Überleben zu sichern. Doch für diese Hilfen gibt es zur Zeit weder ausreichend Geld noch genügend Transportkapazitäten, da sich immer weniger Reedereien bereit fin-

---

2 Vgl. Annette Weber, Alte Karten neu gemischt, SWP-Aktuell 4, Januar 2007.

3 Siehe: http://www.wfp.org/country_brief/indexcountry.asp?country=706.

den, angesichts der Pirateriegefahr Lebensmittel nach Somalia zu transportieren. Seit die UIC die Kontrolle über Somalia verloren hat, nahm die Piraterie vor der Küste Somalias wieder auffällig zu.

Für die NATO und die Europäische Union ist die zunehmende Pirateriegefahr ein willkommener Anlass, ihre militärische Präsenz vor dem Horn von Afrika gründlich auszubauen. Die Ursachen von Armut und Piraterie werden jedoch wieder einmal ausgeblendet.

Die Interessen der externen Akteure sind klar formuliert: So benennen etwa die Verteidigungspolitischen Richtlinien für die Bundeswehr den Schutz von „empfindlichen Transportwegen"[4] als Teil der Aufgaben der Bundeswehr. Die Sicherung des Horns von Afrika vor Piraten wäre jedoch ebenso (und billiger) durch eine Kooperation mit der UIC in Somalia zu erreichen gewesen. Ganz offensichtlich geht es der NATO und der Europäischen Union jedoch vor allem um die eigene Kontrolle von relevanten Meeresregionen.

Zentral sind hierfür die so genannten „World Oil Choke Points". Da etwa die Hälfte des weltweit geförderten Öls auf dem Seeweg transportiert wird, sind für die Versorgungssicherheit mit Energie besonders die Nadelöhre der Seetransportrouten wichtig, aber auch zentrale Pipelinerouten wie die Baku-Tiflis-Ceyhan-Route. Eine Unterbrechung des See- oder Pipelinetransportes an den „Choke Points" hätte gewichtige Auswirkungen für die westlichen Industrienationen.

Für die Staaten der Europäischen Union besonders neuralgische Punkte werden bereits militärisch kontrolliert. Die NATO Operation Active Endeavour kontrolliert das Mittelmeer (von der Ausfahrt des Suezkanals bis nach Gibraltar) und Operation Enduring Freedom ist vom Roten Meer über das Horn von Afrika bis zur Straße von Hormuz am Persischen Golf präsent. Die jüngste Eskalation im Kaukasus hat ebenfalls zu einer verstärkten Präsenz westlicher Kräfte in der Region geführt, gleichzeitig hat jedoch auch Russland die Chance genutzt, seine konkurrierenden Interessen durch stärkere militärische Präsenz herauszustellen. Die Entwicklungen am Horn von Afrika, am Persischen Golf und im Kaukasus zeigen, dass die militärischen Kontrollstrategien der mächtigen Staaten ein globales Eskalationspotential beinhalten.

Armut fördert Bürgerkrieg

Gerne werden die Ursachen für das Ausbrechen von Gewalt in Ländern, deren Entwicklung durch Kolonialismus und aktuelle internationale Politik

---

4   Verteidigungspolitische Richtlinien 2003.

behindert wurde und wird, auf irrationale ethnische oder religiöse Konflikte zurückgeführt. Das Beispiel Somalia zeigt jedoch, dass solch oberflächliche Analysen wenig über die Ursachen von Bürgerkriegen sagen, bestenfalls beschreiben sie Symptome von Destabilisierung. Hier kommen neuere Studien kommen zu dem Ergebnis, dass das heute vorherrschende Bild von Konfliktursachen grundlegend revidiert werden muss – und damit auch die politischen Schlussfolgerungen. Armut und mit ihr die derzeitige Weltwirtschaftsordnung finden immer deutlicher ins Zentrum der Aufmerksamkeit.

Selbst die Weltbank hat inzwischen den unmittelbaren Zusammenhang zwischen Armut und Krieg in einer bemerkenswerten Studie eingeräumt: „Empirisch ist das auffälligste Muster, dass sich Bürgerkriege besonders auf arme Staaten konzentrieren. Krieg verursacht Armut, aber wichtiger noch für diese Konzentration ist, dass Armut die Wahrscheinlichkeit von Bürgerkriegen erhöht. Somit kann unser zentrales Argument bündig zusammengefasst werden: Die zentrale Konfliktursache (central root cause of conflict) ist das Scheitern ökonomischer Entwicklung."[5]

Die Weltbank kommt damit zu einem völlig anderen Kausalzusammenhang zwischen Armut, Kriegen und Konflikten als das interventionistische Credo der westlichen Staaten, beispielsweise der Europäischen Sicherheitsstrategie, in der es heißt: „Ohne Sicherheit keine Entwicklung". Der Schwerpunkt der EU-Außenpolitik auf dem Sicherheitsaspekt führt zu einer Einschränkung der Ressourcen für entwicklungspolitische Programme, wie etwa für die oben erwähnten Millenniums-Entwicklungsziele zugunsten machtpolitischer Erwägungen.

Die Feststellung, dass Armut der wichtigste einzelne Faktor für den Ausbruch bewaffneter Konflikte ist, deckt sich mit den meisten derzeitigen Studien zur Konfliktursachenforschung. So erschien beispielsweise Ende 2006 ein Bericht der „linker" Ambitionen unverdächtigen Bertelsmann-Stiftung, der zu dem Ergebnis kommt, dass „die weitaus überwiegende Zahl von politischen Gewalttaten auf lokale Ursachen wie Hunger, Ungleichheit oder Entrechtung zurückzuführen" sind.[6] Auch die Welthungerhilfe bestätigt diese Erkenntnisse:

„Wissenschaftliche Untersuchungen zeigen eindeutig: Je ärmer ein Land, desto höher die Wahrscheinlichkeit, dass in diesem Land ein Bürgerkrieg ausbricht. Je höher das Nationaleinkommen, desto geringer wird die Gefahr eines Waffengangs. Statistisch betrachtet lässt ein Ein-

---

5 Paul Collier, Breaking the conflict trap (World Bank Policy Research Report), 2003, S. 46, 53.

6 Aurel Croissant, / Hauke Hartmann, Der Kampf der Kulturen findet nicht statt, Frankfurter Rundschau, 21.11.2006; Vgl. auch Bertelsmann Stiftung (Hrsg.), Political Violence, Extremism and Transformation, Gütersloh 2006.

bruch des Wirtschaftswachstums um fünf Prozent die Wahrscheinlichkeit eines bewaffneten Konflikts um 50 Prozent ansteigen. Verdoppelt
sich das Bruttosozialprodukt von 250 auf 500 US-Dollar pro Einwohner, halbiert sich die Wahrscheinlichkeit, dass es in den nächsten fünf
Jahren zum Bürgerkrieg kommt. [...] Die entwicklungspolitische Konsequenz ist klar: Wer Bürgerkriegen vorbeugen will, muss die Armut
bekämpfen."7

Unter den gegenwärtigen Bedingungen ist jedoch das nötige Wachstum für
die Verliererstaaten der Globalisierung kaum zu erzielen, und so bewegen
sich diese in einer „Konfliktfalle", in der aus Hoffnungslosigkeit leicht
Kriege werden können und in der diese Kriege – nach ihrem Ende – oft die
ökonomische und politische Grundlage für neue Kriege bilden. So produziert Armut Krieg und Krieg produziert Armut.

Ethnisch-religiöse Kriege?

Entgegen gängiger Wahrnehmungsmuster ist ethnische und religiöse Vielfalt kein Bürgerkriegsgrund. Im Gegenteil – und wiederum ist es die bereits
erwähnte Weltbank-Studie, die mit diesem Klischee gründlich aufräumt:
„Substantielle ethnische und religiöse Diversität reduziert das Risiko von
Bürgerkrieg deutlich."8

Homogenität auf der anderen Seite reduziert das Risiko nicht, wie auch
in Somalia (mit einer ethnisch und religiös äußerst homogenen Bevölkerung) zu beobachten ist. Multiethnische und multireligiöse Gesellschaften
sind oft weniger atomistisch als homogene Gesellschaften. Wenn ethnische
oder regionale Zugehörigkeit doch im Rahmen eines Konfliktes eine Rolle
spielen, dann ist es meist so, dass in der entsprechenden Region wertvolle
Ressourcen zu finden sind. Das Risiko eines Bürgerkrieges verdoppelt sich,
wenn es in einer Region relevante Rohstoffe gibt. Doch auch wenn die
Akteure in solchen Ressourcenkriegen „die Sprache historischer ethnischer
Unterdrückung benutzen, wäre es doch sicher naiv, Ethnizität als tatsächliche Wurzel des Konfliktes zu betrachten,"9 schlussfolgert die erwähnte
Weltbankstudie.

In Regionen mit ökonomisch interessanten Ressourcen ist nicht nur das
Risiko des Ausbruchs eines Bürgerkriegs höher, sondern dies ist oft auch
die Grundlage für lang anhaltende Konflikte, in denen „der Krieg den

---

7 Karl-Albrecht Immel, Armut fördert Bürgerkriege, Welthungerhilfe, Januar/Februar 2006,
   URL: http://www.welthungerhilfe.de/1029.html.
8 Collier 2003, a.a.O., S. 57.
9 Collier ebd., S. 61.

Krieg nährt". In vielen Regionen versuchen (Bürger-)Kriegsparteien ihren Kampf durch den Verkauf von Ressourcen auf weltweiten (Schwarz-) Märkten zu finanzieren. Das funktioniert durch illegale Exporte z.b. im Bereich der Drogenökonomie (Kolumbien oder Afghanistan) genauso wie auf legalen Märkten durch den Verkauf von Erdöl (Nigeria, Sudan), Holz (Kambodscha) oder Erzen (Indonesien). Diese ökonomischen Machtkämpfe werden häufig angeheizt durch internationale Unternehmen, die mit einer der Konfliktparteien Verträge abschließen und so die Konflikte finanzieren und motivieren. Besonders die G8-Staaten hätten es hier in der Hand, durch ihre Importpolitik ein Beispiel zu geben und die Finanzierung von Konflikten weitgehend zu unterbinden, leider ist auch hier das Gegenteil der Fall.

Es gibt ein großes internationales Interesse an sicherer Rohstoffversorgung, und viele westliche Industriestaaten haben dies auch in ihren nationalen Strategiepapieren als vitales Interesse formuliert.[10] Das Interesse gilt aber nur der Versorgung der eigenen Industrie und der eigenen Märkte mit Rohstoffen und verbindet sich häufig mit einem eklatanten Desinteresse an den Bedingungen, unter denen sie gewonnen werden. „Ressourcenbasierte Konflikte in Gegenden wie Kongo, Aceh oder Bentai mögen weit entfernt von den Einkaufszentren der westlichen Welt liegen, die Ressourcen jedoch, derentwegen so viel Blut vergossen wird, sind schlussendlich für die Verbraucher der wohlhabenden Länder der Welt bestimmt ..."[11]

Geradezu exemplarisch für die Verschränkung von westlicher Konsumwelt und Ressourcenkonflikten ist der Rohstoff Coltan. Der Handy-Boom Ende der 1990er Jahre hat den Preis für Kolumbit-Tantalit (kurz: Coltan) teilweise um das Zehnfache ansteigen lassen. 400 Dollar wurden für ein Kilo des für die Elektronikindustrie ungemein wichtigen Werkstoffs im Jahr 2000 bezahlt. Der Bürgerkrieg in der demokratischen Republik Kongo wird auch um den Zugriff auf diesen Rohstoff geführt. Schon als 1998/99 ruandische Truppen mit den verbündeten Rebellen der RCD (Rally for Congolese Democracy) in den Kongo eindrangen, erbeuteten sie u.a. mindestens 1.000 Tonnen bereits abgebauten Coltans. Zusätzlich förderten sie weiteres Coltan aus dem beschlagnahmten Land kongolesischer Bauern. Nach Angaben der RCD-Rebellen bauten sie monatlich 100 bis 200 Tonnen ab. Auch wenn der Preis für Coltan zwischenzeitlich wieder etwas gefallen ist, so sind die Einnahmen aus diesem Geschäft nach wie vor ein bedeutender Faktor bei der militärischen Auseinandersetzung im Kongo. Die

---

10 Entsprechende Passagen finden sich sowohl im Bundeswehr-Weißbuch, dem European Defence Paper und in sämtlichen US-amerikanischen Strategiepapieren.

11 Worldwatch Institute Report: Zur Lage der Welt 2002; 2002, S. 254 f.

verschiedenen EU-Einsätze sind deshalb sicher nicht völlig unabhängig von den dort vorhandenen Rohstoffen zu verstehen.[12] Viele Länder sind rohstoffreich, aber ihre Bevölkerung bettelarm. Vom Abbau und Verkauf der Rohstoffe profitieren nur die internationalen Investoren sowie eine kleine Elite aus Unternehmern und Regierungsmitarbeitern, während die Bevölkerungsmehrheit bestenfalls leer ausgeht und im schlechteren Fall unter den Bedingungen des Abbaus erheblich zu leiden hat. Umweltverschmutzung, Landenteignung, Zerstörung traditioneller Lebensräume und Zwangsarbeit sind nur einige der negativen Auswirkungen. Selten werden beim Abbau der Rohstoffe demokratische Spielregeln eingehalten. Betroffene werden oft weder bei der Ausgestaltung der Rohstoffnutzung beteiligt noch werden sie informiert.

„Sicherheitskräfte" und Waffenhandel

„Hilfe" für destabilisierte Regionen sieht nicht selten so aus, dass Armeen und Polizei gestärkt werden. Ausbildung, Beratung und Ausrüstung von „Sicherheitskräften" dienten zu Zeiten des Kalten Krieges vor allem der „Eindämmung" des jeweiligen Gegners. Die neuen „Argumente" klingen nun bei allen westlichen Staaten und Russland gleich: „Bekämpfung von Terrorismus", „Eindämmung von Drogenhandel" oder schlicht „Festigung der Staatsgewalt". Demokratische Ansätze in ärmeren Regionen werden dadurch meist geschwächt, während gleichzeitig eine Zunahme des Militarismus befördert wird. Es lässt sich empirisch belegen, dass eine Steigerung der Militärausgaben (und der Hilfe dafür aus dem Ausland) auch bei bürgerkriegsgefährdeten Ländern keinerlei effektive Reduzierung des Konfliktrisikos darstellt. Hohe Militärausgaben erzielen keinen Abschreckungseffekt auf Rebellen. Es kann eindeutig nachgewiesen werden, dass das Kriegsrisiko mit der Höhe der Militärausgaben steigt. Dieser Effekt ist auch dann nachweisbar, wenn man berücksichtigt, dass die Ausgaben dort höher sind, wo die Unsicherheit größer ist.

---

[12] So gab der deutsche Verteidigungsminister Franz-Josef Jung an, im Kongo gehe es „um zentrale Sicherheitsinteressen unseres Landes. [...] Stabilität in der rohstoffreichen Region nützt auch der deutschen Wirtschaft." Der CDU-Abgeordnete Andreas Schockenhoff schreibt: „Kongo ist eines der ressourcenreichsten Länder der Welt und verfügt vor allem über strategische Rohstoffe, die für Europa wichtig sind: Wolfram, Mangan- und Chromerze, Kobalt, Uran, Erdöl, Coltan, Beryllium. Europa und Deutschland haben ein Interesse daran, dass der Abbau dieser Ressourcen legal und nach marktwirtschaftlichen Gesichtspunkten erfolgt." Vgl. Tobias Pflüger, Kongo-Militäreinsatz: Es geht um EU-Interessen, in: Wissenschaft und Frieden 3/2006.

Tabelle: Zusammenhang von Militärausgaben und Bürgerkriegsrisiko

Anteil der Militärausgaben am Bruttoinlandsprodukt	Risiko eines Bürgerkriegs
3,5 %	10 %
4,3 %	30 %
5,1 %	50 %

Quelle: World Bank: Breaking the Conflict Trap, 2003, S. 72 ff.

Regierungen, deren Prioritäten in einer sozialen Politik liegen, die allen Bevölkerungsteilen zugute kommt, signalisieren damit ein Interesse an Ausgleich und Frieden. Hohe Militärausgaben signalisieren das Gegenteil und lassen Vereinbarungen mit Rebellen oder sozialen Bewegungen als völlig unglaubwürdig erscheinen. „Hilfe" westlicher Staaten zur Herstellung von „Ordnung und Sicherheit" versucht teilweise, die problematische Stärkung des Militärs dadurch zu vermeiden, dass lokale Polizei unterstützt oder aufgebaut wird. Doch auch diese Maßnahmen bringen für die Bevölkerung nicht unbedingt mehr Sicherheit, wenn nicht gleichzeitig zivile Mitspracherechte und Einflussmöglichkeiten entstehen. Mord oder Misshandlung durch staatliche „Sicherheitskräfte" bedeuten für Teile der Bevölkerung oft ein höheres Risiko als die Gefahren durch eine Rebellenarmee oder „normale Kriminelle". Das Fazit einer Untersuchung zur Frage der Bedrohungslage von Menschen in Südostasien ist hier symptomatisch: „Es ist wichtig zu betonen, dass die meisten Gemeinden sich durch die Exzesse der Sicherheitskräfte und der Polizei bedroht fühlten. In einigen Fällen wurden die Staatsorgane im Vergleich zu den bewaffneten ‚Militanten' als gefährlicher empfunden."[13]

Ausgaben für zivile Infrastruktur, für Bildung und medizinische Versorgung sind für viele Länder nur möglich über eine radikale Umverteilung ihrer Ressourcen und mit zielgerichteter Hilfe von außen. Doch die Hilfe von außen besteht häufig genug in einem breiten Angebot an Waffensystemen. In Südasien nahmen Militärausgaben von 1991 bis 2000 um 59 % zu. In Afrika (südlich der Sahara) nahm zwar in den 90er Jahren der Waffenimport offiziell ab, er stieg aber 1999 und 2000 wieder drastisch an. So hat z.B. Angola 2004 4,2 % des Bruttoinlandsproduktes für Militär ausgegeben, aber nur 2,7 % für den Bildungsbereich.[14]

---

13 Dipankar Banerjee/Robert Muggah, Small Arms and Human Insecurity, Colombo, 2002, S. 57.
14 SIPRI Yearbook 2006, Oxford 2006.

Der internationale Waffenhandel ist fest in der Hand der G8-Staaten. Sechs der acht Länder gehören zu den Top Ten der globalen Waffenexporteure. Den ersten Platz nehmen die USA ein, gefolgt von Großbritannien, Frankreich, Russland, Deutschland und Italien. Besonders auffällig ist, dass Waffen – trotz anderer Gesetzeslage – schwerpunktmäßig in Krisengebiete geliefert werden. Im Mittel der letzten Jahre gingen jährlich Waffen im Wert von 15 Milliarden US-Dollar in die Region Naher Osten, mit dem Ergebnis, dass im Libanonkrieg im Sommer 2006 nicht nur deutsche Waffen auf beiden Seiten der Front eingesetzt wurden. Frankreich und Deutschland haben trotz eines EU-Embargos Waffen z.B. nach China, Myanmar und in den Sudan exportiert. Deutsche Kleinwaffen gingen in den letzten Jahren u.a. nach Ägypten, Kasachstan, Kuwait, Malaysia, Mexiko, Thailand und Nepal. Vor allem die letztgenannten Länder sind Unruhegebiete, in denen davon auszugehen ist, dass die Waffen gegen die Zivilbevölkerung eingesetzt werden.

Gerade der Bereich der Klein- und Leichtwaffen ist besonders wichtig, da sie in 46 von 49 innerstaatlichen Konflikten der jüngsten Vergangenheit das vorrangige Gewaltmittel gewesen sind und für die meisten Opfer verantwortlich waren. Sie kommen vor allem dann zum Einsatz, „wenn die Konfliktparteien die Ausbeutung einmal eroberter Rohstoffvorkommen sicherstellen wollen."[15] Laut dem Small Arms Survey 2006 zählen zu den wichtigsten Exporteuren vor allem die Vereinigten Staaten, Russland, Italien, China und Deutschland.[16] Insgesamt behauptet Deutschland beim Wert der Kleinwaffenexporte weltweit einen unrühmlichen dritten Platz.[17]

Der Gesetzestext des Kriegswaffenkontrollgesetzes ist zwar restriktiv, aber das deutsche Außenwirtschaftsgesetz fördert faktisch den Export von Waffen. Eines der wichtigsten rechtlichen Schlupflöcher ist der Export von Komponenten. So werden z.B. Deutzmotoren in der Ukraine in gepanzerte Fahrzeuge eingebaut und dort mit Granatwerfern oder Ähnlichem ausgestattet. Ein weiteres Problem ist die Lizenzvergabe. Besonders berüchtigt ist hier Heckler & Koch, dessen Sturmgewehre in allen Krisengebieten der Welt zu finden sind. Auch der Weitervertrieb von Waffen in Drittländer wird kaum kontrolliert. Ganz offensichtlich sind die Gesetze sowie deren Umsetzung wenig adäquat. Auch neuere Versuche, wie das EU-Grünbuch für Rüstungsexport, versprechen keine Abhilfe, da sie im Wesentlichen an der Wettbewerbsfähigkeit der EU-Rüstungsindustrie orientiert sind. Durch diese Politik tragen die beteiligten Staaten Verantwortung für politische

15 Simone Wisotzki, Kleinwaffen ohne Grenzen: Strategien jenseits der Rüstungskontrolle gefordert, HSFK-Report 15/2005, S. 4.

16 Small Arms Survey 2006, Kapitel 3.

17 Controle arms 6/2005.

Spannungen, Ausbeutung und Gewalt an Zivilisten. Die G8-Länder, als größte Waffenexporteure, tragen hier bei der Reduktion von Rüstungsexporten die zentrale Verantwortung.

Ein weiteres Ressort, das öffentliche Ausgaben im sozialen Bereich drastisch erschwert, ist der Bereich der Schuldentilgung, Schulden, die nicht selten dadurch entstehen, dass Industriestaaten mit Bürgschaften Waffenexporte in verarmte Länder absichern.

Kredite, Ausbeutung und internationaler Waffenhandel

„Export Kreditanstalten" (EKAs), Exportbürgschaften und Exportversicherungsagenturen (in Deutschland z.B. Hermes Kreditversicherungs-AG) sind ein zentrales Strukturelement vieler Geschäftsbeziehung zwischen Industrie- und Entwicklungsländern. Durch öffentliche Einrichtungen werden die Risiken privater Unternehmen bei ihren Auslandsgeschäften abgesichert. Es handelt sich dabei in der Regel um industrielle oder militärische Großprojekte, die zum Teil verheerende regionale und globale Auswirkungen haben. Das Finanzvolumen, das über EKAs abgewickelt wird, ist wahrscheinlich doppelt so hoch wie das Finanzvolumen der Weltbank und anderer multilateraler „Entwicklungshilfebanken" zusammen.[18] Es geht dabei um ein jährliches Finanzvolumen von 50 bis 70 Milliarden Dollar. Finanziert werden u.a. Straßenbauprojekte durch unberührte Urwälder, gigantische Staudammprojekte, Öl-Pipelines, riesige Kraftwerke und Minenprojekte. Diese Projekte sind für die biologische wie auch für die soziale Umwelt oft katastrophal. Gleichzeitig ist ihre Durchführung so riskant (nicht zuletzt wegen des absehbaren Widerstands der Bevölkerung), dass sie in der Regel nur durch staatliche Kreditabsicherung rentabel werden.

Besonders übel ist die Rolle der EKAs im Bereich Waffenhandel. Waffenlieferungen in Krisengebiete (z.B. nach Kolumbien, Algerien, Indonesien oder noch in den 1980er Jahren aus Deutschland in den Irak) wurden und werden regelmäßig durch Exportbürgschaften abgesichert. So werden die Wahrscheinlichkeit und die Intensität bewaffneter Auseinandersetzungen zusätzlich erhöht. Außerdem bilden die Kredite für Waffenverkäufe sicher das Musterbeispiel für unproduktive Investitionen. Häufig schaffen EKAs genau so die Risiken, gegen die sie ihre Auftraggeber versichern. Ohne den nahezu barrierefreien Zugang zu teilweise extrem billigen Waffen wären viele Konflikte nicht möglich.

Mehr als dreißig deutsche Unternehmen sind in diese Geschäfte verwickelt. Da Waffen, wenn sie einmal produziert, und Lizenzen, wenn sie

---

18 Doug Norlen, et al., Unusual Suspects (ECA Watch), 2002.

einmal vergeben sind, offensichtlich kaum kontrolliert werden können, bleiben das Verbot von jeglichem Waffenexport und jeglicher Lizenzvergabe sowie eine Abrüstung besonders auch der Armeen der reichen Staaten die einzige konsequente politische Forderung. Ergänzt werden muss dies durch verstärkte Anstrengungen beim Einsammeln und Zerstören von Waffen und Munition, die sich im Umlauf befinden, sowie weltweite Abkommen zur Nichtverbreitung von Kleinwaffen.

Militärische Interventionen sind keine Lösung

Ein Teil der globalen Militärintervention wird als so genannte humanitäre Intervention zur Hilfe der Bevölkerung in Bürgerkriegen deklariert. Unter Begriffen wie „Stabilitätsexport" und „Demokratisierung" werden militärische Interventionen als „einziges" Allheilmittel zur Bekämpfung von Kriegen und Konflikten in der Dritten Welt propagiert. Oben wurde bereits ausgeführt, dass Militärinterventionen in der Regel an den Interessen der westlichen Staaten ausgerichtet sind. Liegt die „Lösung" der Konflikte wirklich in militärischen Interventionen? Einmal abgesehen davon, dass solche Interventionen meist nur dann stattfinden, wenn hier auch handfeste ökonomische, politische oder strategische Interessen involviert sind, bleibt die Frage spannend, ob sie für die Bevölkerung nicht wenigstens einen positiven Nebeneffekt haben könnten. Verkürzen Interventionen tatsächlich die Auseinandersetzung und damit das Leiden der Zivilbevölkerung? Wiederum liefert die Weltbank hierauf eine eindeutige Antwort: „Die Ergebnisse sind enttäuschend."[19]

Mit militärischen Mitteln zivile Ordnung herzustellen, scheint – vorsichtig formuliert – ein schwieriges Unterfangen zu sein. „Die einzige militärische Intervention, die systematisch effektiv war, war Unterstützung auf Seiten der Rebellen: Offensichtlich kann externe militärische Unterstützung eher eine Regierung besiegen als eine Rebellenorganisation."[20] Die wiederholten „Interventionen" in Afghanistan unterstreichen dieses Phänomen anschaulich. Die Sowjetunion konnte trotz massiver militärischer Präsenz die Kabuler Regierung nicht stützen, während die USA und Pakistan durch die Unterstützung der Mudschaheddin schlussendlich den militärischen Sieg erringen konnten. Dieser konnte allerdings nicht in politische Stabilität umgesetzt werden. Das entstandene Machtvakuum füllten die Taliban.

---

19 Collier a.a.O., S. 46.
20 Collier, a.a.O., S. 46.

2001 gelang es den USA und ihren Alliierten zwar wiederum – diesmal mit der Nordallianz – die Taliban-Regierung zu stürzen. Am Aufbau eines Friedens durch Intervention auf Seiten der Karsai-Regierung scheitern aber sowohl US-Militärs als auch die ISAF-Truppen. Militärischer „Demokratieexport", so zeigen nicht nur die Beispiele Afghanistan und Irak, ist sogar kontraproduktiv, wie auch die Studie der Bertelsmann-Stiftung unterstreicht:

> „Eine primär extern gestützte Demokratisierung hingegen, soviel haben die Entwicklungen in den letzten Jahren gezeigt, hat wenig Aussicht auf Erfolg und wirkt eher destabilisierend."[21]

Demokratie alleine bringt einem Staat nicht unbedingt mehr Stabilität. Nach Untersuchungen der Weltbank sinkt das Bürgerkriegsrisiko eines demokratischen Staates erst dann unter den Durchschnitt, wenn das Prokopfeinkommen deutlich über 750 Dollar[22] liegt. In ärmeren Ländern ist die Lage meist stabiler, wenn es sich nicht um demokratische Staaten handelt. Demokratie und Frieden brauchen offensichtlich „Startkapital", das jedoch nach Bürgerkriegen und Militärinterventionen häufig fehlt.

Es gibt zwar auch Interventionen, die abschließend eine stabile Lage hinterlassen, dieses Ergebnis ist allerdings ebenso (und häufiger!) in Situationen zu beobachten, bei denen es keine Interventionen gab. Auch neutrale oder multilaterale Interventionen verkürzen die Konfliktdauer nicht.

> „Unabhängig davon, wie die Intervention konzipiert ist ... es scheint keinen Strategie-Mix zu geben, der zu einer kürzeren Dauer führt. Selbst ein neutraler Ansatz oder die Organisation der Intervention unter multilateraler Federführung reicht nicht aus für ein effektives Konfliktmanagement."[23]

Leider ziehen die reichen westlichen Staaten aus solchen Fakten nicht den Schluss, Militär als Instrument zur Herstellung von „Sicherheit und Ordnung" in ihrer Außen- und Innenpolitik kritisch zu hinterfragen, sondern verstärken ihre militärischen Aktivitäten – frei nach dem Motto: Wo Gewalt nicht hilft, ist eben noch mehr Gewalt nötig.

---

[21] Aurel/Hauke, a.a.O., 2006.

[22] Collier, a.a.O., S. 65.

[23] Patrick M. Regan, Third Party Interventions and the Duration of Intrastate Conflicts; 2002, S. 31.

Fazit

Ein Plädoyer gegen militärische Interventionen darf nicht gleichgesetzt werden mit Nicht-Einmischung. Es gibt zahlreiche Ansatzpunkte, an denen – neben der rein humanitären Hilfe (Nahrung, medizinische Hilfe etc.) – die Konfliktdynamiken unterbrochen werden können. Kein Krieg funktioniert ohne Soldaten, ohne Geld und ohne Waffen. Verbote von Rüstungsexporten, Druck auf Staaten, die Krisengebiete beliefern, internationale Kontrolle von Finanzströmen (aus Ressourcenverkauf oder von militanten Exil-Gruppierungen) und Hilfe für Deserteure (z.B. Asyl) wären sehr effektive Möglichkeiten der Konflikteindämmung. Hier hätten die westlichen Staaten viele Möglichkeiten zur Deeskalation in der Hand. Es steht zu befürchten, dass die versammelten Staats- und Regierungschefs weiterhin ihre Verantwortung für die Entstehung und Aufrechterhaltung von Kriegen und Bürgerkriegen weitgehend ausblenden und stattdessen ihre aggressive Politik fortsetzen werden.

Alle reichen Industriestaaten tragen zur globalen Durchsetzung neoliberaler Wirtschaftspolitik bei, die über militärische Stärke abgesichert wird. Gerade der unmittelbare Zusammenhang zwischen Neoliberalismus, Verarmung und daraus resultierenden Konflikten zeigt, dass die reichen Staaten immer stärker zu einer militärischen Absicherung dieser Weltwirtschaftsordnung übergehen (müssen). Wer aber effektiv Krisen und Konflikten begegnen möchte, der muss gewillt sein, diese Wirtschaftsordnung grundlegend zu kritisieren. Notwendig ist endlich eine konsequente Armutsbekämpfung statt der Bekämpfung der Armen! Anstelle einer militaristisch definierten „responsibility to protect" ist eine zivile Konfliktprävention als „responsibility to prevent" die einzig sinnvolle Richtung.

ARMUT – REICHTUM – KRIEG: EUROPA IN EINER GLOBALISIERTEN WELT

WERNER RUF

> Die Bourgeoisie reißt durch die rasche Verbesserung aller Produktions-
> instrumente, durch die unendlich erleichterten Kommunikationen alle,
> auch die barbarischsten Nationen in die Zivilisation. Die wohlfeilen
> Preise ihrer Waren sind die schwere Artillerie, mit der sie alle chinesi-
> schen Mauern in den Grund schießt, mit der sie den hartnäckigsten
> Fremdenhass der Barbaren zur Kapitulation zwingt. Sie zwingt alle Na-
> tionen, die Produktionsweise der Bourgeoisie sich anzueignen, wenn sie
> nicht zugrunde gehen wollen; sie zwingt sie, die so genannte Zivilisa-
> tion bei sich selbst einzuführen ... Mit einem Wort sie schafft sich eine
> Welt nach ihrem Bilde.
>
> Karl Marx / Friedrich Engels: Manifest der Kommunistischen Partei,
> 1848, MEW Bd. 4, S. 466.

Bemerkungen zu Armut, Reichtum und Gewalt in der globalen Welt

In unserer Welt des 21. Jahrhunderts haben Ereignisse an irgendeinem Ort
des Erdballs ihre Auswirkungen auf den gesamten Globus, seien dies Entwicklungen und Krisen des Finanzkapitals, die ökologische Zerstörung,
Probleme der Ressourcensicherung oder die weltweite Verschärfung der
sozialen Antagonismen. Das hier behandelte Thema ist zu umfassend, um
auch nur in einer seiner drei Dimensionen hinreichend behandelt werden zu
können. Zwischen ihnen besteht jedoch ein Zusammenhang, der sich als
ein Gewaltverhältnis struktureller Natur erschließt, wie dies Johan Galtung
1971 mit seinem Begriff der *strukturellen Gewalt* zu fassen versuchte.[1] Sie
liegt dann vor, wenn die tatsächliche Verwirklichung eines Menschen nicht

---

[1] Johan Galtung (1971), Gewalt, Frieden und Friedensforschung; in: Senghaas, Dieter
(Hrsg.), Kritische Friedensforschung, Frankfurt 1971, S. 56-104, hier S. 57.

dem entspricht, was seine potentielle Verwirklichung angesichts des allgemein erreichten Entwicklungsstandes auf wirtschaftlicher, technischer und kultureller Ebene sein könnte. Das hier angesprochene Gleichheitsprinzip, Errungenschaft der Französischen Revolution, formuliert auch die UN-Menschenrechtserklärung von 1948 in ihrem 1. Artikel: *„Alle Menschen sind frei und gleich an Würde und Rechten geboren. Sie sind mit Vernunft und Gewissen begabt und sollen einander im Geist der Brüderlichkeit begegnen."*

Allerdings ist diese Gleichheit zum Zeitpunkt der Geburt im selben Augenblick auch schon zu Ende: Alle fünf Sekunden stirbt ein Kind im Alter zwischen null und zehn Jahren an Hunger oder an Krankheiten, die im Zusammenhang mit Unterernährung stehen, oder, anders ausgedrückt: Zehn Millionen Todesfälle von Kindern, die jährlich auf Unterernährung zurückzuführen sind, wären vermeidbar.[2] Und es ist nicht nur die vormalige „Dritte Welt", in der Armut, Hunger und Elend Krankheit und Tod verursachen: Die zunehmenden Schreckensmeldungen über misshandelte und bis zum Hungertod vernachlässigte Kinder sind auch in den entwickelten Industriegesellschaften Indikatoren für eine mit physischer Verelendung einhergehende psychische Verwahrlosung.

Die Zahlen erschrecken: Dieter Klein,[3] der sich auf eine Erhebung der US-Zeitschrift Forbes vom März 2008 und weitere offizielle Quellen, darunter UNDP, bezieht, verweist darauf, dass weltweit 1.125 Milliardäre zusammen rund 4.400 Mrd. US-Dollar besitzen. Allein 25 amerikanische Milliardäre besitzen ein Vermögen, das dem von fast zwei Mrd. Menschen an der untersten Einkommensskala entspricht. Zu Recht nennt er den derzeitigen Zustand der Weltwirtschaft eine *Ökonomie der Enteignung*, die schon Samir Amin empirisch belegte, als er darauf hinwies, dass mit Ausnahme Indiens und Ostasiens in der gesamten vormaligen Dritten Welt die Wachstumsraten sinken – am schlimmsten im subsaharischen Afrika,[4] wo – nach UN-Definition – 41 % der Menschen „in extremer Armut" leben, sprich: täglich weniger als 1 US-Dollar zur Verfügung haben,[5] während als „arm" jene gelten, die immerhin über 2 US-Dollar verfügen.

---

2 UNDP, Presseerklärung zur Veröffentlichung des Berichts über die menschliche Entwicklung 2005, 7. Sept. 2005. http://www.uni-kassel.de/fb5/frieden/themen/Entwicklungspolitik/undp2005.html, Zugriff am 21.7.2008.

3 Dieter Klein, Wo bleibt der Reichtum? In: Blätter für deutsche und internationale Politik, Heft 7/2008 S. 85-93, hier S. 87.

4 Amin, Samir, Das Reich des Chaos, Hamburg 1992, hier S. 37 f.

5 Population Division of the Department of Economic and Social Affairs of the United Nations Secretariat, World Population Prospects: The 2006 Revision and World Urbanization Prospects: The 2005 Revision, http://esa.un.org/unpp, 05.02.2008; The Millennium Development Goals report 2007 update, United Nations, UN Department of Public

Armut ist aber nicht nur ein Zustand, sie ist auch ein (sich verschlimmernder) Prozess: Jean Ziegler hat in seinem erschütternden Buch „Das Imperium der Schande" den Zusammenhang zwischen Verschuldung, Ausbeutung, Verarmung und vorzeitigem Tod überzeugend dargestellt. [6] Dass auf unserem Planeten, der zehn Milliarden Menschen bequem ernähren könnte,[7] mehr als 18 Millionen Menschen jährlich an Hunger und Unterernährung sterben müssen, bezeichnet er als „Massaker",[8] als absichtsvolle Handlung. Auch wenn dem spekulativen Kapital keine intentionalen Handlungen dieser Art unterstellt werden können, so besteht doch ein Zusammenhang zwischen Profitsteigerung und der Steigerung von Armut und Elend: Allein spekulative Geschäfte haben zwischen 20 % und 40 % der Preissteigerungen für Grundnahrungsmittel im Frühjahr 2008 bewirkt.[9]

Angesichts der Rolle der internationalen Finanzinstitutionen in diesem weltweiten Prozess der Ökonomie der Enteignung mag es verblüffen, dass gerade die Weltbank die wohl umfassendste Definition von Armut liefert:

„Armut bedeutet Hunger; Armut ist Obdachlosigkeit; Armut bedeutet krank und nicht in der Lage zu sein, einen Arzt zu konsultieren; Armut bedeutet keinen Zugang zu Schulbildung zu haben und nicht lesen zu können; Armut ist Arbeitslosigkeit; Armut bedeutet Furcht vor der Zukunft, Armut bedeutet von der Hand in den Mund zu leben; Armut ist, ein Kind auf Grund des Mangels an sauberem Wasser zu verlieren; Armut ist Machtlosigkeit; Mangel an Repräsentanz und fehlende Freiheit."[10]

Armut ist also weit mehr als Hunger. Sie bedeutet die Einschränkung der Lebenschancen in sämtlichen Bereichen. Elemente dieser Definition von Armut treffen in wesentlichen Teilen auch auf unsere reichen Gesellschaften zu: Die soziale Mindestsicherung schützt in vielen Fällen nicht mehr vor Hunger; vor allem aber schränkt sie den Zugang zu adäquater medizinischer Versorgung ein, beeinträchtigt die Bildungschancen und nicht zuletzt die in Art. 1 der UN-Menschenrechtserklärung beschworene Freiheit.

Information., New York, June 2007.

6   Jean Ziegler, Das Imperium der Schande. Der Kampf gegen Armut und Unterdrückung. München 2005, insbesondere S. 69-99, sowie die Tabelle S. 79.

7   Diese in der Literatur immer wiederkehrende Zahl problematisiert allerdings nicht, ob eine solche Produktionssteigerung auch ohne den enormem Einsatz von fossiler Energie und chemischer Produkte zu erreichen wäre.

8   Ziegler, a.a.O., S. 100.

9   Dieter Klein, Armut ohne Ursachen, Reichtum mit Intimschutz; in: Neues Deutschland 31. Mai/1.6.2008, S. 22.

10   „Understanding poverty", http://74.125.39.104/search?q=cache:TXGQq0iBWjQJ:go. worldbank.org/K7LWQUT9L0+Poverty+is+lack+of+shelter&hl=de&ct=clnk&cd=1 &gl=de, Zugriff 21.7.2008. Übersetzung: d. Verf.

Wo soll diese noch sein, wenn selbst in Deutschland jeder achte Mensch an der Grenze zur Armut lebt,[11] die untersten zehn Prozent der Bevölkerung einen Anteil am Gesamtvermögen von -1,6 % haben?[12] Diese auf den ersten Blick absurd erscheinende Zahl ist der Überschuldung dieser Haushalte geschuldet.

Es ist also nicht so, dass in der globalisierten Welt der reiche Nordwesten geschlossen dem armen Süden gegenüberstünde, auch wenn die Zahlen des Prokopfeinkommens sehr eindeutig in diese Richtung weisen, auch wenn der industrialisierte Norden mit 12 % der Weltbevölkerung 80 % der Ressourcen des Planeten verbraucht und 60 % der das Klima verändernden Kohlenwasserstoffe ausstößt. Folge sind: Versteppung, Anwachsen der Wüsten, Verlust von Acker- und Weideland. Hohe Aufmerksamkeit finden diese Prozesse allerdings in der strategischen Planung,[13] wo sie als Bedrohung der Sicherheit des Nordwestens wahrgenommen werden.

Nach einer vereinfachten Interpretation des Gewaltverständnisses von Johan Galtung könnte die Zunahme der Konflikthaftigkeit in der Weltgesellschaft gedeutet werden als Aufstand all jener, die sich aus dem weltweiten strukturellen Gewaltverhältnis durch einen Akt der offenen Gewalt befreien wollen. Jedoch: Der Krieg der Armen gegen die Reichen[14] oder ein Krieg des Südens gegen den Norden findet nicht statt. Stattdessen erleben wir eine allerorts ausbrechende destruktive Gewalt gegen all jenes, was den lokalen Reichtum und vor allem die Staatsmacht repräsentiert: Hungerrevolten, die durch die Nahrungsmittelpreiserhöhung ausgelöst werden, banale Ereignisse wie Verkehrsunfälle oder Fußballspiele werden zum Anlass gewaltförmiger Aktionen gegen „den Staat". Sie sind so zahlreich, dass sie von den Medien des Nordens schon kaum mehr wahrgenommen werden.

Der industrialisierte Nordwesten richtet sich auf Abwehr ein: Die USA haben eine riesige Mauer entlang der mexikanischen Grenze errichtet und ihre Seepatrouillen verstärkt. Die EU nimmt die Veränderungen in der Welt zum Anlass, eine eigene Sicherheitsstrategie zu formulieren und jede Immigration aus den Elendsräumen der Welt zu verhindern. Exemplarisch soll daher im Folgenden – unter Verzicht auf die imperiale Politik der USA – die Europäische Union unter zwei Aspekten behandelt werden.

---

11 Frankfurter Allgemeine Zeitung, 20.5. 2008, S. 11.

12 DIW-Wochenbericht 45/2007, zit. nach Klein: Armut, a.a.O.

13 Alan Dupont, Climate Catastrophe? In: Survival vol. 50, Nr. 3, Juni-Juli 2008, S. 29-54.

14 Diese Frage wurde ausführlich debattiert im vom ÖSFK herausgegebenen Friedensbericht 2005 „Der Krieg der Armen?" Münster 2005.

Die Europäische Union, ein Friedensprojekt?

Dieter Senghaas hat Recht, wenn er (1990, im Jahre der den KSZE-Prozess abschließenden Unterzeichnung der Charta von Paris) die Einzigartigkeit des (west-)europäischen Einigungsprozesses hervorhebt:

> „Aus dem Raum der Europäischen Gemeinschaft ist eine Zone stabilen Friedens geworden, in der die Androhung militärischer Gewalt und schon gar militärische Gewaltanwendung selbst inzwischen undenkbar sind. Blickt man auf die leidvolle Geschichte Europas zurück, ist dies eine große Errungenschaft. Gesamteuropa zu einer vergleichbaren Zone stabilen Friedens zu machen, wäre eine den westeuropäischen Integrationsprozess ergänzende Leistung."[15]

Doch stellt sich zu Recht die Frage, ob eine solche, in gewissem Sinne introvertierte Sicht das Problem in seiner Gänze erfasst. Michael Berndt hat darauf hingewiesen, dass Frieden, Sicherheit und Rechtsstaatlichkeit innerhalb eines Staates oder einer Staatenunion noch nichts über dessen Verhalten nach außen aussagen.[16]

Mit dem Ende des Ost-West-Konflikts hat sich die EU als globaler Akteur etabliert, durchaus auch in Rivalität zu den USA.[17] Europa besitzt ein gewaltiges ökonomisches Gewicht. Daher positioniert es sich im Zeitalter des Wiederauflebens der Geo-Strategien[18] und der Rohstoffsicherung als globaler Akteur. Den Grundstein hierfür legte im Dezember 1991 der Maastricht-Vertrag. Er symbolisiert die neue Handlungsfreiheit der EU nach dem realen Zusammenbruch des Sozialismus: Dort wurde die Schaffung einer Gemeinsamen Außen- und Sicherheitspolitik (GASP) beschlossen:

> „(1) Die Gemeinsame Außen- und Sicherheitspolitik umfasst sämtliche Fragen, welche die Sicherheit der Europäischen Union betreffen, wozu auf längere Sicht auch die Festlegung einer gemeinsamen Verteidigungspolitik gehört, die zu gegebener Zeit zu einer gemeinsamen Verteidigung führen könnte.

---

15 Dieter Senghaas, Europa 2000. Ein Friedensplan, Frankfurt/Main, 1990.

16 Michael Berndt, Die „Neue Europäische Sicherheitsarchitektur": Sicherheit in, für und vor Europa?; Wiesbaden 2007.

17 Siehe hierzu: Elmar Altvater / Birgit Mahnkopf, Konkurrenz für das Empire. Die Zukunft der Europäischen Union in der globalisierten Welt. Münster 2007.

18 Werner Ruf, Geopolitik und Ressourcen: Der Griff der USA nach Afrika, in: ÖSFK / Thomas Roithner (Hrsg.), Von kalten Energiestrategien zu heißen Rohstoffkriegen? Münster 2008, S. 160-173. Sowie ders., Europa auf dem Weg zur konstitutionellen Militärmacht? In: Hans J. Gießmann / Kurt P. Tudyka, (Hrsg.), Dem Frieden dienen. Zum Gedenken an Prof. Dr. Dr. Dieter S. Lutz, Baden-Baden 2004, S. 66-81.

123

(2) Die Union ersucht die Westeuropäische Union (WEU), die integraler Bestandteil der Entwicklung der Europäischen Union ist, die Entscheidungen und Aktionen der Union, die verteidigungspolitische Bezüge haben, auszuarbeiten und durchzuführen. ..."[19]

Damit war der Grundstein für die Militarisierung der EU gelegt, die Westeuropäische Union (WEU) ist inzwischen von der EU übernommen und hat ihre prekäre Eigenständigkeit verloren.[20]

Die EU als militärischer Akteur: Der Lissabon-Vertrag und die Europäische Sicherheitsstrategie

Der nächste Schritt war der „Europäische Verfassungsvertrag,", der in den Referenden in Frankreich und den Niederlanden aufgrund der Konstitutionalisierung des Neo-Liberalismus, aber auch der Festlegungen zur Militarisierung der EU abgelehnt wurde. Die Antwort der Eurokratie war nicht die Ausarbeitung einer neuen Verfassung, die dem Willen der Bevölkerung Rechnung getragen hätte, sondern ein Regierungsvertrag, der am 13. Dezember 2007 in Lissabon beschlossen wurde. Nur noch in einem einzigen Mitgliedsland der EU, in Irland, fand am 13. Juni 2008 ein Referendum statt, in dem das Vertragswerk abermals von der Bevölkerungsmehrheit – vor allem wegen der vorgesehenen Militarisierung der EU – abgelehnt wurde.

Die Bestimmungen zur Gemeinsamen Außen- und Sicherheitspolitik wurden – unter anderer Nummerierung der Artikel – inhaltlich identisch und größtenteils textgleich in den Lissabon-Vertrag übernommen. So wird der frühere Art. 41 nun durch Art. 28 ersetzt. Insbesondere bleiben folgende Festlegungen:

*   Das Europäische Parlament „(wird) *zu den wichtigsten Aspekten und den grundlegenden Weichenstellungen der GASP ... regelmäßig gehört"*. Eine Kontroll- und Entscheidungskompetenz bleibt dem Parlament also vorenthalten.

---

[19] Artikel J.4.

[20] Die WEU geht auf den „Brüsseler Pakt" von 1948 zurück. Er verstand sich als Verteidigungsbündnis gegen ein wieder erstarkendes und möglicherweise militaristisches Deutschland im Vorfeld der Gründung der Bundesrepublik Deutschland (1949). Im Gegensatz zur NATO, der die meisten Funktionen der WEU übertragen wurden, gibt es in der WEU einen Beistandsautomatismus. Mit dem NATO-Beitritt der Bundesrepublik (1954) wurden die gegen Deutschland gerichteten Passagen aus dem Vertrag gestrichen und die Bundesrepublik trat auch der WEU bei. Die operationellen Funktionen der WEU gingen 2000 an die EU über; (ausführlicher siehe http://www.uni-kassel.de/fb5/frieden /themen/Europa/weu.html, Zugriff 30.7.2008.

- „Die Mitgliedstaaten verpflichten sich, ihre militärischen Fähigkeiten schrittweise zu verbessern." .Um dies zu erreichen, werden die Mitgliedstaaten unter politischen Druck gesetzt.[21]

- Eine „Europäische Verteidigungsagentur" für Forschung, Beschaffung und Rüstung wird eingerichtet." Sie ist bereits seit 2003 tätig.

- *„Beschlüsse (des Rates) mit militärischen oder verteidigungspoliti-schen Bezügen"* bedürfen nicht der Einstimmigkeit, sondern können mit qualifizierter Mehrheit beschlossen werden, sie bedürfen auch nicht eines ordentlichen Gesetzgebungsverfahrens.

Zeitgleich mit der Verabschiedung des damaligen Verfassungsentwurfs be-schloss der EU-Ministerrat am 12. Dezember 2003 unter dem Titel „Ein sicheres Europa in einer besseren Welt" die Europäische Sicherheitsstrate-gie (ESS), die gewissermaßen die Antwort auf die amerikanische Nationale Sicherheitsstrategie des Vorjahres (NSS, Sept. 2002[22]) darstellte. Wie jedes militärische Dokument enthält die ESS zuerst einmal eine Analyse der Lage:

„Seit 1990 sind fast vier Millionen Menschen – zu 90 % Zivilisten – in Kriegen ums Leben gekommen. Weltweit haben über 18 Millionen Menschen wegen eines Konflikts ihr Heim verlassen. In weiten Teilen der dritten Welt rufen Armut und Krankheiten unsägliches Leid wie auch dringende Sicherheitsprobleme hervor. Fast drei Milliarden Men-schen und damit die Hälfte der Weltbevölkerung müssen mit weniger als zwei Euro pro Tag auskommen. Jedes Jahr sterben 45 Millionen Menschen an Hunger und Unterernährung. ... Die Armut im südlich der Sahara gelegenen Teil Afrikas ist heute größer als vor zehn Jahren."

Treffender können die Folgen des global durchgesetzten Neoliberalismus und der daraus resultierenden Armut kaum beschrieben werden. Doch was

---

21 Im dem Vertragswerk beigefügten Protokoll über die „Ständige Strukturierte Zusammen-arbeit" wird festgelegt, dass an dieser Zusammenarbeit teilnehmen kann, wer

a) seine Verteidigungsfähigkeiten durch Ausbau seiner nationalen Beiträge und gege-benenfalls durch Beteiligung an multinationalen Streitkräften, an den wichtigsten euro-päischen Ausrüstungsprogrammen und an der Tätigkeit der Agentur für die Bereiche Ent-wicklung der Verteidigungsfähigkeiten, Forschung, Beschaffung und Rüstung (Europä-ische Verteidigungsagentur) intensiver zu entwickeln und

b) spätestens 2010 über die Fähigkeit zu verfügen, entweder als nationales Kontingent oder als Teil von multinationalen Truppenverbänden bewaffnete Einheiten bereitzustel-len, die auf die in Aussicht genommenen Missionen ausgerichtet sind, taktisch als Ge-fechtsverband konzipiert sind, über Unterstützung unter anderem für Transport und Lo-gistik verfügen und fähig sind, innerhalb von 5 bis 30 Tagen Missionen nach Artikel 28b des Vertrags ... aufzunehmen."

22 Eine deutsche Übersetzung (Auszüge) findet sich in: Blätter für deutsche und interna-tionale Politik Nr. 12/2002, S. 1505-1511.

folgt daraus? Nach der lapidaren Feststellung, dass „Sicherheit ... Vorbedingung für Entwicklung" sei, kommt das Strategie-Papier zur Sache: „Die Energieabhängigkeit gibt Europa in besonderem Maße Anlass zur Sorge." Und es folgt die all diesen Papieren gemeinsame, gebetsmühlenhafte Aufzählung der Bedrohungen: Terrorismus, die Weiterverbreitung von Massenvernichtungswaffen, das Scheitern von Staaten, die organisierte Kriminalität. Es mag bezweifelt werden, ob die Bekämpfung von Terrorismus und organisierter Kriminalität Sache des Militärs ist, gehört sie doch wohl eher zu den polizeilichen Aufgaben eines Staates. Der Versuch zur Wiederherstellung von Staatlichkeit in „gescheiterten Staaten" ist primär Aufgabe einer – gerechteren! – Entwicklungs- und Wirtschaftspolitik. Was schließlich die Verbreitung der Massenvernichtungswaffen angeht, so fände sie schnell ein Ende, wenn die Atomwaffenstaaten – allen voran die fünf Ständigen Mitglieder des Sicherheitsrats – endlich den Art. VI dieses Vertrages umsetzten und selbst zu „einer allgemeinen und völligen Entwaffnung" im Bereich dieser fürchterlichen Waffen beitrügen.

Die ESS ist ein Paradebeispiel für die „Versicherheitlichung" der weltweiten Resultate kapitalistischer Entwicklung: Die Auswirkungen des ökonomischen und ökologischen Raubbaus, seine Folgen wie Unterdrückung, Elend und Armut, die jüngste Debatte über den Klimawandel werden subsumiert unter dem Begriff der „neuen Risiken", die insgesamt zu Sicherheitsproblemen erklärt werden – womit selbsterdend die Zuständigkeit des Militärs beschworen werden kann. Daraus ergibt sich fast zwingend die Feststellung:

„Im Zeitalter der Globalisierung können ferne Bedrohungen ebenso ein Grund zur Besorgnis sein wie näher gelegene. ... Die erste Verteidigungslinie wird oftmals im Ausland liegen."

Die Empörung über den Satz des ehemaligen deutschen Verteidigungsministers Struck, Deutschlands Sicherheit werde am Hindukusch verteidigt, ist daher völlig unberechtigt, hat er doch nur die Grundsätze europäischer Sicherheitspolitik in tagespolitisches Deutsch übersetzt.

Der offensive Charakter der ESS wird auch an anderer Stelle deutlich:

„Wir müssen fähig sein zu handeln, bevor sich die Lage in Nachbarländern verschlechtert. ... Durch präventives Engagement können schwierigere Probleme in der Zukunft vermieden werden."

Deutlicher noch als die amerikanische NSS, in der von „präemptiven Maßnahmen"[23] die Rede ist, beansprucht hier die EU ein Recht auf präventive

---

23 Als „präemptiv" gelten militärische Maßnahmen, die dann ergriffen werden, wenn ein Angriff unmittelbar bevor zu stehen scheint. Da dies mit Sicherheit nie zu beweisen ist, stehen solche Maßnahmen im Widerspruch zu Art. 2.4 und Art. 51 der UN-Charta.

Gewaltanwendung in den internationalen Beziehungen, die die Charta der Vereinten Nationen in Art. 2 Abs. 4 eindeutig verbietet:

„Alle Mitglieder unterlassen in ihren internationalen Beziehungen ... jede Androhung oder Anwendung von Gewalt."

Diesen Widerspruch unterläuft die ESS durch eine nur scheinbar elegante Formulierung:

„Wir sind der Wahrung und Weiterentwicklung des Völkerrechts verpflichtet. Die Charta der Vereinten Nationen bildet den grundlegenden Rahmen für die internationalen Beziehungen."

Wahrung und Weiterentwicklung des Völkerrechts? Von *Wahrung* kann wohl nicht die Rede sein – also geht es um *Weiterentwicklung*. Diese geht aber genau dorthin, wo die Welt sich vor der Verabschiedung der Charta befand: In die Anarchie der Staatenwelt, wo das *ius ad bellum*, das Recht auf Kriegführung, das vornehmste Attribut von Staatlichkeit war. Nun wird auch klar, weshalb den Vereinten Nationen zwar Referenz erwiesen wird, weshalb aber ein klares Bekenntnis zu ihren Grundsätzen vermieden wird: Die EU verweist auf die Charta der Vereinten Nationen mit der Formel, dass diese „*den grundlegenden Rahmen (bildet)*". Sie vermeidet so eine eindeutige Formulierung, die heißen könnte und müsste „*im Einklang mit den Bestimmungen der Charta*". Zu bestimmen, was dieser „Rahmen" ist, behält sich die EU für den konkreten Fall selbst vor! Genau deshalb wird eine der nach innen gerichteten Forderungen, die den im alten Europa noch immer herumgeisternden Pazifismus endlich auf den Müllhafen der Geschichte befördern soll, nochmals in einen Kasten neben den Text gesetzt ist:

„Wir müssen eine Strategie-Kultur entwickeln, die ein frühzeitiges, rasches und wenn nötig robustes Eingreifen fördert. (...) Wir müssen fähig sein zu handeln, bevor sich die Lage in Nachbarländern verschlechtert, wenn es Anzeichen für Proliferation gibt, und bevor es zu humanitären Krisen kommt. Durch präventives Engagement können schwierigere Probleme in der Zukunft vermieden werden. Eine Europäische Union, die größere Verantwortung übernimmt und sich aktiver einbringt, wird größeres politisches Gewicht besitzen."

So fügt sich ineinander, was der damalige deutsche Außenminister Josef Fischer meinte, als er davon sprach, die EU müsse „auf gleicher Augenhöhe" den USA gegenübertreten. Die EU als *global player* gibt sich nicht damit zufrieden, nur Schrittmacher für globale Unternehmensstandards zu sein und Weltmarktführer zu werden.[24] Diese Rolle ist aus Sicht der EU nur zu haben durch die Rückkehr zum alten Denken von der Staatensou-

---

24 Altvater/Mahnkopf, a.a.O., insbes. S. 180-187.

veränität und vom Recht auf Kriegführung, wie es in der ESS zum Ausdruck kommt. Der Deregulierung der Märkte und der erkämpften sozialen Standards entspricht die Deregulierung des Völkerrechts.[25]

Als Interventionsgründe bemühte die EU vor allem Menschenrechtsverletzungen und Fragen der Sicherung der Demokratie: Neben den Interventionen auf dem Balkan agierte sie vor allem in Afrika: Die „Operation Artemis" in Bunia/Kongo war die erste Intervention, die ausschließlich mit eigenen Kräften und erstmals unter einem rein europäischen Oberkommando ohne NATO-Unterstützung stattfand. In gleicher Weise wurde die Intervention des Jahres 2005 in diesem Land, die mit der Sicherung demokratischer Wahlen begründet wurde, realisiert. Die jüngste Intervention (Eufor) begann 2007 im Tschad, an der neben zahlreichen anderen europäischen Ländern 200 österreichische Soldaten beteiligt sind.[26]

Die gewaltförmige Sicherung der Festung Europa: Frontex

Die Armen aber wollen ins „Gelobte Land": Vor allem in Schwarzafrika, aber auch in Nordafrika und in Asien haben Verwüstung, Versteppung, Schwinden der Wasserressourcen, Ernährungsmangel, aber auch fürchterliche politische Repression die Lebenschancen der Menschen vernichtet. Während die USA ihre Südgrenze durch streng bewachte elektrifizierte Stacheldrahtzäune sichern, hat die EU gleich zwei Flanken mit sehr viel längeren Grenzen zu schützen, um „illegale" Immigration zu verhindern: die durch die EU-Erweiterung immer länger gewordene Landgrenze in Osteuropa und die Südgrenzen entlang des Mittelmeers und im Atlantik (Kanaren). Fast täglich werden an den spanischen Stränden die Leichen ertrunkener Bootsflüchtlinge eingesammelt, jede Nacht verschwinden Boote im Mittelmeer und im Atlantik, ohne dass hierüber berichtet würde – sofern überhaupt Informationen vorliegen. Noch undurchsichtiger ist die Situation an den Ostgrenzen der EU. Obwohl von den einschlägigen Behörden weder in Deutschland noch auf EU-Ebene Informationen zu erhalten sind, da hierzu keine Statistiken geführt werden,[27] sind 4.773 Todesfälle an den EU-

---

25 Auf die im Völkerrecht heftig und kontrovers diskutierte neue Doktrin einer *Responsibility to Protect* kann hier nicht eingegangen werden. Sie kann allerdings durchaus verstanden werden als ein weiterer Angriff des Nordens auf den letzten Schutzschild staatlicher Souveränität im Süden.

26 Siehe http://www.zeit-fragen.ch/ausgaben/2007/nr48-vom-3122007/beteiligung-an-eu-truppen-im-tschad-eufor-mit-neutralitaet-unvereinbar, Zugriff 30.7.2008.

27 Ernesto Kiza, Tödliche Grenzen. Dissertation am Fachbereich Gesellschaftswissenschaften der Universität Kassel, im Druck, S. 213-215.

Grenzen im Zeitraum 1999–2004 registriert.[28] Dies dürfte weniger als die Spitze eines gigantischen Eisbergs sein. Die Tendenz der Todesfälle ist steigend.

Der Begriff „illegale" Migration vereinfacht das Phänomen Flucht und seine Gründe: Der in der EU-Sprache gängige Begriff der „illegalen" Migration kriminalisiert die Migranten. Deshalb wird im Folgenden von „undokumentierten" Migranten gesprochen, denn ihr „Verbrechen" besteht darin, dass sie nicht über gültige Einreisepapiere verfügen. Zweitens: Die Elendsmigration wird zunehmend unter dem Aspekt ihrer „Versicherheitlichung" angesprochen: Im herrschenden Diskurs wird Migration als eine Gefährdung der Sicherheit Europas dargestellt, der folglich auch mit militärischen Mitteln zu begegnen ist. Migration wird assoziiert mit Terrorismus, da unter den Migranten Terroristen sein könnten, und mit internationaler Kriminalität, was insofern nicht unzutreffend ist, als die Migranten auf ihrem langen Weg durch Asien und Osteuropa oder durch die Sahara und über die Meere zunehmend die Dienste von Schleuserbanden in Anspruch nehmen müssen, um ihr Ziel zu erreichen: Schließlich nutzen die jeweiligen nationalen Regelungen ihr eigenes Gewaltmonopol: So hat die Regierung Berlusconi in Italien am 26. Juli 2008 wegen des Migrationsproblems den Ausnahmezustand verhängt.

Die vom Europäischen Parlament am 18. Juni 2008 mehrheitlich beschlossene EU-Asyl-Richtlinie beinhaltet eine EU-einheitliche und die Rechte der undokumentierten Migranten weiter einschränkende Regelung:[29] So sollen „papierlose" Immigranten bis zu 18 Monate in Abschiebehaft gehalten werden können. Dabei handelt es sich EU-weit um acht Millionen Menschen, die bereits in der EU ansässig sind. Ferner sieht die Richtlinie vor, unbegleitete Minderjährige bei der Einreise zu inhaftieren und abzuschieben – ein klarer Verstoß gegen die UN-Kinderschutzkonvention. Bisher bestehende Verfahrensschutzgarantien und Rechtsansprüche der Migranten, gegen ihre Ausweisung Widerspruch einzulegen, wurden abgeschafft. Vor allem ist vorgesehen, „papierlose" Migranten sofort abzuschieben. Damit haben politisch Verfolgte nicht mehr die Möglichkeit, einen Antrag auf Asyl zu stellen. Diese Richtlinie, die auch die UN-Menschenrechtserklärung von 1948 verletzt, ist beim UNHCR, der UN-Flüchtlingsbehörde, auf scharfen Widerspruch gestoßen.[30]

---

28 Ebd., S. 216 f.

29 Siehe http://www.europarl.europa.eu/sides/getDoc.do?pubRef=-//EP//TEXT+IM-PRESS +20080625FCS32672+0+DOC+XML+V0//DE#title1, Zugriff 22.7.2008.

30 Siehe http://www.migrationsrecht.net/nachrichten-auslaenderrecht-europa-und-eu/192-eu-asyl-richtlinieunhcr-aenderungen-richtlinie-asylverfahren.html, Zugriff 22.7.2008.

Doch nicht nur die innerhalb der EU lebenden Migranten sind Objekt verschärfter Maßnahmen, schlimmer noch sind die Instrumente, die zur Abwehr der Migration an den Außengrenzen der EU geschaffen worden sind: FRONTEX ist die *„Europäische Agentur für die operative Zusammenarbeit an den Außengrenzen"* (abgeleitet vom französischen Begriff *frontières extérieures*). Jenseits der Grenzkontrollen an Flughäfen und Häfen liegt die Aufgabe von FRONTEX vor allem in der Sicherung der Außengrenzen mit polizeilichen und militärischen Mitteln. Als besonders gefährdet gelten die osteuropäischen Grenzen (Ukraine, Weißrussland), die so genannte Balkanroute (Bosnien-Herzegowina, Albanien, Kosovo etc.), das Mittelmeer und die Kanaren.

Wie die Wirklichkeit aussieht, hat Corinna Milborn[31] erschütternd dargestellt. Die mediale Aufmerksamkeit, die den verzweifelten Versuchen von Migranten zuteilwurde, die versuchten, die Stacheldrahtzäune um die spanischen Enklaven von Ceuta (am 29. September 2005) und Melilla (am 6. Oktober 2005) auf dem afrikanischen Festland zu überwinden, brachte die EU und die europäischen Regierungen in Argumentationsnöte. Doch statt einer humanitären Regelung bemühte und bemüht sich die EU, das Problem auszulagern: Mit Anrainer-Staaten der EU in Südost- und Osteuropa und entlang des Mittelmeeres wurden Abkommen geschlossen, die EU selbst wird im Rahmen von FRONTEX aktiv, um die Flüchtlinge schon auf hoher See abzufangen bzw. zur Umkehr zu zwingen. Hierzu gewährt sie vor allem den nordafrikanischen Staaten finanzielle und logistische Unterstützung.[32] Praktisch geht es um die Herstellung dessen, was Bernd Kasparek eine „entgrenzte Grenze"[33] nennt: Durch Abkommen mit Transitländern wie beispielsweise Ukraine, Türkei, Libyen, Marokko und Tunesien wird die Abwehr der Flüchtlinge territorial vorverlagert, ganze Länder werden zum „Grenzgebiet". Vor allem damit verhindert, dass Flüchtlinge überhaupt EU-Territorium erreichen können. Dort wären sie – nach den neuesten Regelungen allerdings nur noch bedingt – berechtigt, einen Antrag auf Asyl zu stellen. Durch solches Vorgehen „*... wird verschwiegen, dass es sich bei einem wesentlichen Teil der irregulär einreisenden*

---

31 Milborn, Corinna, Gestürmte Festung Europa, Wien 2006.

32 „Guantamito" in der Sahara, taz, 1.7. 2008. So erhält allein Marokko 40 Mio. € für den „Schutz" seiner Südgrenzen; siehe http://alternatives-international.net/article93.html ?lang=fr, Zugriff 29.7.2008. Gute Hintergrundinformationen liefert die website http:// www.borderline-europe.de/dramen/index.php?

33 Bernd Kasparek, Frontex und die europäische Außengrenze; in: Tobias Pflüger (Hrsg.), Was ist Frontex? Tübingen, Januar 2008, S. 9-15.

Personen um schutzbedürftige Flüchtlinge, etwa aus Afghanistan, Irak oder Tschetschenien, handelt."[34]
Die Entgrenzung geschieht im Wortsinne auf hoher See: Dort findet nach Auffassung des BMI (Bundesministerium des Inneren, Deutschland) *„das Zurückweisungsverbot der Genfer Flüchtlingskonvention [...] nach Staatenpraxis und überwiegender Rechtsauffassung auf Hoher See, die extraterritoriales Gebiet ist, gegenüber Personen, die Verfolgungsgründe geltend machen, keine Anwendung"*.[35] Da die EU mit den „Drittstaaten", in denen die Flüchtlinge zuletzt waren, Rücknahmeabkommen abgeschlossen hat, werden diese umgehend dorthin verbracht. Dazu der ehemalige deutsche Innenminister Schily (SPD) in einem Interview:

„Bleiben wir wieder bei Ihrem Kapitän. Der nimmt also Personen aus Seenot auf. Es wird diese Fälle leider weiter geben, trotz aller Vorkehrungen. Die geretteten Personen werden, wenn eine entsprechende Vereinbarung mit dem Drittland zustande gekommen ist, in einen Hafen dieses Drittlandes gebracht. Es wird dort eine Aufnahmeeinrichtung geben und eine Institution, die aus Beamten der Asylbehörden der EU-Mitgliedstaaten zusammengesetzt ist. Diese Behörde prüft: Haben die Flüchtlinge einen Grund nach der Genfer Flüchtlingskonvention, der einer Rückkehr ins Heimatland entgegensteht. Wenn sie keinen haben, müssen sie zurück [...] Eine gerichtliche Kontrolle muss es nicht zwangsläufig geben. Wir sind außerhalb des Rechtsgebiets der EU."[36]

Was dort tatsächlich mit diesen Menschen geschieht, ist bei Corinna Milborn[37] nachzulesen oder auch in einem von der französischen Hilfsorganisation Médecins sans Frontières verfassten, detaillierten Bericht.[38] Sowohl Personen mit regulären Papieren wie solche, die bereits Bestätigun-

---

[34] Marei Pelzer, Der Bruch des internationalen Flüchtlingsrechts durch die Grenzpolitik der EU; in: ProAsyl (Hrsg.), Europäische Außengrenzen: Stoppt das Sterben. Pro Asyl: Tag des Flüchtlings, Frankfurt/Main 2008, S. 18.

[35] Otto Schily / BMI, Effektiver Schutz für Flüchtlinge – wirkungsvolle Bekämpfung illegaler Migration – Überlegungen des Bundesministers des Innern zur Errichtung einer EU-Aufnahmeeinrichtung in Nordafrika, vorgestellt auf der Pressekonferenz anlässlich des informellen Ministertreffens der europäischen Innen- und Justizminister in Newcastle am 9.9.2005. zitiert nach Marischka, Christoph, FRONTEX – Die Vernetzungsmaschine an den Randzonen des Rechtes und der Staaten, in: Tobias Pflüger (Hrsg.), a.a.O. S. 16-23, hier S. 22.

[36] Süddeutsche Zeitung, 2. August 2004, S. 8, zit. n. Zit. n. Andreas Fischer-Lescano / Timo Tohidipur, Die europäische Grenzschutzagentur FRONTEX; in: Pflüger, Tobias (Hrsg.), Was ist Frontex? Tübingen, Januar 2008, S. 24-33.

[37] Corinna Milborn, Gestürmte Festung Europa, Wien 2006, ebd.

[38] Eine Karte der Lager in Europa (einschließlich Osteuropa), der Türkei und Nordafrika findet sich unter http://www.migreurop.org/IMG/pdf/L_Europe_des_camps_-_version _4_-_Fr.pdf, Zugriff am 29.7.2008.

gen des UNHCR in Marokko besaßen, dass sie einen Asylantrag gestellt hatten, wurden verhaftet, ihre Papiere zerrissen. Tausende Flüchtlinge wurden in Südmarokko nahe der algerischen, möglicherweise auch an der mauretanischen Grenze abgeladen und ohne Verpflegung und Trinkwasser zurückgelassen.

Wie mit Flüchtlingen an den italienischen Grenzen umgegangen wird, illustriert beispielhaft ein Bericht von amnesty international.[39] Was im Atlantik, einer der frequentiertesten Fluchtrouten, geschieht bleibt weitestgehend unbekannt und mag eines der Geheimnisse von FRONTEX sein. Skandalös ist, dass die auf Freiheit, Demokratie und Menschenrechte pochende EU sich der Folterstaaten Marokko, Algerien, Tunesien und Libyen[40] und dort errichteter zahlreicher, oft geheimer Lager[41] bedient, um Verfolgten den Zugang zu ihrem international verbrieften Recht zu verweigern. Vollmundig erklärt die EU in Art. 1 des Vertrages von Lissabon:

„Die Werte, auf die sich die Union gründet, sind die Achtung der Menschenwürde, Freiheit, Demokratie, Gleichheit, Rechtsstaatlichkeit und die Wahrung der Menschenrechte."

Diese Prinzipien gelten offensichtlich weder für die undokumentierten rund acht Millionen Menschen, die in der EU leben, noch für die vielen Millionen, die an den Außengrenzen Einlass begehren, wo es weder Sicherheit, noch Freiheit, noch Recht gibt und wo die Menschenrechte außer Kraft gesetzt sind.

Fazit

Ohne jeden Zweifel ist Europa ein Friedensprojekt – dieses endet jedoch an den Grenzen der Mitgliedsländer. Nach außen beansprucht die EU die volle politische und militärische Handlungsfähigkeit auf „gleicher Augenhöhe" mit den USA. Geltende völkerrechtliche Übereinkommen – von der Charta der Vereinten Nationen bis zu den Genfer Konventionen – finden bestenfalls noch bruchstückhaft Anwendung oder werden schlicht übergangen. Vergessen wird dabei, dass das Recht eine der größten zivilisatorischen Leistungen insbesondere der letzten sechzig Jahre ist. Wird es für „die Andern", die zur Bedrohung erklärt werden, außer Kraft gesetzt, verstößt dies gegen den Gleichheitsgrundsatz, die unverzichtbare Grundlage jeden

---

[39] Siehe   http://www.msf.org/source/countries/africa/morocco/2005/morocco_2005.pdf, Zugriff am 29.7.2008; Vergleiche ai, Section Française: SF04R40.

[40] Sihem Bensedrine / Omar Mestiri, Despoten vor Europas Haustür, München 2008.

[41] Vgl. Karte der Lager in Europa a.a.O.

Rechts. Dies aber wirkt unmittelbar auf „uns" und unsere Gesellschaften zurück.[42] Sowohl im außenpolitischen wie im innenpolitischen Bereich werden zivilisatorische Normen abgebaut, der Sicherheitsstaat unterwirft sich den Rechtsstaat.

Armut ist mehr als Elend und Hunger, und Reichtum ist nicht nur Wohlstand und Genuss, sondern vor allem auch Macht. Den Armen hier wird suggeriert, dass die Armen draußen vor allem ihren noch relativen „Wohlstand" bedrohen und dass zur Abwendung dieser Bedrohung der Abbau von rechtsstaatlichen und völkerrechtlichen Regelungen unvermeidbar sei. Direkt oder indirekt werden damit nationalistische Gefühle mobilisiert, die nicht dadurch besser werden, dass sie nun auf eine europäische Ebene gehoben werden. Die Lehre aus dem Prozess der europäischen Einigung ist doch gerade, dass in Europa Frieden geschaffen wurde: durch wirtschaftliche Prosperität, soziale Sicherheit und wechselseitige Anerkennung. Der Rückfall in nationalistische Irrationalismen, der Abbau von Rechtssicherheit und die Durchsetzung des Menschen verachtenden Neoliberalismus erschüttern das Projekt EU-Europa in seinen Grundfesten und berauben es seiner Glaubwürdigkeit und Ausstrahlung nach außen. Ein nachhaltiger Beitrag der EU zur Bekämpfung von Armut und Krieg und zu einer gerechteren und lebenswerteren Welt zugleich, wie sie in den Prinzipien-Erklärungen der EU immer wieder hochgehalten werden, kann nur geleistet werden durch eine radikale Veränderung der Umweltpolitik, durch Verzicht auf die gewaltförmige Verteidigung des Wohlstands und durch eine weit umfangreichere und uneigennützige Entwicklungshilfe.

---

[42] Werner Ruf, Barbarisierung der Anderen – Barbarisierung des Wir, in: Utopie kreativ, Nr. 185, März 2006, S. 222-228.

DIE NATO – ILLEGITIMES KIND DES ZWEITEN WELTKRIEGS

PETER STRUTYNSKI

Die Ratlosigkeit der Militärs, Rüstungslobbyisten und Sicherheitspolitiker nach dem Ende des Ost-West-Konflikts 1989/91 war von erstaunlich kurzer Dauer. Nachdem der äußere Feind nicht nur abhanden gekommen war, sondern sich teilweise sogar zu einem Verbündeten wandelte, erfand sich die NATO neu: 40 Jahre lang als militärisches Bollwerk gegen den vermeintlich aggressiven Kommunismus in Gestalt des Warschauer Paktes unter Führung der atomaren Supermacht Sowjetunion war sie mit dem Mauerfall 1989 und – 1991 – der Auflösung von UdSSR und Warschauer Vertrag an einem Ende angelangt. An die Stelle militärischer Bedrohung mussten nun – aus einer Art Selbsterhaltungstrieb des Militärs, militärsicherheitspolitischer Führungsgremien und rüstungsindustrieller Leitbetriebe heraus – neue Arten von Bedrohungen und Risiken konstruiert werden, die eine Aufrechterhaltung des militärisch-industriellen Komplexes rechtfertigten. Dies gelang der NATO auf kreative Weise. Ob es um die Bevölkerungs"explosion" in der Dritten Welt ging oder um das Weltklima und die dünner werdende Ozonschicht, um Armut, Verelendung und Migrationsströme (aus dem „Süden") oder um Engpässe im weltweiten Nahrungsmitteldargebot, um Energieknappheit oder schwer zugängliche andere Ressourcen: Für all diese offenkundig nicht militärischen Risiken erklärte sich die NATO zuständig. Das Zauberwort, das der Friedensforschung schon länger vertraut war, hieß „erweiterter Sicherheitsbegriff".

Die NATO war 40 Jahre zuvor unter ganz anderen Auspizien angetreten. Wie die Vereinten Nationen war sie ein Kind des Zweiten Weltkriegs. Im Unterschied zur UNO, die ein legitimes Kind des Weltkrieges war, war die NATO ein illegitimes Kind – und ein Bastard dazu. Aber alles der Reihe nach.

Lehren aus der Geschichte (1): Die Gründung der UNO und das Völkerrecht

Aus der zweiten Menschheitskatastrophe des 20. Jahrhunderts – die erste hatte den Völkerbund hervorgebracht – wurden vor allem zwei Lehren gezogen: Es durfte kein Krieg mehr sein (1), und es mussten die Ursachen von Krieg und Gewalt beseitigt werden (2).

1) Die Überlebenden des Zweiten Weltkriegs waren der festen Überzeugung, dass ein neuerlicher Krieg unter keinen Umständen mehr sein dürfe, weil er – wie Hiroshima und Nagasaki gezeigt hatten – die Selbstauslöschung der Menschheit zur Folge haben könnte. Die internationale Nachkriegsordnung sollte entsprechend umgestaltet werden, indem einerseits den durch den Sieg der Anti-Hitler-Koalition geschaffenen neuen Realitäten Rechnung getragen wurde und andererseits eine neue Staatenorganisation über den Weltfrieden wachsen sollte. So verschmolzen der normative, am modernen Völkerrecht orientierte Ansatz mit den machtpolitischen Realitäten in der Konstruktion der Vereinten Nationen. In konzentriertester Form schlug sich dies in der Charta der Vereinten Nationen nieder. Art. 2 Abs. 3 und 4 der Charta knüpfte an den schon in der Zwischenkriegszeit vereinbarten Briand-Kellogg-Pakt an, in welchem sich die vertragschließenden Parteien (darunter Deutschland, die USA, Frankreich und Großbritannien) 1928 erstmals völkerrechtlich verbindlich verpflichteten, auf den Krieg als Mittel zur Lösung internationaler Streitfälle ein für allemal zu verzichten. Neben diesem als „Gewaltverbot" bekannt gewordenen Prinzip enthält die Charta noch die Garantie der souveränen Gleichheit (Art. 2, Abs. 2) und territorialen Integrität (Art. 2, Abs. 4) der Staaten sowie das Prinzip der Nichteinmischung in die Angelegenheiten fremder Staaten (Art. 2, Abs. 7).

Vom allgemeinen Gewaltverbot sollte es lediglich zwei eng definierte Ausnahmen geben können: einmal das individuelle oder kollektive Recht auf (militärische) Verteidigung im Fall eines gegnerischen Angriffs – ein Recht, das nach Art. 51 UN-Charta aber nicht grenzenlos ist, sondern in dem Augenblick verfällt, wenn der UN-Sicherheitsrat „die zur Wahrung des Weltfriedens und der internationalen Sicherheit erforderlichen Maßnahmen" selbst trifft. Zum anderen kann der UN-Sicherheitsrat militärische Maßnahmen anordnen, wenn durch Handlungen eines oder mehrerer Staaten der Weltfrieden und die internationale Sicherheit bedroht sind (Art. 39) und alle friedlichen Mittel zur Streitbeilegung erschöpft sind (Art. 42).

Die Instanz, die über den Weltfrieden zu wachen hatte, war und ist bis heute der UN-Sicherheitsrat. In ihm spiegelt sich vielleicht am deutlichsten das reale internationale Kräfteverhältnis am Ende des Zweiten Weltkriegs wider: Ganz im Gegensatz zur proklamierten „Gleichheit" aller UN-Mitgliedsstaaten sicherten sich in diesem höchsten Gremium die Sieger-mächte des Zweiten Weltkriegs (erst vier, später kam China als fünfte Macht hinzu) einen ständigen Sitz, der zudem mit einem nur ihnen zuste-henden Veto-Recht ausgestattet wurde. Diese Konstruktion war damals verständlich, weil sie allein eine Garantie für die Errichtung eines stabilen Friedens in Europa und in der Welt zu bieten schien. Japan und Deutsch-land als die Hauptschuldigen am Weltkrieg sollten nie wieder in die Lage kommen, ihr kriegerisches Haupt zu erheben. In diese Richtung zielte denn auch die Feindstaatenklausel der UN-Charta, wonach die Maßnahmen, wel-che die Alliierten gegen die Aggressoren ergriffen hatten, durch die „Char-ta weder außer Kraft gesetzt noch untersagt" wurden (Art. 107).

Insofern stellen Gründung, normative Ausrichtung und Verfasstheit der Vereinten Nationen aus einer Friedensperspektive ein legitimes Kind des Zweiten Weltkriegs dar.

Lehren aus der Geschichte (2): Faschismus und Militarismus ausrotten

2) Mit der Errichtung der Vereinten Nationen allein war es aber nicht ge-tan. Sie war nur der institutionelle Rahmen einer auf Frieden und inter-nationale Sicherheit zielenden Nachkriegsordnung, bezog sich also vor-wiegend auf die Beziehungen zwischen den Staaten. Die Verfasstheit der Staaten selbst fiel in deren eigene Zuständigkeit.

Diese grundsätzliche Offenheit gegenüber den gesellschaftspolitischen Grundlagen der Staaten fand indessen keine Anwendung auf die „Feind-staaten" Japan und Deutschland. Denn es war erkannt worden, dass Milita-rismus, Faschismus und Krieg vor allem ökonomische Ursachen hatten, die in einem besonders stark auf die Interessen des schwer- und rüstungsin-dustriellen Großkapitals zugeschnittenen aggressiven Kapitalismus/Impe-rialismus zu suchen waren. Als Lehre daraus wurde beispielsweise für Japan eine Friedensverfassung erlassen, die in Art. 9 zwei wesentliche Grundsätze formulierte:

Abs. 1: „In aufrichtigem Streben nach einem auf Gerechtigkeit und Ordnung gegründeten internationalen Frieden verzichtet das japanische Volk für alle Zeiten auf den Krieg als ein souveränes Recht der Nation und auf die Androhung oder Ausübung von Gewalt als Mittel zur Bei-legung internationaler Streitigkeiten."

Abs. 2: „Um das Ziel des vorhergehenden Absatzes zu erreichen, wer-den keine Land-, See- und Luftstreitkräfte oder sonstige Kriegsmittel unterhalten. Ein Recht des Staates zur Kriegsführung wird nicht anerkannt."

Während Absatz 1 sich noch ganz in der völkerrechtlichen Diktion der UN-Charta bewegt und keine Sondereinschränkung enthält – die Ächtung des Krieges und das Gewaltverbot waren allgemein verbindlich –, geht Abs. 2 darüber hinaus. Japan verzichtet auf das Recht jedes anderen Staates auf eigene Streitkräfte und begnügt sich mit der Aufstellung von „Selbstverteidigungskräften". Dass gegen diesen Artikel später massiv verstoßen wurde und Japan heute über eine der modernsten Armeen der Welt verfügt, ist Ergebnis der Westbindung des Landes und seiner antikommunistischen Grundorientierung.

Auch für das Nachkriegsdeutschland galt zunächst der antifaschistische und antimilitaristische Konsens der Siegermächte, der sich am nachhaltigsten im Potsdamer Abkommen vom August 1945 niederschlug. „Der deutsche Militarismus und Nazismus werden ausgerottet", heißt es darin und die dafür notwendigen Maßnahmen lauteten:

- *Demilitarisierung:* „Völlige Abrüstung und Entmilitarisierung Deutschlands und die Ausschaltung der gesamten deutschen Industrie, welche für eine Kriegsproduktion benutzt werden kann …"

- *Denazifizierung:* „Die Nationalsozialistische Partei mit ihren angeschlossenen Gliederungen und Unterorganisationen ist zu vernichten; … es sind Sicherheiten dafür zu schaffen, daß sie in keiner Form wieder auferstehen können; jeder nazistischen und militaristischen Betätigung und Propaganda ist vorzubeugen".

- *Dezentralisierung 1:* „In praktisch kürzester Frist ist das deutsche Wirtschaftsleben zu dezentralisieren mit dem Ziel der Vernichtung der bestehenden übermäßigen Konzentration der Wirtschaftskraft, dargestellt insbesondere durch Kartelle, Syndikate, Trusts und andere Monopolvereinigungen."

- *Dezentralisierung 2:* „Die Verwaltung Deutschlands muß in Richtung auf eine Dezentralisation der politischen Struktur und der Entwicklung einer örtlichen Selbstverantwortung durchgeführt werden."

- *Demokratisierung:* „Die lokale Selbstverwaltung wird in ganz Deutschland nach demokratischen Grundsätzen, und zwar durch Wahlausschüsse (Räte), … wiederhergestellt. In ganz Deutschland sind alle demokratischen politischen Parteien zu erlauben und zu fördern mit der Einräumung des Rechtes, Versammlungen einzuberufen und öffentliche Diskussionen durchzuführen."

Nicht nur die alliierten Siegermächte, sondern auch die demokratischen Bewegungen in fast allen europäischen Ländern waren nach dem Zweiten Weltkrieg davon überzeugt, dass der Kapitalismus alter Art nicht mehr

zeitgemäß war. In der öffentlichen Meinung war er weitgehend desavou-
iert, weil mit ihm die gar nicht so weit zurück liegenden verheerenden Folgen der Weltwirtschaftskrise (1929/30) und der Raubzug der deutschen
Banken und Industriekonzerne während des Zweiten Weltkriegs assoziiert
wurden. Die Überwindung monopolkapitalistischer Eigentums- und Machtverhältnisse war und die gesellschaftliche Kontrolle der Schlüsselindustrien
und Finanzinstitute gehörten zu den Forderungen sowohl der aus der Arbei-
terbewegung hervorgegangenen sozialistischen und kommunistischen als
auch zahlreicher liberal-demokratischer oder christlicher Parteien. Dass
sich im Zuge der Nachkriegsentwicklung eine Reihe von Staaten eine andere Gesellschaftsordnung gab (in Mittel- und Osteuropa mit massiver Unterstützung durch die Sowjetunion), entsprach genauso dem Trend der Zeit
wie die starken radikaldemokratischen und kommunistischen Bewegungen
in Ländern der westlichen Hemisphäre wie Griechenland, Frankreich oder
Italien. Gesellschaftsordnungen, die für sich beanspruchten, einen nicht kapitalistischen Weg einzuschlagen, um damit die ökonomischen Ursachen
für Faschismus und Krieg radikal, d.h. an der Wurzel zu beseitigen, sind
somit – nach der UNO – das zweite legitime Kind des Zweiten Weltkriegs.

Die NATO: illegitim und ein Bastard

Die 1949 gegründete NATO (North Atlantic Treaty Organization) ist dem
gegenüber ein illegitimes Kind der Kriegs- und unmittelbaren Nachkriegs-
geschichte. Die Gründung eines Militärbündnisses war schon per se ein
problematischer Akt, der so gar nicht zu dem 1945 in San Francisco verabschiedeten Grundgesetz der neuen Staatengemeinschaft UNO passen wollte. Die UNO war als ein System kollektiver, das heißt auf Gegenseitigkeit
beruhender Sicherheit aller Staaten gedacht und organisiert worden. Ein
Militärpakt dagegen geht von aktuellen oder potenziellen Gegnern aus, ist
also ausschließend (exklusiv) und nimmt in Kauf, dass die Ausgeschlosse-
nen sich ebenfalls zusammenschließen. Beide – oder noch mehr – Seiten
geraten also in das bekannte „Sicherheitsdilemma", wonach die militärische Organisation des eigenen Schutzes zum Bedrohungsempfinden der
anderen Seite beiträgt, die nun ihrerseits sich militärisch zu schützen versucht. So werden dann jegliche Rüstungsanstrengungen als Verteidigungs-
oder „Nachrüstungs"-Maßnahmen dargestellt – und zwar auf beiden Seiten.
Die Geschichte der NATO und des – erst 1955 gegründeten – Warschauer
Vertrags legen beredtes Zeugnis von der Wirkungskraft dieses Sicherheits-
dilemmas ab. Die NATO widersprach also von Anfang an den Grundsätzen
des modernen Völkerrechts.

Dies sollte man der NATO aber nicht ansehen. Ihre Gründungsurkunde, der „Washingtoner Vertrag" vom 4. April 1949, atmete so sehr den Geist der UN-Charta, dass man den entstehenden Militärpakt fast für eine Unterorganisation der Vereinten Nationen halten konnte. Schon in der Präambel bekunden die Vertragsparteien *„ihren Glauben an die Ziele und Grundsätze der Satzung der Vereinten Nationen und ihren Wunsch, mit allen Völkern und allen Regierungen in Frieden zu leben".* Artikel 1 des NATO-Vertrags ist so stark an Formulierungen der UN-Charta angelehnt, dass man sich fragen muss, warum es eines solchen Bündnisses überhaupt bedarf:

„Die Parteien verpflichten sich, in Übereinstimmung mit der Satzung der Vereinten Nationen, jeden internationalen Streitfall, an dem sie beteiligt sind, auf friedlichem Wege so zu regeln, dass der internationale Friede, die Sicherheit und die Gerechtigkeit nicht gefährdet werden, und sich in ihren internationalen Beziehungen jeder Gewaltandrohung oder Gewaltanwendung zu enthalten …".

Die Vereinbarkeit der NATO mit UN-Grundsätzen wird außerdem in Art. 7 unmissverständlich festgestellt. Hier heißt es:

„Dieser Vertrag berührt weder die Rechte und Pflichten, welche sich für die Parteien, die Mitglieder der Vereinten Nationen sind, aus deren Satzung ergeben, oder die in erster Linie bestehende Verantwortlichkeit des Sicherheitsrats für die Erhaltung des internationalen Friedens und der internationalen Sicherheit, noch kann er in solcher Weise ausgelegt werden."

Hinzu kommen zwei bemerkenswerte Einschränkungen der Reichweite des Militärbündnisses. Einmal betraf dies seine geografische Begrenzung auf das „nordatlantische Gebiet nördlich des Wendekreises des Krebses" (Art. 6). Militäroperationen außerhalb dieses Raums – seit dem Krieg gegen Jugoslawien und dem neuen „Krieg gegen den Terror" schon fast zur Regel geworden – waren nicht vorgesehen und vertragswidrig. Die zweite Einschränkung ist inhaltlicher Art und wird bis zum heutigen Tag in der öffentlichen Debatte gern übersehen: Nach Artikel 5 des NATO-Vertrags verpflichten sich die Vertragspartner zum Beistand für den Fall, dass ein oder mehrere Mitglieder angegriffen werden. Ausdrücklich wird hierbei auf das Recht auf individuelle oder kollektive Selbstverteidigung gemäß Art. 51. der UN-Charta verwiesen. Es bleibt den NATO-„Parteien" aber vollkommen selbst überlassen, welcher Art ihr Verteidigungsbeitrag ist,

„indem jede von ihnen unverzüglich für sich und im Zusammenwirken mit den anderen Parteien die Maßnahmen, einschließlich der Anwendung von Waffengewalt, trifft, die sie für erforderlich erachtet, um die Sicherheit des nordatlantischen Gebiets wiederherzustellen und zu erhalten."

Einer solchen Völkerrechtslyrik widersprechen, wie schon erwähnt, die Gründung eines Militärpakts an sich und die politische Intention der NATO – soweit sie jedenfalls damals von den USA und Großbritannien artikuliert wurde. Die NATO-Gründung war das letzte Glied einer Reihe von Maßnahmen der westlichen Siegermächte zur Eindämmung dessen, was seinerzeit die kommunistische Weltrevolution genannt wurde. Spätestens mit der „Eisernen-Vorhang"-Rede Churchills im Jahr 1946 und der ein Jahr später formulierten Truman-Doktrin war klar geworden, dass der Zweite Weltkrieg in einen Kalten Krieg mündete, dessen Kontrahenten, die Sowjetunion und die USA, zwei gegensätzliche Gesellschaftssysteme vertraten. Die Hauptsorge der Sowjetunion galt der eigenen Sicherheit, wozu die Bildung eines cordon sanitaire, eines Systems vorgelagerter befreundeter Staaten entsprechend der in Teheran, Jalta und Potsdam vereinbarten Hemisphären diente. Es war, wie der große Historiker des 20. Jahrhunderts, Eric Hobsbawm, feststellte, eine defensive, auf Sicherung des Status quo und auf den inneren Machterhalt gerichtete Außenpolitik. Die Hauptsorge der USA hingegen galt der Abwehr des vermeintlich aggressiven Kommunismus und dessen Eindämmung (containment) bzw. Zurückdrängung (Roll back). Dies begann mit der militärischen Bekämpfung von Aufständen in der eigenen Hemisphäre (z.B. Griechenland) und der Ausarbeitung von Putschplänen, die eine Machtübernahme durch damals starke kommunistische Parteien verhindern sollten (Frankreich und Italien). Dem dienten auch die Errichtung von Militärstützpunkten rings um die Sowjetunion sowie die Gründung von Militärallianzen in Asien und im pazifischen Raum (CENTO, SEATO und ANZUS).

In wirtschaftlicher Hinsicht waren die USA, die in jeder Beziehung gestärkt aus dem Krieg hervorgegangen waren, daran interessiert, den zerstörten europäischen Ökonomien wieder auf die Beine zu helfen und somit einer sozialen und politischen Radikalisierung der Bevölkerung entgegenzuwirken. Der hierzu aufgelegte Marshall-Plan, der in den ersten Nachkriegsjahren 20 Mrd. US-Dollar bereitstellte, erfüllte diesen Zweck in zweifacher Hinsicht: einmal, indem er tatsächlich als Konjunkturmotor wirkte, und zum anderen, weil er die Gesellschaften, die in seinen Genuss kamen, ideologisch an die USA band. Er hatte darüber hinaus zwei, aus Sicht der USA willkommene, Nebenwirkungen. Erstens floss bis zu einem Viertel des zur Verfügung gestellten Geldes direkt in die USA zurück, weil damit „amerikanisches" Erdöl (genauer: Erdöl aus dem Nahen Osten, das von US-Firmen gefördert, raffiniert und vermarktet wurde) gekauft wurde. Und zweitens trugen die Gelder dazu bei, den westeuropäischen Markt generell für den Import US-amerikanischer Konsum- und Investitionsgüter aufnahmebereit zu machen. In der Folge kam es zu einer beispiellosen Verflechtung der US-amerikanischen mit der westeuropäischen, insbesondere der westdeutschen Wirtschaft.

Der geostrategische Hintergrund des US-amerikanischen Engagements in Europa und der Gründung der NATO 1949 lag also in der Überlegung, den Systemgegner Sowjetunion einschließlich seiner entstandenen „Satelliten" militärisch zu kontrollieren und die „freie Welt" vor inneren und äußeren Gefährdungen zu schützen. Dabei wurden als gemeinsame zentrale Werte die „Grundsätze der Demokratie, der Freiheit der Person und der Herrschaft des Rechts" proklamiert (Präambel). Damit nahm man es aber schon bei der Gründung der NATO 1949 nicht so genau. Denn neben den Benelux-Ländern, Frankreich und Großbritannien (diese Länder hatten bereits 1948 den „Brüsseler Vertrag" geschlossen), Norwegen, Dänemark, Island, Italien, USA und Kanada befand sich auch Portugal unter den Gründungsmitgliedern – ein autoritär-faschistisches Regime, das aber aus strategischen Gründen (Südwestflanke der NATO) genauso bedeutsam war wie die Türkei (Südostflanke und unmittelbare Nachbarschaft zur UdSSR), die – zusammen mit Griechenland – 1952 in die NATO aufgenommen wurde.

Von einer Mitgliedschaft der 1949 gegründeten Bundesrepublik in der NATO konnte zu Beginn noch keine Rede sein. Zum einen war die Westbindung der drei Westzonen noch längst nicht in „trockenen Tüchern"; zum anderen war die deutsche Teilung trotz BRD- und späterer DDR-Gründung noch nicht endgültig, die deutsche Frage also noch „offen". Und zum dritten waren noch nicht alle NATO-Staaten bereit, den Nachfolgestaat des Dritten Reiches umstandslos in die eigene Wertegemeinschaft aufzunehmen. Die Furcht vor einem möglicherweise wieder erwachenden deutschen Militarismus war nach wie vor allgegenwärtig. Diese Furcht war auch 1955 noch nicht vergessen, als Westdeutschland der NATO beitrat. Der damalige Generalsekretär der NATO, Lord Ismay, brachte die durchaus gemischte Gefühlslage des Bündnisses darin zum Ausdruck, dass er ihr die dreifache Aufgabe zuwies, „to keep the Russians out, the Americans in and Germany down". Nehmen wir indessen nur die Janusköpfigkeit des Bündnisses, die rhetorische Anschlussfähigkeit an das Völkerrecht und die UN-Charta auf der einen und die aggressive Außenorientierung auf der anderen Seite, so ist das illegitime Kind NATO zugleich als Bastard auf die Welt gekommen.

Die NATO nach dem Ende des Ost-West-Konflikts: Neue Risiken aus allen Richtungen

Es kann in diesem Essay nicht darum gehen, die Geschichte der NATO bis zur Auflösung des 1955 gegründeten Warschauer Vertrags 1991 zu schildern. Sie wird als „Erfolgsgeschichte" bezeichnet von denjenigen, die zur Westbindung und zur Restauration kapitalistisch-imperialistischer Verhältnisse zu keiner Zeit eine Alternative gelten lassen wollten, die die „Freiheit" im Westen genauso gut aufgehoben sahen wie sie deren totale Unterdrückung im Osten behaupteten, und die nie ein Problem darin sahen, dass durch die Ost-West-Blockkonfrontation die Welt nicht nur 40 Jahre lang in Atem gehalten, sondern auch an den Rand einer atomaren Katastrophe gedrängt wurde. Ein zweifelhafter „Erfolg" war auch die gigantische nukleare und konventionelle Hochrüstung der beiden Blöcke, die den Volkswirtschaften ebenso gigantische Mittel zur Lösung dringender Menschheitsprobleme wie Hunger, Armut und Massenarbeitslosigkeit entzog.

Wir wollen stattdessen die eingangs gestellte Frage nach den sicherheitspolitischen Weichenstellungen nach dem Ende der Bipolarität wieder aufnehmen. Wie reagierte die NATO auf den unbestreitbaren Fakt, dass das Militärbündnis Warschauer Vertrag, zu dessen Abwehr die NATO sich verstanden hatte, nun plötzlich nicht mehr existierte? Konnte die Welt auf eine „Friedensdividende" hoffen, die sich aus den durch die nun für möglich gehaltene Abrüstung frei werdenden Mitteln speisen würde? Könnten nach der Auflösung jahrzehntelanger ideologischer und politischer Blockaden die Staaten der Welt zu einer neuen globalen Kooperation zusammenfinden und ihre Probleme im Sinne der UN-Charta friedlich lösen?

All das lag auf der Hand, war sogar schon in der Endphase des Kalten Kriegs in bester Absicht vom letzten Generalsekretär der KPdSU, Michail Gorbatschow, vorgeschlagen und in Ansätzen ausprobiert worden. Die NATO erwies sich aber in ihrer tiefsten Legitimationskrise als der Bastard, der sie von Anfang an war: Unter dem Label des „erweiterten Sicherheitsbegriffs" erklärte sie Politikbereiche und Herausforderungen, die zu allererst „ziviler" Natur sind, zu Handlungsfeldern des Militärbündnisses. Ein Strategiepapier vom März 1990 – da existierte formal der Warschauer Pakt sogar noch – formulierte die neuen Risiken des Bündnisses jenseits jedweder militärischer Bedrohung. Im November 1991 wurde es vom Gipfel in Rom als neues strategisches Konzept der NATO verabschiedet.

Dieses Konzept, die „Römische Erklärung" der NATO vom November 1991, enthielt die strategische Neuorientierung des ursprünglich auf Verteidigung ausgelegten Militärbündnisses. Die Gefahr eines „großangelegten, gleichzeitig an allen europäischen NATO-Fronten vorgetragenen Angriffs" sahen die NATO-Strategen als „praktisch nicht mehr gegeben" an. Der deutsche Bundeskanzler Kohl brachte die geänderte Sicherheitslage in dem geflügelten Wort auf den Punkt, wir seien nur noch „von Freunden umzingelt". In einer solchen Lage fällt es natürlich schwer, den eigenen Militärapparat weiter zu legitimieren. Also wurde die alte Bedrohung durch eine neue Art von Bedrohung ersetzt. In der Erklärung von Rom heißt es:

> „Sie (die neuen „Risiken", d. Verf.) sind eher Konsequenz der Instabilität, die aus den ernsten wirtschaftlichen, sozialen und politischen Schwierigkeiten, einschließlich ethnischer Rivalitäten und Gebietsstreitigkeiten entstehen können, denen sich viele mittel- und osteuropäische Staaten gegenübersehen." (Ziff. 10).

Nun ist zwar nicht unbedingt einzusehen, warum auf „wirtschaftliche, soziale und politische Schwierigkeiten" ein Militärpakt antworten soll. Aber die neue NATO-Doktrin geht noch einen Schritt weiter:

> „Im Gegensatz zur Hauptbedrohung der Vergangenheit sind die bleibenden Sicherheitsrisiken der Allianz ihrer Natur nach vielgestaltig und kommen aus vielen Richtungen, was dazu führt, dass sie schwer vorherzusehen und einzuschätzen sind. Die NATO muss fähig sein, auf derartige Risiken zu reagieren ..." (Ziff. 9).

Das haben sich die Militärs, die in dieser schwersten Stunde ihres Lebens um eine Zukunftsperspektive ihres Berufsstands rangen, wirklich fein ausgedacht: Um sich vor „unvorhersehbaren" Risiken „aus allen Richtungen" zu schützen, kann im Grunde genommen alles und jedes an Bewaffnung und Ausrüstung gefordert werden. Denn man muss dann wohl auf alle Eventualitäten gefasst sein. Unfreiwillig kommt in dem Strategiepapier auch die Freude zum Ausdruck, diesen Dreh gefunden zu haben. In Ziff. 15 heißt es, dass das „veränderte Umfeld dem Bündnis *neue Möglichkeiten bietet*, seine Strategie innerhalb eines breiten sicherheitspolitischen Ansatzes zu konzipieren". (Hervorhebung d. Verf.)

In der Römischen Erklärung 1991 wurden auch schon die – etwas konkreteren – Herausforderungen genannt, denen sich die NATO zuwenden müsse. Neben dem klassischen Fall eines Angriffs auf das Bündnisgebiet, was aber faktisch ausgeschlossen sei, habe die Sicherheit des Bündnisses auch den „globalen Kontext" zu berücksichtigen:

> „Sicherheitsinteressen des Bündnisses können von anderen Risiken berührt werden, einschließlich der Verbreitung von Massenvernichtungswaffen, der Unterbrechung der Zufuhr lebenswichtiger Ressourcen sowie von Terror- und Sabotageakten." (Ziff. 13).

Diese „Risiken" blieben stilbildend für alle weiteren Strategiepapiere der NATO, aber auch nationaler Militärdoktrinen etwa der Vereinigten Staaten (Nationale Sicherheitsstrategie-NSS, zuletzt 2006), der Bundesrepublik

143

Deutschland (Verteidigungspolitische Richtlinien-VPR, zuletzt 2003) oder auch der Europäischen Union (Europäische Sicherheitsstrategie-ESS, 2003). Ergänzt wurden sie in der Folge lediglich noch um den Gedanken der „humanitären Intervention‚‚‚ zu dem die zivilisierte Weltgemeinschaft dann verpflichtet sein könne, wenn Vertreibungen, „ethnische Säuberungen", Völkermord oder andere massive Menschenrechtsverbrechen stattfinden. Der Krieg gegen Jugoslawien 1999 war der erste Krieg, den die NATO aus „humanitären Gründen" geführt hat, der andauernde „Antiterrorkrieg" in Afghanistan und anderswo im Rahmen von Operation Enduring Freedom ist der erste Krieg der NATO und anderer „Verbündeter", der dem „Risiko Terrorismus" gilt, und der Irakkrieg der USA und nicht weniger in der „Koalition der Willigen" kämpfender NATO-Mitglieder ist der erste seiner Art, der die Verbreitung von Massenvernichtungswaffen zu verhindern vorgab. Dass er heute noch geführt wird, obwohl es die Massenvernichtungswaffen nachweislich nie gegeben hat, zeigt die Doppelbödigkeit der Argumentation der Aggressoren. Alle drei genannten Kriege belegen darüber hinaus, dass sich die – vorgeschobenen – Gründe hervorragend eignen, um Militärinterventionen in aller Welt zu rechtfertigen.

NATO 2008: Einschnürung Russlands – und China im Blick

Das erschreckendste Ergebnis der Entwicklung der Welt nach dem Ende der Blockkonfrontation ist aus meiner Sicht, dass die militärischen Konflikte sowohl an Zahl als auch an Schärfe zugenommen haben, obwohl es heute die unversöhnliche Gegnerschaft zweier unterschiedlicher Gesellschaftssysteme im Weltmaßstab nicht mehr gibt. Dem Imperialismus, so könnte eine Schlussfolgerung lauten, ging es also nicht nur um die Niederwerfung des Kommunismus, sondern es geht ihm auch um die Ausbreitung seines eigenen Herrschafts- und Machtbereichs gegenüber anderen Konkurrenten. Dies kann vielleicht schon in einer ersten interpretativen Annäherung an dem im August 2008 aufgetauten „eingefrorenen Konflikt" um die abtrünnige georgische Republik Südossetien exemplifiziert werden.

Es ist müßig, darüber zu spekulieren, ob der georgische Präsident Saakaschwili zu seinem Angriff von den USA oder der NATO ermuntert wurde. Möglich ist immerhin auch, dass er mit seinem Alleingang die Solidarität der NATO herbeikämpfen wollte. Dass diese aus dem Krieg um Südossetien keinen casus belli für sich machte, war indessen von vornherein klar. Nicht einmal Bush riskiert derzeit eine militärische Konfrontation mit Russland, das zwar von der NATO und der EU bewusst auf Distanz gehalten, aber als Bündnispartner im weltweiten „Krieg gegen den Terror" durchaus (noch) gebraucht wird. Dem widerspricht nicht, dass der kleine

Kaukasuskrieg vom Westen massiv dazu genutzt werden wird, den Kreml als kriegslüsternes und machtgieriges Regime darzustellen, das eine Bedrohung für seine Nachbarn (insbesondere Georgien und Ukraine) darstelle, die wiederum des Schutzes durch die NATO, am besten durch eine Mitgliedschaft in ihr, bedürften.

Der kurze georgisch-russische Krieg war ein typischer „Stellvertreterkrieg". Die NATO weiß nun, wann für Russland die Grenze des Zumutbaren erreicht ist. Und Russland sollte wissen, welche Absichten die NATO und ihre Führungsmacht USA in der kaukasischen Region im Schilde führen.

Dabei könnte ein Blick nach Afghanistan hilfreich sein. Auch dieses Land hat nicht viel mehr zu bieten als eine für den Westen interessante geostrategische Lage. Dabei geht es nicht nur um die Kontrolle eines Territoriums, in dem bzw. durch das hindurch ein wichtiges Ölpipeline-Projekt realisiert werden soll: die Verbindung zwischen der öl- und erdgasreichen Kaspischen Region und dem Indischen Ozean – gleichsam ein Bypass, um russisches Gebiet zu umgehen. Es geht auch um die strategische Lage Afghanistans: Das Land am Hindukusch grenzt im Süden an Pakistan (dahinter im Südosten folgt Indien) und im Westen an Iran. Russland im Norden ist nur durch die zentralasiatischen ehemaligen Sowjetrepubliken Turkmenistan, Usbekistan und Kasachstan getrennt. Und im Osten reicht ein schmaler Landkorridor bis an die Grenze Chinas, des großen Antipoden der USA und der Europäischen Union im Kampf um die knapper werdenden Energieressourcen der Erde. Afghanistan liegt also inmitten einer Region, in der nahezu die Hälfte der Menschheit lebt und die über zwei Drittel der weltweiten Öl- und Gasvorkommen verfügt. Afghanistan ist somit eine der begehrtesten strategischen Regionen der Erde, geradezu prädestiniert als eine Art terrestrischer Flugzeugträger und Stationierungsort für Radaranlagen und Raketenabschussrampen. Wer wollte hier nicht das Sagen haben?!

Die Konsequenz, mit der die USA in der Zeit der sowjetischen Besatzung Afghanistans alle Aufständischen mit Waffen und Logistik unterstützt haben, und die Unerbittlichkeit, mit der die heutigen Besatzer um die Kontrolle des Landes kämpfen, weisen darauf hin, dass der Westen die Empfehlung des großen Strategen Zbigniew K. Brzezinski aus den 90er Jahren beherzigt: Für die „globale Vormachtstellung und das historische Vermächtnis Amerikas" werde es „von entscheidender Bedeutung sein", so können wir in seinem Buch „Die einzige Weltmacht" (1997) lesen, „wie die Macht auf dem eurasischen Kontinent verteilt wird". Der „eurasische Kontinent" – darunter verstand Brzezinski vor allem die Region vom Schwarzen Meer, dem Kaukasus und dem Kaspischen Meer bis nach Zentralasien – ist also das „Schachbrett, auf dem sich auch in Zukunft der Kampf um die globale Vorherrschaft abspielen wird".

Daher rührt das Interesse Russlands, in Afghanistan zumindest indirekt einen Fuß in der Tür zu behalten. Auch nach dem Zerwürfnis mit der NATO wegen der akuten Georgienkrise teilte der Generalstab in Moskau mit, die Afghanistan-Kooperation mit Brüssel „stehe nicht zur Diskussion". Und der russische Botschafter bei der Nato, Dmitri Rogosin, wird in der „Iswestija" mit den Worten zitiert: „Uns käme eine Niederlage der Nato in Afghanistan nicht gelegen."

Nicht nur einen Fuß in der Tür, sondern freien Zugang wünscht sich der Westen (USA, NATO, EU) seinerseits im Kaukasus und der Schwarzmeerregion. Die Aufnahme der Ukraine und Georgiens in die NATO waren auf dem Bukarester Gipfel ausgemachte Sache. Der gescheiterte Versuch der dem Westen verpflichteten georgischen Führung, das ganze Land einschließlich Abchasiens und Südossetiens mittels eines Angriffskrieges unter Kontrolle zu bringen und die lästigen Russen herauszudrängen, ist grandios gescheitert. Umso mehr werden USA und NATO versuchen, die Aufnahme Georgiens und der Ukraine in die NATO zu beschleunigen und damit den Ring um Russland auch vom Süden her noch enger zu ziehen.

Es ist verschiedentlich wieder in Mode gekommen, von einem neuen „Kalten Krieg" zu sprechen. Damit wird – zu Recht – die vom Westen konstruierte und unter dem Slogan vom „Antiterrorkrieg" betriebene Konfrontation mit der fundamentalistisch-islamischen Welt verstanden. Die jüngsten Ereignisse auf dem eurasischen „Schachbrett" rufen Erinnerungen an den für erledigt gehaltenen alten Kalten Krieg wach. Die seinerzeit von George F. Kennan erfundene Eindämmungspolitik (Containment) gegenüber der Sowjetunion wird nur von einer möglicherweise härteren Variante abgelöst, für die Bezeichnungen wie Constriction (Einschnürung) oder gar Strangulation zutreffender sein dürften. Sollte dies gelingen, könnte sich die NATO, die auf dem Bukarester Gipfel 2008 die Weichen auf eine globale Erweiterung gestellt hat, voll auf den Kontrahenten China konzentrieren. Denn Peking, das hat auch die Inszenierung der Olympischen Spiele 2008 gezeigt, möchte in der neuen Weltordnung eine eigenständige Rolle spielen.

So ließe sich die gegenwärtige Etappe der NATO in Abwandlung des zitierten Bonmots von Lord Ismay vielleicht in dem Ziel zusammenfassen, „to keep the Chinese out, the Americans in and Russia down".

Teil III:

Gescheiterte oder zum Scheitern gebrachte Staaten? Ansätze, Irrwege und Auswege von Staatlichkeit

NATION-BUILDING ALS STRATEGIE DER KONFLIKTBEARBEITUNG

CLAUDIA DERICHS

Das Thema der Nationenbildung oder des Nation-building, wie es heute auch im Deutschen meist bezeichnet wird,[1] hat durch die so genannten neuen Kriege, humanitären Interventionen und das Bestreben des Einhegens von Gewalt eine auffällige Konjunktur erfahren. Das Wiederaufblühen des Themas ging mit der Zunahme innerstaatlicher Konflikte in den 1990er Jahren einher. Im 21. Jahrhundert fungieren die Fälle Afghanistan und Irak als prominente Plattformen für die Diskussion des Themas Nation-building: Wie kann eine nationale Identität hergestellt werden, welche die Gefahr des innerstaatlichen Konfliktes eindämmt? Die Friedens- und Konfliktforschung, aber auch die Entwicklungspolitik hat sich der Frage des Nation-building als eines möglichen Schlüsselkonzeptes für die friedliche Konfliktbearbeitung gewidmet (Hippler 2004). Eine hinreichend befriedigende Antwort auf das Ob (Ist Nation-building tatsächlich ein Schlüsselkonzept für die friedliche Konfliktbearbeitung?) wie auch auf das Wie (Wie kann ein in diesem Sinne erfolgreiches Nation-building konzeptionalisiert werden?) ist bislang nicht erzielt worden.

In den folgenden Ausführungen werde ich den Prozess der Nationenbildung vor allem im Hinblick auf seine ideologischen Komponenten betrachten, die Wichtigkeit der Kontextualisierung von theoretischen Parametern hervorheben und auf die Aufgaben lokaler politischer Akteure im Nation-building-Prozess eingehen. Dazu grenze ich zunächst die Begriffe Nation-building und state-building voneinander ab. Danach befasse ich mich mit einem Analysemodell für die Untersuchung der ideologischen Dimension von Nation-building und zeichne diese exemplarisch am Fallbeispiel des Staates Malaysia nach. Die verschiedenen Analyseebenen verdeutlichen die Komplexität von Nation-building-Prozessen und zeigen ihre historische, politische, gesellschaftliche, wirtschaftliche und kulturelle Kontextabhängigkeit. Im letzten Teil der Ausführungen gehe ich kurz auf die Bedeutung von externen Akteuren für Nation-building ein und schließe mit einem Plä-

---

1   Eine deutliche Unterscheidung zwischen dem deutschen und dem englischen Begriff nehmen Ulrike Hopp und Adolf Kloke-Lesch in Hippler (2004, S. 195-214) vor. Sie ist sinnvoll, hat sich aber im wissenschaftlichen Diskurs (noch) nicht durchgesetzt.

doyer für die Bedeutung der ideologischen Dimension von Nation-building, die von externer Seite nur bedingt gestaltet werden kann.

Nation-building oder State-building?

Eine Begründung für die Unausgereiftheit des Konzeptes Nation-building liegt darin, dass es nach wie vor keine Theorie der Nationenbildung gibt, die das Prädikat „Theorie" verdient hätte. Es gibt theoretisch-konzeptionelle Annäherungen an eine Universalisierung von Elementen und Bausteinen des Nationenbildungsprozesses (so etwa mein eigener Versuch, Nationenbildung als strategisches Staatshandeln zu analysieren). Jedes Unterfangen dieser Art endet indes mit der Feststellung, dass Nation-building ein in höchstem Maße kontextabhängiges Prozedere darstellt (Dobbins et al. 2003, 2005). Allenfalls gilt, ähnlich wie bei Wahlsystemen, dass eine Weichenstellung erfolgen kann, die bestimmte Richtungen und Tendenzen fördert – im Falle des Wahlsystems etwa die Herausbildung eines Zweiparteien-Systems, im Falle der Nationenbildung etwa die Identifikation mit den Prinzipien der nationalen Verfassung. Eine Weichenstellung bedeutet jedoch nicht die ungestörte Weiterfahrt eines „Zuges" in die eingeleitete Richtung. Diese ist von zahlreichen Kontextfaktoren abhängig, welche im positiven Sinne reziprok, komplementär oder auch interdependent wirken können, gleichwohl aber auch gesellschaftliche Antagonismen und Konfliktpotenziale zu verstärken vermögen.

Das Bemühen um eine theoretisch-konzeptionelle Annäherung an das Thema Nationenbildung erfordert die analytische Trennung zwischen nation-building und state-building (Schneckener 2004). Während die Notwendigkeit, beide Begriffe bzw. Prozesse voneinander zu unterscheiden, während der nachkolonialen Phase der 50er, 60er und 70er Jahre kaum diskutiert wurde, hat die Debatte in der heutigen Zeit aufgrund der Problematik der fragilen Staatlichkeit erheblich an Dynamik gewonnen (Hehir/Robinson 2007; Schneckener 2006; Chesterman 2005). Failing states und failed states sind zu einem zentralen Gegenstand der entwicklungs- und friedenspolitischen Diskussion avanciert, zumal ihre Anzahl die der stabilen OECD-Staaten bei weitem übertrifft. Der *Failed States Index* (FSD), erstellt vom Washingtoner Fund for Peace, gibt einen Eindruck von der globalen Ausbreitung staatlicher Zerfallsprozesse und von der Schwierigkeit, Staatlichkeit herzustellen und zu konsolidieren.

Failed State Index: Scores 2008

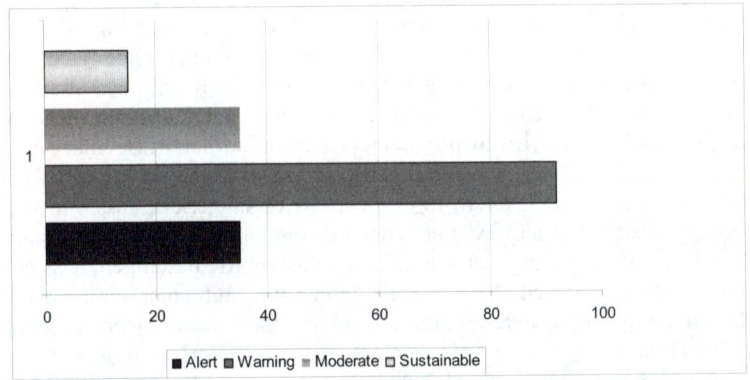

Alert   35 Staaten, vorwiegend in Zentralafrika, Südasien
Warning   92 Staaten, vorwiegend in Nord- und Südafrika, Asien,
              Nord-Südamerika
Moderate   35 Staaten, vorwiegend in Ost- und Zentraleuropa, Süd-
              Südamerika
Sustainable   15 Staaten, vorwiegend Nord- und Zentraleuropa,
              Kanada, Australien

Quelle: http://www.fundforpeace.org/web/index.php?option=com_content&task=view &id
=99&Itemid=323, 24.8.2008.

Der Verlust der Staatlichkeit ist dabei nicht gleichbedeutend mit dem Verlust einer nationalen Identität; vielmehr zeigt das Beispiel des Irak, dass fragile Staatlichkeit und nationale Desintegration dem Selbstverständnis der Bevölkerung als „Iraker/innen" nicht zuwiderlaufen müssen (von verschiedenen separatistischen Gruppierungen einmal abgesehen, deren Bestrebungen nicht auf nationale Integration zielen). Für die (Wieder-)Herstellung von Staatlichkeit wäre eine identitätsstiftende nationale Integration indes sehr hilfreich. Konkreter formuliert: Die Errichtung oder der Aufbau staatlicher Institutionen – z.B. eine allgemein respektierte Verfassung, verlässliche rechtsstaatliche Einrichtungen, effektive Bürokratie usw. – und die Sicherstellung oder Gewährleistung des staatlichen Gewaltmonopols stellen wichtige Pfeiler für die Herstellung und Aufrechterhaltung von Staatlichkeit dar. Ein Staat, in dem die horizontalen, vertikalen und transversalen politischen Steuerungs-, Herrschafts- und Partizipationsprozesse in angemessener Weise ausgeprägt sind, sich miteinander verbinden und eine stabilisierende Wirkung erzeugen, gilt als funktionsfähig (Merkel et al. 2003).[2]

Eine Nation, die von Benedict Anderson (1983) als eine vorgestellte Gemeinschaft (imagined community) bezeichnet wird, benötigt aber all dies nicht, um als Nation existieren zu können: Nationen ohne Staat, wie die der TibeterInnen, der PalästinenserInnen oder der KurdInnen, „funktionieren" sehr wohl, wenngleich nicht als Nationalstaaten, sondern im Sinne einer ethnisch-kulturellen Identität einer (meist minoritären) Bevölkerungsgruppe innerhalb eines übergeordneten Nationalstaates.[3] Der Begriff des Nationalstaates leitet insofern in die Irre, als er suggeriert, dass ein Staat stets „mit einer Nation" existiert oder nur mit ihr gedacht werden kann. Dem ist nicht so, wenngleich Geschichte und Empirie bestätigen, dass Nationalstaaten, in denen die nationale Integration auf einer umfassenden Identifikation der Bevölkerung mit Nation *und* Staat basiert, weniger anfällig für Destabilisierung sind als Staaten, in denen keinerlei nationale Integration gegeben ist. Dieser empirisch nicht gemessene, aber komparativ vertretbare Befund spricht zumindest *für* ein Nation-building als „Maßnahme" zur Stabilisierung von Staatlichkeit. Idealiter gehen Staats- und Nationenbildung Hand in Hand, realiter überlappen und ergänzen sie sich in vielerlei Bereichen. Analytisch handelt es sich hingegen um zwei unterschiedliche Prozesse.

Nation-building als Programm

Für zahlreiche Staaten, die im letzten Jahrhundert ihre Unabhängigkeit erlangten und die wir als postkoloniale Staaten bezeichnen, stellte die nationale Souveränität eine neue politische Herausforderung dar. Vor allem in Ländern, deren territoriale Grenzlinien weitgehend ohne Beachtung ethnischer, kultureller und/oder religiöser Affiliationen der Bevölkerung gezogen worden waren, standen die neuen nationalen Regierungen vor der Aufgabe, aus überaus pluralen und heterogenen Gesellschaften eine kohärente Nation herzustellen. In den meisten postkolonialen Staaten Südostasiens beispielsweise herrschte eine hohe ethnische Vielfalt, die während der Kolonialzeit durch Einwanderungsprogramme für Arbeitskräfte (zumeist chinesischer oder indischer/subkontinentaler Herkunft) gefördert

---

2 Die horizontale Dimension umfasst Herrschaftslegitimation und -kontrolle, Wahlen (kompetitiv, frei und fair), politische Partizipationsrechte; die vertikale Dimension: liberaler Rechts- und Verfassungsstaat, bürgerliche Freiheitsrechte, Zugang zu und Gleichbehandlung vor Gesetz und Gerichten, horizontale Gewaltenkontrolle; transversale Dimension: effektive Regierungsgewalt, geregelte Gestaltungsmacht.

3 Zu Palästina siehe Louër 2007.

worden war. Dadurch entstand zum einen ein Bewusstsein von Differenz, das in zunehmendem Maße den wirtschaftlichen Status mit der ethnisch-kulturellen Herkunft verknüpfte: „Chinesen im business, Inder in den Plantagen" oder die Vorstellung von der indigenen Bevölkerung als „the lazy natives" (Alatas 1977) auf dem Land. Unter den Bedingungen der Kolonialherrschaft erfolgte die politische Steuerung dieser Diversität durch autoritäre Kolonialregierungen. Der Wegfall dieser steuernden Instanz nach der Erlangung der Unabhängigkeit brachte daher neben der gewonnenen Freiheit auch die Herausforderung mit sich, Differenzen nicht zu einem Konfliktpotential, sondern einem einenden Potential werden zu lassen. Indonesien fasst dieses Bestreben bis heute unter den Slogan der „unity in diversity" (*bhinneka tunggal ika*). Die Regierungen der postkolonialen Staaten befanden sich also bereits damals in der Situation, ein „diversity management" auf nationaler politischer Ebene leisten zu müssen, welches aus Pluralität und Unterschiedlichkeit einen Gewinn für die nationale Integration, die nationale Einheit und damit für die politische Stabilität des Nationalstaates erzielt.[4] In dieser Hinsicht stellte Nation-building als Integrationsprojekt einen wichtigen Programmpunkt auf der politischen Agenda dar (Wang 2005).

Aus der Perspektive des staatlichen „Agenda-setting" mit dem Ziel der Herstellung von nationaler Einheit stellt sich die Frage, wie eine solche Einheit „kreiert" werden kann und wie sie beschaffen sein soll. Welche Rolle kann die Idee von Einheit und Integration einnehmen? Welche Symbole fördern die Herausbildung einer nationalen Identität? Welche Bedeutung kommt einer Nationalsprache zu? Können historische Gegebenheiten, Mythen, Narrative, Heldengeschichten u.a.m. bemüht werden, um nationale Kohärenz zu vermitteln? Diese und andere Fragen lassen erkennen, dass ein programmatischer Zugang zur Aufgabe des Nation-building in erster Linie auf ideelle, ideologische und psychologische Dimensionen orientiert. Zweifellos erfordert die Herstellung nationaler Integrität einen begleitenden Institutionenaufbau (*institution-building*), um Fundamente für eine Konsolidierung der nationalen Idee zu bereiten; solche Fundamente sind indes nur dann tragfähig, wenn sie eine gewisse (freiwillige) Akzeptanz seitens der „Zielgruppe", d.h. der Bevölkerung, erfahren. Kurzum: Nationenbildung als Programm erfordert primär die Verankerung der „nationalen Idee" sowie die Bereitstellung von Möglichkeiten zur individuellen und kollektiven Identifikation mit „der Nation". Wir können den Vorgang im Wesentlichen als eine Einbettung einer zielorientierten Idee in einen ideologischen Rahmen (*frame*) verstehen.

---

4   Siehe etwa die Studie von Suryadinata (2007) zu ethnischen Chinesen in Südostasien.

Um die Aufgabe der Nationenbildung vor diesem Hintergrund konzeptionell erfassbar zu machen, bietet sich der soziologische Ansatz des *framing* an.[5] Im wörtlichen Sinne handelt es sich bei einem *framing* um eine „Einrahmung", also etwa die Einrahmung einer Idee (hier: „Nation") in eine Symbolik, welche für die Zielgruppe akzeptabel oder gar attraktiv ist (Beispiel: die Idee der Regenbogennation im Post-Apartheid-Südafrika). In der Soziologie versucht der *framing*-Ansatz, die psychologischen Dynamiken zu analysieren, die einem kollektiven Handeln zugrunde liegen. Er fragt also beispielsweise danach, was einen Akteur wie eine nationale Befreiungsbewegung, eine Boykottbewegung oder eine religiöse Sekte dazu motiviert, kollektiv für ein bestimmtes Ziel einzutreten und sich mit ihm zu identifizieren. Im politischen Prozess der Nationenbildung ist es vor allem die ideologische Einbettung einer Idee oder eines Ziels, welche auf der psychischen und kognitiven Ebene eine Dynamik bewirken kann. Zur Untersuchung des *framing*-Vorgangs orientiert sich der Ansatz an folgenden 13 Analyseebenen, die von der Diagnose bis zur Transformation eines (ideologischen) Rahmens reichen (Snow/Benford 1988; McAdam/McCarthy/Zald 1996; Hellmann/Koopmans 1998):

- Diagnostic framing
- Prognostic framing
- Motivational framing
- Centrality
- Range
- Interrelatedness
- Empirical credibility
- Experiential commensurabiltiy
- Narrative fidelity
- Frame bridging
- Frame amplification
- Frame extension
- Frame transformation.

Alle Ebenen behandeln den *framing*-Vorgang vor dem Hintergrund der Frage: Wie erreichen die steuernden Akteure die Verankerung einer bestimmten Idee, so dass sie zum Ziel der Handelnden wird und sich die Handelnden selbst aktiv für die Zielerreichung engagieren? Dies lässt sich auf das angestrebte Ziel einer nationalen Integration/nationalen Einheit übertragen. Ein politisch steuernder Akteur diagnostiziert, angenommen in einem Staat mit unterschiedlichen religiösen Gruppierungen, dass religiöse Heterogenität ein Konfliktpotential birgt und die nationale Integration ge-

---

5 Eine knappe Darstellung dieses Ansatzes liefert Derichs, 2004, S. 61-69.

fährdet (*diagnostic framing*). Im Blick auf die Vermeidung religiös motivierter Konflikte wird die Prognose erstellt (*prognostic framing*), dass nur eine gleichberechtigte Repräsentanz der unterschiedlichen Gruppen/Konfessionen in den politischen Institutionen Stabilität gewährleistet (so geschehen etwa im Libanon; s. Ziadeh 2006). Um die jeweiligen Repräsentanten für diese Maßnahme zu gewinnen, wird ihre Teilnahme an der „Idee", sich gleichberechtigt zusammenzufinden, über verschiedene materielle oder immaterielle Anreize motiviert (*motivational framing*). Das erste Ebenencluster des *framing*-Ansatzes spiegelt eine gewisse zeitliche Abfolge wider – Diagnose, Prognose, Motivation. Das nachfolgende Cluster hingegen enthält Ebenen, die gleichzeitig „bedient" werden sollten, um erfolgreich zu wirken. Das dritte Cluster wiederum richtet sich darauf, eine Ausweitung, Verstärkung und schließlich auch eine Transformation des Rahmens zuzulassen. Ein Beispiel für eine Transformation – einem sehr wichtigen Element im Nation-building, da eine Nation kein unveränderliches, statisches Phänomen ist – wäre die Integration von MigrantInnengemeinschaften in die Nation. Ein neues Selbstverständnis einer Gesellschaft als Einwanderergesellschaft, die im Unterschied zur vorher eher homogenen Bevölkerungsstruktur eine höhere ethnische, religiöse, kulturelle Vielfalt aufweist, kann dann als Transformation wirken.[6] Die besondere Bedeutung der Transformationsfähigkeit eines *frames* zeigt sich etwa in Südafrika, wo die Idee der Regenbogennation zwar eine weitgehende Integration derjenigen Bevölkerungsgruppen bewirkt hat, die sich zu Zeiten der Apartheit im Dauerkonflikt befanden, nicht aber die neu eingewanderten Gruppen aus afrikanischen Nachbarländern einzubeziehen vermocht hat. Gegen sie richteten sich im Jahr 2008 sogar regelrechte Pogrome (Rossow 2008).

Die nachfolgende Tabelle gibt einen Überblick über die jeweils intendierte Wirkung, die mit einer *framing*-Ebene verbunden wird, wobei in erster Linie die Regierung eines Staates als steuernder Akteur (also quasi als „Rahmenbauer") und die von der Idee der „Nation" zu überzeugende Bevölkerung als Zielgruppe betrachtet wird. Freilich sind andere Konstellationen vorstellbar, die nicht nur die entsprechende Regierung, sondern auch NGOs, wirtschaftliche *stakeholder*, ggf. auch Milizen oder Militär und externe Akteure (z.B. die UN) in den Steuerungsprozess einbeziehen. Für den Moment sei der Verständlichkeit halber der Fokus auf die Regierung gerichtet.

---

6 Die Möglichkeit der *frame transformation* sagt nichts über ihr Gelingen aus. – Eine interessante Studie zur Veränderung von einer homogenen hin zu einer trans-/mutikulturellen Gesellschaft (und den damit verbundenen Schwierigkeiten der gesellschaftlichen Selbstperzeption) erschien jüngst zu Japan von Willis/Shigematsu 2008.

Framing-Ebenen und ihre intendierte Wirkung

Aufgaben	Intendierte Wirkung
diagnostic framing	Verbreitung einer einleuchtenden Problemdefinition (Diagnose, z.B. mangelnde gesellschaftliche Kohäsion durch ethnische Fragmentierung)
prognostic framing	Aufzeigen eines nachvollziehbaren Lösungswegs (Prognose, z.B. Bezug auf gemeinsame Werte aller ethnischen Gemeinschaften)
motivational framing	Aufzeigen einer nachvollziehbaren Handlungsnotwendigkeit, um ein Ziel zu erreichen (z.B. im Blick auf Projekte zur ethnischen Integration)
centrality	Deutlichmachen des zentralen Stellenwerts der Idee/des Ziels im Wertesystem der Zielgruppe
range	Reichweite der Idee/des Ziels in Lebensbereiche der Zielgruppe (Schule, Beruf, soziale Sicherheit usw.)
interrelatedness	Verbindung von Einzelaspekten (z.B. Sprache, Religion)
empirical credibility	Glaubwürdigkeit des angestrebten Zielverfolgung aufgrund eigener Erfahrungen (z.B. Diskriminierungserfahrungen, die das Ziel der nationalen Integration als verfolgenswertes Ziel erscheinen lassen)
experiential commensurability	Passgenauigkeit der Idee/des Ziels in den Erfahrungshorizont der Zielgruppe, Nachvollziehbarkeit
narrative fidelity	narrative Vertrautheit der Idee/des Ziels, Übereinstimmung mit allgemeinen Deutungsmustern
frame bridging	Verbindung mit möglichen anderen frames (z.B. Modernisierung)
frame amplification	Verstärkung der Wirksamkeit (etwa durch Betonung einzelner Komponenten)
frame extension	Ausweitung des frames auf andere Mobilisierungsbereiche (z. B. Korruptionsbekämpfung, Armutsbekämpfung)
frame transformation	Anpassung des frames an veränderte Verhältnisse

Eigene Zusammenstellung nach Snow/Benford 1988; McAdam/McCarthy/Zald (Hrsg.) 1996; Hellmann/Koopmans (Hrsg.) 1998.

Die mittleren Ebenen legen dar, dass ein Konzept von Nation nicht wie ein Rezept verordnet werden kann, sondern eine gewisse Glaubwürdigkeit aufweisen, sich mit existierenden Narrativen verbinden lassen und sich am bestehenden Erfahrungshorizont der breiten Bevölkerung orientieren sollte. Insgesamt stellen die einzelnen Ebenen ein Ensemble von ineinander greifenden Anforderungen dar, die erfüllt werden sollten, um ein ideelles Konzept (erfolgreich) umzusetzen. Eine Umsetzung erfolgt daher auch weniger in Form von Einzelschritten, sondern in umfassender Weise, wie das nachfolgende Fallbeispiel zeigt.

Fallbeispiel: Nation-building in Malaysia

Das Fallbeispiel Malaysia eignet sich für eine Untersuchung des Nationenbildungsprozesses aus dreierlei Gründen. Mit der Erlangung der nationalen Souveränität im Jahr 1957 reihte sich Malaysia – damals noch unter dem Namen Malaya – in die Gruppe der postkolonialen Staaten ein. Die delikate ethnische Zusammensetzung der Bevölkerung (siehe Kasten „Basisdaten") erschwerte die Formulierung von Gemeinsamkeiten und die Bestimmung des BürgerInnenstatus (*citizenship*) in der Verfassung. Nach 1965, als die endgültigen territorialen Grenzen des Staates Malaysia gezogen wurden, stand das Land vor einer erneuten Integrationsaufgabe, da ein Teil der Insel Borneo nun zu Malaysia zählte und damit eine Vielzahl indigener Bevölkerungsgruppen in die „Nation" eintrat, welche sich in ethnischer, religiöser und kultureller Hinsicht erheblich von den anderen Gemeinschaften unterschieden.

Die erste Phase der Nationenbildung, die noch einen weitreichenden Einfluss der vormaligen Kolonialmacht Großbritannien verzeichnete, folgte der Idee des ethnischen Egalitarismus. Ethnische ChinesInnen und InderInnen, die als Einwanderungsgruppen betrachtet wurden, erhielten einen BürgerInnenstatus und dadurch auch die Rechte zur wirtschaftlichen und politischen Betätigung. Ein ungeschriebener „Sozialvertrag" sah die Aufteilung der Sphären Politik und Wirtschaft zwischen Malaien und Chinesen vor. Das egalitär ausgerichtete Nationenkonzept scheiterte, als im Mai 1969 gewalttätige inter-ethnische Kämpfe ausbrachen. Fortan verfolgte die Regierung eine Politik der positiven Diskriminierung der ethnischen Malaien, welche zwar die Mehrheit der Bevölkerung bildeten und die politisch dominierenden Kräfte stellten, in wirtschaftlicher Hinsicht aber hinter den ethnischen Chinesen rangierten. Diese, bis zum heutigen Tage nur leicht modifizierte Privilegierungspolitik gegenüber Malaien und der indigenen Bevölkerung (die als *bumiputera* zusammengefasst werden) wurde als New Economic Policy (NEP) bezeichnet. Sie bildete das Fundament für das

157

Narrativ des „rückständigen Malaien vom Lande" (Mahathir 1997 [1970]), dem wirtschaftliche Chance geboten werden müssen, sowie für die Projektion einer Nation, die zum Ziel hat

---

Basisdaten Malaysia

- Bevölkerung: ca. 26 Mio.
  60 % ethnische Malaien (= Muslime)
  30 % ethnische Chinesen
  6 % ethnische Inder
  4 % indigene Gruppen
- Politische Macht:
  Seit 1957in den Händen der multiethnischen Parteienkoalition
  Barisan Nasional (BN)
  Malaiisch dominiert durch Partei United Malays National
  Organisation (UMNO)
- Wirtschaft:
  New Economic Policy (NEP) als Privilegierungspolitik
  (*affirmative action*) für Malaien und Indigene seit 1970,
  => wirtschaftliche Privilegien für *bumiputera*
  (= Malaien und Indigene)
  Bruttoinlandsprodukt (GDP per capita): 10,8 %
- Menschliche Entwicklung (HDI 2007/2008):
  Kindersterblichkeit: 10 : 1000
  Armutsrate (Human Poverty Index): 8,3 % (= Rang 16 von 108)
  Alphabetisierung: 88,7 % (= Rang 63 von 177)
- Gender Empowerment Measure (2007/2008):
  Rang: 65 (von 93)
  Wert: 0,504 (1,0 = absolute Chancengleichheit von Männern
  und Frauen)

Quelle: Entwicklungsdaten: Human Development Index (HDI), Highlights 2007/2008, http://hdrstats.undp.org/countries/country_fact_sheets/cty_fs_MYS.html (12.6.08).

a) die Armut aller Bevölkerungsgruppen ungeachtet ihrer ethnischen Zugehörigkeit zu beseitigen und

b) die Assoziation der wirtschaftlichen Stärke mit ethnischer Zugehörigkeit auszulöschen (Derichs 2004, S. 124).

Die ursprüngliche Prognose (*prognostic framing*) einer egalitären Nation wurde dadurch verändert. Die Nation nach 1970 sollte auf der positiven

Diskriminierung von ethnischen Malaien und indigenen Bevölkerungsgruppen basieren (Mahathir 1997 [1986]). Es fand also bereits sehr früh eine Transformation des ursprünglichen *frames* statt, da die Idee der Gleichheit aller ethnischen Gruppen vor allem unter den Malaien zu wenig Glaubwürdigkeit (*credibility*) ausstrahlte und für die meisten Mitglieder dieser Bevölkerungsgruppe das Selbstverständnis als „Söhne des Landes" nicht mit dem Narrativ (*narrative fidelity*) übereinstimmte, dass auch die eingewanderten Gemeinschaften zu diesen „Söhnen" gehören sollten.

Im Prinzip verbarg sich hinter den Formulierungen der New Economic Policy das Ziel einer staatlich gelenkten Förderung der Geschäftstüchtigkeit der malaiischen Bevölkerungsmehrheit (um gegenüber der chinesischen Minderheit „aufzuholen"). Die Anstrengungen der Regierung wurden dabei ideologisch durch eine Vielzahl von zukunftsgerichteten Prinzipien, Projektionen, Normen und Konzepten unterfüttert. Seit den 1970er Jahren wurde die Islamisierung von Politik und Gesellschaft gefördert, die den Malaien nicht nur emotionalen Halt geben, sondern vor allem auch die Bereitschaft zur wirtschaftlichen Betätigung (*entrepreneurship*) fördern sollte (Stark 1999). Trotz der Benachteiligung auf vielen Gebieten (z.B. im Zugang zu Bildungseinrichtungen, im Erwerb von Baugenehmigungen, Unternehmenslizenzen u.a.m.) entstand unter den Nicht-*bumiputera* in Malaysia kein Protest, der die Stabilität des Nationalstaates gefährdet hätte. Dies war, unter anderem, den steten, wenngleich zähen Zugeständnissen der Regierung an die ethnischen Minderheiten zu verdanken. Zu diesen Zugeständnissen gehörte die Erlaubnis des Schulunterrichts in der Muttersprache (Mandarin, Tamil) an privaten Schulen oder die Möglichkeit, die jeweils eigenen religiösen Andachtsstätten zur Glaubensausübung zu nutzen. Am Beispiel der Sprache und der Religionsausübung wird die Ebene der *interrelatedness* deutlich: Religion, Sprache und Kultur sind keine voneinander losgelösten Dimensionen, sondern stehen in enger Beziehung zueinander und müssen im Konzept der Nation klar verortet werden (s. auch Lee/Suryadinata 2007).

Eine Erschütterung der relativ stabilen Struktur des nationalen Konsenses ist erst in jüngerer Zeit (ab etwa 2003) zu verzeichnen. Die Erfolge der Malaysierung und Islamisierung haben sich vor allem in der Bürokratie in signifikantem Maße niedergeschlagen. In der Terminologie des *framing*-Ansatzes gesprochen, hat die extreme Betonung (*amplification*) der malaiisch-islamischen Komponenten im Nationenkonzept zu einer erneuten ethnischen Fragmentierung der Gesellschaft geführt. Die negative Diskriminierung von Nicht-Malaien bzw. Nicht-Muslimen ist bis zu einem Grad angestiegen, der öffentliche Proteste, insbesondere der ethnischen Inder, hervorrief. Die *frame transformation*, die notwendigerweise einsetzen muss, um die Stabilität zu erhalten, wird dabei nicht mehr von Seiten der

Regierung gesteuert, sondern von einer Koalition aus Oppositionsparteien und zivilgesellschaftlichen Kräften. In den Parlamentswahlen vom März 2008 hat sich die Wählermobilisierung durch zivilgesellschaftliche Akteure als so effektiv erwiesen, dass die malaiisch-dominierte Regierungskoalition ihre Zweidrittelmehrheit verlor (Aziz 2008) und das neue Oppositions-bündnis aus Parteien und NGOs mit einem egalitär ausgerichteten Konzept der nationalen Integration auf wachsende Zustimmung stößt. Die tatsäch-liche Auswirkung der Transformation ist indes noch nicht vorhersehbar.

Nation-building in der (Post-)Konfliktbearbeitung

Die bisherige Diskussion hat den Prozess des Nation-building unter der Voraussetzung einer relativ konfliktarmen Ausgangssituation betrachtet, als einen Prozess, der von einem Beginn des Nation-building nach der Er-langung nationaler Souveränität ausgeht. Diese Phase der postkolonialen Nationenbildung ist heute weitgehend abgeschlossen – wenngleich nicht immer erfolgreich. Die aktuellen Prozesse von Nation-building beziehen sich mehrheitlich auf Konflikt- oder Postkonfliktstaaten – von denen frei-lich einige auch zu den ehemals kolonisierten Ländern gehören. Die ideo-logische „Einrahmung" der nationalen Idee in einen Postkonflikt-Kontext erfordert erwartungsgemäß andere Vorgehensweisen, als das Prozedere „vom Nullpunkt aus" es verlangt. Dies gilt weniger für die Ebenen der Diagnose, Prognose und Motivation als vielmehr für die Überzeugungs-ebenen der Glaubwürdigkeit oder die narrative Vertrautheit. Wenn, wie in einigen Ländern des Nahen Ostens, die narrative Vertrautheit mit dem Be-griff der Demokratie darin besteht, dass er von der Bevölkerung aufgrund ihrer Erfahrungen in der Vergangenheit negativ konnotiert wird, dann wirkt die Idee einer demokratischen Nation alles andere als glaubwürdig. Die Idee ist zuvor ideologisch missbraucht worden und kann daher keine über-zeugende Wirkung mehr entfalten – auch nicht, wenn sie von externer Seite neu eingebracht wird (Abdallah El Alaoui 2008).

Eine zivile Konfliktbearbeitung und/oder -nachbearbeitung mit ideolo-gischen Mitteln des Nation-building setzt auf der nationalen Ebene ähnlich wie in den internationalen Beziehungen vertrauensbildende Maßnahmen (*confidence-building measures*) voraus. Während es rund um die Welt eine Vielzahl von Beispielen gibt, die das Scheitern solcher Maßnahmen dar-legen (Palästina, Irak, Sri Lanka, Timor Leste, Afghanistan, DR Kongo u.a.m.), gibt es andererseits Erfolgsbeispiele. Hier wäre aus der jüngeren Zeit der Libanon zu nennen, wo das Militär durch seine Zurückhaltung in den innerstaatlichen Auseinandersetzungen das Vertrauen nicht nur einer, sondern aller Bevölkerungsgruppen inklusive der Schiiten genießt.

Eine besondere Rolle nehmen die Beiträge externer Akteure, wie die Vereinten Nationen als multilateraler oder die Vereinigten Staaten als unilateraler Akteur, zum Nation-building in Postkonfliktstaaten ein. Die UNO blickt in dieser Hinsicht auf eine langjährige Erfahrung zurück, die durchaus unterschiedlich beurteilt werden kann. Während die Autoren des Bandes „The UN's Role in Nation-building" (Dobbins et al. 2005)[7] von einem ganz überwiegenden Erfolg der Vereinten Nationen in knapp 50 Jahren des UN-Wirkens in Nation-building-Prozessen sprechen, darf die Frage gestellt werden, welchen Beitrag Missionen mit Blauhelm-Truppen tatsächlich zu einer nationalen Integration leisten. Ist das Ziel von Nation-building erreicht, wenn ein Land nach einer UN-Mission „friedlich" zurückgelassen wird? Die Antwort führt in dieselbe Richtung wie die Antwort auf die Frage, ob die Abwesenheit von Krieg Frieden bedeutet, namentlich nein. Für meine Begriffe, und damit sei statt eines Fazits ein Plädoyer ans Ende dieses Beitrags gestellt, tragen Einsätze wie die der Vereinten Nationen zur Eindämmung von Gewalt bei, zum Aufbau von Institutionen und zu Vielem von dem, was unter state-building zu subsumieren wäre. Sie leisten wichtige Beiträge, deren Bedeutung hier nicht in Abrede gestellt wird. Peacekeeping-Einsätze der ersten bis dritten Generation und Peacebuilding-Einsätze in der vierten Generation der Friedensarbeit (Heupel 2005) sind zweifellos auf Befriedung ausgerichtet. Sie bewirken dadurch aber noch kein Bekenntnis zu einer nationalen Einheit in einem ideellen, identifikationsstiftenden Sinne. Für diese Ebene des Nation-building – und damit für die zentrale Ebene dieses Prozesses – bedarf es ideologischer Überzeugungsarbeit mit allen genannten Elementen des *framings*, allen voran Glaubwürdigkeit und narrative Vertrautheit. Diese kann ein externer Akteur schwerlich herstellen, vor allem in einer Zeit, in der „westliche Werte" von nicht-westlichen Gesellschaften mit großer Skepsis betrachtet werden (Faath 2006; Mahbubani 1998; Mahathir/Ishihara 1995).

Literatur

Alatas, Syed Hussein (1977), The Myth of the Lazy Native: A Study of the Image of the Malays, Filipinos, and Javanese from the 16th to the 20th Century and its Function in the Ideology of Colonial Capitalism, London: Frank Cass.

---

7 Das Buch ist der zweite Band der RAND History of Nation-building (siehe Dobbins et al. 2003, 2005), der bislang umfassendsten Sammlung zu extern initiierten und/oder begleiteten Nation-building-Aktivitäten. Band 1 behandelt die Rolle der USA in Nation-building-Prozessen der Nachkriegszeit.

Alaoui El Abdallah, Hisham (2008), Demokratie zum Davonlaufen, in: Le Monde Diplomatique (Internationale Beilage der tageszeitung), April 2008, S. 10 f.

Anderson, Benedict (1983), Imagined Communities. Reflections on the Origin and Spread of Nationalism, London: Verso; dt. Ausgabe (1998 [1983]), Die Erfindung der Nation. Zur Karriere eines folgenreichen Konzepts, Berlin.

Aziz, Zarizana Abdul (Anwältin), im Interview mit der Autorin des Beitrages; das Interview wurde am 24.8.2008 in Bonn geführt.

Chesterman, Simon (2005), You, The People – The United Nations, Transitional Administration, and State-Building. Oxford, UK: Oxford University Press.

Derichs, Claudia (2004), Nationenbildung in Malaysia als strategisches Staatshandeln. Bemühungen um die Schaffung nationaler Identität. Hamburg: Institut für Asienkunde.

Derichs, Claudia (2008), Wahlen in Malaysia: Digitale Mobilisierung der Volksfront, in: ASIEN 107 (April), S. 102-109.

Dobbins, James et al. (2005), The UN's Role in Nation-building. From Congo to Iraq. Santa Monica u.a: RAND Corporation.

Dobbins, James / et al. (2003), America's Role in Nation-building - From Germany to Iraq. Santa Monica u.a: RAND Corporation.

Faath, Sigrid (Hrsg.) (2006), Anti-Americanism in the Islamic World, London: Hurst.

Feichtinger, Walter / Pedrag Jurecovic (2006), Internationales Konfliktmanagement im Fokus. Baden-Baden.

Hehir, Aidan / Neil Robinson (2007), State-Building – Theory and Practice, London and New York: Routledge.

Heupel, Monika (2005), Friedenskonsolidierung im Zeitalter der „neuen Kriege". Wiesbaden.

Hellmann, Kai-Uwe / Koopmans, Ruud (1998), Paradigmen der Bewegungsforschung. Forschungs- und Erklärungsansätze – ein Überblick, in: Dies. (Hrsg.) (1998), Paradigmen der Bewegungsforschung, Opladen, S. 9-30.

Hippler, Jochen (Hrsg.) (2004), Nation-building. Ein Schlüsselkonzept für friedliche Konfliktbearbeitung? Bonn.

Hopp, Ulrike / Kloke-Lesch, Aldolf (2004): External Nation-Building vs. Endogenous Nation-forming – A Development Policy Perspective, in:

Hippler, Jochen (2004), Nation-Building. A key concept for peaceful conflict transformation? Pluto Press, London, S. 137-150.

Lee, Hook Guan / Leo Suryadinata (Hrsg.) (2007), Language, Nation and Development in Southeast Asia. Singapore: Institute of Southeast Asian Studies.

Louër, Laurence (2007), To Be An Arab In Israel, New York: Columbia University Press.

Mahathir, Mohamad (1997 [1970]), The Malay Dilemma, Singapore/Kuala Lumpur: Times Books International.

Mahathir, Mohamad (1997 [1986]), The Challenge, Petaling Jaya, Pendaluk.

Mahathir Mohamad / Shintarô Ishihara (1995), The Voice of Asia. Two Leaders Discuss the Coming Century, Tokyo: Kodansha International.

Mahbubani, Kishore (1998), Can Asians Think? Singapore and Kuala Lumpur: Times Books International.

McAdam, Doug / John D. McCarthy / Mayer N. Zald (Hrsg.) (1996), Comparative Perspectives on Social Movements. Political Opportunities, Mobilizing Structures, and Cultural Framing, Cambridge: Cambridge University Press.

Merkel, Wolfgang / et al. (2003), Defekte Demokratie. Band 1: Theorie. Opladen.

Rossow, Johann (2008), Südafrika und sein verdrehter Nationalismus, in: Le Monde Diplomatique (Internationale Beilage der tageszeitung), Juni 2008, S. 1 u. 8 f.

Schneckener, Ulrich (2006), Fragile Staatlichkeit. „States at Risk" zwischen Stabilität und Scheitern. Baden-Baden.

Schneckener, Ulrich (Hrsg.) (2004), States at Risk. Fragile Staaten als Sicherheits- und Entwicklungsproblem, Berlin: Stiftung Wissenschaft und Politik (SWP Studie S 43).

Snow, David A. / Benford, Robert D. (1988), „Ideology, Frame Resonance, and Participant, Mobilization", in: Klandermans, Bert / Kriesi, Hanspeter / Tarrow, Sidney (Hrsg.), From Structure to Action: Social Movement Participation Across Cultures, Greenwich: JAI Press, S.197-217.

Stark, Jan (1999), Kebangkitan Islam. Islamische Entwicklungsprozesse in Malaysia, Hamburg.

Suryadinata, Leo (2007), Understanding the Ethnic Chinese in Southeast Asia. Singapore: Institute of Southeast Asian Studies.

Wang, Gungwu (Hrsg.) (2005), Nation-building. Five Southeast Asian Histories. Singapore: Institute of Southeast Asian Studies.

Willis, David Blake / Stephen Murphy-Shigematsu (Hrsg.) (2008), Transcultural Japan. At the borderlands of race, gender and identity, London and New York: Routledge.

Zald, Mayer N. (1996), Culture, ideology, and strategic framing, in: McAdam, Doug / McCarthy, John D. / Zald, Mayer N. (eds. 1996), Comparative Perspectives on Social Movements. Political Opportunities, Mobilizing Structures, and Cultural Framing, Cambridge: Cambridge University Press, S. 261-274.

Ziadeh, Hanna (2006), Sectarianism and Inter-Communal Nation-building in Lebanon, London: Hurst.

FAILING STATES IN AFRIKA: GEWALTRÄUME UND FRIEDENSRÄUME. INTERNE UND EXTERNE URSACHEN DES STAATSVERSAGENS IN AFRIKA

RAINER TETZLAFF

Von der Faszination der Idee des starken souveränen Staates und der Entstehung von „Failing States"

Der folgende Beitrag geht von der These aus, dass der Staat eine zivilisatorische Errungenschaft der europäischen Moderne ist und dass sich auch außereuropäische Gesellschaften glücklich schätzen können, wenn sie die Voraussetzungen für seine Entstehung erwerben konnten oder können. Damit wird unterstellt, dass es auch Gesellschaften geben könnte, die diese internen Voraussetzungen nicht oder noch nicht besitzen und deshalb alternative Herrschaftsmodelle hervorbringen mussten bzw. müssen. Möglicherweise ist der Staat europäischer Prägung in seiner heutigen, gereiften Form als demokratischer Rechtsstaat zwar unbezweifelbar ein faszinierendes Modell, das Gesellschaften auch in außereuropäischen Kulturkreisen attraktiv erscheint, das aber nicht von allen einfach imitiert oder transferiert werden kann.

Wenn das so sein sollte, was wäre dann die Alternativen für die soziale Organisation von Gesellschaft in *staatsfreien* Räumen, – was nicht mit herrschaftsfreien Räumen gleichgesetzt werden darf. Denn aus der Geschichte wissen wir, dass es unterhalb der staatlichen Ebene Herrschaftsformen gegeben hat –zum Beispiel die Spielarten des Feudalismus oder die Selbstorganisation des Bürgertums in „freien Städten" oder die Ordnungen in Klöstern – die die Funktionen eines Staates (mit Gewalt- und Steuermonopolen und dem Versprechen von Legitimität durch Interessenausgleich und Gerechtigkeit) substituiert hatten.

Gut organisierte Staaten der Dritten Welt mit politisch ehrgeiziger Führung – vor allem regionale Führungsmächte wie Brasilien, Indien, China und Südafrika – lieben die „westfälische Ordnung" (benannt nach der Beendigung des 30-jährigen Krieges in den westfälischen Städten Münster und Osnabrück 1648, die dem Staat volle Souveränität zubilligte); denn nach den Erfahrungen mit Imperialismus und Kolonialismus europäischer Provenienz bot im Zeitpunkt der Dekolonisation die Idee vom souveränen Nationalstaat einen Ausweg aus jahrhundertelanger Demütigung und Gefährdung der eigenen Kultur durch externe Einflüsse. Insofern darf angenommen werden, dass diese Idee vom souveränen starken Staat bei allen Ländern äußerst beliebt ist. Allein die Möglichkeiten ihrer Implementierung sind weltweit nicht in gleicher Weise vorhanden und teilweise gar nicht „gegeben"; im Gegenteil, die Globalisierungs- und Demokratisierungsprozesse der Gegenwart (in der Zeit nach Beendigung des Kalten Krieges) haben die Aufrechterhaltung der gewohnten Form der Staatenordnung durch Fragmentierungsprozesse und Prozesse zunehmender sozialer Polarisierung eher erschwert.

Immerhin haben wir es heute mit einer wachsenden Zahl von „failing states" (Staaten, die zusammenbrechen, oder Staaten, die nur teilweise noch funktionieren) zu tun, die aus unterschiedlichen Gründen die drei Konstitutionskriterien für einen souveränen Staat nicht erfüllen, die die internationale Staatengemeinschaft für die Anerkennung eines Staates erwartet: ein Territorium in angebbaren Grenzen, eine dazu gehörige Bevölkerung und eine Regierung, die über das Territorium und die Bevölkerung das Gewaltmonopol beansprucht und de facto Macht ausübt.

Auch die Welt der postkolonialen Gesellschaften – meistens mit dem unscharfen, aber für den verallgemeinernden raschen Diskurs unverzichtbaren Begriff „Dritte Welt" belegt – ist im Zuge der Kolonialisierung und Dekolonisation *in den Sog der fremd gesteuerten Staatsbildung* hineingekommen. Den Nachweis zu erbringen, „reif" für das politische Management der Selbstregierung im vorgegebenen Rahmen kolonialer Herrschaftsstrukturen zu sein, war die Voraussetzung dafür, dass die kolonisierten Gesellschaften ihre Freiheit wieder erlangten. Aber diese gesellschaftliche Freiheit war an die politisch-rechtliche Form des modernen Territorialstaates europäischer Prägung mit seinen genau fixierten Staatsgrenzen gebunden. Die afrikanischen Bildungs- und Machteliten begrüßten im Allgemeinen diesen bequemen und lukrativen Souveränitäts-Deal, der ihnen Macht, Ansehen und vor allem Reichtum im Sinne des Zugriffs auf die kolonialwirtschaftlich erschlossenen Schätze versprach. Man kann ihn als den kolonialen Ablegerstaat bezeichnen.

Hingegen gab es auch Verlierer dieser auf Kontinuität gerichteten Politik: Völker, die durch staatliche Grenzen nun endgültig geteilt wurden, wie z.B. die Ewe in Ghana und Togo, die Massai in Tanganjika und Kenia, die Somalis in Somalia, Kenia und Äthiopien. Zu den Verlierern der postkolonialen Staatenordnung gehörten auch Nomaden am Horn von Afrika oder die nomadisierenden Tuareg im Sahelgebiet West- und Zentralafrikas; denn ihnen wurden die grenzüberschreitenden Wanderwege und wirtschaftlich wichtigen Verkehrsnetze erschwert, beschnitten und mit Abgaben belegt. Es ist kein Zufall, dass heute gerade in den Regionen, in denen ethnische Minderheiten aus Nachbarstaaten leben und wirtschaftlich marginalisiert werden (wie die Somalis im Ogaden-Gebiet Äthiopiens, die Fur in der sudanesischen Darfur-Provinz oder die kosmopolitischen Tuareg im Norden Malis), kriegerische Konflikte um die drei wichtigsten Überlebensressourcen ausgebrochen sind: um nutzbares Land, Trinkwasser und kulturelle Bildung.

Die bemerkenswerte Kontinuität der kolonialen Staaten und Staatsgrenzen in Afrika

So gesehen, kann man positiv überrascht sein, dass 50 Jahre nach Erlangung der Unabhängigkeit relativ geringfügige Verschiebungen von Staatsgrenzen rechtskräftig geworden sind. Allerdings hat es vor allem in den vier großen Flächenstaaten *Kongo/Zaire* (Katanga-Sezessionsversuche), *Nigeria* (der gescheiterte Biafra-Sezessionskrieg), in *Äthiopien* (Aufstand der Oromo im Süden) und im *Sudan* (ein fünfzig-jähriger Krieg um mehr regionale Autonomie oder Sezession des Südens) *Kriege um den Staatserhalt* gegeben. Oftmals haperte die Staatskonsolidierung daran, dass sich die regionalen Führer einer Teilbevölkerung dem Machtanspruch einer staatlichen Zentralregierung ganz oder teilweise entziehen oder eine Sezession anstreben. *Politischer Widerstand gegen Herrschaft* ist Normalverhalten in der Geschichte; denn Herrscher wollen von ihren Untertanen nicht nur Loyalität und Bewunderung, sondern konkrete Dienstleistungen: Frondienste im Frieden, Beteiligung an Kriegen und die Zahlung von Steuern und Abgaben. Man muss sich als Herrscher schon etwas einfallen lassen, um das politische Kunststück bewerkstelligen zu können, dass Menschen freiwillig ein Stück ihrer Freiheiten begeben.

Dass alle Bürgerinnen und Bürger eines Staates die Regierung als legitim anerkennen und bereit sind, Steuern an den Staat zur Aufrechterhaltung seiner Herrschaftsaufgaben zu zahlen, ist in der Geschichte eher die Ausnahme als die Regel. Erst die pluralistischen liberalen Demokratien des 20. Jahrhunderts mit ihren Mehrparteiensystemen und rechtsstaatlichen Verfassungen, damit Nationalstaaten konstituierend, haben diese Aufgabe unter dem Etikett *Volkssouveränität* friedlich bewältigt.

Im nachkolonialen Afrika gibt es mit vier Ausnahmen – Äthiopien und Liberia, Südafrika und Madagaskar – meist nur Staaten sehr jungen Datums. Diese jungen Staaten mit teilweise alten Völkern sind daher politisch labil, weil es keine Institutionen von langer Dauer geben kann, die die sozio-ökonomische und ideologisch-politische *Integration* der Gesellschaft bewerkstelligen konnten. Integration einer Gesellschaft ist lebenswichtig, wenn die politische Klasse eines Landes die Herausforderung von „nation-building" und „modernization" (oder „development") ernst nimmt. Doch bislang ist jedes Mal der postkoloniale territoriale Konsolidierungsprozess, als er von Separatisten herausgefordert wurde, militärisch erfolgreich geblieben. Und dennoch hat es in mehreren Fällen eine Grenzverschiebung staatlicher Macht gegeben, und zwar in der für Afrika typischen Form der *staatlichen Implosion*: Die aus dem Kolonialsystem übernommenen Institutionen bleiben äußerlich bestehen, aber sie hören auf zu funktionieren.

Der Kongo (Zaire) unter Präsident Mobutu Sese Sekou, dem die Nachwelt den Titel eines Kleptokraten oder „großen Plünderers" zugewiesen hat (Meredith 2005), ist der tragischste Fall von Staatsversagen in Form einer politisch fahrlässig herbeigeführten Implosion von Einrichtungen des Staates. Dazu gehörten die nationale Zentralbank, die Fachministerien, die Verkehrsnetze und die Wasser- und Energiesysteme, die Universitäten und meisten höheren Lehranstalten sowie Polizei, Zoll und Militär; all diese Dienstleistungen für die Bevölkerung erbringenden Einrichtungen sind mehr und mehr vernachlässigt worden. Staatsbeamte bekamen ihre Gehälter nicht pünktlich oder gar nicht, was einige veranlasste, sich von der lokalen Bevölkerung zu holen, was sie zum Leben brauchten. Plünderung der ländlichen Zivilbevölkerung und das Eintreiben von Zwangsabgaben von den produktiven Schichten der Bauern, Händler und Kaufleute durch wegelagernde Soldaten gehörten zu den Reproduktionsmechanismen des Systems.

Europas langer Weg zum modernen Rechtsstaat

Der Historiker *Wolfgang Reinhard* hat für die europäische Staatenwelt den langwierigen Vorgang der Herausbildung von kohärenten Territorial- und später Nationalstaaten beschrieben. Dabei half es den Territorialherren seit dem 13. Jahrhundert, bei der Konsolidierung des Gewaltmonopols auf den römischen Eigentumsbegriff, das *Dominium*, zurückzugreifen. Dominium bedeutet zugleich Herrschaft und „passte gut in ein Zeitalter rechtlich autonomer Gewalten mit begrenzten Befugnissen der Monarchen. Dadurch wurde die weltgeschichtlich einmalige und wirtschaftlich enorm folgenreiche Rechtssicherheit für Privateigentum in Europa grundgelegt. Weil hier Besteuerung nur mit Zustimmung der Betroffenen möglich war, entstand das Ständewesen. Eine staatliche Steuerhoheit und allgemeine Steuerpflicht wurden erst durch die Rechtsfiktion der Volkssouveränität möglich" (Reinhard 1999, S. 290).

So kam es, dass sich der westliche Mensch des christlichen Abendlandes (mit seinem christlichen Personalismus) als Eigentümer zu begreifen lernte, „als Eigentümer nicht seiner Güter, sondern auch seiner Rechte und seiner Person (John Locke)" (Reinhard, S. 291). Es entwickelten sich aus dem Recht auf Privateigentum andere Freiheiten, die dem Anspruch der Staatsgewalt Grenzen zogen. „Dialektisch verschränkt mit dem Wachstum der Staatsgewalt erfolgte die wachsende Emanzipation des Individuums, bis es dem Staat seine Grundrechte abzutrotzen vermochte und dessen Justizapparat schließlich sogar zu deren Hüter umfunktionieren konnte ... Die Staatsgewalt konnte sich daher des Rechts und der Justiz nur mit dem Anspruch bemächtigen, dass staatliches Rechtswesen *mehr Gerechtigkeit* bringen werde. Offensichtlich war der Erwartungsdruck so groß, dass dieser Anspruch bis zu einem gewissen Grad sogar eingelöst wurde" (Reinhard, S. 291; Hervorhebung d. Verf.).

Es kamen noch andere begünstigende Faktoren zur Staatsbildung hinzu; wie z. B. die folgenden vier, die hier nur angedeutet werden können:

- erstens die Vorbild abgebende Rolle der europäischen Christenheit mit einer rechtlich kodifizierten römischen Amtskirche;

- zweitens die politische Kultur der christlichen Höfe, m.a.W. die höfische Kultur, die auch für das Bürgertum stilbildend und Integration fördernd wirkte;

- drittens die am europäischen Recht (bedeutend war die Rechtsschule von Bologna) orientierte Diplomatie an europäischen Höfen und in den freien Städten, die sich einer Sprache – des Lateinischen –bediente und die Schaffung eines europäischen Rechtsraums mit einheitlichen Spielregeln (wenigstens in der Theorie) ermöglichte, was dem interregionalen Handel sehr zugute kam; und

- viertens die Herausbildung von überregionalen Künsten und Wissenschaften, die an relativ herrschafts-unabhängigen Universitäten seit 1200 blühten und einen an Experimenten und durch Diskurse entfalteten Wahrheitsbegriff hervorbrachten, der sich von der Bevormundung durch magische, mythische und kirchliche Mächte zu emanzipieren verstand.

Führt man sich diesen Sachverhalt vor Augen, dann wundert es nicht, dass heute in der Mehrzahl der afrikanischen Länder Staatsbildungsprozesse nur schleppend und ungenügend vorankommen. Die vorkolonialen Gesellschaften des afrikanischen Kontinents südlich und nördlich der Sahara haben – von wenigen Ausnahmen wie Marokko und Äthiopien abgesehen – niemals die Möglichkeit gehabt, gesellschaftliche Verdichtungsprozesse nach Art der europäischen Staatenbildung zu durchlaufen. Dafür hatten sie niemals genug Zeit und generationenlange Phasen der Sicherheit, in denen sich komplexere Strukturen zwischen Herrschern und Beherrschten hätten entwickeln können. Im Fall Afrikas südlich der Sahara kommt noch der besondere Umstand hinzu, dass große Teile des Subkontinents drei Jahrhunderte lang unter den direkten und indirekten Auswirkungen der Sklaverei und des transatlantischen *Sklavenhandels* gelitten haben. Dieses epochale Geschehen von Menschenhandel hat die physischen und mentalen Entwicklungsmöglichkeiten Afrikas gelähmt und Traumata von Gewalt und Furcht hervorgebracht, die möglicherweise bis heute in dem Sinne nachwirken, dass Kollektive die Erinnerung an prekäre Überlebensbedingungen und schicksalhafte Unsicherheiten verinnerlicht haben (vergleiche Orlando Patterson in Harrison/Huntington 2000).

Somalia als Beispiel für einen kollabierten Staat: Überleben in den Bruchzonen der Globalisierung

In Afrika südlich der Sahara leben vermutlich heute – im Jahr 2008 – die meisten Menschen jenseits des „Leviathan", d.h. ohne direkte Unterordnung unter die Herrschaftslaunen einer Hauptstadtregierung. Denn der Anspruch auf Herrschaft des postkolonialen Staates mag gewaltig und total sein, aber die tatsächliche Reichweite staatlicher Herrschaft ist meist gering. Dass und wie Leben ohne den Zentralstaat möglich ist, hat die Geschichte des vorkolonialen Afrika gezeigt, in dem es zum Beispiel bei den Tuareg der Sahelzone politisch mächtige und sozial stabile Gemeinschaften gegeben hat, die keine staatlichen Strukturen (im Sinne eines Gewaltmonopols eines Herrschers über ein begrenztes Territorium) zu ihrer Reproduktion brauchten und deshalb auch nicht hervorgebracht haben. Ähnliches gilt für die Clans und Subclans in *Somalia*, die für ihre Existenz auf keinen Zentralstaat angewiesen waren, wie Maria Brons in ihrer Dissertation aufgezeigt hat (Brons 2001).

Aber die Einbettung der afrikanischen Gesellschaften in die Staaten- und Wirtschaftswelt der Moderne hat schließlich doch die Notwendigkeit hervorgebracht, für die internationalen Akteure, vor allem für die Entscheidungsgremien der Vereinten Nationen, politische Ansprechpartner zu haben, mit denen völkerrechtlich verbindliche Verträge geschlossen werden können. Wie soll zum Beispiel die Flüchtlingsorganisation der Vereinten Nationen (UNHCR) Flüchtlingsdörfer errichten, Zelte und Nahrungsmittel sowie Geld in Devisenform verteilen, wenn kein legitimierter Vertreter der Bevölkerung vorhanden ist? Und auch Weltbank und IWF sind auf Regierungen angewiesen, wenn sie satzungsgemäß Hilfsdienste und Kreditgeschäfte anbieten wollen.

Somalia ist heute ein schauriges Lehrstück für den Fall einer sich auf-
lösenden, vielfältig fragmentierten Nation, der der Staat abhanden gekommen ist und deren Mitglieder in den „Naturzustand" zurückzufallen scheinen, in dem das Faustrecht regiert: „Jeder ist dem Anderen ein Wolf" (wie
es bei Thomas Hobbes heißt). Das traditionelle Normengerüst bricht unter
der Last der alltäglichen Not eines bürgerkriegszerstörten Landes, das von
Ausländern gemieden wird, weitestgehend zusammen, wohl weniger auf
dem Land, als in der Hauptstadt, die von bewaffneten Banden, unkontrollierten Milizen, verwahrlosten Kindersoldaten und Schmugglern unsicher
gemacht wird. Man kann hier von *anomischen* Zuständen sprechen, d.h.
von Sozialverhältnissen, in denen es keine „Nomoi" (Regeln, Gesetze, Ta-
bus etc.) mehr gibt. Diese fallen bekanntlich nicht vom Himmel, sondern
sind kontextgebunden, was bedeutet, dass sie ihre Orientierungsfunktion
für Menschen verlieren, die aus ihrer herkömmlichen sozialen Verankerung
gerissen wurden.

Auch anderswo ist dieses Phänomen beobachtet worden: *Solidaritäts-
beziehungen* zwischen Generationen, Altersklassen, lokalen Siedlungen
und Gehöften einer Mikroregion brechen zusammen, wenn die Stress-
bedingungen infolge von Krieg, Dürre, Überschwemmung oder Hungersnot so groß geworden sind, dass die Moral des Teilens an ihre physischen
Grenzen stößt und schließlich ganz kollabiert. Die Geografin Sabine Tröger
hat das am Beispiel der Ernährungssicherheit auf dem Ufipa-Plateau im
Südwesten Tansanias herausgearbeitet (Tröger 2004).

Überlebensstrategien in den Bruchzonen der Globalisierung

Um irgendwie zu überleben, sehen sich die Familien in „failing states", vor
allem die jungen Männer, gezwungen, sich gewaltsam die Mittel zur Re-
produktion zu verschaffen. Dabei gibt es heute im Zeitalter der Globalisie-
rung neue Möglichkeiten, auf *kriminelle* Weise durch Diebstahl und
Schmuggel, Plünderung und Erpressung der produzierenden Gewerbe am
Leben der globalisierten Moderne teilzuhaben. Zum Beispiel gehört der
Diebstahl von Fahrzeugen, die ausländischen Hilfsorganisationen wie
Welthungerhilfe oder OXFAM gehören, zu einem der häufigen Begegnun-
gen zwischen Faustrecht-Akteuren und Repräsentanten der globalisierten
Moderne. Eine nächste Stufe dieser gewaltbestimmten Begegnung ist die
Piraterie auf offener See: Segeljachten und immer größere Touristen-
Schiffe werden auf dem Roten Meer von Piraten aus Somalia überfallen,
erpresst und die gefangen Gehaltenen in Angst und Schrecken versetzt. In-
sofern handelt es sich nicht um einen simplen Rückfall in vorstaatliche
Verhältnisse, in den Hobbes'schen Naturzustand, sondern um eine Ausnut-

zung von prekären „Verdienst"möglichkeiten von verzweifelten Menschen aus kollabierten Staaten („failing states") in den Bruchzonen der Globalisierung.

Mit diesem (inzwischen sehr beliebt gewordenen) Begriff der *Bruchzonen der Globalisierung* ist der Grenzbereich umschrieben, der entsteht, wenn *„global players"* wie internationale Geschäftsfirmen, Entwicklungshelfer, UNO-Soldaten und Diplomaten auf lokale Kollektive stoßen, die ihr traditionelles Leben nicht mehr fortsetzen können, ohne bereits Zugang zu den modernen Reproduktionsverhältnissen gewonnen zu haben. In diesen Bruchzonen entstehen leicht und oftmals überlebensnotwendig „Gewaltmärkte", auf denen herrenlos gewordene Bürger Sicherheit „kaufen" können, z.B. bei einer ethnischen Schutz- und Trutzgemeinschaft.

Wie eine vielseitig fragmentierte Gesellschaft aus dieser evolutionären Sackgasse wieder herauskommen kann, ist nicht einfach zu sagen, angesichts der Teilung der somalischen Gesellschaft in zahlreiche bewaffnete Haupt- und Unterclans, die sich wechselseitig die prekären Überlebensressourcen streitig machen.

Staatliche Gewalträume versus gesellschaftliche Friedensräume

Abschließend möchte ich mit Hinweis auf die Länder Äthiopien, Eritrea und Sudan, die seit einiger Zeit mit starken Zentralregierungen aufweisen können, die These diskutieren, dass nicht immer der verfasste Zentralstaat eine wünschenswerte und unverzichtbare Voraussetzung für eine gedeihliche Entwicklung der Gesellschaft sein muss. Es ist Zeit, sich von diesem Klischee zu verabschieden. Im Gegenteil, würde sich der afrikanische Zentralstaat mit seinem autoritären bis totalitären Anspruch in allen Sektoren der Gesellschaft voll durchsetzen, würde es der Gesellschaft schlechter gehen als heute. Sie würde wohl in ihre kleinsten Bestandteile zerfallen, wie das zum Beispiel Ulrich Schiefer in Guinea-Bissau beobachtet hat (Schiefer 2002). Hier ist die Gemeinschaft „von allen guten Geistern" der Tradition verlassen, so dass Anomie und Zusammenbruch unabwendbar erscheinen. Nicht so am Horn von Afrika!

Die Erklärung für diesen Sachverhalt, den Nicole Hirt und Wolbert Smidt in ihrem DFG-geförderten Forschungsprojekt über die weiterhin bestehenden und funktionierenden Friedensräume beschrieben haben, liegt in der prekären Beziehung zwischen postkolonialem Staat und sich selbst regulierender örtlicher *Zivilgesellschaft*. Diese muss sich gegenüber den willkürlichen Herrschaftsansprüchen eines oftmals despotischen oder unberechenbaren Staates durch eine Fülle von aktiven und passiven Widerstandsstrategien behaupten. So produziert sie Konfliktfähigkeit, und staatliche Stellen haben begriffen, wie nützlich diese Friedensräume sind. Eine Grenze finden sie dort, wo der Staat um sein Machtmonopol fürchtet und – wie in Eritrea – rabiate Formen der Militarisierung der Jugend in Erziehungscamps durchsetzt. Hier entstehen möglicherweise dauerhafte Schäden an der „Fabrik" der Gesellschaft.

Zurzeit gibt es in Eritrea und in Äthiopien, vor allem in der Tigray-Provinz, noch immer gesellschaftliche Räume der autonomen Konfliktbewältigung nach herkömmlichen (vormodernen) Strategien und Vorstellungen von Gerechtigkeit. Als *„Friedensräume"* werden diejenigen sozialen Beziehungen in afrikanischen Ländern bezeichnet, in denen gesellschaftliche Autoritäten (meistens Chiefs, Clanälteste und lokale Würdenträger) die soziale Ordnung aufrechterhalten, den einzelnen Mitgliedern die Konstruktion einer eigenen Identität ermöglichen und so soziale Kohäsion und politische Stabilität hervorbringen. Dabei gelingt es in aller Regel, die Agenten des Staates „außen vor" zu lassen, um sich den von außen kommenden Herrschaftsansprüchen des Staates in Form von Soldaten, Steuereintreibern und Gerichtsvorstehern zu entziehen. In Eritrea gehen beispielsweise die Mitglieder einer Großfamilie, die einen Schaden durch ein Mitglied einer benachbarten Großfamilie zu beklagen haben (Eigentumsdelikt oder gar Mord), in der Regel nicht zum Kadi (dem staatlichen Gericht), um Gerechtigkeit zu suchen, sondern überlassen die Regelung den *„Shemagelle"*, die eine zentrale Rolle für die soziale Kohäsion von Gemeinschaften spielen.

Shemagelle sind meist ältere, erfahrene Personen einer ländlichen Gemeinde, die Mediatorenfunktionen erfüllen und auf Grund ihres Ansehens Streitfälle so schlichten können, dass Täter und Opferfamilien damit leben können (Saleh, Hirt, Ghebrezghi, Smidt, Tetzlaff 2008). Diverse kultische Formen festigen Frieden und Gemeinschaftsgefühl, wobei in Tigray zum Beispiel das gemeinsame zeremonielle Biertrinken oder im Sudan das feierliche „Beerdigen" von Waffen ein Rolle spielen kann.

So entsteht das Paradox, dass in postkolonialen Gesellschaften neben den gewaltträchtigen Herrschaftsräumen des Staates, den in der Öffentlichkeit gut sichtbaren *Gewalträumen* also, gesellschaftliche *Friedensräume* in aller Stille existieren, ohne die vermutlich der Kitt der Gesellschaft und die Stabilität der gesamten Region nicht halten würde.

Fazit: Gewalträume und Friedensräume

Der postkoloniale Staat in Afrika kann also in verschiedenen Formen in Erscheinung treten:

- als demokratischer Staat mit einem Mehrparteiensystem (in Botswana);

- als rücksichtslose Kleptokratie (in Zaire unter Diktator Mobutu), die die Selbstbereicherung des neopatrimonialen Staatschefs in der Funktion des Räuberhauptmanns und die Repression der Bevölkerung bis zum Bürgerkrieg und zur inneren Auflösung der Gesellschaft vorantreibt;

- als machtgieriges Ungeheuer, das die eigene Gesellschaft der Zerstörung ausliefert (Simbabwe unter Mugabe);

- als rassistischer Staat (Sudan unter Präsident Beshir), der zwecks Machterhalt einer elitären Herrschaftsclique ethnische Säuberungen und Genozid an Teilen der eigenen Bevölkerung teils zulässt, teils selbst veranlasst;

- als kollabierender Staat einer exkludierenden Clanherrschaft (Somalia), der seine Bürger zu Kriminellen und Piraten verkommen lässt;

- als hybrider Staat, der nach außen Gewalträume produziert und nach innen gesellschaftliche Friedensräume gelten lässt (wie in Eritrea und Äthiopien).

Dies sind nur einige Erscheinungsformen des schwachen Staates in Afrika, – eines Kontinents, der sich unter Globalisierungsbedingungen in jeder Hinsicht rasch verändert, der in Bewegung, im Umbruch ist. Aber die hier vorgetragenen Argumente sind geeignet, die Einsicht zu fördern, dass der bisherige Lehrsatz von dem zivilisatorischen Segen des modernen Nationalstaates mit seinem Gewaltmonopol auf afrikanische Verhältnisse nicht eins zu eins übertragbar ist. Auch Funktion und Bedeutung des Staates für eine Gesellschaft sind nicht in Stein gehauen, sondern sind kontextabhängig, also veränderbar.

Zurzeit gibt es in Ost-, Zentral- und Westafrika mehrere Länder, in denen die zivilgesellschaftlichen, politischen und rechtlichen Voraussetzungen für eine segensreiche Rolle des demokratisch gezähmten Staates noch nicht gegeben sind. Solange können gesellschaftliche *Friedensräume*, gegen den despotischen Staat, abgetrotzt und verteidigt, eine stabilisierende Rolle spielen.

Literatur

Brons, Maria (2001), Somalia. From Statelessness to Statelessness? Utrecht.

Harrison, Lawrence E. / Huntington, Samuel P. (2002), Streit um Werte, Hamburg.

Reinhard, Wolfgang (1999), Geschichte der Staatsgewalt, München.

Saleh, Abulkader / Hirt, Nicole / Smidt, Wolbert / Tetzlaff, Rainer (Hrsg.) (2008): „Friedenszonen" in Eritrea und Tigray unter Druck – Identitätskonstruktion, soziale Kohäsion und politische Stabilität, Berlin.

Saleh, Abdulkader / Hirt, Nicole / Ghebrezghi, Selamawit / Smidt, Wolbert / Tetzlaff, Rainer (2008), Friedensräume in Eritrea und Tigray unter Druck, Münster (im Erscheinen).

Schiefer, Ulrich (2002), Von allen Guten Geistern verlassen? Guinea-Bissau: Entwicklungspolitik und der Zusammenbruch afrikanischer Gesellschaften. Hamburg.

Tetzlaff, Rainer (2008), Afrika in der Globalisierungsfalle, Wiesbaden.

Tröger, Sabine (2004), Handeln zur Ernährungssicherheit im Zeichen gesellschaftlichen Umbruchs, Saarbrücken.

TEIL IV:

DIE EU IM DIENSTE DER ARMUTSBEKÄMPFUNG: ZWISCHEN GRÖSSTER ENTWICKLUNGSHELFERIN UND RÜSTUNGSEXPORTWELTMEISTERIN

WARUM ENTWICKLUNGSPOLITIK? DIE ROLLE DER EU-ENTWICKLUNGSHILFE UND IHRE RÜSTUNGSEXPORTE

CAROLA BIELFELDT

1. Einleitung

Ein Teil der Problematik hinter dem Thema „EU im Dienste der Armutsbekämpfung", – besser als Frage formuliert: Verfolgt die EU mit ihrer
Entwicklungszusammenarbeit wirklich das Ziel der Armutsbekämpfung? –
kann am mir vorgegebenen Untertitel dieses Buchabschnitts „zwischen
größter Entwicklungshelferin und Rüstungsexportweltmeisterin" deutlich
gemacht werden.

Zur Beleuchtung dieser Problematik gehe ich im Folgenden in drei
Schritten vor: Im ersten Teil untersuche ich die Quantitäten, mit denen wir
es in beiden Fällen zu tun haben. Was bedeutet wirklich „größte Entwicklungshelferin" und „Rüstungsexportweltmeisterin"? Wie kommen die Zahlen zustande und was enthalten sie? Der zweite Teil beschäftigt sich mit der
Gegenüberstellung beider Eigenschaften, beschreibt das Wort „zwischen",
eine einerseits-andererseits-Beziehung, eine Befindlichkeit irgendwo „zwischen" den Endpunkten einer normativen Skala namens „Entwicklungshilfe = gut für Entwicklung", „Rüstungsexporte = schlecht für Entwicklung"?
Im dritten Teil wird daher gefragt, ob die Industrienationen sich gegenüber
der „Dritten Welt" an bestimmten Normen orientieren, bzw. welche Interessen die Politik gegenüber der Dritten Welt bestimmen. Vor diesem Hintergrund ist dann im vierten Teil zu fragen, ob und unter welchen Bedingungen eine wirklich effektive Entwicklungspolitik von den Industrienationen implementiert werden kann.

2. Die Quantitäten

2.1 EU als größte Entwicklungshilfegeberin

Wenn von der Entwicklungshilfe/-zusammenarbeit/-politik (EH)[1] der EU die Rede ist, ist damit die Summe dessen gemeint, was von der EU direkt beschlossen und finanziert wird (aus dem EU-Haushalt und dem Europäischen Entwicklungsfonds EEF), und den Entwicklungshilfe-Ausgaben der EU-Mitgliedsländer, die in den nationalen Etats verbucht sind und damit den nationalen Definitionskriterien genügen. International werden die Ausgaben für die Entwicklungshilfe der Geberländer statistisch definiert, gemessen und verglichen mithilfe der so genannten ODA-Kriterien (Official Development Assistance). Diese umfassen zunächst alle staatlichen Zuwendungen an den öffentlichen Sektor der Entwicklungsländer (EL) mit dem Ziel der wirtschaftlichen und sozialen Entwicklung, zu vergünstigten Konditionen (etwa finanzielle Leistungen zu verbilligten Zinssätzen). Gemessen an den gesamten Entwicklungsausgaben der OECD-Staaten leistet die EU hier in der Tat einen Beitrag, der die 50 %-Marke übersteigt.[2]

Trotz zahlreicher internationaler Erklärungen, Appelle und Selbstverpflichtungen (etwa der Erreichung der Millennium-Entwicklungsziele) bleibt die Hilfe für die Dritte Welt weit hinter den gesteckten Zielen zurück.[3] Wurde bereits Anfang der 70er Jahre international ein Anteil der Entwicklungshilfe am Bruttonationalprodukt von 0,7 % als Ziel vereinbart, liegt dessen Erreichung auch heute noch in weiter Ferne.[4] Angesichts einerseits dieser wieder und wieder beschworenen Verpflichtungen, andererseits der ganz offensichtlich mangelnden Bereitschaft zu substanziellen finanziellen Mehraufwendungen, bemühen sich die Geberländer, die tatsächlich geleisteten Beiträge möglichst hoch erscheinen zu lassen, indem die Kriterien der Anrechenbarkeit als ODA erweitert und „angepasst" werden. Wenn sich also die OECD-Länder im Entwicklungshilfeausschuss

---

[1] Im Folgenden wird durchgängig das Wort Entwicklungshilfe (EH) verwendet.

[2] Offiziell wird die Zahl von 47 Mrd. € für 2006 genannt, vgl. EU, Überblick über die Tätigkeitsbereiche der Europäischen Union. Entwicklung, http://europa.eu/pol/dev/over view_de.htm, wie unterschiedliche Zahlenangaben zustandekommen, vgl. die folgenden Ausführungen.

[3] So erwähnt z.B. das Europäische Parlament, dass die derzeitige Hilfe verdoppelt werden müsste, um die Millennium-Entwicklungsziele zu erreichen, Maßnahmen gegen Hunger und Armut. Entschließung des Europäischen Parlaments zur Bekämpfung von Hunger und Armut, P6_TA (2005)0052, http://www.europarl.europa.eu/sides/getDoc.do?pub Ref=-//EP//NONSGML+TA+P6-TA-2005-0052+0+DOC+PDF+V0//DE

[4] Die EU-Länder wollen dieses Ziel erklärtermaßen bis 2015 erreichen, vgl. EU. Überblick über die Tätigkeitsbereiche (Fn. 2).

(DAC: Development Assistance Committee) darauf verständigen, den Begriff der Entwicklungszusammenarbeit auf weitere Aufgaben anzuwenden,[5] heißt das buchhalterisch, dass ab diesem Zeitpunkt Ausgaben, die bislang nicht als „entwicklungsrelevant" galten, der ODA zugerechnet werden dürfen. Damit werden die veröffentlichten Zahlen ein fragwürdiger Indikator dafür, ob die Geberländer tatsächlich dem Ziel der Armutsbekämpfung einen höheren Stellenwert eingeräumt und sich ihren deklarierten Zielvorgaben wirklich genähert haben. Inzwischen gelten Schuldenabbau, kalkulatorische Studienplatzkosten für Studierende aus Entwicklungsländern (nicht alle Geberländer rechnen diese Kosten an), Katastrophenhilfe (z.B. Tsunami), die Verwaltungskosten der Geberländer, die Kosten für Flüchtlinge und Asylbewerber im ersten Jahr (einschließlich der Kosten Ihrer Abschiebung), sowie seit 2004 verschiedene Ausgaben im Rahmen der Sicherheitssektorreform (Reformen im Bereich von Polizei und Justiz, Unterstützung im Kampf gegen Kleinwaffen und Rekrutierung von Kindersoldaten) in diesem Sinne als Entwicklungshilfe.[6]

Insbesondere die beiden erstgenannten Posten nehmen einen immer größeren Stellenwert ein. Beispielsweise belief sich der Schuldenerlass 2005 auf knapp 23 Mrd. US-Dollar (davon 14 Mrd. Irak, 5 Mrd. Nigeria),[7] 60 % der Österreichischen Entwicklungshilfe im selben Jahr gingen auf Entschuldung zurück, damit verdoppelte sich auf einen Schlag den Anteil der österreichischen ODA am BNP auf 0,52 %.[8] Das bedeutet nicht, dass Schuldenerlass nicht entwicklungspolitisch sinnvoll wäre, es bringt jedoch in aller Regel kein „frisches Geld" (zur Armutsbekämpfung) in die Kassen der Entwicklungsländer, insbesondere dann nicht, wenn sie ohnehin ihren Schuldendienst nicht leisten können.[9] Nichtregierungsorganisationen kri-

---

[5] Siehe: OECD erweitert Entwicklungshilfe-Kriterien, in: E&Z, H. 6/2004, S. 224, und: Sicherheit: ODA-Kriterien erweitert, in: E&Z, H. 5/2005, S. 181, in beiden Heften lediglich als Kurzmeldung.

[6] Ebenda; ausführlich zur Aufblähung der ODA u.a. Martens, J., Armutszeugnis. Die Millenniumsentwicklungsziele der Vereinten Nationen. Halbzeit – Defizite – Perspektiven, Global Policy Forum Europe, Report September 2007, S. 34-37, http://www.globalpolicy .org /eu/de/publ/armutszeugnis.pdf, zu Sicherheitssektor und -reform vgl. S+F, H. 3/2005, Schwerpunkt: Sicherheitssektor.

[7] Deutsche Welthungerhilfe e.v., terre des hommes Deutschland (Hrsg.), Die Wirklichkeit der Entwicklungshilfe. Vierzehnter Bericht 2005/2006. Eine kritische Bestandsaufnahme der deutschen Entwicklungspolitik, o.O. 2006, S. 16, http://www.tdh.de/content/materia lien/download/index.htm?&action=details&id=222.

[8] OECD Pressemitteilung, 22.2.2007: OECD DAC Entwicklungsbericht 2006: Österreich muss weitere Anstrengungen zur Aufstockung der Entwicklungshilfe unternehmen, http:// www.oecd.org/dataoecd/3/41/38145795.pdf.

[9] Zu Problematik der Anrechnung der Entschuldung auf die ODA s. ausführlich: Deutsche Welthungerhilfe e.v., terre des hommes Deutschland (Hrsg.), Die Wirklichkeit der Ent-

tisieren diese Art und andere Arten der Aufblähung der ODA; Berechnungen gehen in die Richtung, dass „von den 69 Milliarden US-Dollar, die 2003 gezahlt wurden ... gerade einmal 27 Milliarden ‚real' sein (sollen), also tatsächlich und ohne Verschwendung dazu dienen, die Armut zu senken".[10] In dem Maße, wie heute die Entwicklungshilfe als Teil der Sicherheitspolitik betrachtet wird (vgl. Abschnitt 4), verstärken sich immer mehr die Versuche, über die Maßnahmen der Sicherheitssektorreform hinaus weitere Ausgaben „humanitärer Art" im Rahmen von sicherheits-, friedenserhaltenden oder friedensschaffenden Aktionen, die bereits heute z.t. aus den Entwicklungshilfeetats der EU-Mitgliedsländer querfinanziert werden, in der ODA unterzubringen.[11] Österreich z.b. erhielt die Zusage, die Kosten der Tschad-Mission teilweise anrechnen zu dürfen.[12] Hinzu kommt, dass große Teile der Entwicklungshilfe gar nicht an die ärmsten Länder gehen; China z.B. ist der größte Entwicklungshilfe-Nehmer Deutschlands.[13] Angesichts der Versuche der Geberländer, ihre Entwicklungshilfe-Zahlen zu schönen, wird es immer schwieriger, Umfang, Trends, Zunahmen und Abnahmen der Zahlen als Indikator für gestiegenes oder gesunkenes Problembewusstsein bei der Bekämpfung von Armut zu interpretieren.

2.2 EU als Rüstungsexportweltmeisterin

Was bedeutet der Umfang der Rüstungsexporte im Rahmen einer Betrachtung über Entwicklungszusammenarbeit? Was sind „entwicklungsrelevante" Quantitäten? Daten über Rüstungsexporte sind äußerst unzuverlässig.[14]

---

wicklungshilfe. Vierzehnter Bericht (Fn. 7), S. 15-18.

[10] F. Rötzer, Die „Phantomgelder" der Entwicklungshilfe, http://www.heise.de/tp/r4/artikel /20/20191/1.html. Rötzer bezieht sich auf den Bericht der Organisation actionaid, Action aid international, Real Aid: An Agenda for Making Aid Work, http://www.actionaid .org.uk/_content/documents/real_aid.pdf.

[11] Vgl. E+Z 6/2004 und E+Z 5/2005 (s. Fn. 5), und ausführlich Wagner, J., Orwell im Tschad: Wie Österreich und die Europäische Union Militäreinsätze über die Entwicklungshilfe querfinanzieren, IMI-Analyse, Nr. 2008/014, 28.4.2008.

[12] Ebd.

[13] K. Addicks, Etikettenschwindel Entwicklungshilfe, in: Frankfurter Allgemeine FAZ .NET, 26.8.2008, http://www.faz.net/s/RubA1C5F597E6D64A419DBA86E14 D99D0D3 /Doc~E91ACFC5EA208429EB41038A5F9F80194 ~ATpl~Ecommon~Schon tent .html; andere Quellen sehen China an zweiter Stelle hinter Afghanistan, vgl. Deutsche Welthungerhilfe e.V., terre des hommes Deutschland (Hrsg.), Die Wirklichkeit der Entwicklungshilfe. Fünfzehnter Bericht 2006/2007. Eine kritische Bestandsaufnahme der deutschen Entwicklungspolitik, o.O. 2007, S. 46 http://www.tdh.de/content/materialien/down load/index.htm?&action=details&id=247.

[14] B. Moltmann, Weltrüstungshandel: Gefährliche Normalität der Staatenwelt, in: A. Heinemann-Grüder et al. (Hrsg.), Friedensgutachten 2008, Berlin 2008, S. 79-81.

Schätzungen sehen die EU an der Spitze mit einem Anteil am Weltrüstungshandel von rund 34 %.[15] Doch betrifft der überwiegende Teil der Rüstungsexporte der EU hochkomplexe Waffensysteme, schon allein deshalb, weil die Industrieländer bestrebt sind, durch vergrößerte Serien die Stückkosten bei ihren eigenen Waffenbeschaffungsprogrammen zu senken. Durch die übliche Komponentenfertigung in den jeweils beteiligten Ländern werden die Rüstungsexportzahlen weiter erhöht, d.h. ein ganz wesentlicher Teil der Waffenlieferungen betrifft den Handel der EU-Staaten untereinander[16] sowie den Handel mit NATO-Verbündeten. Die größten Abnehmer Deutschlands etwa sind die Türkei und Griechenland, gefolgt von Südafrika und Australien.[17] Diese hochtechnisierten Waffensysteme können nur an zahlungskräftige Abnehmer verkauft werden, neben den europäischen Staaten selbst und den USA sind die Hauptabnehmer von Rüstungsgütern mehr und mehr die reichen ölexportierenden Staaten des Nahen und Mittleren Ostens, bzw. die aufstrebenden Regionalmächte China,[18] Indien und Pakistan. Problematisch ist es, den Anteil zu bestimmen, der an Entwicklungsländer im eigentlichen Sinne geliefert wird. Schätzwerte sind hier wenig aussagekräftig und verwirrend, weil die genannten Regionalmächte, die Waffen großzügig einkaufen, gleichzeitig offizielle Entwicklungshilfe erhalten.[19]

Nur ein geringer Teil geht an die ärmsten Länder. Von diesen werden Waffen z.T. als Prestigeobjekte gekauft – auf Grund mangelnder finanzieller Mittel für Ersatzteile, Betrieb und Wartung werden sie schnell unbrauchbar –; z.T. ist es veraltetes ausgemustertes Gerät der Lieferstaaten, z.T. aber sind es Kleinwaffen, häufig bezeichnet als die wahren Massenvernichtungswaffen. Die Statistiken sind hier besonders ungenau, nicht zuletzt deswegen, weil ihr Ursprung häufig zweifelhaft ist. Diese Kleinwaffen werden in Lizenz gefertigt, auch erbeutet, gestohlen und weiterverkauft,

---

15 Siehe z.B. M. Bromley, The Impact on Domestic Policy of the EU Code of Conduct on Arms Exports, SIPRI Policy Paper No. 21, May 2008, http://books.sipri.org /files /PP/SIPRIPP21.pdf, S. 5.

16 Zu den Rüstungsexporten der drei größten europäischen Rüstungsexporteure D, F, GB. vgl. P. Holtom / M. Bromley / P. Wezeman, P., International arms transfer, in: Stockholm International Peace Research Institute (Hrsg.), SIPRI Yearbook 2008, Oxford 2008, S. 301-304, Deutschland als drittgrößter Exporteur (nach den USA und Russland) lieferte 62 % seines Exports an EU-, bzw. NATO-Staaten.

17 SIPRI Yearbook 2008 Summary, abgedruckt auf http://www.uni-kassel.de/fb5/frieden /themen/export/sipri2008.html.

18 Die EU hat ein Waffenembargo für ihre Mitgliedsländer verhängt, das immer wieder in Frage gestellt wird.

19 Vgl. dazu am Beispiel Deutschland „Deutschland ist größter Waffenexporteur der EU", http://www.uni-kassel.de/fb5/frieden/themen/export/gkke07.html.

geschmuggelt, von privaten Waffenhändlern und Militär- und Sicherheits-
unternehmen geliefert, von Soldaten aus eigenem „Besitz" verscherbelt. Sie
haben eine lange Lebensdauer und wandern oftmals von Konflikt zu Konflikt.[20]

Aus alledem folgt, dass die Ausgaben für Entwicklungshilfe und schon
gar die Höhe der Waffenexporte wenig über Art der Beziehung der EU zu
den Ländern der Dritten Welt aussagt. Weder signalisiert die Höhe der
ODA eine effektive Armutsbekämpfung noch weisen die reinen Rüstungsexportzahlen etwa auf eine Torpedierung dieser Anstrengungen hin.

3. Die Qualitäten

Wenn also nicht alle als solche bezeichneten Entwicklungshilfeausgaben
der Bekämpfung der Armut und der wirklichen Entwicklung dienen, sollte
wenigstens der dann verbleibende Anteil erhöht werden? Hilft dies den
Entwicklungsländern? Und sollte wenigstens der Teil der Rüstungsexporte,
der an die Länder der Dritten Welt geht, vermindert werden? Ist dies im
Sinne der Entwicklungsländer?

3.1 Sind Rüstungsexporte immer „schlecht"?

Bei der normativen Beurteilung von Rüstungsexporten ist nur die pazifis-
tische Position eindeutig. Wer den Einsatz militärischer Mittel in jedem nur
denkbaren Fall ablehnt, muss die Lieferung von Waffen an welche Abnehmer auch immer strikt ablehnen. Grundsätzlich weisen auch internationale Regierungs- und Nicht-Regierungsorganisationen auf den fatalen Zusammenhang von Rüstung, insbesondere Kleinwaffenausrüstung und -ein-
satz und die dadurch gefährdeten Entwicklungschancen hin, und versuchen,
Regelungen zur Beschränkung des Rüstungsexports zu beschließen.[21] Bisher mangelt es jedoch zum einen an einer Rechtsverbindlichkeit der bisher
kodifizieren Beschränkungen, zum anderen betreffen die Vereinbarungen
nur staatliche Akteure. Die Kleinwaffen erreichen aber ihre Bestimmungs-
orte überwiegend auf privaten, illegalen und kaum kontrollierbaren Wegen.
Niemand plant, Rüstungsexporte generell internationaler Kontrolle zu unterwerfen. Trotzdem beliefern die Rüstungsexportländer in aller Regel

---

[20] Zu Verbreitung und Kontrolle von Kleinwaffen vgl. u.a. D. Schmidt, Kleinwaffen in
„alten" und „neuen Kriegen", in: Prokla 127, Nr. 2 / Juni 2002, S. 271-295, insb. S. 283-
291; S. Wisotzki, Kleinwaffen in falschen Händen. Rüstungskontrolle nach dem Scheitern
der Kleinwaffenkonferenz der Vereinten Nationen, HSFK-Standpunkte 3/2006.

[21] Ebd.

nicht jeden Abnehmer und entscheiden im jeweiligen Einzelfall. Innerhalb der EU ist man übereingekommen, sich einem Verhaltenskodex zu unterwerfen. Der „Code of Conduct"[22] erlaubt den Mitgliedsländern Waffenexporte nur dann, wenn die jeweiligen Empfängerländer bestimmten Kriterien entsprechen. Dazu gehören nicht nur die Einhaltung der Menschenrechte, regionale Stabilität, friedliche Absichten des Empfängerlandes sowie dessen Ablehnung von Terrorismus, sondern auch die Vereinbarkeit der Rüstungsexporte mit der technischen und wirtschaftlichen Kapazität des belieferten Landes.[23] So lautet wenigstens der Text; diese Vereinbarung ist allerdings nicht verpflichtend. Dass die Pläne, sie zu einem Gemeinsamen Standpunkt und damit verpflichtend zu machen, wirklich realisiert werden, darf bezweifelt werden. Zu häufig halten sich die Mitgliedsländer nicht an die Selbstverpflichtung, nutzen Schlupflöcher, bekunden sogar ihre Absicht, ihre Rüstungsexporte „bürokratisch zu vereinfachen" und auszuweiten.[24] Die Behandlung der Rüstungsexporte aus Sicht der Lieferländer wird später wieder aufgenommen.

Von den Empfängerländern her betrachtet, muss jedoch auch darauf hingewiesen werden, dass die Staaten der Dritten Welt durchaus erhebliche Sicherheitsprobleme haben. Weist der Code of Conduct in der Präambel auf das in der UNO-Charta festgehaltene Recht auf Selbstverteidigung hin (und damit auch auf das Recht, die dazu notwendigen Mittel zu exportieren!), so gilt dieses Recht nicht nur für die hochgerüsteten Industrienationen, sondern auch für die Entwicklungsländer. Dabei geht es um Probleme der inneren und äußeren Sicherheit. Die immer wieder beschworene Gefahr durch failed states, durch einen Zusammenbruch des Gewaltmonopols in Ländern der Dritten Welt, sowie die inzwischen häufig bemühte These, es gebe keine Entwicklung ohne Sicherheit, weisen zum einen auf die bedrohte innenpolitische Stabilität der Entwicklungsländer hin. Staatliche Macht in den Entwicklungsländern soll gestärkt werden gegen Ressourcenraub durch Drogenmafia, warlords und marodierende Banden, sowie in bewaffneten ethnischen Auseinandersetzungen, – das wird in bestimmten Fällen nicht ohne Waffen möglich sein. Im Bereich der äußeren Sicherheit zum anderen sind viele Staaten u.a. konfrontiert mit Übergriffen, Raub und Plünderung vom Territorium der Nachbarstaaten aus, insbesondere bei unklaren Grenzverläufen, mit der Missachtung nationaler Fischereizonen, mit Übergriffen militarisierter ethnischer Gruppierungen auf Flüchtlingslager. Das „ownership-Prinzip", das zukünftig die Entwicklungszusammenarbeit

---

22 European Union Code of Conduct on Arms Exports, http://ue.eu.int/uedocs/cms Upload/8675_2_98_en.pdf.

23 Vgl. ebd., Kriterium 8, Übers. d.V.

24 Insbesondere Frankreich.

stärker bestimmen soll, basiert auf der Erkenntnis, dass den Nehmerländern eine größere Eigenständigkeit in der Mittelverwendung zugestanden werden muss, – das gilt für die Prioritätensetzung in der Ausgabenstruktur und auch für nicht lupenreine Demokratien. Das in der entwicklungspolitischen Diskussion so oft gehörte Argument, „keine Waffen, weil das Geld dann für andere Verwendungen fehlt", klingt in der gegenwärtigen politischen Diskussion, die auf der Seite der Industrieländerländer von Aufrüstung und „Sicherheitsfixierung" beherrscht wird, seltsam belehrend, wenn nicht gar präpotent: *wir* können damit (verantwortungsvoll) umgehen, ansonsten aber keine Waffen in die Hände von Kindern und Schwarzen!

3.2 Sind Entwicklungshilfeausgaben immer „gut"?

Wenn „gut" hier im Sinne von Armutsbekämpfung verstanden wird, so ist bereits oben deutlich geworden, dass einerseits die geplanten Anteilswerte nur mit Mühe erreicht werden, andererseits die Daten Ausgaben enthalten, die weder eindeutig der Armutsbekämpfung dienen, noch überhaupt auf die ärmsten Länder zentriert sind. Immer lauter werden daher die Forderungen insbesondere von Nicht-Regierungsorganisationen, die Entwicklungshilfe endlich deutlich aufzustocken und der Erreichung der Millenniumsziele, insbesondere der Armutsbekämpfung, eine größere politische Bedeutung zu geben. Doch ist die Entwicklung der ärmsten Länder wirklich ein Problem von Quantitäten, gar überhaupt der Entwicklungshilfe?

Der ernüchternden Bilanz bei der Erreichung der Zielvorgaben durch Staaten und internationale Organisationen einerseits sowie dem zunehmenden Stellenwert, den weltweite Armut als Sicherheitsproblem in der offiziellen Diskussion einnimmt, andererseits steht gegenüber, dass in der theoretischen und politisch-praktischen Diskussion über die Effektivität und Sinnhaftigkeit der Entwicklungshilfe generell Verwirrung und Ratlosigkeit herrschen. „Die umstrittene Wirksamkeit der Entwicklungszusammenarbeit" titelt Nuscheler[25] und widmet den ersten Teil seiner Arbeit der teilweise heftigen Kritik an der bisher geleisteten Entwicklungshilfe. Die Verwirrung steigert sich, wenn Entwicklungsökonomen zitiert werden, von denen der eine die Entwicklungshilfe massiv erhöhen, der andere sie radikal kürzen, der dritte sie ersatzlos streichen will[26].

---

[25] F. Nuscheler, Die umstrittene Wirksamkeit der Entwicklungszusammenarbeit", INEF-Report 93/2008.

[26] B. Grill, Entwicklungshilfe. Wofür das Ganze?, in: Die Zeit v. 11.1.2007, http://www .zeit.de/2007/03/Entwicklungshilfe.

Es kann an dieser Stelle nicht die gesamte Breite der Diskussion nachgezeichnet werden, doch lassen sich grob einige Positionen herausarbeiten (die sich teilweise überschneiden):

a) Entwicklungshilfe sei generell schädlich; sie habe bisher eher geschadet als genützt. Die Vertreter dieser Position beziehen sich auf Erfahrungen sowohl auf Geber- als auch auf Nehmerseite. Über die platte Kritik etwa an „goldenen Badewannen" und Investitionsruinen hinaus sehen sie u.a. strukturelle Probleme, die Förderung von Korruption und Tatenlosigkeit auf Seiten der Nehmerländer, Geschäftemacherei, ökonomische und kulturelle Ignoranz auf Seiten der Geberländer. Entwicklungshilfe würde damit zu einer „Fehlentwicklungshilfe" bzw. „tödliche Hilfe", ja, Entwicklungshilfe sei partiell ein Teil des Problems, nicht dessen Lösung.[27]

b) Entwicklung würde funktionieren, wenn die Programme nur ausreichend /stärker finanziert würden.

c) Die entwicklungspolitischen Konzepte seien bisher daran gescheitert, dass sie nicht problemangemessen gewesen seien. Seit Beginn der Entwicklungshilfe wurden die unterschiedlichsten Konzepte (Wachstum, Importsubstitution, Grundbedürfnisbefriedigung, Strukturanpassung) propagiert und wieder verworfen. Jedoch die Berücksichtigung der jeweils unterschiedlichen Entwicklungsbedingungen in jedem Land einerseits, andererseits auch wieder neue generell geltende Prinzipien (Good Governance, Globale Strukturpolitik, state building)[28] sowie elaborierte Evaluationen könnten die Entwicklungshilfe effektiv(er) machen.

d) Die Effektivität der Entwicklungshilfe leide am selbstsüchtigen Verhalten der Geberländer, an mangelnder Solidarität, an der fehlenden Bereitschaft zum Verzicht. Diese Position ist nur zum geringeren Teil anthropologisch begründet. Überwiegend steht dahinter die Überzeugung, die Imperative des globalen Kapitalismus, weltweite Konkurrenz- und Ausbeutungsstrukturen führten dazu, dass die Geberländer im Nord-Süd-Verhältnis ausschließlich Maßnahmen zum eigenen Vorteil durchzuführen bereit und befähigt wären, und Entwicklungshilfe damit allenfalls kosmetischen Charakter habe.

---

[27] Vgl. ebd. und Nuscheler, F., Die umstrittene Wirksamkeit der Entwicklungszusammenarbeit (Fn. 25), S. 5-7.

[28] Vgl. u.a. T. Debiel, D. / Lambach, B. / Pech, B., Geberpolitiken ohne verlässlichen Kompass?, in: APuZ 48/2007, S. 10-16.

4. Entwicklung als Ziel staatlicher Politik der Geberländer

4.1 Bedingungsfaktoren für Außenpolitik

In der Auseinandersetzung mit diesen verschiedenen Aussagen ist es hilfreich, sich mehr Klarheit über die Interessenlage der Geberländer zu verschaffen. Die Entwicklungszusammenarbeit wurde zunächst und wird partiell noch immer von den Geberländern mit einer „globalen Verantwortung" in Verbindung gebracht und damit in einen normativen Begründungszusammenhang gestellt. Mit dem Verweis auf „Gerechtigkeit und Solidarität" als „Grundwerte des menschlichen Lebens" und auf die „Idee, dass die Starken die Schwachen unterstützen",[29] wird die Entwicklungshilfe zu einer altruistischen Politik, und in diesem Sinne ist das Attribut der EU als größte Geberin ein Ausweis moralischer Qualität. In einer solchen idealistischen Sicht steht „Entwicklung" als einziges, bzw. primäres Ziel über allen entwicklungspolitischen Anstrengungen. Dem entsprechen auch die Millenniumsziele der UNO, die Selbstverpflichtungen der EU, doch alle laufen als selbstgesteckte Ziele Gefahr, nicht erreicht zu werden. Warum?

Gegen die Annahme, Entwicklungspolitik sei altruistisch begründet, sprechen zum einen die empirischen Befunde. Ausgaben zur Armutsbekämpfung gehen zum größten Teil eben nicht an die ärmsten Länder, unterstützt werden, entgegen dem Good Governance-Konzept, auch menschenrechtsverletzende Staaten, die erwartbar wirksamsten Maßnahmen zur Armutsbeseitigung, z.B. die Öffnung der eigenen Märkte, das Ende des Exports subventionierter Agrarprodukte, unterbleiben, – die Schätzungen über den jährlichen Einnahmeausfall, den die Entwicklungsländer aus diesem Grund erleiden, reichen von jährlich 100 Mrd. Dollar[30] bis 700 Mrd. Dollar.[31] Eine beträchtliche Summe, verglichen mit den Entwicklungshilfe-Ausgaben der EU in Höhe von rund 47 Mrd. Dollar.[32]

---

[29] Alle Zitate vgl. BMZ: „Grundsätze – warum brauchen wir Entwicklungspolitik", http://www.bmz.de/de/ziele/grundsaetze/index.html; dort wird allerdings auch auf den Nutzen für beide Seiten hingewiesen.

[30] Vgl. u.a. M. Wolfschmidt, Fairer Handel wäre Verständnis von Zukunft.Die europäische Agrarlobby schadet mit protektionistischen Winkelzügen den Ländern des Südens, in: Das Parlament, Nr.47, 21.11.2005.

[31] Vgl. J. Norberg, American and European protectionism is Killing Poor Countries and Their People, http://www.cato.org/pub_display.php?pub_id=3226.

[32] Siehe Fn. 2; Schumann stellt dem gegenüber, dass die westlichen Industrieländer 360 Mrd. Dollar jährlich für die Agrarsubvention ausgeben (ohne Jahresangabe), Schumann, H. Die wahren Globalisierungsgegner oder: Die politische Ökonomie des Terrorismus, in: APuZ B 13-14/2003, S. 27.

Diesen Befund stützt zum anderen die Theorie der Außenpolitik bzw. der Internationalen Politik. Staaten handeln in ihrem Außenverhalten nicht altruistisch – dieser Begriff ist der Individualpsychologie zuzuordnen und auch daher ungeeignet zur politikwissenschaftlichen Analyse –, sondern ihr Handeln wird von der Perzeption und der Verfolgung ihrer jeweiligen Interessen bestimmt. Wenn nationale Interessenpolitik (zusätzlich) moralisch legitimiert werden kann, umso besser, „geraten Normen in Widerspruch zu vitalen Interessen, überwiegen im Regelfall die Letzten".[33]

Die Bedeutung nationaler Interessen in der Außen-/Entwicklungspolitik wird auch in der EU deutlich: Nicht „die EU" hält die Weltmeisterposition inne, sondern die Entwicklungshilfe-Ausgaben verteilen sich auf die EU als Institution (ca.16 %) und die Mitgliedsländer (ca. 84 %).[34] Die Entwicklungshilfe der EU ergänzt, sie ersetzt nicht die Politik der Mitgliedsländer.[35] Damit bleiben im ganz überwiegenden Teil der Entwicklungshilfe Umfang, Struktur, Auswahl und Schwerpunktsetzung bei den Nehmerländern dem jeweils nationalen Interessenkalkül unterworfen. Die Mitgliedsländer bemühen sich um Lieferbindungen zum Wohle ihrer Industrie, pflegen alte koloniale Beziehungen, bekräftigen spezielle politische Verbindungen, indem sie Entwicklungshilfe an Wohlverhalten knüpfen. Außenpolitik generell ist als Interessenpolitik auf die nationalen Ziele der Erhaltung und Ausweitung von Wohlstand und Sicherheit im eigenen Land gerichtet, also auf den nationalen Nutzen; das wird von den Bürgern des Landes mit Recht auch so erwartet. Eine Politik, die in der Absicht der Wohltätigkeit die Steuergelder ihrer Bürger über die Welt verstreuen würde, verlöre sehr schnell an Legitimation.[36]

4.2 Interessengeleitete Entwicklungspolitik

Mit den genannten Maßnahmen, die eindeutig und erkennbar für die Entwicklungsländer nachteilige Konsequenzen haben, versuchen die Geberländer, auch in der Entwicklungshilfe die eigenen Interessen zu sichern: außenpolitische Interessen wie z.B. die Sicherung von Absatzchancen und

---

33 G.-K. Kindermann,.Außenpolitik im Widerstreit. Spannung zwischen Interesse und Moral, in: Internationale Politik, 9/1997, S. 3.

34 Berechnet nach: EU. Überblick über die Tätigkeitsbereiche der Europäischen Union (Fn. 2).

35 Zu Versuchen, die nationalen Eentwicklungshilfe-Politiken stärker zu koordinieren s. u.a. Nuscheler, F., Die umstrittene Wirksamkeit…(s.Fn. 25), Kap. 4.

36 Vgl. zur stärkeren Berücksichtigung eigener Interessen explizit CH. Ruck, Plädoyer für eine strategische Neuorientierung und bessere Verzahnung der Entwicklungs- und Sicherheitspolitik, in: Politische Studien, H. 411, Jan./Feb. 2007.

Rohstoffen, die Bekämpfung der Migration durch Rücknahmeverträge, innenpolitische wie Existenzsicherung und Machterhalt ökonomisch und politisch bedeutsamer Gruppierungen. Dies geht zwangsläufig zulasten einer Entwicklungshilfe, die „Entwicklung" zum obersten Ziel der Entwicklungshilfe macht. Doch schon von Anfang an hatte die Entwicklungshilfe überwiegend eigenen Interessen zu dienen. Im Ost-West-Konflikt sollte sie gegenüber dem Konkurrenten Einflusssphären, Märkte und geopolitisch wichtige Gebiete sichern und die Überlegenheit der eigenen Ideologie belegen. Auch damals unterstützte die westliche Politik nicht immer die ärmsten und auch nicht die demokratischsten Länder, sondern häufig Gruppierungen, die prowestlich und willfährig waren. Nach dem Ende des Ost-West-Konflikts und dem nun die Außenpolitik bestimmenden erweiterten Sicherheitsbegriff wird auch die Entwicklungshilfe „versicherheitlicht".[37] Entwicklungsländer erscheinen in dieser Sichtweise als Chaosmächte, zerfallende Gewaltmonopole, Verwüstung und Versteppung der Böden mit darauffolgenden Flüchtlingswellen, Epidemien, internationale Kriminalität, Drogenhandel, Rückzugsgebiete für Terrorismus und Neue Kriege werden als Bedrohungen gesehen, deren Bearbeitung damit zu einem Kernbereich der Verfolgung nationaler Interessen wird. Wo diese Phänomene auftreten, soll die Entwicklungshilfe zu deren Beseitigung einen wichtigen Beitrag leisten. Doch was wird damit aus der Entwicklungshilfe, und liegt eine solche Politik wirklich im „nationalen Interesse"?

In der Interpretation, was denn im Einzelfall das nationale Interesse sei, gehen die Meinungen von Politikern und Wissenschaftlern häufig auseinander. Vielfach wird umstandslos für das nationale Interesse gehalten, was die jeweiligen Regierungen als nationales Interesse ausgeben, – schon die Opposition sieht das häufig anders. Wissenschaftler versuchen, jenseits der aktuellen Politik ein „wohlverstandenes" Interesse zu definieren. Auf diese Debatte kann an dieser Stelle nicht ausführlich eingegangen werden. Im Zusammenhang mit Entwicklungshilfe wird hier ein spezieller Aspekt herausgegriffen: das Problem der Fristigkeit der Interessenperzeption, da gerade dieser eine große Bedeutung in Zusammenhang mit „Sicherheit" hat.

Ein Strukturproblem staatlicher Politik ist, dass sie in aller Regel (zu) kurzfristig angelegt ist. Das Denken in Wahlperioden, die Schwierigkeit,

---

37 Siehe hierzu u.a. G. Maihold, Die sicherheitspolitische Wendung der Entwicklungspolitik: Eine Kritik des neuen Profils, in: Internationale Politik und Gesellschaft 4/2005; L. Brock, Entwicklungspolitik. Entschiedene Antworten auf unentschiedene Fragen, in: J. Calließ, (Hrsg.), Was taugt die Entwicklungspolitik im Kampf gegen den Terrorismus? (Loccumer Protokolle 68/02), Rehburg-Loccum 2003; J. Faust, / D. Messner, Entwicklungspolitik und internationale Sicherheit. Die EU-Sicherheitspolitik als Herausforderung für die Entwicklungspolitik, in: D. Messner, D. / I. Scholz (Hrsg.), Zukunftsfragen der Entwicklungspolitik, Baden-Baden 2004.

Legitimation für eine Politik suchen und gewinnen zu müssen, deren Kosten heute anfallen, deren Gewinne jedoch erst langfristig erkennbar und realisierbar sind, d.h. die Furcht davor, den Bürgern zur Lösung (nur) prognostizierbarer Probleme, also mit umstrittener Eintrittswahrscheinlichkeit, bereits heute finanzielle Opfer abzuverlangen, führt zu einer Politik der kurzfristigen Problem- und Konfliktbearbeitung. Kosten und politisch unbequeme Entscheidungen werden vermieden, die Problemlösung auf unbestimmte Zeit verschoben. Das gilt nicht nur in der Außen-/Entwicklungspolitik. Eine langfristig angelegte vorbeugende Gesundheitspolitik, eine Kriminalitätsbekämpfung, die Kriminalität zu vermeiden sucht, statt zu bestrafen, eine Bildungspolitik, die früh und umfassend ansetzt, bringt Kosten bereits heute, die Gewinne erst morgen. Dabei wird immer erkennbarer, dass in jedem Falle eine kluge Präventionspolitik die Probleme effektiver und kostengünstiger lösen kann als eine spätere Schadensbearbeitung. Die rechtzeitige Investition in alternative Energiegewinnung wird letztlich billiger sein als der Kampf um die letzten Ölvorkommen, ebenso vermehrte Anstrengungen bei dem Schadstoffausstoß heute gegenüber den Kosten für die Bearbeitung von Klimakatastrophen morgen. In diesem Sinne ist die derzeitige Entwicklungshilfe sowohl in ihrer humanitären Variante (Katastrophenhilfe statt Bau sicherer Häuser und Dämme) als auch in ihrer entwicklungsbezogenen Variante anlass- und aktualitätsbezogen und damit teurer und ineffektiver als eine vorausschauende Politik. Die Hilfe bei der Sicherung von Lebenschancen in der Dritten Welt ist billiger (und vermutlich als einzige Politik effektiv) als der Bau von Festungsanlagen gegen illegale Einwanderung bzw. als die Bekämpfung aller Phänomene, die aus der Verarmung erwachsen und die wir als Sicherheitsgefährdung ansehen. Insbesondere bei dem Zerfall von Staaten und den daraus folgenden Bedrohungen kommt hinzu, dass nicht nur Prävention zum frühestmöglichen Zeitpunkt am erfolgreichsten und billigsten sein wird,[38] – beim letztendlichen Ausbruch von Chaos und Gewalt ist die dann folgende militärische Intervention die teuerste, ineffektivste und blutigste Durchsetzung der eigenen „Sicherheitsinteressen".

Mit der Politik der *kurzfristigen* Bedrohungsbearbeitung entfernt sich die Entwicklungshilfe zunehmend von der Armutsbekämpfung. Der Fokus liegt nicht mehr auf Bildung, Gesundheit und Ernährung in den Entwicklungsländern, sondern auf Polizei, Bürokratie und Justizwesen, nicht die ärmsten Länder werden unterstützt, sondern die, die einigermaßen plausibel die Anwesenheit von „Terroristen" nachweisen können, nicht die Armut, sondern die Symptome von Armut werden (fallweise) bearbeitet. Staaten

---

[38] Vgl. u.a. S. Mair, Intervention und „state failure": Sind schwache Staaten noch zu retten? in: Internationale Politik und Gesellschaft 3/2004, S. 82-98.

müssen erst kollabieren, dann wird geholfen. Es ist deutlich, dass neben anderen katastrophalen Ergebnissen und menschlichen Opfern dieser Politik ein solches Vorgehen die teuerste Variante der Durchsetzung eigener Interessen ist.

Für eine Veränderung dieser Politik zum Nutzen beider Seiten sind zwei Voraussetzungen erforderlich:

• Die verstärkte Berücksichtigung der globalen Vernetzung in der Politik und Ökonomie. Das klingt banal. Hinweise auf die weltweiten Zusammenhänge finden sich in offiziellen Dokumenten und in jeder (Sonntags-)Rede. Gemeint ist hier die *Berücksichtigung,* nicht die bloße Erwähnung. Dass die Entwicklungshilfe scheitert, weil durch den (teuren) Schutz kurzfristiger Interessensicherung etwa im Agrarsektor die Entwicklungschancen anderer Länder torpediert werden, und (zusätzlich mit der Förderung von Biosprit) verschärfte Hungerprobleme auftreten lassen, und in der Folge verarmte und perspektivlose Menschen sich radikalisieren oder fliehen, die Vernachlässigung globaler Zusammenhänge also, ist nicht Ergebnis von Dummheit und Ignoranz in der Politikgestaltung. Politiker bevorzugen lediglich die jeweils „schmerzloseste" Politik.

• Die Abkehr von überkommenen Instrumenten und vereinfachenden Legitimationsmustern. Damit ist insbesondere die Kurzfristigkeit (und damit Kurzsichtigkeit) bei der Behandlung der Entwicklungsproblematik gemeint.[39] Das bedeutet eine Abkehr von einer reaktiven und eine Hinwendung zu einer proaktiven Problembearbeitung – und damit auch von offensiven zu defensiven Lösungen, d.h. von einer teuren und häufig gewaltsamen Konfliktbearbeitung zu einer Konfliktvermeidung bzw. Verringerung der Verwundbarkeit. Werden weltweite Armut und die daraus folgenden zerstörerischen Entwicklungen als Sicherheitsrisiko verstanden, müssen die eingesetzten Instrumente und Kosten in ihrer mittel- und langfristigen Wirkung kalkuliert werden. Jedes Unternehmen stellt solche Überlegungen zur dauerhaften Existenzsicherung an. Und hier wie in der Entwicklungshilfe können kurzfristige Gewinnmitnahmen die Durchsetzung der langfristigen Interessen, d.h. das gesamte Projekt gefährden. Dazu gehört aber auch, eine solche langfristige Perspektive offensiv zu kommunizieren. Warum sollte eine Politik, bei der heute „Versicherungsleistungen" anfallen, um späteren Schaden abzuwenden, der Bevölkerung nicht plausibel gemacht werden können?

---

[39] Auf andere Bereiche grundsätzlicher Kritik an der Gestaltung der Entwicklungshilfe (z.B. Neoliberalismus) wird hier nicht eingegangen.

In der Entwicklungszusammenarbeit ist ein Umdenken erforderlich, – ein vielfach vorgetragener Satz. Es ist jedoch nicht ein Umdenken in Richtung auf mehr „globale Verantwortung", Mitleid, Mildtätigkeit, „Solidarität"; Appelle dieser Art, die „verstaubte(n) Geber-Orthodoxie: hier der edle Samariter, dort der ewige Bettler"[40] sind politisch wirkungslos. Von den Regierungen der Industriestaaten muss stattdessen eine problemadäquatere Verfolgung ihrer und unserer eigenen Interessen eingefordert werden. Nur eine Entwicklungshilfe, die wirklich entwickelt, ist auch im längerfristigen Interesse der Geberländer, sie muss beiden Seiten nützen. „Almosen für die Armen" sind in der erforderlichen Höhe nicht erwartbar, nicht legitimierbar und nicht effektiv. Armutsbekämpfung kann für den Einzelnen eine moralische Verpflichtung sein, für eine langfristige angelegte staatliche Politik ist sie identisch mit der Verfolgung nationaler Interessen.

Das hat nichts mit Abdanken der Moral zu tun, das dahinterstehende Konzept liegt – wie so viele andere Lippenbekenntnisse – bereits auf dem Tisch. „Human Security"[41] basiert auf der Überlegung, dass sich die Menschen in einem Teil der Welt nicht sicher fühlen können, wenn in anderen Teilen der Welt Unsicherheit (Armut, Krankheit, Kriege, Naturkatastrophen) herrscht. Die Sicherung der politischen Rechte und der Grundbedürfnisse der Menschen in der Dritten Welt ist „wohlverstandene", langfristige Sicherheitspolitik. Eine Analogie ist erkennbar zum Konzept der „Gemeinsamen Sicherheit" während des Ost-West-Konflikts, das ebenfalls die eigene Sicherheit mit der (Un-)Sicherheit der Gegenseite in Verbindung brachte. Wenn die Sicherheitsstrategie der EU mit Recht auf die Bedrohung durch die Armut in der Welt, die Unsicherheit so vieler Menschen, als größtes Problem hinweist, steht dem die Tatsache gegenüber, dass bisher in die Verringerung dieser Bedrohung bemerkenswert wenig investiert wird.

Literatur

Actionaid international, Real Aid: An Agenda for Making Aid Work, http://www.actionaid.org.uk/_content/documents/real_aid.pdf.

Addicks, K. (2008), Etikettenschwindel Entwicklungshilfe, in: Frankfurter Allgemeine FAZ.NET, vom 26.8.2008, http://www.faz.net/s/RubA1C

---

[40] B. Grill, Entwicklungshilfe (s. Fn. 26).

[41] Das Konzept basiert auf dem Human Development Report 1994 der UNO und versteht unter Human Security nicht nur die Abwesenheit von Gewalt (freedom from fear), sondern auch die Befriedigung der Grundbedürfnisse (freedom fron want); inzwischen gibt es eine umfangreiche Literatur zu Human Security.

5F597E6 D64A419DBA86E14D99D0D3/Doc~E91ACFC5EA208429
EB 41038A5F9F80194~ATpl~Ecommon~Scontent.html.

BMZ, „Grundsätze – warum brauchen wir Entwicklungspolitik", http://
www.bmz.de/de/ziele/grundsaetze/index.html.

Brock, L. (2003), Entwicklungspolitik. Entschiedene Antworten auf unentschiedene Fragen, in: Calließ, J. (Hrsg.), Was taugt die Entwicklungspolitik im Kampf gegen den Terrorismus? (Loccumer Protokolle
68/02), Rehburg-Loccum, S. 325-339.

Bromley, M. (2008), The Impact on Domestic Policy of the EU Code of
Conduct on Arms Exports, SIPRI Policy Paper No. 21, May 2008,
http://books.sipri.org/files/PP/SIPRIPP21.pdf.

Debiel, T., / Lambach, D., / Pech, B. (2007), Geberpolitiken ohne verlässlichen Kompass?, in: APuZ 48/2007, S. 10-16.

Deutsche Welthungerhilfe e.V., terre des hommes Deutschland (Hrsg.)
(2006), Die Wirklichkeit der Entwicklungshilfe. Vierzehnter Bericht
2005/2006. Eine kritische Bestandsaufnahme der deutschen Entwicklungspolitik, o.O. 2006, http://www.tdh.de/content/materialien/down
load/index.htm?&action =details&id=222.

Deutsche Welthungerhilfe e.V., terre des hommes Deutschland (Hrsg.)
(2007), Die Wirklichkeit der Entwicklungshilfe. Fünfzehnter Bericht
2006/2007. Eine kritische Bestandsaufnahme der deutschen Entwicklungspolitik, o.O. 2007, http://www.tdh.de/content/materialien/down
load/index.htm? &action=details&id=247.

Deutschland ist größter Waffenexporteur der EU, http://www.uni-kassel.de
/fb5/frieden/themen/export/gkke07.html.

EU. Überblick über die Tätigkeitsbereiche der Europäischen Union. Entwicklung, http://europa.eu/pol/dev/overview_de.htm.

Europäisches Parlament, Maßnahmen gegen Hunger und Armut. Entschließung des Europäischen Parlaments zur Bekämpfung von Hunger
und Armut, P6_TA (2005)0052, http://www.europarl.europa.eu/sides
/getDoc.do?pubRef=-//EP//NONSGML+TA+P6-TA-2005-0052+0+
DOC+PDF+V0//DE.

European Union Code of Conduct on Arms Exports, http://ue.eu.int
/uedocs/cmsUpload/8675_2_98_en.pdf.

Faust, J., / Messner, D. (2004), Entwicklungspolitik und internationale Sicherheit. Die EU-Sicherheitspolitik als Herausforderung für die Entwicklungspolitik, in: Messner, D., Scholz, I. (Hrsg.), Zukunftsfragen
der Entwicklungspolitik, Baden-Baden, S. 137-158.

Grill, B. (2007), Entwicklungshilfe. Wofür das Ganze?, in: Die Zeit, 11.1.2007, http://www.zeit.de/2007/03/Entwicklungshilfe.

Holtom, P. / Bromley, M. / Wezeman, P. (2008), International arms transfer, in: Stockholm International Peace Research Institute (Hrsg.), SIPRI Yearbook 2008, Oxford 2008, S. 293-317.

Kindermann, G.-K. (1997), Außenpolitik im Widerstreit. Spannung zwischen Interesse und Moral, in: Internationale Politik, 9/1997, S. 1-6.

Klingebiel, S. (2006), Entwicklungspolitik – Nur ein anderes Label für Sicherheitspolitik, in: W + F (Wissenschaft und Frieden), 2/2006, S. 20-23.

Maihold, G. (2005), Die sicherheitspolitische Wendung der Entwicklungspolitik: Eine Kritik des neuen Profils, in: Internationale Politik und Gesellschaft 4/2005, S. 30-48.

Mair, S. (2004), Intervention und „state failure": Sind schwache Staaten noch zu retten? in: Internationale Politik und Gesellschaft 3/2004, S. 82-98.

Martens, J. (2007), Armutszeugnis. Die Millenniumsentwicklungsziele der Vereinten Nationen. Halbzeit – Defizite – Perspektiven, Global Policy Forum Europe, Report September 2007, http://www.globalpolicy.org /eu/de /publ/armutszeugnis.pdf.

Moltmann, B. (2008), Weltrüstungshandel: Gefährliche Normalität der Staatenwelt, in: Heinemann-Grüder, A. et al. (Hrsg.), Friedensgutachten 2008, Berlin 2008, S. 79-91.

Norberg, J., American and European protectionism is Killing Poor Countries and Their People, http://www.cato.org/pub_display.php?pub _id=3226.

Nuscheler, F. (2008), Die umstrittene Wirksamkeit der Entwicklungszusammenarbeit, INEF-Report 93/2008

OECD Pressemitteilung, 22.2.2007, OECD DAC Entwicklungsbericht 2006: Österreich muss weitere Anstrengungen zur Aufstockung der Entwicklungshilfe unternehmen, http://www.oecd.org/dataoecd/3/41/38145795 .pdf.

Rötzer, F., Die „Phantomgelder" der Entwicklungshilfe, http://www.heise .de/tp/r4/artikel/20/20191/1.html.

Ruck, Ch. (2007), Plädoyer für eine strategische Neuorientierung und bessere Verzahnung der Entwicklungs- und Sicherheitspolitik, in: Politische Studien, H. 411, Jan./Feb. 2007, S. 75-84

Sicherheit und Frieden – Vierteljahresschrift (S+F), H. 3/2005, Schwerpunkt: Sicherheitssektor.

Stockholm International Peace Research Institute (Hrsg.) (2008), SIPRI Yearbook 2008, Oxford 2008, Kurzfassung, http://www.uni-kassel.de /fb5/frieden /themen/export/sipri2008.html.

Schmidt, D. (2002), Kleinwaffen in „alten" und „neuen Kriegen", in: Prokla 127, Nr. 2/Juni 2002, S. 271-295.

Schumann, H. (2003), Die wahren Globalisierungsgegner oder: Die politische Ökonomie des Terrorismus, in: APuZ B 13-14/2003, S. 24-30.

Wagner, J. (2008), Orwell im Tschad: Wie Österreich und die Europäische Union Militäreinsätze über die Entwicklungshilfe querfinanzieren, IMI-Analyse, Nr. 2008/014, 28.4.2008.

Wisotzki, S. (2006), Kleinwaffen in falschen Händen. Rüstungskontrolle nach dem Scheitern der Kleinwaffenkonferenz der Vereinten Nationen, HSFK-Standpunkte 3/2006.

Wolfschmidt, M. (2005), Fairer Handel wäre Verständnis von Zukunft. Die europäische Agrarlobby schadet mit protektionistischen Winkelzügen den Ländern des Südens, in: Das Parlament Nr.47/21.11.2005.

DIE EU IN DER PFLICHT. WEGE AUS DER GLOBALEN ARMUTSFALLE

FRANZ KÜBERL

Am Beginn des 21. Jahrhunderts steht die globalisierte Welt vor großen Herausforderungen, für die sie offensichtlich nur schlecht gerüstet ist: Einerseits haben sich in den letzten Jahren Probleme wie Umweltzerstörung, weltweite Armut oder soziale Konflikte enorm verschärft. Andererseits scheint die internationale Staatengemeinschaft immer weniger die Fähigkeit zu haben, auf diese Krisen effizient und nachhaltig reagieren zu können.

Ich möchte hier konkrete Zahlen nennen, um einige der großen Probleme, denen wir heute gegenüberstehen, näher zu benennen: Fast eine Milliarde Menschen leben in absoluter Armut, täglich sterben mehr als 26.000 Kinder an Hunger und vermeidbaren Krankheiten, weltweit gibt es derzeit 190 gewaltsame Konflikte, jährlich werden 1,3 Billionen US-Dollar für militärische Zwecke ausgegeben – das ist zehn mal soviel wie für die Entwicklungszusammenarbeit. Armut hat viele Gesichter: Armut führt zu Hunger, Verzweiflung, fehlender Bildung, Missbrauch, Krankheit, Obdachlosigkeit und Tod.

Die Hilfe der EU hinterlässt zu wenige Spuren

2007 haben die Dachverbände Caritas Europa und Cidse (Internationale Arbeitsgemeinschaft für Entwicklung und Solidarität) exemplarisch sechs Länder des Südens daraufhin analysiert, inwieweit die Hilfe der EU spürbare Verbesserungen für die in Armut lebenden Menschen bringt. Die Ergebnisse wurden in dem Bericht „The EU's Footprint in the South" vorgestellt. Die wesentlichen daraus resultierenden Empfehlungen waren:

- dass die Armutswirkung in allen Sektoren und in allen Instrumenten die Richtschnur des Handelns bilden soll. Das gilt insbesondere für kapitalintensive Maßnahmen im Bereich der makrofinanziellen Unterstützung, des Transports und der Infrastruktur. Die Schwerpunktsetzung muss sich an den Prioritäten der Partnerländer orientieren;

- dass Planungs-, Monitoring- und Evaluierungsprozesse transparent gestaltet werden und eine proaktive Informationspolitik eine aktive Beteiligung der Parlamente und der Zivilgesellschaft sicherstellt;
- dass die Rechenschaftspflicht gegenüber den nationalen EntscheidungsträgerInnen und der lokalen Gesellschaft geachtet wird, um nationale Eigenverantwortung (Ownership) und demokratische Kontrolle zu fördern. Insbesondere im Rahmen der Umsetzung neuer Mechanismen (Good Governance, Budgethilfe) muss die EU eine Führungsrolle in der Stärkung der nationalen AkteurInnen einnehmen.

Pläne, wie man es besser machen könnte, um die globale Armut zu beseitigen, liegen ja bereits auf dem Tisch; sie werden nur nicht rasch genug umgesetzt:

Die Millenniumsentwicklungsziele weisen den Weg in eine gerechtere Welt

Das neue Jahrtausend begann mit einem hoffnungsvollen Akt der Solidarität mit den ärmsten Menschen der Welt: die Unterzeichnung der acht Millenniumsentwicklungsziele (MDG) durch 189 Staaten war ein in der Geschichte beispielloses Bekenntnis, gemeinsam gegen die Armut in der Welt vorzugehen. Die MDGs zeigen deutlich jene Bereiche auf, in denen drastische Verbesserungen notwendig sind, um die weltweite Armut zu bekämpfen. Sie bieten eine Möglichkeit, dass alle Entwicklungs-Partner/innen an einem Strang ziehen und ein gemeinsames großes Ziel vor Augen haben, auf das sie ihre individuelle Agenda ausrichten. Mithilfe der Millenniumsentwicklungsziele kann Armut noch wirksamer bekämpft werden.

Tatsächlich sind seit der Unterzeichnung der Millenniumsdeklaration nennenswerte Verbesserungen erzielt worden: Viele Länder, vor allem in Asien und Lateinamerika, verzeichnen einen Rückgang der Armut, und sie sind auf dem besten Weg, einige der Millenniumsentwicklungsziele zu erreichen. Besonders dramatisch ist die Lage jedoch nach wie vor in Afrika südlich der Sahara – diese Region schneidet bei fast allen Zielen schlecht ab. Trotz einiger positiver Entwicklungen ist es unwahrscheinlich, dass die Millenniumsentwicklungsziele für diese Region in absehbarer Zeit erreicht werden können.

Ein halbes Jahrzehnt nach Unterzeichnung der Millenniumsdeklaration und der Erarbeitung nationaler Armutsreduktionspläne hat noch immer jeder fünfte Mensch weniger als einen US-Dollar pro Tag zum Leben. In einigen Ländern südlich der Sahara, wie z.B. Mali, besuchen weniger als die

Hälfte der Kinder die Grundschule und fast 2,5 Millionen Menschen infizieren sich jedes Jahr neu am HIV-Virus.

Die Staaten der Europäischen Union müssen ihre Versprechen einhalten

Dabei hat sich die EU 2005 als Reaktion auf die Millenniumsdeklaration dazu verpflichtet, bis 2015 0,7 % des Bruttonationaleinkommens für Entwicklungszusammenarbeit (EZA) bereitzustellen – ein Ziel, das sich Europa bereits in den 1970er Jahren gesteckt hatte und das bisher nicht einmal annähernd erreicht werden konnte. Zumindest hat man sich zu einem Stufenplan durchgerungen, also zu einer schrittweise Annäherung an das Ziel: Die „alten" EU-Länder sollen als Mindestmarke 0,51 % und jene EU-Länder, die erst nach 2002 der EU beigetreten sind, bis 2010 einmal 0,17 % und dann bis 2015 jährlich 0,33 % des Bruttonationaleinkommens für EZA bereitstellen.

In den Berichten der Europäischen Union wird gerne darauf hingewiesen, dass sie selbst weltweit die wichtigste Entwicklungshilfegeberin sei. Im Jahr 2007 hat die EU 46 Milliarden Euro an „Official Development Aid" ausgegeben. Aber wichtiger ist die Tatsache, dass die EU-Länder im Durchschnitt nur 0,38 % des Bruttonationalproduktes bereitstellen. Das ist noch immer viel zu wenig.

In Österreich konnte man bis jetzt mit vielen Tricks die Hilfe gut aufblähen:

- durch die Einrechnung des Schuldenerlasses, was nicht den Vorgaben des Monterrey Consensus von 2002 entspricht;
- durch die Einrechnung der Betreuung von Asylbewerbern in Österreich;
- durch die Einrechnung indirekter Studienkosten für ausländische Studierende an inländischen Universitäten.

Durch die großzügige Einrechnung all dieser Leistungen konnte die österreichische Regierung in ihren Berichten die Erfüllung der gesteckten Ziele stolz verkünden. Mit 1,3 Mrd. Euro oder 0,49 % des Bruttonationaleinkommens sei die Republik Österreich 2007 auf dem Weg zur 0,51 %-Marke. Jene Hilfe, die 2007 nach Herausrechnen oben genannter Zahlungen direkt den Ärmsten zugute kam, betrug aber nur kümmerliche 0,20 %

des Bruttonationaleinkommens.[1] Das ist wahrlich ein Armutszeugnis für den viertreichsten Staat der Europäischen Union! Warum können bzw. wollen die europäischen Regierungen ihre Versprechen nicht einhalten? Das hat sicherlich damit zu tun, dass mit dem Versprechen eines hohen Budgets für Entwicklungszusammenarbeit keine Wahlen zu gewinnen sind. Österreich setzt sich für die Schwachen ein, wenn sie im eigenen Land leben, nach dem Motto „Das Hemd ist mir näher als der Rock."

Innerhalb des EU-Raums funktioniert der Solidaritätsgedanke freilich relativ gut; Allein die Tatsache, dass die EU eine Gemeinschaft von NettozahlerInnen und NettoempfängerInnen ist, belegt den Weg der EU zur Solidargemeinschaft. Solidarisches Handeln zeichnet sich bekanntlich dadurch aus, dass jene, denen es besser geht, mehr beitragen, damit jene, denen es nicht so gut geht, aufholen können.

Finanztransaktionssteuer zur Erreichung der MDGs

Österreich ist nicht das einzige Land in der Europäischen Union, das gerade dabei ist, seinen Beitrag zur internationalen Solidargemeinschaft zurückzuschrauben. Betrachtet man die Zahlungen der einzelnen EU-Staaten im Detail, so kommt man zum Ergebnis, dass nur fünf der 27 Länder die von ihnen selbst gesteckten Ziele erreichen werden,[2] nämlich Dänemark, Luxemburg, Niederlande, Spanien und das kleine Litauen, das als neues Mitgliedsland das 0,17-Ziel für 2007 erreicht hat.

Es ist jetzt der richtige Zeitpunkt, die Finanztransaktionssteuer, über die seit geraumer Zeit diskutiert wird, endlich umzusetzen. Das Volumen der Finanztransaktionen, vor allem der Handel mit den so genannten Derivativen, ist in den vergangenen Jahren weltweit enorm angestiegen. Allein in Europa erreicht er fast das 90fache des EU-Bruttoinlandsprodukts. Eine Bagatellsteuer von 0,01 % auf diese Transaktionen könnte einer aktuellen WIFO-Studie zufolge EU-weit mindestens 35 Milliarden US-Dollar einbringen – Gelder, die zur Erreichung der UN-Millenniumentwicklungsziele zweckgebunden verwendet werden könnten. Doch gleichzeitig dürfen die Nationalstaaten freilich nicht aus ihrer globalen Verantwortung entlassen werden.

---

[1] Vgl. Concord. No times to waste: European governments behind schedule on aid quantity and quality. 2008.

[2] Ebd.

Ein Schuldenerlass für hoch verschuldete Länder ist weiterhin notwendig

Ein Schuldenerlass für die hoch verschuldeten Länder ist unbedingt notwendig, damit diese eine Möglichkeit haben, ihre Wirtschaft wieder auf Kurs zu bringen. Wo es möglich ist, sollen die frei gewordenen Gelder für Armutsbekämpfungsmaßnahmen nach dem Vorbild der Entschuldungsidee mit Gegenwertfonds bereitgestellt werden. So könnte ein Teil der erlassenen Schulden in einen Gegenwertfonds in nationaler Währung eingezahlt werden, um damit die Grundbedürfnisse befriedigen bzw. Investitionen im Bereich der Gesundheit, Bildung oder Frauenförderung tätigen zu können. Wesentlich für eine ordnungsgemäße Verwendung der Mittel ist eine Kontrolle durch Gruppen der Zivilgesellschaft wie NGOs, Gewerkschaften oder Kirchen.

Spendenabsetzbarkeit als zusätzlicher Anreiz für private Spenden

Gerne verweisen die Länder der Europäischen Union, besonders die österreichische Bundesregierung, auf die Spendenbereitschaft der BürgerInnen. 2006 haben die katholischen EZA-Organisationen beinahe ebenso viele Mittel für Projekte in Asien, Afrika und Lateinamerika von privaten Spenderinnen und Spendern aus Österreich bekommen, wie die staatliche Austrian Development Agency von der österreichischen Regierung an Budgetmitteln erhielt.

In Ländern wie Deutschland und der Schweiz, in denen die Spendenbereitschaft noch höher ist als in Österreich, können Spenden für Projekte der Entwicklungszusammenarbeit schon lange von Steuer abgesetzt werden. Wenn Österreich hier nachziehen würde, ergäbe sich ein zusätzlicher Anreiz für die Menschen, sich weiter und mehr für EZA-Projekte zu engagieren.

Entwicklungszusammenarbeit ist aber kein Allheilmittel

Um Ungerechtigkeit und Armut in der Welt zu bekämpfen, müssen zeitlich und räumlich koordiniert viele Maßnahmen gesetzt und Strukturen verändert werden. Wirksame Hilfe ist ein wichtiges Instrument zur Erreichung der Millenniumsziele, jedoch kein Allheilmittel gegen extreme Armut, chronische Unterernährung oder andere entwicklungsrelevante Probleme und Herausforderungen unserer Zeit. Hilfe allein wird die Armut in der Welt nicht beseitigen können. Alle drei Sphären der Gesellschaft – Staat, Zivilgesellschaft und Wirtschaft – müssen ihren Beitrag zu einer gerechteren Welt leisten. Diese zu stärken, muss unser primäres Anliegen sein. Menschliche Entwicklung kann nur möglich sein, wenn international gerechte Wirtschaftsbeziehungen herrschen, die Arbeit der Regierungen weltweit von Good Governance geprägt ist, überall eine lebendige und starke Zivilgesellschaft entstehen kann und ökologische Nachhaltigkeit gesichert wird.

Fragile Staaten brauchen verstärkte Unterstützung

Es ist ein Dilemma der Entwicklungszusammenarbeit, dass diese gerade in so genannten fragilen Staaten gebraucht wird, die unter Korruption, einem fehlenden Rechtssystem, einer schwach ausgeprägten Zivilgesellschaft und unzureichenden Kontrollinstrumenten leiden. Immer wieder ist die Caritas mit dem Argument konfrontiert, dass Entwicklungszusammenarbeit nichts bringe angesichts der Konflikte und Kriege, die in den Ländern Afrikas, Asiens und Lateinamerikas immer wieder neu aufflammen. Seit Jahrzehnten wird der Nahe Osten immer wieder von Kriegen und Konflikten gebeutelt. Gleichzeitig fließt sehr viel internationales EZA-Geld in diese Region, im Jahr 2006 waren es über 13 % der weltweiten Mittel. Laut einer Studie von Oxfam haben zwischen 1990 und 2005 Bürgerkriege und gewaltsame Konflikte auf dem afrikanischen Kontinent rund 211 Milliarden Euro gekostet. Das entspricht ungefähr der Summe an Mitteln der internationalen EZA, die in derselben Zeit an afrikanische Regierungen geflossen ist.

Hat Entwicklungszusammenarbeit vor diesem Hintergrund überhaupt Sinn? Die Antwort darauf darf nicht sein, dass Kinder, Frauen und Männer, die zur Flucht getrieben werden, deren Felder und Häuser zerstört sind und die nichts mehr zu essen haben, im Stich gelassen werden. Gerade in Bürgerkriegsländern hat internationale Hilfe sehr viel bewirkt, nämlich die Versorgung von Flüchtlingen und die Aufrechterhaltung grundlegender Dienstleistungen. Da, wo staatliche Strukturen völlig zusammengebrochen sind, übernehmen oft zivilgesellschaftliche Organisationen, wie die Caritas, die Versorgung der Ärmsten vor Ort. Sie können zwar gegen den Krieg nicht viel ausrichten, sehr wohl aber dagegen, dass er noch mehr Tote verursacht, die durch Mangelernährung, fehlende Gesundheitsversorgung oder verschmutztes Wasser sterben.

Stärkung von Good Governance

Die Geschichte lehrt uns, dass Good Governance, also „gute Regierungsführung", eine Grundbedingung für nachhaltige Entwicklung ist. Dazu gehören ein staatliches Rechtssystems, das der Bevölkerung Schutz vor Willkür und Gewalt bietet, eine effiziente und transparente öffentliche Verwaltung, die wirksam Dienstleistungen anbietet und der gesamten Bevölkerung
gerechte Verteilung und gleichen Zugang zu Ressourcen ermöglicht, die
Gewährleistung von Menschenrechten sowie das Vorhandensein und die
Förderung starker Parlamente, politischer Parteien, zivilgesellschaftlicher
Initiativen, Gewerkschaften und freier Medien, damit diese eine Kontroll-
funktion ausüben können und somit Transparenz und Accountability (Rechenschaftspflicht) ermöglicht werden. Die Menschenrechte nehmen einen
zentralen Stellenwert in den EU-Dokumenten ein. Die Internationale Staatengemeinschaft muss akzeptieren, dass es in der Entwicklungszusammenarbeit nicht um die Verteilung von Almosen geht, sondern um Grundrechte,
die mit dem Erreichen der Millenniumsziele gesichert werden müssen.

Schlechte Regierungsführung, funktionsuntüchtige Verwaltungsstruk-
turen, Rechtsunsicherheit, Misswirtschaft und Korruption sind wesentliche
Faktoren für das Stagnieren oder gar Zurückfallen vieler der ärmsten Länder hinter die derzeitige, ohnehin schon dramatische Lage. Dieses Politik-
versagen bildet gleichzeitig eine der Hauptursachen für Staatskrisen und
daraus resultierender Zerfallsprozesse und Bürgerkriege. Die Auswüchse
von Bad Governance müssen beseitigt werden, wenn sich die Situation im
Süden oder Osten verbessern soll.

Europa kann durchaus als Modell für Good Governance dienen und
somit wichtige Impulse setzen, um eine weltweite Entwicklung zu mehr
Gerechtigkeit, zur Beseitigung der Not und zur Schaffung stabiler politischer Verhältnisse schaffen zu können. Im weltweiten Kontext steht Europa für eine Politik der sozialen Verantwortung. Europa muss dieses Bild
endlich auch international Realität werden lassen und als Global Player in
einem weitaus größeren Umfang als bisher dazu beitragen, dass die bittere
Not der Menschen auf der Welt reduziert wird. Denn: Nur ein Europa, das
über seine Grenzen hinausschaut, ist ein Europa der Zukunft.

DIE „VERSICHERHEITLICHUNG" DER EUROPÄISCHEN ENTWICKLUNGSPOLITIK. RISIKEN UND NEBENWIRKUNGEN

ASTRID WEIN, AGNES OTZELBERGER

Einleitung

Die EU stellt den weltweit größten Anteil an Entwicklungsfinanzierungs- und Beratungsleistungen zur Verfügung. Ihre strategische Ausrichtung ist daher von zentraler Bedeutung für die Rahmenbedingungen einer internationalen NGO wie CARE, deren Projekte und Programme für humanitäre Hilfe und nachhaltige Entwicklung zu einem wesentlichen Teil durch europäische Gelder mitfinanziert werden. Umgekehrt ist CARE durch seine jahrzehntelange Erfahrung in der Planung und Durchführung von Projekten und Programmen in Osteuropa, dem Nahen und Mittleren Osten, Afrika, Asien und Lateinamerika in der Position, den Diskurs und die strategische Ausrichtung der Entwicklungszusammenarbeit auf europäischer Ebene zu beeinflussen.

In diesem Sinne soll in unserem Beitrag ein deutlicher und viel diskutierter Trend in der europäischen Außenzusammenarbeit beurteilt werden, der ihre Struktur und Ausrichtung in jüngerer Zeit maßgeblich mitbestimmt: Die Rede ist von der so genannten „Versicherheitlichung"[1] der Europäischen Entwicklungspolitik, in deren Zusammenhang auch die Debatte um die Effizienz von Entwicklungszusammenarbeit und ihre künftigen Rahmenbedingungen von großer Relevanz ist.

Einleitend soll der Prozess der „Versicherheitlichung" skizziert werden, um im Anschluss daran die damit verbundenen Risiken und Nebeneffekte zu erläutern. Abschließend stellen wir in Reaktion darauf einige Positionen und Maßnahmen auf europäischer Ebene dar, die aus unserer Sicht sinnvoll und wichtig wären, um Sinn und Zweck der Entwicklungszusammenarbeit – die nachhaltige Umsetzung der menschenrechtlichen Agenda – kohärent zu verfolgen.

---

[1] Clemens Six: Entwicklung als Risikominimierung? Sicherheitsdiskurse in der Europäischen Entwicklungspolitik. Working Paper 19 der Österreichischen Forschungsstiftung für Internationale Entwicklung, Wien 2007, S. 2.

Sicherheitstrends in der europäischen Außenpolitik

In Abgrenzung ihrer Außenzusammenarbeit von jener der USA ist die EU seit dem Blockzerfall 1989/90 und der damit verbundenen Auflösung der Bündnis-Dichotomie bemüht gewesen, ihre Rolle als zivile Macht, als Verfechterin von Demokratie und Menschenrechten zu betonen. Nach Jahrzehnten einer immensen, aber relativ überschaubaren Bedrohung durch den Ost-West-Konflikt, wie Franz Nuscheler es treffend beschrieben hat, machten sich „Tendenzen der Chaotisierung"[2] bemerkbar. Angesichts des Bedeutungsverlustes des Nationalstaates, einer Zunahme von Staatsversagen und -zerfall und immer komplexeren, brutaleren und „privatisierten" Formen von Konflikten[3] konnte man sich der Einsicht nicht mehr erwehren, dass ein klassisch militärstrategisches Sicherheitskonzept wie im Kalten Krieg nicht ausreichte.

Im Zuge einer normativen Außenpolitik, welche eher die Ursachen als die Symptome der neuen Bedrohungen angehen sollte, wurde das Konzept der so genannten erweiterten – also mehrdimensionalen – Sicherheit übernommen, das wirtschaftliche, entwicklungs- und sicherheitspolitische Komponenten – die *soft security issues* – integrierte. Dies entsprach dem durch die *Agenda for Peace*[4] belegten, globalen Trend und spiegelt sich auch im Unionsvertrag von Maastricht wider. Die darin verankerten Ziele externer Demokratisierung und forcierter Menschenrechtspolitik[5] sollten die Außenbeziehungen der Union prägen und einen Gegenpol zum militärisch orientierten Sicherheitsbegriff darstellen, wie er beispielsweise von den USA interpretiert wird. Demokratiesicherung wurde – mit besonderem Fokus auf dem Mittelmeerraum – zum europäischen Schlüsselinstrument der Konfliktprävention in der multipolaren Weltordnung erklärt.

Um ihrer Rolle als zivile Macht bzw. *Soft Power* [6] gerecht zu werden, schuf sich die EU eine umfangreiche menschen- und frauenrechtliche Agenda und errichtete diverse Instrumente zur Finanzierung von Programmen für Menschenrechte, Demokratisierung und institutionelles *capacity-*

2   Franz Nuscheler, Entwicklungspolitik. Eine grundlegende Einführung in die zentralen entwicklungspolitischen Themenfelder Globalisierung, Staatsversagen, Hunger, Bevölkerung, Wirtschaft und Umwelt. Bonn 2005⁵, S. 43.

3   Vgl. Herfried Münkler, Die neuen Kriege. Reinbek bei Hamburg, 2002.

4   Boutros Boutros-Ghali: An Agenda for Peace. United Nations, New York 1992.

5   Vgl. Annette Jünemann: The European Parliament and its impact on the promotion of democracy and human rights in the Mediterranean, in: Esther Barbé (Hrsg.), The European Parliament in Foreign Policy, Dossier funded by the EP, Barcelona 2004.

6   Europäische Kommission, Die EU in der Welt. Die Außenpolitik der Europäischen Union. Brüssel 2007, S. 4.

building (so etwa das *European Instrument for Democracy and Human Rights* oder das *Instrument for Stability*).

Diese festgeschriebenen Strategien sowie die globale Rhetorik der Union befinden sich jedoch zunehmend im Widerspruch zu ihrer tatsächlichen außenpolitischen Praxis: Auch wenn Europa seine transatlantischen Beziehungen durch seine mehr oder weniger dezidierte Abgrenzung gegenüber dem US-Imperialismus mehrfach aufs Spiel gesetzt hat, hat es seit dem 11. September 2001 auch in der Europäischen Union große Rückschritte gegeben: *Hard security*, in anderen Worten militärische Sicherheit, ist wieder klar in den Vordergrund getreten. Die Ereignisse des 11. September 2001 brachten den Westen plötzlich auf Tuchfühlung mit einer zunehmender Gewalt und Verelendung ausgesetzten und kurz zuvor noch in sicherer Entfernung gedachten, „anderen" Welt und sorgten für einen nachhaltigen Schock.[7] Eine militärische, unmittelbare Eindämmung von jenen Gefahrenpotentialen, die in der Europäischen Sicherheitsstrategie 2003[8] hervorgehoben werden, stand sehr schnell wieder an prominentester Stelle der außenpolitischen Agenden der westlichen Industrieländer; spätestens mit den Madrider Anschlägen vom 11. März 2004 saß der Schrecken auch in Europa tief genug, um das Konzept der langfristigen, erweiterten Sicherheit durch Armutsbekämpfung, Demokratisierung und Menschenrechte zugunsten kurzfristiger, militärisch orientierter Initiativen in den Hintergrund zu stellen.[9]

Der Fokus auf *soft security* ist im Ringen um internationale Sicherheit auch den Europäern schnell zu unkalkulierbar, zu langwierig und zu kostspielig geworden.[10] Das Forcieren der Gemeinsamen Außen- und Sicherheitspolitik der EU (GASP), ihr neues militärisches Auftreten, etwa mit EUFOR im Tschad, sowie die Zunahme der Zivil-Militärischen Zusammenarbeit (ZMZ) verleihen europäischen Aktionen kurzfristige Perspektiven und illustrieren die Rückkehr zur *hard security*. Die von der EU zur außenpolitischen Prämisse erklärten Prinzipien der *good governance* erleiden hierbei tiefe Einschnitte. Brüssel baut laufend die Zusammenarbeit mit der Mittelmeerregion aus und übt sich im Schmieden einer Anti-Terror-Allianz – trotz der Tatsache, dass die Regime im Nahen und Mittleren Osten sowie Nordafrika allesamt mehr oder weniger autoritär geprägt sind.

---

7 Vgl. Nuscheler 2005, S. 44 ff.

8 Europäische Union, Ein sicheres Europa in einer besseren Welt. Europäische Sicherheitsstrategie, Brüssel 2003.

9 Siehe dazu Jünemann 2004, S. 8.

10 Vgl. Annette Jünemann, Security Building in the Mediterranean after September 11, in: Annette Jünemann (Hrsg.), Euro-Mediterranean Relations after September 11. International, Regional and Domestic Dynamics, London 2003, S. 1-20, hier S. 2.

Beim Abschluss diverser Abkommen zwischen der EU und diesen Ländern werden demokratische Regierungsführung und die Einhaltung von Menschenrechten häufig nicht als Voraussetzung, sondern allenfalls als Ziel dieser Agreements gehandelt. Dieser Umstand wird von Annette Jünemann und Michèle Knodt so erklärt, dass sich die europäische Außenpolitik, nachdem ein tiefgreifender Demokratisierungsprozess gewöhnlich mit instabilen Übergangsphasen einhergeht, ein Dilemma zwischen Stabilität und Demokratie ergibt, welches immer häufiger zulasten der letzteren gelöst wird.[11] Dies unterstreicht das erhöhte Sicherheits- und Allianzbedürfnis einerseits und die Abkehr von der Idee einer erweiterten Sicherheit andererseits. Die propagierte Platzierung von *good governance* und Menschenrechten ganz oben auf der Agenda der Europäischen Außenpolitik beschränkt sich stark auf ihre Rhetorik.

„Versicherheitlichung" der Europäischen Entwicklungszusammenarbeit

Mit den oben erläuterten Entwicklungen geht die vielzitierte „Versicherheitlichung"[12] der europäischen Entwicklungszusammenarbeit (EZA) einher.

Verdeutlicht wird dies erstens dadurch, dass Löwenanteile der externen Hilfe der Europäischen Union neben den Balkanländern in die Zusammenarbeit mit jenen Staaten im Mittelmeerraum fließen, bei denen, wie bereits erläutert, eine tiefgreifende Demokratisierung von unten zugunsten der Stabilität ins Hintertreffen gerät. Der Zusammenarbeit mit den ärmsten Ländern der Welt, u.a. im Rahmen des Europäischen Entwicklungsfonds (EEF), der exklusiv für die Staaten Afrikas, der Karibik und des Pazifik (AKP-Staaten) eingerichtet wurde, wird verhältnismäßig wenig finanzielles Gewicht gegeben.[13] Die Rahmenbedingungen für die Entwicklungszusammenarbeit auch mit diesen Ländern ändern sich jedoch durch den

---

11 Vgl. Annette Jünemann / Michèle Knodt, Externe Demokratieförderung durch die Europäische Union. Ost- und Mitteleuropa, Mittelmeer, Lateinamerika, Karibik, Afrika und Asien im Vergleich – ein Tagungsbericht, in: Zeitschrift für internationale Beziehungen, Vol. 13, 2006/1, S. 109-122, hier S. 118, bzw. Annette Jünemann / Michèle Knodt, EU External Democracy Promotion. Approaching Governments and Civil Societies, in: Beate Kohler-Koch / Dirk De Bièvre / William Malloney (Hrsg.), Opening EU Governance to Civil Society. Gains and Challenges, Connex Report Series, Vol. 5, Mannheim 2008, S. 259-294, hier S. 278 f.

12 Six 2007, a.a.O., S. 2.

13 Siehe dazu die Übersicht zur Budgetverteilung der Externen Hilfe der EU im Jahr 2002 in Nuscheler 2005, S. 526.

Prozess und die Debatten rund um ihre Effizienz dahingehend, dass das Engagement für tiefgreifende Demokratisierung hinter der Kooperation mit den jeweiligen Regierungen zurücksteht.

Zweitens gibt das Phänomen des Staatsversagens, das generell als „Hauptbedrohung" [14] den anderen Destabilisierungsfaktoren übergeordnet bzw. zugrunde gelegt wird, der EU Anlass dafür, den „Nexus zwischen Sicherheit und Entwicklung"[15] weiter zu verdichten und hierfür Mechanismen zu etablieren, welche zwei ihrer drei Säulen – Gemeinschaftsinstrumente und GASP – in Anspruch nehmen. Die Union hat in jüngerer Zeit „sowohl die politisch-strategischen als auch institutionellen Voraussetzungen für eine Verschränkung von Sicherheits- und Kontrollansprüchen auf der einen Seite und entwicklungspolitischen Normativen auf der anderen geschaffen", wobei „Eigeninteressen" und die „Instrumentalisierung" der Entwicklungszusammenarbeit entscheidendes Gewicht haben.[16]

Der so genannte „*Whole of Government Approach*"[17] ist dabei Hauptstrategie und Handlungsrahmen in der Zusammenarbeit mit den betreffenden Ländern. Mit der Intention, die Kohärenz und Koordinierung von Regierungsstrategien zu fördern, bringt dieser Ansatz Verteidigungs-, Außen-, und Entwicklungspolitik sowie humanitäre Hilfe unter einen Hut.[18] Militärische Sicherheitsmaßnahmen, diplomatische Bemühungen und von der EU finanzierte EZA-Programme und Projekte werden vor Ort gemeinsam eingesetzt und aufeinander abgestimmt. Neue militärische und zivil-militärische Institutionen auf europäischer Ebene, wie unter anderem das *Political and Security Committee* (PSC), das *European Military Committee* (EUMC) und das *Committee for Civilian Aspects of Crisis Management* (CIVCOM)[19] geben den europäischen Ambitionen, ihre militärische Präsenz auszubauen, institutionelles Gewicht. Eine umfassende strategische Ausformulierung dieses Ansatzes ist jedoch bis heute ausgeblieben und die Weiterentwicklung nur vage umrissen.

---

14 Europäische Sicherheitsstrategie 2003. Neben Staatsversagen werden Terrorismus, die Verbreitung von Massenvernichtungswaffen, regionale Konflikte und organisierte Kriminalität zu den Hauptbedrohungen gezählt.

15 European Commission, Directorate-General Development and Relations with African, Caribbean and Pacific States: EU Response to Situations of Fragility in Developing Countries. Engaging in Difficult Environments for Long-Term Development. Issues Paper, Brussels 2007.

16 Six 2007, a.a.O., S. 2.

17 European Commission 2007, Issues Paper, S. 3.

18 Vgl. Organisation for Economic Co-operation and Development: Whole of Government Approaches to Fragile States. Development Assistance Committee Reference Series, Paris 2006, S. 7.

19 Vgl. Six 2007, S. 17.

Kollektive vor Menschlicher Sicherheit: Die Risiken

Auch wenn die enge Verknüpfung von Sicherheit und Entwicklung offensichtlich und ein *Whole of Government Approach* im Sinne der *good governance* begrüßenswert ist, bergen die gegenwärtigen Trends in der Europäischen Entwicklungszusammenarbeit allgemein sowie in der verstärkten Zusammenarbeit im „Graubereich zwischen militärischem und zivilem Engagement"[20] in fragilen Staaten nicht nur Risiken, sondern auch Hemmnisse für Entwicklungsprozesse.

Erstens beobachten CARE und andere Akteure in der Entwicklungszusammenarbeit, dass sich die EU, wie bereits geschildert, in einem extremen Spannungsfeld zwischen ihrer menschenrechtlichen und demokratischen Rhetorik einerseits und ihren sicherheitspolitischen Bestrebungen andererseits bewegt. Die Zusammenarbeit mit den Regierungen wird verstärkt und der Aufbau starker Zivilgesellschaften dabei nicht forciert, sondern – im Gegenteil – allzu häufig außen vor gelassen. Im Zuge des Prozesses um die *Paris Declaration on Aid Effectiveness,*[21] beschlossen im Jahr 2005 und von der EU als größter Geberin in Entwicklung und humanitärer Hilfe maßgeblich beeinflusst, soll unter anderem *„national ownership"* in der Zusammenarbeit fördern, und sieht vor, dass durch so genannte „Budgethilfe" Mittel der Entwicklungsfinanzierung zunehmend den Regierungen der Empfängerländer zur eigenständigen Verteilung überlassen werden sollen, anstatt direkt in bestimmte Programme oder Projekte investiert zu werden. Dies leistet zwar mitunter der Forderung des Südens Folge, sich nach Jahrzehnten aufoktroyierter, eher kolonial angehauchter internationaler Maßnahmen selbstbestimmter zu entwickeln, hat aber auch den bitteren Beigeschmack einer Europäischen Entwicklungszusammenarbeit nach dem Motto: „Wie viel *good governance* verträgt Sicherheit?" Unsere Erfahrung zeigt, dass – viel öfter, als es gegenwärtig der Fall ist – die Frage zu stellen wäre, ob es sich um eine repräsentative, partizipatorische Form der Selbstbestimmung, also um *democratic ownership* innerhalb des jeweiligen Landes handelt, oder aber um Formen von Selbstbestimmung, wie sie, überspitzt formuliert, ein Robert Mugabe geprägt hat und leider weiterhin prägt. Letzere stehen in keinem grundsätzlichen Widerspruch zu *national ownership*. Mit der Angewohnheit, diese Fragen eben nicht zu stellen, entpuppt sich übrigens mitunter China in jüngerer Zeit immer mehr als höchst populärer Geschäftspartner der Entwicklungsländer, was für den

---

20 Ebd., S. 18.
21 Paris Declaration on Aid Effectiveness. Ownership, Harmonisation, Alignment, Results and Mutual Accountability. Paris 2005.

Westen, der bisher ein gewisses Monopol in der Zusammenarbeit mit zahlreichen Ländern hatte, großen Konkurrenzdruck schafft. *National ownership* und Budgethilfe sind somit auch ein willkommenes Mittel für die EU, ihre geopolitischen Interessen zu sichern.

Zweitens zeigen insbesondere die Erfahrungen internationaler Hilfsorganisationen wie CARE, dass im gegenwärtigen „Graubereich zwischen militärischem und zivilem Engagement"[22] entwicklungspolitische Ziele der Erfüllung der Grundbedürfnisse und Rechte der Zivilbevölkerung Gefahr laufen, sicherheitspolitischen Bestrebungen und dem Imperativ des regionalen Einflusses unterworfen zu werden.[23] Investitionen ins *Statebuilding* sind – zu einseitig – auf die Herstellung kollektiver, territorialer Sicherheit sowie den Aufbau zentraler politischer Institutionen fokussiert und lassen dabei das *Grassroots*-Niveau außen vor. Durch die kurzfristige Perspektive ihrer Maßnahmen und die mangelnde Berücksichtigung des *Grassroots*-Levels vernachlässigen internationale Donoren wie die EU nicht nur die Masse der Betroffenen, sondern auch den Aktionsraum, innerhalb dessen die fundamentalen Ursachen für Instabilität ausgemacht und bekämpft werden können.

Das konkrete Beispiel Tschad etwa zeigt, mit welchen Risiken und Hindernissen es verbunden ist, auf kurzfristige Stabilisierung (*Quick Impact Projects, QIPs*) zu pochen. Zwar gelingt es den EUFOR-Truppen im Tschad, den Weg von Hilfsgütern zu den Menschen vor Ort zu sichern, doch die zugrunde liegenden Ursachen für Gewalt und Konflikte werden nicht angegangen. Die Europäer schaffen es nicht, die Regierung des Tschad zur Verantwortung zu ziehen. Diese wird stattdessen in ihrem Bestreben unterstützt, eine verfrühte Rückführung der *Internally Displaced People* (IDPs) in ihre nach wie vor unsicheren Heimatdörfer durchzusetzen. Vor dem Hintergrund des Konfliktes Tschad-Sudan zielt das Mandat der EUFOR vorrangig auf die Stabilität der Regierung und auf die Sicherung des Territoriums ab; dies geschieht zulasten der Sicherheit der Zivilbevölkerung.[24]

Riskante Nebenwirkungen der Zivil-Militärischen Zusammenarbeit können auch im Fall Afghanistan diagnostiziert werden. Militärisches Personal agiert aufgrund der Kurzfristigkeit seiner Einsätze nicht dem lokalen

---

22 Six 2007, S. 18.

23 Siehe auch Kaysie Brown/Steward Patrick, Greater than the Sum of its Parts? Assessing "Whole of Government" Approaches to Fragile States. International Peace Academy, New York 2007, S. 131 ff.

24 Norwegian Refugee Council/Internal Displacement Monitoring Centre, Internally Displaced in Chad. Trapped between Civil Conflict and Sudan's Darfur Crisis, Genf 2007, S. 21.

Kontext entsprechend, wenig transparent und provoziert die afghanische Bevölkerung zusätzlich.[25] Dies blockiert nicht nur die Effizienz und Akzeptanz der eigenen Operationen, sondern auch jene der zivilen Hilfsapparate, welche die Bevölkerung kaum von ihren militärischen Partnern unterscheiden kann. Darüber hinaus verschwimmen so auch die Aufgabenspektren zwischen diesen beiden Gruppen und den internationalen Kampftruppen ohne entwicklungspolitisches Mandat.[26] Durch diese *„Interblocking Situations"*[27] kommt es mitunter vor, dass letztendlich alle nicht nur abgelehnt, sondern auch zum Ziel aufständischer Angriffe werden.

Die Zivil-Militärischen Zusammenarbeit stellt also nicht nur ein Hemmnis für zivile Hilfe, sondern auch einen erheblichen Risikofaktor für alle Beteiligten dar.

Conclusio: Empfehlungen aus Sicht einer internationalen NGO

Kontinuitäten und neue Phänomene in der vielschichtigen Problematik der Wechselbeziehung Sicherheit – Entwicklung sind nun geschildert worden. Die Debatte zur Effizienz von Entwicklungszusammenarbeit rund um die Pariser Deklaration wird im September 2008 in Accra fortgesetzt. Auch die Kontroversen um den gemeinsamen Einsatz ziviler und militärischer Kräfte in Konfliktzonen sowie das weitere außen-, sicherheits- und verteidigungspolitische Procedere der Europäischen Union erhalten laufend weiteren Zündstoff.

Abschließend und resümierend wollen wir also erörtern, mit welchen Anliegen sich CARE, als große internationale NGO mit umfangreicher und langjähriger Erfahrung aus Entwicklungszusammenarbeit und humanitärer

---

25 Wie wichtig die Berücksichtigung des kulturellen Kontexts ist, illustriert beispielsweise Michael Daxner in anschaulichen Worten: „It does not make much difference whether a wedding is intentionally or only collaterally bombed, because marriage is one of the strongest and most untouched rituals in their society, while the same number of accidental deaths caused by bombing a busy intersection during the rush hour would create much less grief and irritation." Siehe Michael Daxner, Civil-Military Interaction: The Test Case of Afghanistan – a Country Background, in: Walter Feichtinger/Markus Gauster (Hrsg.), Zivil-Militärische Zusammenarbeit am Beispiel Afghanistan. Civil-Military Interaction – Challenges and Chances. Schriftenreihe der Landesverteidigungsakademie, Vol. 3, Wien 2008, S. 87-100, hier S. 100.

26 Vgl. Sippi Ararbaijani-Mogaddham / Annabel Taylor / Mirwais Wardak / Idrees Zaman: Afghan Hearts, Afghan Minds. Exploring Afghan Perceptions of Civil-Military Relations. British & Irish Agencies Afghanistan Group, London 2008.

27 Markus Gauster, Zivil-militärische Zusammenarbeit als kritischer Faktor für einen umfassenden Ansatz im Krisenmanagement – Eine Einführung, in: Feichtinger/Gauster 2008, S. 11-24, hier S. 12.

Hilfe, in diese Debatten einbringen und – auch – auf europäischer Ebene einsetzen kann:

Erstens mag der *Whole of Government Approach* bei verhältnismäßig stabilen Staaten zwar ein adäquates Instrument sein, er ist jedoch in fragilen Zonen wie Afghanistan oder Tschad sehr bedenklich. Die Aktionsradien von zivilen und militärischen Akteuren sollten zwar koordiniert, jedoch klar abgegrenzt werden und in jedem Fall nach internationalen Standards wie jenen des *Office for the Coordination of Humanitarian Affairs* (OCHA) erfolgen. Effizientes *peace-building* muss sowohl politisch als auch finanziell stärker gefördert werden und das *Grassroots*-Level in adäquater Weise mit einbeziehen.

Zweitens sollte der Etablierung und Förderung starker Zivilgesellschaften und demokratischer Regierungspraktiken, nachdem *good governance* eines der erklärten Ziele der europäischen Außenzusammenarbeit ist, die entsprechende Priorität in der Entwicklungszusammenarbeit zukommen. Dies ist im Kontext der forcierten Budgethilfe, also Entwicklungsfinanzierung über die nationalen Regierungen, von umso größerer Wichtigkeit. Was im *European Consensus on Development* derzeit als „*national ownership*" gehandelt wird, müsste aus Sicht von CARE zu einem viel dezidierteren *democratic ownership* werden. Entwicklungszusammenarbeit, welche der *bad governance* der Regierungen in Empfängerländern wenig entgegenzusetzen vermag und damit keine wesentlichen Verbesserungen menschenrechtlicher und partizipatorischer Standards herbeiführt, schadet auf lange Sicht nicht nur der individuellen Sicherheit, sondern auch der Stabilität. Seitens der EU propagierte Ambitionen wie etwa jene, die Rechte und Partizipation von Frauen verstärkt zu fördern, sind vor dem Hintergrund, dass ihre entwicklungspolitischen Beziehungen häufig zulasten menschenrechtlicher Standards, demokratischer Rahmenbedingungen – und insbesondere des *democratic ownership* – geführt werden, nicht umsetzbar. In diesem Zusammenhang sollten insbesondere auch NGOs *democratic ownership* einfordern und einen Beitrag zum *capacity-building* sowohl auf institutioneller als auch auf zivilgesellschaftlicher Ebenen leisten. Dadurch würde „Nachfrage-Seite" auf dem „*good governance*-Markt" berücksichtigt, was eine starke Zusammenarbeit mit der Zivilbevölkerung und Zivilgesellschaft auf *Grassroots*-Level erfordert. Auf diesem Level kann auch eruiert werden, welche Maßnahmen gesetzt werden müssen, um langfristige Sicherheit herzustellen.

Drittens und letztens ist somit von zentraler Bedeutung, dass die EU den in ihren offiziellen Communiqués und Strategiepapieren propagierten Ansatz der erweiterten *menschlichen* Sicherheit und hierbei insbesondere die Demokratisierung als Stabilisierungsinstrument pro-aktiv umsetzt.

Sowohl gegen Sicherheit als auch Selbstbestimmung als Ziel von Außen-, und Entwicklungspolitik ist grundsätzlich nichts einzuwenden – Im Gegenteil, beide sollten Hauptziele sinnvoller Kooperation sein. Sicherheit im Sinne des Individuums bedeutet nicht zuletzt die Verwirklichung der politischen wie sozialen Menschenrechte, Frauen- und Kinderrechte, genauso wie den – unter großen Anführungszeichen – „jüngeren" Menschenrechten wie dem Recht auf Umwelt oder die Wahrung der kulturellen Identität. Die Verwirklichung der Millenniums – Entwicklungsziele ist untrennbar an die Verwirklichung der Menschenrechte gebunden.

Dementsprechend ist eine Rückbesinnung auf die 1994 im *Human Development Report* gebotene Definition von „menschlicher Sicherheit" ein Imperativ:

„[...] most people instinctively understand what security means [...], first, safety from chronic threats such as hunger, disease and repression. And second, it means protection from sudden and harmful disruptions in the patterns of daily lifes – whether in homes in jobs, or in communities." 28

Literatur

Ararbaijani-Mogaddham, Sippi / Taylor, Annabel / Wardak, Mirwais / Zaman, Idrees (2008), Afghan Hearts, Afghan Minds. Exploring Afghan Perceptions of Civil-Military Relations. British & Irish Agencies Afghanistan Group, London.

Barbé, Esther (Hrsg.) (2004), The European Parliament in Foreign Policy, Dossier funded by the EP, Barcelona.

Boutros-Ghali, Boutros (1992), An Agenda for Peace. United Nations, New York.

Brown, Kaysie / Patrick, Steward (2007), Greater than the Sum of its Parts? Assessing „Whole of Government" Approaches to Fragile States. International Peace Academy, New York.

Daxner, Michael (2008), Civil-Military Interaction: The Test Case of Afghanistan – a Country Background, in: Feichtinger, Walter / Gauster, Markus (Hrsg.), Zivil-Militärische Zusammenarbeit am Beispiel Af-

---

28 United Nations Development Programme: Human Development Report 1994. New York 1994, S. 23.

ghanistan. Civil-Military Interaction – Challenges and Chances. Schriftenreihe der Landesverteidigungsakademie, Vol. 3, Wien, S. 87-100.

European Commission, Directorate-General Development and Relations with African, Caribbean and Pacific States (2007), EU Response to Situations of Fragility in Developing Countries. Engaging in Difficult Environments for Long-Term Development. Issues Paper, Brüssel.

Europäische Kommission (2007), Die EU in der Welt. Die Außenpolitik der Europäischen Union, Brüssel.

Europäische Union (2003), Ein sicheres Europa in einer besseren Welt. Europäische Sicherheitsstrategie, Brüssel.

European Union (2005), The European Consensus on Development. Joint Statement by the Council and the Representatives of the Governments of the Member States Meeting within the Council, the European Parliament and the Commission, Brüssel.

Feichtinger, Walter / Gauster, Markus (Hrsg.) (2008), Zivil-Militärische Zusammenarbeit am Beispiel Afghanistan. Civil-Military Interaction – Challenges and Chances. Schriftenreihe der Landesverteidigungsakademie, Vol. 3, Wien.

Gauster, Markus (2008), Zivil-militärische Zusammenarbeit als kritischer Faktor für einen umfassenden Ansatz im Krisenmanagement – Eine Einführung, in: Feichtinger, Walter / Gauster, Markus (Hrsg.) (2008), Zivil-Militärische Zusammenarbeit am Beispiel Afghanistan. Civil-Military Interaction – Challenges and Chances. Schriftenreihe der Landesverteidigungsakademie, Vol. 3, Wien, S. 11-24.

Jünemann, Annette (2003), Security Building in the Mediterranean after September 11, in: Jünemann, Annette (Hrsg.) (2003), Euro-Mediterranean Relations after September 11. International, Regional and Domestic Dynamics, London, S. 1-20.

Jünemann, Annette (2004), The European Parliament and its impact on the promotion of democracy and human rights in the Mediterranean, in: Barbé, Esther (Hrsg.) (2004), The European Parliament in Foreign Policy, Dossier funded by the EP, Barcelona, S. 8.

Jünemann, Annette / Knodt, Michèle (2006), Externe Demokratieförderung durch die Europäische Union. Ost- und Mitteleuropa, Mittelmeer, Lateinamerika, Karibik, Afrika und Asien im Vergleich – ein Tagungsbericht, in: Zeitschrift für internationale Beziehungen, Vol. 13, 2006/1, S. 109-122.

Jünemann, Annette / Knodt, Michèle (2008), EU External Democracy Promotion. Approaching Governments and Civil Societies, in: Kohler-

Koch, Beate / De Bièvre, Dirk / Malloney, William (Hrsg.) (2008), Opening EU Governance to Civil Society. Gains and Challenges, Connex Report Series, Vol. 5, Mannheim, S. 259-294.

Kohler-Koch, Beate / De Bièvre, Dirk / Malloney, William (Hrsg.) (2008), Opening EU Governance to Civil Society. Gains and Challenges, Connex Report Series, Vol. 5, Mannheim.

Münkler, Herfried (2002), Die neuen Kriege. Reinbek bei Hamburg.

Norwegian Refugee Council / Internal Displacement Monitoring Centre (2007), Internally Displaced in Chad. Trapped between Civil Conflict and Sudan's Darfur Crisis, Genf.

Nuscheler, Franz (2005), Entwicklungspolitik. Eine grundlegende Einführung in die zentralen entwicklungspolitischen Themenfelder Globalisierung, Staatsversagen, Hunger, Bevölkerung, Wirtschaft und Umwelt, Bonn.

Paris Declaration on Aid Effectiveness. Ownership, Harmonization, Alignment, Results and Mutual Accountability, Paris 2005.

Organization for Economic Co-operation and Development (2006), Whole of Government Approaches to Fragile States. Development Assistance Committee Reference Series, Paris.

Six, Clemens (2007), Entwicklung als Risikominimierung? Sicherheitsdiskurse in der Europäischen Entwicklungspolitik. Working Paper 19, Österreichische Forschungsstiftung für Internationale Entwicklung, Wien.

United Nations Development Programme (1994), Human Development Report 1994, New York.

Zeitschrift für internationale Beziehungen, Vol. 13, 2006/1.

ENTWICKLUNGSHILFE UND RÜSTUNGSEXPORT – EIN EUROPÄISCHER WIDERSPRUCH?

GUNTHER HAUSER

Die Entwicklungspolitik der EU

Ein zentrales Element der EU-Außenpolitik bildet die Entwicklungshilfe. Die EU ist der weitaus größte Geber von Wirtschafts- und Entwicklungshilfe weltweit, ca. 55 Prozent aller Gelder dafür stellt die EU bereit.[1] Die EU-Staaten geben gemeinsam jährlich 46 Milliarden Euro für Entwicklungshilfe aus.[2] Darin spiegeln sich derzeit bis zu 28 unterschiedliche Konzepte wider – jene der 27 Regierungen und die der Europäischen Kommission. Die Entwicklungshilfen werden gegenwärtig unkoordiniert durchgeführt.

Im Juni 2005 hatten sich die EU-Regierungen verpflichtet, den Anteil der öffentlichen Entwicklungshilfen in zwei Stufen auf 0,56 Prozent (im Jahr 2010) sowie 0,7 Prozent ihrer Wirtschaftsleistung (im Jahr 2015) zu steigern.[3] Von großer Notwendigkeit ist es, künftig die Zusammenarbeit bestimmter Ländergruppen bei der Realisierung bestimmter Projekte koordiniert abzustimmen, um mehr Effizienzsteigerung aus den Entwicklungsprogrammen erzielen und Duplizierungen in der Entwicklungshilfe vermeiden zu können.

Die Entwicklungspolitik ist in der EU ausschließlich auf Maßnahmen der Entwicklungshilfe gegenüber Drittstaaten konzentriert und unterscheidet sich hiermit von der Regionalpolitik, die Hilfeleistungen gegenüber in der Entwicklung benachteiligten Gebieten innerhalb der Union selbst vorsieht. Innerhalb der Entwicklungspolitik besteht eine enge Verbindung sowohl mit der Gemeinsamen Handelspolitik als auch mit der Gemeinsamen Außen- und Sicherheitspolitik (GASP). Die EU-Entwicklungspolitik ist vor

---

[1] Aus: Benita Ferrero-Waldner, Europa in der neuen Weltordnung – Globale Präsenz und Verantwortung, in: Europäische Sicherheit 7/2005, S. 8-11, S. 9.

[2] Aus: EU für Koordination der Entwicklungshilfe, in: Frankfurter Allgemeine Zeitung, 13.7.2005, S. 6.

[3] Ebd.

allem in den Artikeln 177 bis 181 des EG-Vertrags (EGV) geregelt. Ziele der Entwicklungspolitik sind nach Artikel 177 EGV die Förderung einer nachhaltigen ökonomischen und sozialen Entwicklung der Entwicklungsländer, ihre harmonische und schrittweise Eingliederung in die Weltwirtschaft sowie die Bekämpfung der Armut in den betroffenen Staaten. Zudem soll die Entwicklungspolitik zur Fortentwicklung und Festigung von Demokratie und Rechtsstaatlichkeit sowie zur Wahrung und zum Aufbau eines Menschenrechtssystems in den betroffenen Gebieten beitragen.

Zentrales entwicklungspolitisches Instrument für die EU ist das Allgemeine Präferenzsystem (APS). Dieses System sieht weitgehende Zollbefreiung für Importe aus den betreffenden Staaten vor und arbeitet mit einem komplexen Anreizsystem, um die Entwicklungsländer zu einem angestrebten politischen bzw. marktwirtschaftlichen Verhalten zu bewegen. Die Präferenzen können ausgesetzt werden – als Sanktion für unlautere Handelspraktiken, in den Fällen der Duldung von Zwangs- oder Kinderarbeit sowie der unzureichenden Kontrolle bei der Drogenausfuhr.

Die Grundlinien ihrer autonomen humanitären Hilfe wird seitens der EU in Verordnungen definiert, die dann durch Entscheidungen des Europäischen Amts für humanitäre Hilfe (ECHO), einen Sonderdienst der Europäischen Kommission, umgesetzt werden. Im Bereich Nahrungsmittelhilfe unterstützt die EU auf der Grundlage der VO 1292/96 Länder mit strukturellem Nahrungsmittelmangel – wie etwa die Staaten der Sahelzone oder Länder in konkreten Notsituationen. Auf diese Weise baut die EU gleichzeitig Überschüsse aus der Gemeinsamen Agrarpolitik ab. Das Volumen beträgt etwa 500 Millionen Euro jährlich. Zusätzlich leistet die EU Soforthilfe für die Opfer von Naturkatastrophen wie aus Anlass des Tsunami von 2004 oder der Erdbebenkatastrophe im Iran 2002, sowie Unterstützung für Flüchtlinge in Palästina, Afghanistan, Ostafrika oder Südostasien. Mit einer Reihe von Staaten bzw. Staatengruppen betreibt die EU privilegierte Formen der Entwicklungshilfe. Zu nennen sind insbesondere die der EU assoziierten Gebiete, die AKP-Staaten sowie die Staaten des südlichen Mittelmeerraumes im Rahmen des 1995 initiierten Barcelona-Prozesses, der am 13. Juli 2008 unter der französischen EU-Präsidentschaft durch die neue Mittelmeerunion erweitert wurde. Zur Entwicklungspolitik trägt auch die Europäische Investitionsbank (EIB) bei, die gemeinsam mit dem Europäischen Entwicklungsfonds (EEF) den Großteil der finanziellen Mittel bereitstellt.

Die EU verknüpft seit den 1990er Jahren sicherheitspolitisch relevante Ziele mit jenen der Entwicklungspolitik. Eine der Kernfragen ist bis heute, wie mit entwicklungspolitischen Mitteln zivile Beiträge zu Krisenprävention und Konfliktmanagement geleistet werden können. Entwicklungspolitik bleibt aber weiterhin eine zivile Aufgabe.[4] In der Folge gibt es bei der Umsetzung konkreter Maßnahmen in Entwicklungsländern eine verstärkte zivil-militärische Verknüpfung. Für das vom damaligen deutschen Bundeskanzler Gerhard Schröder im Januar 2004 eröffnete *Kofi Annan International Peacekeeping Training Centre* in Accra/Ghana haben sich die deutschen Ministerien für Entwicklung, Äußeres und Verteidigung gemeinsam engagiert.

Die EU sieht als wesentlichen Sicherheitspfeiler die Stärkung von Menschenrechten, was sich in zahlreichen Abkommen zwischen der EU und Staaten(gruppen) bestätigt. In diesem Kontext hatten sich 77 Staaten des Afrikanischen, Karibischen und Pazifischen Raumes (AKP-Staaten, AKP) am 23.6.2000 im Cotonou-Abkommen verpflichtet, Menschenrechte zu achten. Als Gegenleistung werden manchen Entwicklungsländern Steuer- und Handelserleichterungen für den Export von Produkten in die EU eingeräumt. Das Abkommen von Cotonou/Benin ist auf 20 Jahre angelegt. Es beinhaltet Europäische Entwicklungszusammenarbeit, politischen Dialog, Handelsbeziehungen und als zentralen Punkt das Good Governance. Im Rahmen dieser politisch-ökonomischen Partnerschaften werden die AKP-Staaten in Artikel 11 des Cotonou-Abkommens aufgerufen, aktiv Konfliktprävention und *peace-building* auszuüben – also von Konflikten betroffene Länder zu unterstützen sowie stabile politische und wirtschaftliche Verhältnisse aufzubauen.[5] Die Grundlagen für die sicherheitspolitische EU-Afrika-Politik bilden in diesem Zusammenhang der im November 2004 verabschiedete Aktionsplan für eine ESVP-Unterstützung für Frieden und Sicherheit in Afrika und die Mitte Dezember 2005 vom Europäischen Rat angenommene Strategie: *Die EU und Afrika: Auf dem Weg zu einer strategischen Partnerschaft.*[6] Mittels dieser Leitlinien soll der (sicherheits-)politische Dialog zwischen der EU und der Afrikanischen Union (AU) sowie mit subregionalen Organisationen des Kontinents intensiviert werden. Die EU sieht darin den Aufbau autonomer Konfliktverhütungs- und -bewältigungsfähigkeiten sowie die Stärkung und Unterstützung der Afrikanischen Union (AU) als der überregionalen Organisation des afrikanischen Kontinents vor. Eines der wichtigsten Mittel zur Unterstützung von Frieden und Sicherheit in Afrika ist die „*Peace Facility for Africa*", durch die sich

---

4 Stephan Klingebiel/Katja Roehder, Eine neue Allianz? Das Verhältnis der Entwicklungspolitik zum Militär wird enger, in: Internationale Politik, November/Dezember 2004, Nr. 11-12, S. 55-58, S. 55.

5 Partnership Agreement Between the Members of the African, Caribbean and Pacific Group of States of the One Part, and the European Community and Its Member States, of the Other Part, Signed in Cotonou, Benin on 23 June 2000, Art. 11.

6 Dok. 15702/1/05 REV 1.

die EU verpflichtet, zunächst für drei Jahre 250 Millionen Euro über den EU-Entwicklungsfonds (*European Development Fund*) zur Unterstützung von afrikanisch-geführten friedensunterstützenden Einsätzen (*peace support operations*) und zur Sicherung der institutionellen Kapazitäten der AU sowie von subregionalen Organisationen heranzuziehen.[7] Die AU-Mission in Darfur (Sudan) war die erste Mission, die im Rahmen der „*Peace Facility for Africa*" finanziell (in der Höhe von 12 Millionen Euro) unterstützt wurde.

Die Europäische Kommission präsentierte im Oktober 2005 ihre „*Strategie für Afrika*", die eine entscheidende Veränderung in der außenpolitischen Grundorientierung der EU mit sich brachte – die Hinwendung zur Sicherheitspolitik und zu einem neuen europäischen Krisenmanagement in der Region. Afrika ist demnach nicht länger ein Objekt des guten Willens und der humanitären Hilfe, sondern ein Kontinent, auf dem man eine sicherheitspolitische Stabilisierung erreichen soll. Polizei- und Militäreinsätze der EU in Afrika dienen somit der *sicherheitspolitischen Entwicklungshilfe* mit dem Ziel, gemeinsam mit den Polizeikräften und den Militärs der betroffenen Entwicklungsländer Stabilität in diesen Ländern zu erzielen sowie auch die EU vor den Folgen kriegerischer Auseinandersetzungen (Migration, Terrorismus, Flüchtlingsströme) zu schützen. Der Flüchtlings- und Migrationsstrom in Richtung EU hat bereits jetzt ein bedrohliches Ausmaß angenommen. Afrika ist nach wie vor ein Kontinent der schweren Menschenrechtsverletzungen, der Verstöße gegen demokratische Prinzipien, gegen politische und ethnische Minderheiten – so vor allem in Sudan, Malawi, Kongo, Togo, Somalia, Liberia, Niger, Kenia, Burundi, Ruanda, Gambia und Zimbabwe.

Der afrikanische Kontinent leidet seit mehreren Jahrzehnten unter kriegerischen Konflikten, Genoziden, ethnischen Massenvertreibungen, religiösen Auseinandersetzungen, wirtschaftlichem Elend und vor allem unter korrupten Regierungen und despotischen Regimen. Zwischen 1990 und 2005 gingen in Afrika allein der Wirtschaft etwa 284 Milliarden US-Dollar verloren – in etwa der gleiche Betrag, der als Entwicklungshilfe in den ärmsten Kontinent während dieser Zeit floss. In den 15 Jahren ereigneten sich 23 bewaffnete Konflikte, von Liberia bis Ruanda. Die Wirtschaft in Afrika schrumpfte während dieser Zeit durchschnittlich um 15 Prozent pro Jahr, der Verlust betrug für die Wirtschaft 18 Milliarden US-Dollar jährlich.[8]

---

7 Vgl. Decision 3/2003/CE des AKP-EG-Ministerrates, 11.12.2003.

8 Aus: Kosten für Afrikas Kriege fressen die Entwicklungshilfe auf, in: Die Presse, 12.10.2007, S. 10.

Afrika und der Mittlere Osten bilden stets Herausforderungen für die EU. Das Ziel der EU besteht in der Eindämmung von Krisen, Konflikten, von politischen und ökonomischen Instabilitäten, von illegaler Migration, von organisierter Kriminalität, Terrorismus und Islamismus. Die EU fördert im Rahmen des Barcelona-Prozesses deshalb auch die Entwicklung südlicher Mittelmeeranrainerstaaten sowie der Türkei und Israel. Kernstück sind bilaterale Abkommen mit den einzelnen Staaten, die neben weitgehender Zollfreiheit weitere handelspolitische Zugeständnisse sowie auch eine Kooperation im technisch-wirtschaftlichen Bereich vorsehen. In vielen Fällen liegt sogar eine Assoziierung nach Artikel 310 EGV vor (z.B. Ägypten, Israel). Seit 1997 besteht ein Abkommen mit der Palästinensischen Autonomiebehörde, in dem die EU Wiederaufbauhilfe garantiert. Die Etablierung eines stabilen Umfeldes in Palästina ist für den sinnvollen Einsatz von Wiederaufbauhilfe vorausgesetzt. Die Entwicklungshilfe innerhalb des Barcelona-Prozesses hat ein jährliches Volumen von ca. einer Milliarde Euro. Im Februar 2004 entwickelte die EU das Konzept der Strategischen Partnerschaft mit dem Mittelmeerraum und dem Nahen und Mittleren Osten, das vom Europäischen Rat am 14. Juni 2004 angenommen wurde. Die drei Zielsetzungen beinhalten:

• politische Reformen, verantwortungsvolle Staatsführung, Förderung von Demokratie und Menschenrechten;

• Handel, wirtschaftliche Zusammenarbeit, Liberalisierung der Wirtschaft, Kontakte zwischen Menschen;

• Konfliktverhütung, -lösung, Bekämpfung des Terrorismus und der Proliferation von Massenvernichtungswaffen, illegale Einwanderung.

Die Reformen in den betroffenen Staaten müssen – und das betont die EU – von innen heraus erfolgen und dürfen nicht von außen aufgezwungen werden. Die EU verfolgt primär *soft-power*-Ziele. Im Dezember 2007 wurden bei der Geberkonferenz den Palästinensern 7,4 Milliarden US-Dollar an Finanzhilfe für die kommenden drei Jahre zugesagt. Österreich wird an bilateraler Hilfe für 2008 fünf Millionen Euro zur Verfügung stellen.[9] Für 2008 stellt die EU-Kommission 500 Millionen Euro für Palästina zur Verfügung, auch die EU-Mitgliedstaaten haben den gleichen Betrag für Palästina bereitgestellt.[10]

Ebenfalls bilateral ist die Entwicklungshilfe für die 35 südamerikanischen und asiatischen Staaten der ALA-Gruppe ausgestaltet. Zu ihnen gehören u.a. alle Mitglieder des MERCOSUR, des Andenpakts, des Ge-

---

9 Aus: Die Presse, 19.12.2007, S. 7.

10 Aus: Interview mit EU-Außenkommissarin Benita Ferrero-Waldner, in: Regina Pöll, Neuer Vertrag bei irischem Nein, in: Die Presse, 27.12.2007, S. 5.

meinsamen Zentralamerikanischen Markts und der ASEAN. Die Verträge sehen finanzielle und technische Hilfe in den Bereichen Landwirtschaft, Umwelt und Familienplanung vor und haben ein jährliches Volumen von rund 750 Millionen Euro. Ähnlich wie bei der Entwicklungshilfe zugunsten der AKP-Staaten ist auch hier eine enge Koppelung bei der Einhaltung bestimmter politischer Standards durch die Zielländer vorgesehen. Bei deren Verletzung können die Leistungen ausgesetzt oder auf rein humanitäre Maßnahmen limitiert werden.

Sicherheitspolitik mit entwicklungspolitischen Zügen

Am 11. Juni 1998 wurde unter der britischen EU-Präsidentschaft seitens der Außenminister der Union der EU-Verhaltenskodex über Waffenexport (*EU Code of Conduct for Arms Exports, 8 June 1998*) verabschiedet. In diesem politisch verbindlichen Dokument sind acht Bedingungen enthalten, an die Waffenexporte gebunden sind, so unter anderem der Respekt der Menschenrechte im Empfängerland, die innenpolitisch stabile Lage, die Bewahrung des regionalen Friedens, der Sicherheit und Stabilität, die Bekämpfung und Verhinderung von Proliferation von Massenvernichtungswaffen, die Bekämpfung des Terrorismus und der organisierten Kriminalität. In der *Erklärung des Europäischen Rates zum Kampf gegen den Terrorismus* wird betont, „dass spezifische Fragen der Terrorismusbekämpfung, einschließlich wirksame Terrorismusbekämpfungsklauseln, die die Prioritäten des überarbeiteten Aktionsplans widerspiegeln, in allen Übereinkommen zu einem zentralen Element auf allen Ebenen der Beziehungen zwischen der EU und prioritären Staaten werden." Demnach werden auch die „Ziele der Terrorismusbekämpfung in die Arbeit der geografischen Arbeitsgruppen und die Außenhilfeprogramme" einbezogen.[11]

Ein großer Teil der Entwicklungshilfe gilt Afghanistan. Die USA, die NATO sowie die EU haben sich zum Ziel gesetzt, die Islamische Republik Afghanistan nach dem Sturz des Taliban-Regimes im Jahr 2001 politisch und wirtschaftlich aufzubauen, damit dieses Land keine Bedrohung mehr für die westliche Welt darstellt. Entwicklungshilfe und Sicherheitspolitik sind in diesem Zusammenhang sehr eng verknüpft. Wesentlicher Teil der sicherheitspolitischen Entwicklungshilfe leisten die nach dem Sturz der Taliban im Rahmen der NATO-geführten ISAF (International Security Assis-

---

11 Quelle: Bulletin EU 3-2004, Erklärung des Europäischen Rates zum Kampf gegen den Terrorismus (22/22), Ziel 7: Ausrichtung der Maßnahmen der EU im Bereich der auswärtigen Beziehungen auf prioritäre Drittländer, in denen die Kapazitäten bzw. die Bereitschaft zur Terrorismusbekämpfung gestärkt werden müssen.

tance Force) geschaffenen *Provincial Reconstruction Teams* (PRTs). PRTs sind kleine Teams, die aus zivilen und militärischen Experten gebildet werden. Sie haben den Auftrag, die Sicherheit der Mitarbeiter von humanitären Organisationen in afghanischen Provinzen zu gewährleisten und an der Aufbauarbeit mitzuwirken – mit folgenden Zielen: Gewährleistung von Sicherheit, Vorantreiben des Wiederaufbaus, Errichtung staatlicher Strukturen, Unterstützung beim Entwaffnungsprozess und Unterstützung bei der Abhaltung freier Wahlen – auf eine Formel gebracht: Sicherheit x Wiederaufbau = Stabilität.[12] PRTs sind zivil-militärisch kombinierte Elemente, die von einem Entsendestaat geführt werden. Zivile Ministerien sind mit unterschiedlichen Befugnissen in PRTs involviert. PRTs sind internationale Hilfsinstitutionen auf Zeit, sie besitzen eine Stärke von je 50 bis 500 Personen. Nachteilig wirken sich bei den PRTs der geringe Personalstand und die oftmaligen Rotationen der PRTs aus. Zudem sind PRTs für Provinzen zuständig, die wie Badakschan oder Herat oft mehr als 40.000 Quadratkilometer umfassen – also von der Größenordnung her den Staaten Estland oder der Schweiz entsprechen. Zudem mindern die kurzen Einsatzintervalle von drei bis sechs Monaten den Erfolg der ihnen zugedachten Missionen. Weiters sind PRTs uneinheitlich strukturiert und geführt.[13]

Im Feld sind PRTs aktiv als Patrouille, Vermittler, Netzwerkbildner, als Betreiber von Wiederaufbauprojekten, als Armee- und Polizeiausbilder, als Demobilisierungs- und Entwaffnungshelfer sowie als Informationsbeschaffer.[14] PRTs sind derzeit weder geeignet noch dafür konzipiert, den Anbau von Rohopium bzw. Schlafmohn in Afghanistan zu bekämpfen. Seit 2002 nimmt die Opiumproduktion in Afghanistan enorm zu, Afghanistan besaß im Jahr 2007 einen Anteil an der weltweiten Produktion von Rohopium von 93 Prozent.[15]

Der globale Rüstungsboom

Weltweit boomt das Geschäft mit Waffen. Die globalen Militärausgaben stiegen 2007 auf ein Rekordniveau, die Waffenkonzerne steigerten ihre Umsätze enorm, und der Handel mit Kriegsmaterial bleibt nach wie vor äußerst lukrativ. Erstmals lagen die Pro-Kopf-Ausgaben der Welt für Waf-

---

12 Vgl. zu den PRTs: Markus Gauster, Erfolg für regionalen Wiederaufbau in Afghanistan, in: Der Soldat, 6.12.2006, S. 7.

13 Ebd.

14 Ebd.

15 Bis August 2007 wurden allein in Afghanistan 8.200 Tonnen Opium produziert. Aus: Thomas Seifert, Rauschgift-Rekordernte in Afghanistan, in: Die Presse, 28.8.2007, S. 1.

fen bei mehr als 200 US-Dollar.[16] Das Stockholmer Friedensforschungsinstitut SIPRI beziffert die globalen Militärausgaben auf insgesamt fast
1,34 Billionen Dollar (858 Milliarden Euro), das bedeutet einen Anstieg
um sechs Prozent gegenüber 2006 und um 45 Prozent seit 1998, als noch
an die „Friedensdividende" nach dem Kalten Krieg geglaubt wurde.
    Statistisch gab jeder Mensch im Jahr 2007 nach SIPRI für Rüstung 202
US-Dollar aus. Zur Verwirklichung der von der UNO verkündeten „Mil-
lenniums-Ziele" zur Halbierung der Armut bis 2015 wären jährlich etwa
20 US-Dollar pro Person notwendig. Mit 45 Prozent tragen die USA fast
die Hälfte aller Militärausgaben, gefolgt von Großbritannien und China mit
je fünf Prozent. Weltweit wurden 2007 insgesamt 1.339 Milliarden US-
Dollar für Rüstung ausgegeben, davon seitens der USA 547 Milliarden US-
Dollar, von Großbritannien 59,7 Milliarden US-Dollar und von der Volksrepublik China 58,3 Milliarden US-Dollar. Platz 4 auf dem Rüstungsmarkt
belegt Frankreich mit Rüstungsausgaben von 53,6 Milliarden US-Dollar,
danach folgen Japan (43,6 Milliarden US-Dollar), Deutschland (36,9 Milliarden US-Dollar), Russland (35,4 Milliarden US-Dollar), Saudi-Arabien
(33,8 Milliarden US-Dollar), Italien (33,1 Milliarden US-Dollar), Indien
(24,2 Milliarden US-Dollar), die Republik Korea (22,6 Milliarden US-
Dollar), Brasilien (15,3 Milliarden US-Dollar), Kanada (15, 2 Milliarden
US-Dollar), Australien (15,1 Milliarden US-Dollar) und Spanien (14,6 Milliarden US-Dollar).[17] Das US-Verteidigungsbudget hatte 2007 ein neues
Rekordhoch erreicht, mit 533 Milliarden US-Dollar fast die Hälfte der
weltweiten Militärausgaben. Wenn hinzugerechnet wird, was andere Res-
sorts für Sicherheit und Verteidigung in den USA ausgeben, wie das Hei-
matschutzministerium oder das Energieministerium, können insgesamt für
diesen Bereich 987 Milliarden US-Dollar veranschlagt werden, so Robert
Higgs vom Think Tank „Independent Institute".[18] Das US-Verteidigungs-
ministerium beschäftigt 2,1 Millionen Menschen. Im Rüstungsbereich arbeiten weitere 3,6 Millionen Menschen. Insgesamt sind somit 3,8 Prozent
aller Beschäftigten in den USA für die Verteidigungsindustrie tätig.[19]
16,5 Millionen US-Dollar spendeten die US-Rüstungsfirmen im Jahr 2006
für Politiker und Parteien. Zehn Millionen US-Dollar gingen an Republika-
ner, sechs Millionen an Demokraten. Die Tabakindustrie spendete 3,5 Millionen US-Dollar, aus der Ölindustrie gingen 19 Millionen Dollar an Kon-
gressabgeordnete. *„Die Kriege und die Angst vor neuen Anschlägen sind*

---

16 Aus: Stockholmer Friedensforschungsinstitut SIPRI, Jahrbuch 2007, aus: Hannes Gamill-
scheg, Jeder Mensch gibt 202 Dollar für Waffen aus, in: Die Presse, 10.6.2008, S. 7.
17 Ebd.
18 Aus: Norbert Rief, Das große Geld mit dem Krieg, in: Die Presse, 6.8.2007, S. 1.
19 Ebd.

der Motor unserer Wirtschaft" sagte Winslow Wheeler vom Center for Defense Information in Washington. Frieden könnten sich die USA gar nicht leisten.[20]

Die fünf größten Waffenexporteure im Zeitraum 2003-2007 waren die USA (31 Prozent Marktanteil), Russland (26 Prozent), Deutschland (10 Prozent), Frankreich (9 Prozent) und Großbritannien (4 Prozent). 2007 hatte sogar Großbritannien für ein Jahr die USA als weltweit größter Waffenverkäufer mit einem Verkaufsvolumen von 19 Milliarden US-Dollar (33 Prozent des weltweiten Verkaufs) abgelöst.[21] Als größte Waffenimporteure galten in diesem Zeitraum die Schwellenländer Volksrepublik China (12 Prozent des Importmarktes), Indien (8 Prozent) sowie die Vereinigten Arabischen Emirate (7 Prozent), Griechenland (6 Prozent) und die Republik Korea (5 Prozent). Österreich lag 2007 hinter Spanien und vor dem Iran auf Platz 25. Diese SIPRI-Liste (www.sipri.org) zeigt bemerkenswerte Details: Etwa, dass Südkorea 2003-2007 der Hauptkunde der USA war, China jener Russlands, die Türkei jener Deutschlands, die Emirate jener Frankreichs und die USA jener Großbritanniens. 2007 kaufte Chile sieben gebrauchte Fregatten in den Niederlanden und Großbritannien, 28 Fighter F-16 in den Niederlanden und in den USA und wurde zum zwölftgrößten Waffenimporteur. Venezuela fiel mit dem Kauf von 24 russischen Sukhoj-30MK-Jagdbombern auf. Brasilien schloss mit Frankreich und den USA Verträge zur Modernisierung von vier konventionellen „Tuoi"-U-Booten und beabsichtigt, mit Frankreich um 600 Millionen US-Dollar ein Atom-U-Boot bauen. Indien investiert Milliarden Dollar in 126 russische Suchoj-Jets, Smerch-Raketenwerfer, T-90-Panzer und Schiffe. Die Ukraine lieferte Artillerie, MiG-29-Jagdflugzeuge und günstige alte T-55- bzw. T-72-Tanks nicht nur nach Afrika (etwa Uganda), sondern wurde auch zu Moskaus Missfallen zum Hauptlieferanten der Kaukasus-Länder Aserbaidschan und Georgien. Aus Tschechien kamen mehrere Su-25 nach Georgien und alte MiG-21 nach Mali.[22] Argentinien unterhält eine Flotte von 635 Panzern, davon 118 ältere österreichische Jagdpanzer „Kürassier".

Die Ukraine ist der weltweit führende Lieferant von *Second-hand*-Technologie aus den Arsenalen der früheren Sowjetunion. So hat Kiew 2006 unter anderem T-55- und T-72-Panzer, Radpanzer, Artilleriesysteme und MiG-29-Kampflugzeuge verkauft – und zwar nach Aserbaidschan, den Kongo, Irak, Jemen, Sri Lanka, Uganda und Vietnam. 1999–2001 gin-

20 Ebd.

21 Aus: Andrew Chuter, Britain Leads in Defense Exports, Defense News, June 23, 2008, S. 3.

22 Aus: China spart bei Panzern: Waffenmarkt im Abschwung, in: Die Presse, 1.4.2008, S. 8.

gen elf überzählige Jagdbomber Su-22M-4 „Fitter-K" von der Slowakei an Angola, 2005 wurden zehn slowakische Erdkampfflugzeuge Su-25K „Frogfoot" nach Armenien verladen und fliegen nun in Gyumri nahe der türkischen Grenze.[23]

Laut EU-Industriekommissar Günter Verheugen betrug der Umsatz der Militärindustrie in der EU im Jahr 2006 etwa 70 Milliarden Euro, rund 800.000 Menschen sind derzeit in Firmen beschäftigt, die Panzer, Raketen, Gewehre oder Gefechtsfeld-Überwachungssysteme herstellen. Dabei ist die Zahl der Arbeitsplätze, die vom Militärwesen abhängen, noch viel größer: Kriegsgerät wird vermehrt unter Nutzung gewöhnlicher ziviler Komponenten gefertigt, deren Hersteller sich nie als Teil der Rüstungsindustrie sehen würden. Auch die Kosten etwa für Uniformen, Treibstoff und Verpflegung sind in keiner Statistik über Militärbusiness enthalten.[24]

Europas Rüstungsfirmen sind weltweit als militärische Ausrüster im Geschäft. „Milan"-Panzerabwehrraketen des Herstellers MBDA (eine EADS-Tochter) wurden von Frankreich an Libyen verkauft, um 168 Millionen Euro. Die in den 1970ern eingeführte „Milan" ist zwar nicht mehr ganz neu, wird jedoch weltweit genutzt, so in Brasilien, Indien und Kenia. Zwar ist die US-Rüstungsindustrie die weltgrößte: 2005 stammten laut Friedensforschungsinstitut SIPRI 63 Prozent der Militärverkäufe (210 Milliarden Euro) von 40 US-Firmen, während 32 europäische Firmen 29 Prozent des Geschäftswertes hatten. Doch bauen US-Firmen großteils für den Heimbedarf, daher liegt bisweilen die viel kleinere Militärindustrie Russlands exportmäßig auf Rang eins. 2003 übertrafen Europas Rüstungsexporteure erstmals die der USA. 2001–2006 hatte Europa überhaupt weltweit die größten Exportumsätze, den innereuropäischen Handel inklusive.[25]

Die Struktur von Europas Kriegsindustrie wandelte sich in den 1990ern, insbesondere durch Konzernbildung. Dies war ein globaler Prozess. 1989 besetzten die weltweit größten fünf Rüstungsfirmen 22 Prozent Marktanteil, im Jahr 2007 an die 43 Prozent. Reine Waffenschmieden wie Frankreichs Panzer- und Artilleriehersteller GIAT sind selten. Das Militärgeschäft ist lediglich ein Teil des Ganzen. So kommt ein Drittel des Umsatzes des britischen Triebwerksbauers Rolls Royce aus dem Militärsektor, drei bis fünf Prozent sind es beim deutschen LKW-Erzeuger MAN. Führend in Europa sind derzeit vier Konzerne, die unter den Top-10 der Weltrüstungsindustrie sind. 2005 erzielte die Rüstungssparte der britischen *BAe Systems* (100.000 Beschäftigte) 16 Milliarden Euro Gewinn. BAe baut etwa die

---

23 Aus: Georg Mader, Intensiver Waffenhandel im Kaukasus, in: Der Soldat, 26.3.2007, S

24 Aus: Wolfgang Greber, Darf's ein Zerstörer mehr sein?, in: Die Presse, 6.8.2007, S. 2.

25 Ebd.

neuen britischen Atom-U-Boote der „Astute"-Klasse und macht beim Eurofighter mit. *Finmeccanica* (Italien, 60.000 Beschäftigte, 2005 sieben Milliarden Euro Rüstungsumsatz) baut Luftfahrzeuge. Der deutsch-französisch-spanische Luft- und Raumfahrtkonzern *EADS* (2006 gut 117.000 Beschäftigte) erzielte 2006 ein Viertel des 40 Milliarden-Euro-Umsatzes im Militärsektor, etwa mit Eurofighter, Eurocopter und der Luft-Luft-Rakete „Iris-T". *Thales* in Frankreich (einst Thomson-CSF) hat 70.000 Beschäftigte und machte 2005 Deals über 6,5 Milliarden Euro. Thales baut unter anderem Mirage-Jets und Fregatten und wird mit BAe die britischen Flugzeugträger der Queen Elizabeth-Klasse konstruieren. Zudem sind FN-Gewehre aus Belgien ähnlich wie die *AK-47 Kalaschnikows* und deren chinesische Lizenzbauten aus Bürgerkriegen in Afrika nicht mehr wegzudenken.

Führte Russland im Jahr 2000 Waffen im Wert von 4,1 Milliarden US-Dollar aus, waren es 2007 Waffensysteme im Wert von sieben Milliarden US-Dollar. Hatte Russland bisher das Gros seiner Rüstungsexporterlöse mit Fluggerät verdient, werden nun Schiffe und U-Boote immer wichtiger. Ein aktueller „Hit" sind auch Luftabwehrraketen wie die SA-10 „Grumble", damit will der Iran seine Atomanlagen schützen. Russlands Waffen gelten als robust und einfach zu bedienen, sind aber nicht immer auf dem letzten technologischen Stand. So hinkt Russland etwa bei der Entwicklung von lasergestützten Waffensystemen und Cruise Missiles, wie sie in der modernen Kriegführung zum Einsatz kommen, hinterher. Wladimir Putin hatte vor wenigen Jahren die Modernisierung des Rüstungssektors zur nationalen Aufgabe erklärt.[26]

Bulgarien ist auch nach dem Kalten Krieg ein starker Waffenexporteur geblieben, 2007 hatte Bulgarien Waren im Wert von 220 Millionen Euro hergestellt. Der Exportwert betrug 180 Millionen Euro. So wurden ursprüngliche *AK-47* im Laufe der Zeit weiterentwickelt und zu einem neuen Produkt verfeinert.[27]

EU-Rüstungskooperation

Die Grundlage für die nationalstaatlichen Rüstungsindustrien in der EU bildet der Vertrag von Rom aus dem Jahr 1957. Darin wurde festgelegt, dass Mitgliedstaaten Maßnahmen ergreifen können, die zur Wahrung der

---

[26] Jens Hartmann, Bei Waffenexporten ist Russland Weltmacht – und nicht zimperlich, in: Die Presse, 6.8.2007, S. 2.

[27] Aus: Frank Stier, Bulgariens Kriegswirtschaft besetzt alte Territorien und erobert sich neue, in: Die Presse, 3.6.2008, S. 27.

wesentlichen Sicherheitsinteressen erforderlich sind, soweit sie die Erzeugung von Waffen, Munition und Kriegsmaterial oder den Handel damit betreffen. Der Vertrag der Europäischen Gemeinschaften (EGV) erlaubt daher, bei der Beschaffung von Waffen, Munition und Kriegsmaterial im Interesse der nationalen Sicherheit von den üblichen EU-Regeln der EU-weiten Ausschreibung abzuweichen. Dem Artikel 296 des EGV (vormals Artikel 223 des EWGV) liegt eine Liste der militärischen Ausrüstungen aus dem Jahr 1958 zu Grunde (angenommen als Ratsentscheidung 255/58), in der das von der Ausnahmebestimmung umfasste Kriegsmaterial aufgezählt ist. Dieser Artikel 296 erlaubt die Beschaffung von Rüstungsmaterial außerhalb des europäischen Wettbewerbs- und Vergaberechts.

Die Summe der Verteidigungsbudgets aller 27 EU-Mitgliedstaaten beträgt über 170 Milliarden Euro. Von dieser Gesamtsumme werden rund 80 Milliarden Euro für den Ankauf von Rüstungsgütern verwendet.[28] Der Großteil dieses Geldes wird auf kleinen, abgeschotteten, nationalen Märkten ausgegeben. In der Vergangenheit führte dies zu parallelen Entwicklungen von Rüstungsgütern in geringer Stückzahl. Die geringen Stückzahlen der EU-Rüstungsgüter hatten hohe Verkaufspreise zur Folge, was sich wiederum in der internationalen Wettbewerbsfähigkeit der EU-Rüstungsindustrie niedergeschlagen hat. Die 2004 gegründete Europäische Verteidigungsagentur (*European Defence Agency* – EDA) strebt daher einen effizienten verteidigungspolitischen Mitteleinsatz innerhalb der Europäischen Sicherheits- und Verteidigungspolitik (ESVP) an.

Die EDA wurde am 12. Juli 2004 unter Bezugnahme auf Titel V des Vertrags über die Europäische Union in der Fassung des Vertrags von Nizza seitens des Rates mit der Gemeinsamen Aktion 2004/551/GASP über die Errichtung der Europäischen Verteidigungsagentur, ABl. 2004 L 245/17, beschlossen. Als die fünf EDA-Hauptaufgaben gelten demnach

• die Weiterentwicklung der militärischen Fähigkeiten für das europäische Krisenmanagement,

• die Förderung und der Ausbau der europäischen Rüstungskooperation,

• die Stärkung der europäischen Rüstungs- und Technologieindustrie,

• die Schaffung eines globalen wettbewerbsfähigen europäischen Rüstungsmarktes und

• die Förderung von Forschung und Entwicklung zur Sicherung einer führenden Rolle Europas auf dem Gebiet der strategischen Technologien.[29]

---

[28] Aus: Harald Pöcher, Der Gemeinsame Europäische Rüstungsmarkt, in: Der Soldat, 20.9. 2006, S. 14.

[29] Aus: Christoph Moser, Europäische Verteidigungsagentur, in: MILIZ info 2/2007, S. 21.

Mit einem Budget von ca. 25 Millionen Euro und 120 Mitarbeitern ist die EDA keine Beschaffungsagentur, sondern dient derzeit nur der Strategieentwicklung und Bewertung. Aufgabe der EDA ist die Koordination von Maßnahmen, die die militärischen Interventionsfähigkeiten der EU-Staaten extrem verbessern. Die EDA ist dem „Mr. GASP", Javier Solana, unterstellt.[30] Die Umsetzung von militärischen Fähigkeiten wie der „Europäische Fähigkeitsaktionsplan" soll durch den Aufbau eines EU-Rüstungsmarktes erleichtert werden. Allein durch Rüstungskooperation sind Standardisierung und Interoperabilität der Streitkräfte erreichbar, nur durch Rüstungskooperation lassen sich die wirtschaftlichen und technologischen Vorteile erzielen. Es gilt: Nur wer angemessene Fähigkeiten besitzt, ist auch selbst beitrags- und damit kooperationsfähig.

Die EU ist bestrebt, durch eine verbesserte systematische Zusammenarbeit auf dem Gebiet der ESVP im Krisenmanagement – vor allem auch mit Partnern aus Entwicklungsländern – einen höheren Stellenwert zu gewinnen. Ebenso sollen die Kosten für moderne hochtechnologisierte Rüstungsgüter gesenkt werden, indem Doppelgleisigkeiten in der Anschaffung verringert werden.[31] Ziel ist die Schaffung eines EU-Verteidigungsmarktes, „um die Kosten der Militärausgaben zu reduzieren und die Produktion militärischer Güter im Interesse der europäischen Steuerzahler kosteneffizienter zu gestalten."[32] Im Steuergremium der EDA sind die Verteidigungsminister der Mitgliedstaaten vertreten. Die EDA kann somit europäische Rüstungs- und Ausrüstungsfragen auf der Ebene der nationalen Verteidigungsminister und deren untergeordneten Dienststellen koordinieren. Mit der Entwicklungshilfe ist die EDA jedoch nicht verknüpft. Es werden gleichwohl Produkte in der EU entwickelt, wie das viermotorige Transportflugzeug *Airbus A400M*, das in einer künftigen Zivilversion auch für die Entwicklungshilfe herangezogen werden kann. Da jedoch vermehrt ESVP-Einsätze mit entwicklungspolitischen Zielsetzungen der EU eng verknüpft sind, um verstärkt mit Streitkräften aus Entwicklungsländern zu kooperieren und in diesem Kontext Stabilität zu schaffen, stehen die neuesten militärischen Produkte der EU, vor allem die Transportkapazitäten, auch für die *sicherheitspolitische Entwicklungshilfe* zur Verfügung.

---

[30] Aus: Karl-Heinz Eisler, Die Europäische Verteidigungsagentur, in: Der Soldat, 24.11. 2004, S. 15.

[31] Aus: Christoph Moser, Europäische Verteidigungsagentur, in: MILIZ info 2/2007, S. 21-22, S. 21.

[32] Aus: Entschließung des Europäischen Parlaments zum Grünbuch über die Beschaffung von Verteidigungsgütern (2005/2030 (INI)), Punkt 5.

Schlussfolgerungen

Die EU ist mit ihren Mitgliedstaaten der größte Entwicklungshelfer der Welt, zugleich importieren Entwicklungsländer auch Waffen aus Europa. Es ist zu betonen, dass die Entwicklungsländer aus finanziellen Gründen keine Hochtechnologiewaffen aus Europa importieren, sondern lediglich günstige und einfach zu bedienende Gewehre sowie Klein- und Leichtwaffen (darunter tragbare Boden-Luft-Raketen) insbesondere aus Russland, Weißrussland, Bulgarien, der Ukraine und aus der Volksrepublik China.

Primäres Ziel der EU ist es zunächst, Entwicklungsländer zu stabilisieren und aufzubauen, zahlreiche Abkommen geben davon Zeugnis. Überdies hat sich die EU zum Ziel gesetzt, mit der Entwicklungshilfe zugleich Demokratie und Menschenrechten sowie der Marktwirtschaft in den Entwicklungsländern zum Durchbruch zu verhelfen. Vorerst soll mit Hilfe der EU militärischer Friede insbesondere in Afrika erreicht werden. Ein wesentlicher Pfeiler ist die zivil-militärische Zusammenarbeit (CIMIC). Es geht bei CIMIC um die verstärkte Koordination zwischen Regierungen und Nicht-Regierungsorganisationen beim Wiederaufbau einer Region, so z.B. um die Wiederherstellung von Schulen und Kindergärten, um die Ausstattung medizinischer Einrichtungen, den Transport von Hilfsgütern und die Unterstützung von Fort- und Weiterbildung, die Unterstützung beim Entwaffnungsprozess, um die Abhaltung freier Wahlen und den Aufbau von Infrastruktur. Soldaten sind verstärkt in Missionen mit zivilen Kräften involviert.

Regierungen und Staaten sollen soweit demokratisiert werden, dass in Zukunft keine Kriege mehr stattfinden. Dieses Ziel hat sich auch die Afrikanische Union gesetzt. Im Zuge dieser EU-unterstützten Demokratisierung soll es auch nicht mehr möglich sein, Kindersoldaten zu rekrutieren. Weltweit werden derzeit zwischen 250.000 und 300.000 Jugendliche als Kindersoldaten gehalten. Sie werden meist entführt, geschlagen, vergewaltigt und dann zu Tötungsmaschinen erzogen. Obwohl der Missbrauch von Kindern als Soldaten international verboten und geächtet ist, werden Minderjährige dennoch rekrutiert – nicht nur von Rebellenorganisationen und Milizen, sondern auch von Regierungstruppen, so auch in der Demokratischen Republik Kongo. Die Zahl der kriegerischen Auseinandersetzungen ging zwar von 27 im Jahr 2004 auf 17 (2007) zurück. Doch in mindestens 24 Ländern finden sich unter den Soldaten Kinder. In 18 Staaten sind Minderjährige aktiv in Kämpfe verwickelt. Weltweit gibt es neun Regierungen, die nicht davor zurückschrecken, Jugendliche in ihren Armeen einzusetzen. An die 77.000 Kinder müssen in Myanmar entweder in der Armee oder in den bewaffneten Oppositionsgruppierungen dienen. Brennpunkt dieser Problematik ist nach wie vor Afrika, insbesondere Somalia, Sudan und

Tschad. In Tschad werden Flüchtlinge aus Darfur in den Camps angeworben – von den Rebellen genauso wie von der Regierung. Ende 2007 waren etwa 10.000 Kindersoldaten im Tschad: „Kindersoldaten sind ideal, weil sie sich nicht beschweren und keinen Lohn erwarten. Und wenn man ihnen befiehlt zu töten, dann töten sie", wird ein tschadischer Offizier zitiert. Meist werden Minderjährige durch Gewalt oder Drogen gefügig gemacht.[33]

EU-Mitgliedstaaten rüsten zwar Entwicklungsländer mit älteren Waffensystemen aus, gleichzeitig bemüht sich die EU darum, dass bestimmte Waffen weltweit vernichtet werden. So unterstützt die EU das Ottawa-Abkommen von 1997 zur Vernichtung von Antipersonen-Landminen, zudem haben sich Vertreter aus mehr als 100 Staaten, darunter aus allen EU-Staaten, am 29. Mai 2008 in Dublin auf ein Abkommen zur Ächtung von Streumunition verständigt. Die USA, Russland, China und Israel sind derzeit nicht bestrebt, dieser Konvention beizutreten. Der Großteil aller Staaten beabsichtigt sich laut Vertragsentwurf zu verpflichten, den Einsatz, die Entwicklung, die Produktion, die Lagerung und die Weitergabe der meisten Sprengsätze zu ächten. Innerhalb von acht Jahren sollen die Streitkräfte ihre Bestände zerstören. Die einzelnen Sprengsätze von Streubomben verteilen sich auf Flächen von bis zu 30.000 Quadratmetern. In mehr als 20 Ländern sind nach Angaben des Roten Kreuzes derzeit ganze Landstriche, die mit nicht explodierender Munition übersät sind, so gefährlich wie Minenfelder.[34]

Russland, die Ukraine, Bulgarien und die Slowakei sind Hauptlieferanten von Waffen in Entwicklungsländer, die von Lebensmittelknappheit äußerst betroffen sind. Bereits mit 30 Milliarden US-Dollar pro Jahr können global die Ursachen des Hungers bekämpft werden, so Jacques Diouf, der Leiter der Welternährungsorganisation FAO:

„Aber während die Welt jährlich 1.200 Milliarden US-Dollar für Waffen ausgibt, während die OECD-Länder (die 30 Reichsten der Erde, Anm.) mit jährlich 372 Milliarden Dollar Agrarsubventionen den Weltmarkt verfälschen, versteht kein Mensch, warum es nicht möglich sein soll, jene 30 Milliarden aufzutreiben, die es 862 Millionen Menschen

---

[33] Aus: Irene Zöch, Mit elf Jahren zum Töten ausgebildet, in: Die Presse, 21.5.2008, S. 10. Kindersoldaten befinden sich in Kolumbien, im Tschad, Liberia, an der Elfenbeinküste, in der Zentralafrikanischen Republik, in der Demokratischen Republik Kongo, im Sudan, Somalia, Uganda, Burundi, Palästina, Irak, Afghanistan, Indien, Sri Lanka, Nepal, Burma, Thailand, Philippinen und Indonesien im Einsatz.

[34] Aus: Jan Dirk Herbermann, Staaten beschließen Streubomben-Verbot, in: Der Standard, 30.5.2008, S. 3.

ermöglichen würden, zu ihrem elementarsten Recht zu kommen: zum Recht auf Nahrung."[35]

Trotz aller Schwierigkeiten, trotz abgeschotteter Agrarmärkte im Norden, trotz einer rasant zunehmenden Zahl von Konflikten und Naturdesastern ist jedoch ein gigantischer humanitärer Erfolg gelungen: Noch 1970 litten 37 Prozent der Weltbevölkerung an Hunger. 2008 waren es noch rund 13 Prozent.[36] Laut Weltbank könnte jedoch ein „stiller Tsunami" über einhundert Millionen Menschen dem Hunger ausliefern, das UN World Food Programme geht sogar von bis zu 130 Millionen aus. Denn Nahrungsmittel sind so rasant teurer geworden wie nie zuvor.[37] Für rund zwei Milliarden Menschen ist die Versorgung mit bezahlbaren Grundnahrungsmitteln mittlerweile zur Überlebensfrage geworden. Langfristig muss bis zum Jahr 2050 die weltweite Agrarproduktion verdoppelt werden. Um dieses Ziel zu erreichen, seien jährlich zwischen 24 und 30 Milliarden US-Dollar (15,4 bis 19,3 Milliarden Euro) an Investitionen in die jahrelang vernachlässigte Landwirtschaft notwendig, so Jacques Diouf.[38]

Die Lebensmittelpreise haben sich seit dem Jahr 2000 mehr als verdoppelt, doch der Faktor Biosprit-Produktion wird dabei vielfach überschätzt. Die Ursachen für die Preisexplosion sind vielfältiger: Finanzinvestoren spekulieren vermehrt auf Agrarprodukte, ein vermehrter Fleischkonsum, Ernteausfälle und ein Ausweichen der Bauern auf andere „cash-crops" (Agrarprodukte, für die am Weltmarkt ein höherer Preis zu erzielen ist) führen zum Preisanstieg. Die EU will dafür sorgen, dass bis zum Jahr 2020 zehn Prozent des Tankinhalts von Europas Kraftfahrzeugen aus Biosprit bestehen.[39]

In den USA geht inzwischen mehr als ein Drittel der Getreideproduktion in die Ethanolherstellung, in Europa sei die Hälfte des Pflanzenöls für Biodiesel reserviert. Allein durch die gestiegene Nachfrage nach Biokraftstoffen wurden in den vergangenen Jahren 30 Millionen Menschen in die Armut getrieben, schätzt die britische Umweltgruppe Oxfam. Viele Menschen, die bereits früher 50 bis 80 Prozent ihres Einkommens für Lebensmittel ausgeben mussten, könnten die annähernde Verdoppelung der Preise in den vergangenen drei Jahren nicht verkraften, so Oxfam. Laut Weltbank

---

35 Jacques Diouf, zitiert in: Paul Kreiner, Hunger, von Menschenhand gemacht, in: Die Presse, 4.6.2008, S. 2.

36 Aus: Ralf Südhoff, Aufstand der Hungrigen, in: Die Presse, 5.6.2008, S. 45.

37 Ebd.

38 Aus: Steffen Arora, „Überlebensfrage" für zwei Milliarden, in: Die Presse, 26.6.2008, S. 7.

39 Aus: Thomas Seifert, Biosprit für Europa, eine Schnapsidee?, in: Die Presse, 16.5.2008, S. 6.

hat sich die Anzahl der dadurch in die Armut getriebenen Menschen um einhundert Millionen erhöht.[40]

Durch Kriege, bürgerkriegsähnliche Situationen bzw. durch den Zusammenbruch staatlicher Ordnungen wird noch die Produktion von illegalen Suchtgiften ermöglicht und gefördert. Drogengeld korrumpiert Regierungen und dient der Finanzierung von Terroristen. Förderung der Rechtsstaatlichkeit ist der beste Weg zur Bekämpfung des Drogenhandels. Die Gesamtanbaufläche für Opium stieg im Jahr 2007 um 17 Prozent auf 235.700 Hektar. Das kommt an das Jahr 1998 heran, in dem mit 238.000 Hektar der bisherige Rekord erreicht wurde. In Afghanistan verdoppelte sich die Opium-Produktion zwischen 2005 und 2007 auf 8.870 Tonnen. 92 Prozent der weltweiten Opium-Produktion kamen 2007 aus Afghanistan. 80 Prozent des dortigen Mohnanbaus erfolgte in Regionen, die unter Kontrolle der Taliban stehen. Ähnlich ist die Entwicklung in Myanmar: Dort erhöhte sich der Mohnanbau innerhalb eines Jahres um 29 Prozent. Zudem stieg der Koka-Anbau in Kolumbien, Bolivien und Peru. Etwa 200 Millionen Menschen konsumieren illegale Drogen, davon 13 Millionen nehmen Kokain, 16 Millionen Heroin und Opium.[41]

Die demographische Entwicklung der Weltbevölkerung und der steigende Lebensstandard bedeuten, dass die Welt zunehmend Proteine verzehren wird, was zu steigender Nachfrage nach Agrarprodukten bei begrenzter Anbaufläche und damit höheren Preisen führen wird. Gleichzeitig kurbelt die Ethanolproduktion die Nachfrage nach Agrargütern an. Die Hausse der Preise für landwirtschaftliche Produkte wie Mais, Weizen und Soja habe daher gerade erst begonnen.[42]

Ziel der EU muss es sein, die Entwicklungsländer beim Aufbau einer nachhaltigen Marktwirtschaft zu unterstützen. Bei den Verhandlungen der AKP-Staaten mit der EU über ein neues Freihandelsabkommen im Jahr 2007 wurde jedoch deutlich, wie ungleich die Kräfteverhältnisse bei diesen Verhandlungen sind. Ab 2008 sind nur noch echte Freihandelsverträge erlaubt, bei denen beide Partner ihre Märkte öffnen. Die Entwicklungsländer müssen dann ihre Märkte für Europa viel weiter öffnen als bisher. Für Afrika hat dieser Schritt gewaltige Folgen, für Europa sind die Folgen eher marginal. 40 Prozent des AKP-Außenhandels findet mit der EU statt, nur drei Prozent des EU-Außenhandels mit den AKP-Staaten. In vielen AKP-Staaten könnte der Freihandel zum wirtschaftlichen Ruin führen, da sich derartige Länder nicht gegen Billigimporte aus der EU wehren können.

---

[40] Aus: Biosprit mach Lebensmittel teuer, in: Salzburger Nachrichten, 5.7.2008, S. 17.

[41] Aus: Opium-Produktion ist außer Kontrolle, in: Die Presse, 27.6.2008, S. 8.

[42] Aus: Die Konjunkturschwäche holt die Rohstoffmärkte ein, in: Frankfurter Allgemeine Zeitung, 22.3.2008, S. 15.

Aufgrund dieser Tatsachen ist es künftig für die EU ein Muss, noch mehr in die Entwicklungshilfe zu investieren. Entwicklungshilfe bedeutet jedoch nicht nur mehr Geld, sondern vor allem gezielte Verwirklichungen von Projekten – bei gleichzeitiger Koordination der EU-Mitgliedstaaten in der Entwicklungshilfe mit den Regierungen der betroffenen Staaten sowie mit NGOs. In diesem Zusammenhang sind für die Entwicklungsländer vor allem der militärische Friede, die Förderung verantwortungsvoller und nachhaltiger Regierungsführung und die Schaffung einer ökonomischen Basis – im Sinne einer effizienten und verstärkten Süd-Süd-Kooperation – von großer Notwendigkeit.

Von der militärischen Sicherheit zur Militarisierung der menschlichen Sicherheit? Der Sicherheits- und Friedensbegriff im Zeitalter der Globalisierung unter besonderer Berücksichtigung der EU

THOMAS ROITHNER

1. Globale Herausforderungen

Sowohl die USA[1] als auch die EU[2] stellen in ihren Sicherheitsdoktrinen ähnliche globale Bedrohungen fest. In den zentralen Punkten – Terrorismus, „failed states", Proliferation, regionale Konflikte und organisiertes Verbrechen – unterscheiden sich die Doktrin der EU und der USA nur wenig. Zur Bearbeitung werden schwerpunktmäßig und hauptsächlich die militärischen Aspekte präzisiert. Die Ursachenbekämpfung im Sinne globaler Herausforderungen wird im Problemaufriss zwar benannt, bleibt jedoch in den konkreten Schlussfolgerungen weitgehend unberücksichtigt bzw. unpräzise. Stattdessen werden die militärischen Herangehensweisen intensiv weiterentwickelt.

Trotz des außenpolitischen Sendungsbewusstseins der transatlantischen Akteure – „In gemeinsamem Handeln können die Europäische Union und die Vereinigten Staaten eine mächtige Kraft zum Wohl der Welt sein", so die EU-Sicherheitsdoktrin – ist bei den hier verstandenen globalen Herausforderungen keine merkliche Verbesserung zu verzeichnen. Der Anteil der in absoluter Armut lebender Menschen,[3] die Kindersterblichkeit,[4] eine zur

---

[1] Vgl. The White House (2002), National Security Strategy, September 2002, http://www .whitehouse.gov/nsc/nss.html, Zugriff 5.9.2008.

[2] Vgl. Javier Solana (2003), Ein sicheres Europa in einer besseren Welt. Europäische Sicherheitsstrategie, 12.12.2003, Brüssel, http://www.consilium.europa.eu/uedocs /cmsUpload/031208ESSIIDE.pdf, Zugriff 5.9.2008.

[3] Heute leben 1,8 Milliarden Menschen (ein Fünftel der Menschheit) mit weniger als 1 US-Dollar pro Tag. 2,5 Milliarden Menschen – das sind 40 % der Weltbevölkerung – müssen mit weniger als zwei US-Dollar am Tag auskommen; Vgl. United Nations Development Programme (UNDP), Deutsche Gesellschaft für die Vereinten Nationen (Hrsg.) (2005), Bericht über die menschliche Entwicklung 2005, Internationale Zusammenarbeit am Scheidepunkt: Entwicklungshilfe, Handel und Sicherheit in einer ungleichen Welt,

Farce gewordene Entwicklungshilfe,[5] im globalen Süden strukturzerstörende Agrarsubventionen von EU und USA,[6] wachsende Einkommensunterschiede zwischen den reichsten und den ärmsten Ländern[7] oder die wachsende ökologische Zerstörung[8] stellen zentrale Probleme dar. Die Liste mit Herausforderungen ließe sich um zentrale Fragen wie das Recht auf Gesundheit, adäquate Mitsprache von Staaten in internationalen Organisationen wie im UN-Sicherheitsrat, der Weltbank, dem Währungsfonds u.a. erweitern. Ebenso zentral wäre die Herausforderung der Geschlechtergerechtigkeit, wären zivilgesellschaftliche Beteiligungsformen oder der Übergang von fossilen Energieträgern zu einem ökologischen und friedensfähigen Energieversorgungssystem.[9]

Deutsche Ausgabe, Berlin, S. 5.

4   Mehr als zehn Millionen Kinder unter fünf Jahren sterben jährlich an Unterernährung, Seuchen und Wasserverschmutzung; Vgl. Ziegler Jean (2005), Das Imperium der Schande. Der Kampf gegen Armut und Unterdrückung, München, S. 31.

5   2003 betrug die öffentliche Entwicklungshilfe des Nordens für die 122 Entwicklungsländer 54 Milliarden US-Dollar. Im selben Jahr haben die Entwicklungsländer den Banken des Nordens 436 Milliarden US-Dollar als Schuldendienst überwiesen; Vgl. Ziegler (2005), a.a.O., S. 69.

6   Die Agrarsubventionen der reichen Länder betragen über 300 Milliarden US-Dollar pro Jahr. Dies macht beinahe das Sechsfache der öffentlichen Entwicklungshilfe aus; Vgl. United Nations Development Programme (UNDP), Deutsche Gesellschaft für die Vereinten Nationen (Hrsg.) (2003), Bericht über die menschliche Entwicklung 2003, Die Millenniums-Entwicklungsziele: Ein Pakt zwischen Nationen zur Beseitigung menschlicher Armut, Deutsche Ausgabe, Berlin, S. 16, sowie Ernst-Otto Czempiel (2004), Sicherheit und Sicherheitspolitik Europas, in: Österreichisches Studienzentrum für Frieden und Konfliktlösung (Hrsg.), Projektleitung Thomas Roithner (2005), ‚Die Wiedergeburt Europas‘. Von den Geburtswehen eines emanzipierten Europas und seinen Beziehungen zur einsamen Supermacht, Münster, S. 38-59, hier: S. 50.

7   Die Einkommensunterschiede lagen 1820 noch bei 3 zu 1, 1950 bei 35 zu 1, 1973 bereits bei 44 zu 1 und 1992 schließlich bei 72 zu 1; Vgl. United Nations Development Programme (UNDP), Deutsche Gesellschaft für die Vereinten Nationen (Hrsg.) (2000), Bericht über die menschliche Entwicklung 2000, Menschenrechte und menschliche Entwicklung, Deutsche Ausgabe, Berlin, S. 7.

8   Die Schweizerische Friedensstiftung und die ETH Zürich haben dargelegt, dass 1992/93 unter den 51 nach AKUF ausgewiesenen Kriegen 22 eine Umweltdimension haben; Vgl. Bächler Günther, Böge Volker, Klötzli Stefan, Libiszewski Stephan (1993), Umweltzerstörung: Krieg oder Kooperation? Ökologische Konflikte im internationalen System und Möglichkeiten der friedlichen Bearbeitung, Münster; sowie Roithner Thomas (1998), Eine Welt in Bewegung. Ursachen und Folgen umweltbedingter Migration, Linz: Universitätsverlag Trauner.

9   Österreichisches Studienzentrum für Frieden und Konfliktlösung (Hrsg.), Projektleitung: Thomas Roithner (2008), Von kalten Energiestrategien zu heißen Rohstoffkriegen? Schachspiel der Weltmächte zwischen Präventivkrieg und zukunftsfähiger Rohstoffpolitik im Zeitalter des globalen Treibhauses, Münster/London/Wien.

Das Friedensforschungsinstitut SIPRI hat in seinem Yearbook 2008 in den letzten zehn Jahren einen Anstieg der weltweiten Rüstungsausgaben um 45 % festgestellt. Die Staatengemeinschaft gab 2007 1.339 Milliarden US-Dollar für Rüstung aus, was einen Höchststand der jährlichen Rüstungsausgaben seit dem Zweiten Weltkrieg bedeutet. Auf die USA entfallen 45 %.[10] SIPRI weist im Jahr 2007[11] für die USA Rüstungsexporte von 7.899 US-Dollar m. (davon gehen 6.882 an nicht-EU-Staaten), für die Russische Föderation 6.763 US-Dollar m. (davon gehen 6.590 an nicht-EU-Staaten) und für die 14 ausgewiesenen größten Rüstungsexporteure der EU einen Betrag von 10.533 US-Dollar m. aus. Davon gehen 6.440 US-Dollar m. an nicht-EU-Staaten.[12]

Immer noch fordern zentrale Akteure dieser Blöcke mehr Militär zur Lösung internationaler Konflikte.

2. Zeitgemäßer Begriff

Es stellt sich nun die Frage, mit welchem Begriff – und damit auch, mit welchem Handwerkszeug – wir an die globalen Probleme herantreten.

Die Reformkommission des österreichischen Bundesheeres sieht Sicherheit als „auf der gemeinsam mit Partnern vorgenommenen Reduzierung eigener Verwundbarkeiten"[13] in Abgrenzung zu anderen Akteuren. Solidarität bezieht sich auf die Mitglieder des eigenen Blockes.

---

[10] Vgl. Stockholm International Peace Research Institute (Hrsg.) (2008), SIPRI Yearbook 2008. Armaments, Disarmament and International Security, Oxford University Press, page 325 f.; kritisch zur SIPRI-Erhebung: Lock Peter (2006), Ökonomie der neuen Kriege – Kalte Friedenskonsolidierung durch Kriminalisierung?, in: Österreichisches Studienzentrum für Frieden und Konfliktlösung (Hrsg.), Projektleitung Thomas Roithner (2006), Die Weltunordnung von Ökonomie und Krieg. Von den gesellschaftlichen Verwerfungen einer neoliberalen Globalisierung zu den weltumspannenden politischen Ansätzen jenseits des Casinokapitalismus, 3. Aufl., S. 40-58, hier: S. 42.

[11] SIPRI Online-Datenbank: http://armstrade.sipri.org, Zugriff 5.9.2008.

[12] Deutschland (Σ 3.858, davon in nicht-EU-Staaten: 1.820), Frankreich (Σ 1.557, davon in Nicht-EU-Staaten: 1.473), Niederlande (Σ 1.481, davon in Nicht-EU-Staaten: 499), UK (Σ 1.091, davon in Nicht-EU-Staaten: 909), Italien (Σ 878, davon in Nicht-EU-Staaten: 595), Spanien (Σ 803, davon in Nicht-EU-Staaten: 803), Schweden (Σ 472, davon in Nicht-EU-Staaten: 38), Polen (Σ 169, davon in Nicht-EU-Staaten: 169), Österreich (Σ 61, davon in Nicht-EU-Staaten: 3), Tschechische Republik (Σ 56, davon in Nicht-EU-Staaten: 56), Belgien (Σ 50, davon in Nicht-EU-Staaten: 50), Finnland (Σ 31, davon in Nicht-EU-Staaten: 0), Griechenland (Σ 23, davon in Nicht-EU-Staaten: 23) und Dänemark (Σ 3, davon in Nicht-EU-Staaten: 2).

[13] Bundesministerium für Landesverteidigung (2001), Sicherheits- und Verteidigungsdoktrin, Analyse-Teil, Stand vom 23.1.2001, Wien.

Die Definitionen „umfassender Sicherheit" schließt nach Heinz Gärtner „neben der militärischen auch die politische, soziale, gesellschaftliche, wirtschaftliche, ökologische und kulturelle Dimension von Sicherheit ein."[14] Heinrich Schneider führt zu „umfassender Sicherheit" aus, „dass in das sicherheitspolitische Denken und Handeln die Gesamtheit der Beziehungsdimensionen in einem Interaktionsfeld von Staaten und Gesellschaften einbezogen werden soll",[15] und bringt dies im Hinblick auf Europa mit der UNO und ihren Unterorganisationen bzw. der KSZE und der OSZE in enge Verbindung.

Das klassische Sicherheitsdenken des Kalten Krieges war in Europa durch die Wahrnehmung einer militärischen Bedrohung von außen geprägt. In den 1980er Jahren wurde die sicherheitspolitische Debatte des Ost-West-Konfliktes u.a. durch den Begriff der „gemeinsamen Sicherheit" geprägt. Aus dem gemeinsamen Interesse, einen Nuklearkrieg zu verhindern, sollten ein Entspannungsdialog und Zusammenarbeit der beiden Blöcke erwachsen. „Ende der 80er/Anfang der 90er Jahre" entstand „als Ergebnis eines Beurteilungs- und Umdenkprozesses im Establishment der strategischen und sicherheitspolitischen Forscher in den USA" der Begriff „Comprehensive Security".[16] Man versuchte, „das Spektrum neuer Bedrohungen und Gefährdungen aufzuzeigen", und Heinz Magenheimer fasst zusammen: „Grob gesprochen konnte eine Verlagerung der Vorstellungen von ‚Sicherheit' von einem bisher militärisch dominierten Bereich auf zahlreiche nichtmilitärische Bezugsfelder festgestellt werden."[17] Corinna Hauswedell weist auf institutionelle Entwicklungen in Bezug auf die umfassende Sicherheit hin: „Zwischen 1980 und 1987 formulierten drei hochrangig besetzte internationale Kommissionen erstmals explizit eine erweiterte Version von Sicherheit (Brandt-, Palme-, Brundtland-Report)".[18] Joachim Giller konstatiert ganz allgemein „eine Schwerpunktverlagerung von

---

14 Heinz Gärtner (2005), Internationale Sicherheit. Definitionen von A–Z, Baden-Baden, S. 127.

15 Heinrich Schneider (2001), „Umfassende Sicherheit". Europäische Erfahrungen mit einem gutgemeinten Konzept, in: Österreichisches Studienzentrum für Frieden und Konfliktlösung (ÖSFK), Projektleitung: Thomas Roithner (Hrsg.) (2001), Wie sicher ist Europa? Perspektiven einer zukunftsfähigen Sicherheitspolitik nach der Jahrtausendwende, Münster, S. 24-44, hier: S. 24.

16 Heinz Magenheimer (2001), Comprehensive Security. Zum erweiterten Verständnis von Sicherheit, Schriftenreihe der Landesverteidigungsakademie, Nr. 2/2001, Juni 2001, Wien, S. 3.

17 Magenheimer (2001), a.a.O., S. 3.

18 Corinna Hauswedell (2006), Das große Versprechen: „Erweiterte Sicherheit", in: Reinhard Mutz / Bruno Schoch / Corinna Hauswedell / Jochen Hippler / Ulrich Ratsch (Hrsg.) (2006), Friedensgutachten 2006, Münster, S. 63-72, hier: S. 65.

militärischen Bedrohungsaspekt hin zu nichtmilitärischen Gefährdungen".19

Der erweiterte Sicherheitsbegriff ist heute in der Realpolitik überwiegend militärisch geprägt. Seit Ende der 1990er Jahre haben sich nicht nur die weltweiten Rüstungsbudgets erhöht, sondern auch die Legitimationsgründe für das Militär konnten zum Teil durch die „umfassenden Sicherheitsaufgaben" und die zivilen Herausforderungen neu begründet werden. Die Erweiterung des Begriffes brachte es u.a. mit sich, dass der Militärpakt NATO in seiner während dem Kosovo-Krieg 1999 verabschiedeten Doktrin „komplexe neue Risiken für den euro-atlantischen Frieden" wie „Unterdrückung, ethnische Konflikte, wirtschaftliche[r] Not, [...] Zusammenbruch politischer Ordnung" als seine Probleme identifizierte.20 Dies bedeutet eine Stärkung des Militärischen in klassisch zivilen Außenpolitikbereichen wie der Entwicklungszusammenarbeit, Menschenrechts- oder Migrationspolitik. Die friedenspolitisch geprägten Debatten haben versucht, durch das Konzept der „umfassenden Sicherheit" das Militärische zugunsten sozialer, ökologischer oder ökonomischer Aspekte eine marginale Rolle gemäß ihrer realen militärischen Bedeutung zuzuweisen.

3. Der Sicherheitsbegriff und die Politik der EU

Die RepräsentantInnen der EU haben sich sicherheitspolitisch u.a. auf eine verfassungsmäßige Aufrüstungsverpflichtung,21 Interventionstruppen mit einem globalen Auftrag22 und den „battle groups" als Speerspitze,23 eine

---

19 Joachim Giller (1994), Der Begriff „Sicherheit" im Wandel. Vom umfassenden Sicherheitsverständnis zur präventiven Krisenvorsorge, in: Bundesministerium für Landesverteidigung (Hrsg.), Österreichische Militärische Zeitschrift, Nr. 5/1994, Wien, S. 453-460, hier: S. 453.

20 Vgl. Birgit Mahnkopf (2003), Sicherheit als öffentliches Gut. „Human Security" unter den Bedingungen der Globalisierung, in: Österreichisches Studienzentrum für Frieden und Konfliktlösung (Hrsg.), Projektleitung Thomas Roithner (2003), Europa Macht Frieden. Die Rolle Österreichs, Münster, S. 173-189, hier: S. 177; sowie North Atlantic Treaty Organisation (NATO) (1999), The Alliance's Strategic Concept. Approved by the Heads of State and Government participating in the meeting of the North Atlantic Council in Washington D.C. on 23rd and 24th April 1999, http://www.nato.int/docu/pr/1999/p99-065d.htm, Zugriff 5.9.2008, point 3.

21 Vgl. Europäische Union (2008), Konsolidierte Fassungen des Vertrags über die Europäische Union und des Vertrags über die Arbeitsweise der Europäischen Union, 2008/C 115/01, ISSN 1725-2407, 9. Mai 2008, Artikel 42.3., Quelle: http://eur-lex.europa.eu /JOHtml.do?uri=OJ:C:2008:115:SOM:DE:HTML, Zugriff 5.9.2008.

22 Vgl. Europäische Union (2008), a.a.O., Artikel 42.1.

23 Vgl. Rat der Europäischen Union: Bericht des Vorsitzes zur ESVP, 9.6.2004, Anlage I.;

verfassungsmäßige Beistandsverpflichtung,[24] eine gemeinsame Rüstungsindustrie samt Rüstungsagentur[25] oder eine immer loser werdende Verbindung zum Völkerrecht[26] verständigt.

Während Militärisches in der EU-Sicherheitsstrategie und im Verfassungsentwurf genau präzisiert wird, sind die zivilen Teile unterentwickelt, unpräzise, unterfinanziert oder politisch unterbewertet. Als ein Beispiel fungiert die unterschiedliche qualitative und quantitative Möglichkeit zur Entsendung von SoldatInnen bzw. zivilen EU-Fachkräften ins Ausland. Wachsende globale Ungleichheit und Terrorismus werden daher – so die Prognose – Wegbegleiter transatlantischer Sicherheitspolitik bleiben. Die EU erarbeitet mit dem Schwerpunkt auf der Militarisierung unzureichende Handwerkszeuge für die globalen Herausforderungen. Dies sei im Folgenden an zwei Beispielen dargelegt, wie die EU-Politik auf Basis eines veränderten Sicherheitsbegriffs begründet wird.

3.1 Zivil-militärische Zusammenarbeit

Die zivil-militärische Zusammenarbeit (civil-military cooperation = CIMIC)[27] steht derzeit auf der außen- und sicherheitspolitischen Agenda

---

Thomas Roithner (2006), Neutralität und europäische Sicherheitspolitik. Die Militarisierung der Union, die Verfassung und die Chancen für eine europäische Zivilmacht, Verband Österreichischer Gewerkschaftlicher Bildung, Arbeiterkammer (Hrsg.), Reihe „Politik und Zeitgeschehen", Bd. 17, Wien: Verlag Österreichischer Gewerkschaftsbund, 3. Aufl., S. 10 f.

24 Vgl. Europäische Union (2008), a.a.O., Artikel 42.7.

25 Vgl. Europäische Union (2008), a.a.O., Artikel 42.3.

26 Vgl. u.a. EU-Verfassung, EU-Sicherheitsstrategie, Österreichisches Kriegsmaterialiengesetz oder Artikel 23 f der österreichischen Bundesverfassung; Quellen: Europäische Union (2008), a.a.O., Artikel 3.5.; Javier Solana (2003), Ein sicheres Europa in einer besseren Welt. Europäische Sicherheitsstrategie; Republik Österreich, Bundesgesetz, mit dem das Bundesgesetz über die Ein-, Aus- und Durchfuhr von Kriegsmaterial und das Waffengesetz 1996 geändert werden sowie ein Truppenaufenthaltsgesetz erlassen wird, Bundesgesetzblatt 57/2001, 12. Juni 2001; zu Artikel 23 f BVG siehe: Kostelka, Khol: Parlamentarischer Antrag XX. GP.-NR 791/A, 1998-05-26 sowie Bericht des Verfassungsausschusses über den Antrag 791/A der Abgeordneten Dr. Peter Kostelka, Dr. Andreas Khol und Genossen, Erläuterungen, 1255 der Beilagen zu den Stenographischen Protokollen des Nationalrates XX.GP.

27 Unterschieden werden die zivil-militärische Zusammenarbeit (CIMIC) und die zivil-militärische Koordination (CMCO). „CMCO soll, umfassender als CIMIC, den gesamten Konfliktzyklus umfassen – von der Konfliktprävention über militärische Einsätze und die anschließende Stabilisierung bis hin zur Konfliktnachsorge", siehe Andreas Heinemann-Grüder / Diana Burghardt, Zivil-militärische Zusammenarbeit, Reader Sicherheitspolitik, II.1., herausgegeben vom Streitkräfteamt, Informations- und Medienzentrale der Bundeswehr, S. 106-116, hier: S. 115, Quelle: http://www.reader-sipo.de/artikel/0602_AII1 .pdf, Zugriff 5.10.2006.

der EU weit oben. CIMIC folgt dem Gedanken, dass die heutigen Kriege und Konflikte nicht alleine mit militärischen Mitteln gelöst werden können. Nach der deutschen Bundeswehr dient CIMIC dazu, den „eingesetzten Streitkräften die Durchführung ihres Auftrags zu erleichtern."[28] Die deutsche Bundeswehr meint in aller Deutlichkeit: „CIMIC dient der jeweiligen militärischen Operation."[29] CIMIC bietet für die Armeen die zivile Legitimationsgrundlage für künftige überwiegend militärische Auslandseinsätze, denen in Teilen der Bevölkerung nicht selten militärischer Interventionsgeruch vorausweht, insbesondere, wenn es sich um mögliche künftige völkerrechtswidrige Einsätze handelt. Humanitäre Organisationen können in unterschiedlichen Phasen des Konfliktverlaufes – am ehesten jedoch in der von Militärs zugedachten Phase der Konfliktnachsorge – zu Teilen eines militärischen Konfliktaustrages werden.

In der NATO kursiert das Konzept der „vernetzten Sicherheit" („comprehensive approach"), welches in Afghanistan erprobt wird. Zentraler Punkt ist dabei, dass die Bevölkerung denken soll, dass der Wiederaufbau und die humanitäre Hilfe vom Militär und der Besatzung nicht zu trennen seien. Diese Verbindung ist alleine deshalb fragwürdig, da die zivilen Maßnahmen größtenteils außerhalb des CIMIC-Rahmens realisiert werden. Im Juni 2008 kritisierte Caritas International die westliche „Entwicklungspolitik" in Afghanistan und beklagte, dass „die Ausschüttung der Hilfsgelder nicht an den tatsächlichen Hilfs-Bedarf gekoppelt ist, sondern sich vielmehr an der Aufstandsbekämpfung orientiert."[30] Jürgen Wagner kritisiert in diesem Zusammenhang die Überlegungen und Tendenzen, eine funktionale Trennung auf operativer Ebene zwischen dem Militär und den zivilen Maßnahmen aufzuheben, um am Beispiel von Afghanistan einen „Prototyp für eine neue Form westlicher Kriegsführung" zu etablieren.[31]

---

[28] Bundesministerium für Verteidigung: Bundeswehr: Fragen und Antworten zu CIMIC, http://www.bundeswehr.de/portal/a/bwde/kcxml/04_Sj9SPykssy0xPLMnMz0vM0Y_Qjz KLd4w3dPMHSUGYfvqRMLGglFR9b31fj_zcVP0A_YLciHJHR0VFAFIKLis!/delta/ba se64xml/L2dJQSEvUUt3QS80SVVFLzZfQV8xUzl!?yw_contentURL=%2FC1256EF40 02AED30%2FN264HLPF973MMISDE%2Fcontent.jsp, Zugriff 5.9.2008.

[29] Deutsche Bundeswehr: Was genau ist CIMIC, Kapitel „Hauptauftrag: Hilfestellung, damit eine Nation wieder funktioniert", Quelle: http://treff.bundeswehr.de/C1256FC4004 21173/Print/W26KXHFS693INFODE, Zugriff 5.9.2008.

[30] Caritas-Positionspapier vom 10.6.2008, Caritas fordert Strategiewechsel für Afghanistan (Quelle: http://www.caritas-international.de/hilfsprojekte/asien/afghanistan-aufbauhilfe _im_hazarajat/positionspapier_zur_nothilfe_in_afghanistan/49445.html, Zugriff 5.9.2008), zitiert nach: Jürgen Wagner (2008), Experimentierfeld Afghanistan. Die dauerhafte Institutionalisierung Zivil-militärischer Aufstandsbekämpfung, S. 25, in: Ausdruck. Magazin der Informationsstelle Militarisierung e.V. (IMI), Tübingen, Quelle: http://www .imi-online.de/download/JW-Aug08-Afghanistan.pdf, Zugriff 5.9.2008.

[31] Vgl. Wagner (2008), a.a.O., S. 23.

Nicht umsonst sieht der Leiter der Katastrophenhilfe der Caritas International in der Verwischung von zivilen und militärischen Aufgaben einen „Widerspruch zum Neutralitätsprinzip". Oft sei es der Fall, dass „je mehr die humanitären Helfer sich unter den Schutz einer Militärmacht begeben, desto eher werden sie von den Feinden dieser Militärmacht bedroht",[32] und verweist dabei auf Einsätze zahlreicher Hilfsorganisationen in Afghanistan und dem Irak.

Die mit dem Friedensnobelpreis ausgezeichnete Organisation „Ärzte ohne Grenzen" (MSF, médecins sans frontières) beurteilt die Zusammenarbeit mit dem Militär von Fall zu Fall neu. Grundsätzlich steht man dem Militär neutral gegenüber, wenngleich zahlreiche Probleme in der konkreten Kooperation ausgemacht werden können. Im Afghanistan-Krieg haben sich „Ärzte ohne Grenzen" beispielsweise nach 24 Jahren aus dem Land zurückgezogen.[33] MSF erklärte dies wie folgt:

„Die Gewalt gegen humanitäre Helfer spielt sich vor dem Hintergrund einer zunehmenden Instrumentalisierung der Hilfe durch die US-geführte Koalition in Afghanistan ab. [...] Koalitionsstreitkräfte missbrauchen die Hilfe beständig für ihre militärischen und politischen Ziele und versuchen damit, die ‚hearts and minds' der afghanischen Bevölkerung zu gewinnen. Dadurch wird humanitäre Hilfe nicht mehr als unparteilich und neutral angesehen. Dies wiederum gefährdet die Helfer und die Hilfe selbst."[34]

Deutlich kritisch formuliert dies der Generalsekretär des Österreichischen Roten Kreuzes, Wolfgang Kopetzky. Er lehnt eine Legitimation des Militärs durch zivile Aufgaben entschieden ab. „Den europäischen Armeen ist ihr ursprüngliches Betätigungsfeld abhanden gekommen. Um aber einen Leerlauf des Betriebs zu verhindern, sind sie nun auf der Suche nach einer neuen Beschäftigung. Es liegt also nahe, dass sie sich auf ein Terrain begeben, das in den Medien gut aussieht und wo sich die Betroffenen am wenigsten dagegen wehren können – bei der humanitären Hilfe." Auch Kopetzky konstatiert, ähnlich wie die Caritas, ein Verwischen zwischen militärischen und zivilen Aktionen. „Für mich steht aber fest: Wo immer sich Soldaten als Helfer für Kriegsopfer betätigen, wird es brandgefährlich –

---

32 Jürgen Lieser (2008), Helfer als Handlanger? Humanitäre Hilfe in Zeiten der neuen Kriege, http://www.ageh.de/informationen/con_05/con_1_05/Lieser-Caritas-mue.pdf, Zugriff 5.9.2008.

33 Vgl. Ärzte ohne Grenzen verlässt Afghanistan nach Mord und Drohungen, 29.7.2004, http://www.entwicklungshilfe.de/modules.php?name=News&file=article&sid=602, Zugriff 5.9.2008.

34 Zitiert nach Claudia Haydt (2006), Hindukusch: Experimentierfeld für zivilmilitärische Zusammenarbeit, in: Wissenschaft und Frieden: Zivil-militärische Zusammenarbeit, 4/2006, S. 28-30, hier: S. 30.

nämlich für die Kriegsopfer und für die zivilen Helfer. Besonders in Afghanistan und im Irak wurden immer wieder Rotkreuz-Helfer getötet, weil die Linie zwischen militärischen und humanitären Aktivitäten bis zur Unkenntlichkeit verwischt worden war. Diese bewusst hervorgerufene Situation ist für mich unerträglich".[35]

Peter Runge vom Verband Entwicklungspolitik deutscher Nichtregierungsorganisationen (VENRO) berichtet aus Afghanistan: „Die Anschläge auf die Vereinten Nationen, das Internationale Komitee vom Roten Kreuz und andere Hilfsorganisationen in Afghanistan haben dazu geführt, dass die Helfer inzwischen ihre Zugehörigkeit zu einer Hilfsorganisation aus Sicherheitsgründen verbergen. Sie haben ihre Aufkleber von den Fahrzeugen entfernt und tragen nicht mehr die T-Shirts mit dem Logo ihrer Organisation. Je mehr die Helfer sich unter den Schutz von Streitkräften begeben und damit ‚im Windschatten militärischer Interventionen' agieren, desto eher werden sie von den Feinden dieser Intervention bedroht."[36]

3.2 Das Konzept der menschlichen Sicherheit und die EU-Doktrin

Die menschliche Sicherheit – „Human Security" – wird im Bericht der UNDP 1994 erstmals dargelegt. „Wer von menschlicher Sicherheit spricht, macht sich nicht Sorgen über Waffen, sondern über das Leben und die Würde des Menschen."[37] Gegenüber bisherigen Sicherheitskonzepten ist die menschliche Sicherheit „von einer ausschließlichen Betonung territorialer Sicherheit hin zu einer viel stärkeren Betonung der Sicherheit des Menschen" orientiert und „von der Sicherheit durch Rüstung zu Sicherheit durch nachhaltige menschliche Entwicklung".[38] Zentrales Referenzobjekt ist nicht der Staat, sondern das Individuum.

Menschliche Sicherheit ist ein universelles Anliegen, ihre Komponenten stehen in wechselseitiger Abhängigkeit, sie ist durch frühe Vorbeugung

---

35 Vgl. Presseaussendung Blutspendezentrale des Österreichischen Roten Kreuzes, 16.6. 2006, „Humanitäre Hilfe der Militärs ist inakzeptabel", Quelle: http://www.roteskreuz .at/2582.html, Zugriff 5.9.2008, sowie „Soldaten als Helfer – eine Mogelpackung. Humanitäre Hilfe durch das Militär ist inakzeptabel. Die Europäische Union überlegt sie trotzdem als neue Aufgabe für ihre unterbeschäftigten Armeen" von Wolfgang Kopetzky, Quelle: http://www.roteskreuz.at/2581.html, Zugriff 5.9.2008.

36 Peter Runge (2006), Helfer in Uniform? Militäreinsätze in der humanitären Hilfe, in: Wissenschaft und Frieden: Zivil-militärische Zusammenarbeit, 4/2006, S. 17-19, hier: S. 19.

37 United Nations Development Programme (UNDP), Deutsche Gesellschaft für die Vereinten Nationen (Hrsg.) (1994), Bericht über die menschliche Entwicklung 1994, Neue Dimensionen menschlicher Sicherheit, Deutsche Ausgabe, Bonn, S. 27.

38 United Nations Development Programme (UNDP) (Hrsg.) (1994), a.a.O., S. 30.

leichter erreichbar als durch spätes Eingreifen.[39] Die zentralen Kategorien fasst UNDP wie folgt zusammen:

- Wirtschaftliche Sicherheit,
- Sicherheit der Ernährung,
- Sicherheit der Gesundheit,
- Sicherheit der Umwelt,
- Persönliche Sicherheit,
- Sicherheit der Gemeinschaft und
- Politische Sicherheit.[40]

Die später formulierten UN-Millenniumsziele[41] stehen in der Tradition der praktischen Fortführung des Gedankens der „menschlichen Sicherheit".

„Human Security" kann im Zuge des Vorgehens gegen Terrorismus im Vergleich zu klassisch staatlichen Sicherheitszugängen weniger einfach gegen demokratische BürgerInnenrechte ausgespielt werden. Die „erweiterte Sicherheit" kann im Vergleich zur „Human Security" an der Frage der MigrantInnen zur Nagelprobe zwischen einer durch Schutzwälle abgeschirmten „Festung Europa" oder einem den menschlichen Grundbedürfnissen ins Zentrum gerückten Konzept werden.

Es ist erforderlich, einen „umfassenden" militärisch geprägten Ansatz von Sicherheit von einem „menschlichen" Ansatz abzugrenzen. Der normative Ansatz des „human security"-Konzeptes ist den unterschiedlichen Näherungen zu diesem Konzept allerdings gemeinsam.[42] Der kanadische „Human Security Report"[43] geht nach Brzoska[44] von einer engeren Interpretation menschlicher Sicherheit aus („freedom of fear"-Ansatz aus Kana-

---

[39] Ebd., S. 27 f.

[40] Ebd., S. 30.

[41] Zu den Millenniumszielen zählen: die Beseitigung der extremen Armut und des Hungers, die Verwirklichung der allgemeinen Primarschulbildung, die Förderung der Gleichheit der Geschlechter, die Senkung der Kindersterblichkeit, die Verbesserung der Gesundheit von Müttern, die Bekämpfung von HIV/AIDS, Malaria und anderen Krankheiten, die Sicherung der ökologischen Nachhaltigkeit und der Aufbau einer weltweiten Entwicklungspartnerschaft. Vgl. United Nations Development Programme (UNDP) (Hrsg.) (2003), a.a.O., S. 1 f.

[42] Vgl. Elmar Altvater (2005), Menschliche Sicherheit und öffentliche Güter. Der „Human Security"-Diskurs, in: Ralph-M. Luedtke / Peter Strutynski (Hrsg.) (2005), Permanenter Krieg oder nachhaltiger Frieden? Interessen, Mächte und Gegenkräfte in der Weltpolitik, Kassel, S. 50-58, hier: S. 51 f.

[43] Vgl. http://www.humansecurityreport.info mit dem Network unter http://www.human securitynetwork.org, Zugriff 5.9.2008.

[44] Vgl. Michael Brzoska (2004), Human Security – mehr als ein Schlagwort?, in: Christoph Weller / Ulrich Ratsch / Reinhard Mutz / Bruno Schoch / Corinna Hauswedell (Hrsg.), Friedensgutachten 2004, Münster, S. 156-165, hier: S. 158 ff.

da und Norwegen[45]), die die Bedrohung des Individuums durch physische Gewaltanwendung ins Zentrum rückt, während die weitere Interpretation[46] alle Lebensbedrohungen („freedom from want"-Perspektive aus Japan[47]) als Grundlage hat.[48]

„Daher", so die Ökonomin Birgit Mahnkopf „lässt sich der UNDP-Ansatz durchaus als Plädoyer für jene ‚präventive Sicherheitspolitik' verstehen, die bereits 1992 vom früheren UN-Generalsekretär Boutros-Ghali in der ‚Agenda für den Frieden' formuliert war".[49] Die Botschaft des UNDP-Berichtes 1994, den der pakistanische Ökonom und ehemalige Finanzminister Mahbub ul-Haq zentral prägte, fasst Michael Brzoska wie folgt zusammen: „Angesichts der tatsächlichen Bedrohung der Menschen werde zu viel für Militär und Rüstung ausgegeben."[50]

Im Auftrag des EU-Repräsentanten für die Außen- und Sicherheitspolitik Javier Solana arbeitete eine Studiengruppe an der London School of Economics and Political Sciences (LSE) die „Human Security Doctrine for Europe"[51] aus. Die Studiengruppe führt aus, dass es sich bei der Doktrin

---

[45] Vgl. Sascha Werthes / David Bosold (2005), Das „Human Security"-Paradigma und seine Dilemmata, Vortrag auf der AFK-Nachwuchstagung „Krieg, Gewalt und der prekäre Frieden", 14.-16.1.2005, Bocholt, http://www.staff.uni-marburg.de/~bosold/pfd/Werthes-Bosold_AFK.pdf, Zugriff 5.9.2008, S. 4 ff.

[46] Unter dem Vorsitz von Sadako Ogata und Amartya Sen (Sen Amartya (2002), Ökonomie für den Menschen. Wege zu Gerechtigkeit und Solidarität in der Marktwirtschaft, München, ungekürzte Ausgabe; Vgl. Commission on Human Security (CHS) (2003), Human Security Now, New York, http://www.humansecurity-chs.org/finalreport/index.html, Zugriff 5.9.2008.

[47] Vgl. Werthes/Bosold (2005), a.a.O., S. 4 ff.

[48] Einen zusammenfassenden Beitrag zum bisherigen Diskurs über „menschliche Sicherheit" bietet Keith Krause (2008), Kritische Überlegungen zum Konzept der menschlichen Sicherheit, in: Cornelia Ulbert / Sascha Werthes (Hrsg.), Menschliche Sicherheit. Globale Herausforderungen und regionale Perspektiven, herausgegeben von der Stiftung Entwicklung und Frieden (SEF), Band 21, Baden-Baden, S. 31-50.

[49] Mahnkopf (2003), a.a.O., S. 180; zur Agenda for Peace: United Nations Organisation (1992), Agenda für den Frieden. Vorbeugende Diplomatie, Friedensschaffung und Friedenssicherung, Bericht des Generalsekretärs gemäß der am 31.1.1992 von dem Gipfeltreffen des Sicherheitsrates verabschiedeten Erklärung, UN-Doc A/47/277-S/24111, New York.

[50] Michael Brzoska (2004), Human Security – mehr als ein Schlagwort? in: Christoph Weller / Ulrich Ratsch / Reinhard Mutz / Bruno Schoch / Corinna Hauswedell (Hrsg.), Friedensgutachten 2004, Münster, S. 156-165, hier: S. 158.

[51] Vgl. Study Group on Europe's Security Capabilities (SGESC) (2004), A Human Security Doctrine for Europe. The Barcelona Report. Presented to EU High Representative for Common Foreign and Security Policy Javier Solana, Barcelona, 15 September 2004, www.centrodirittiumani.unipd.it/a_materiali/esami/ppsuenu/HSDoctrineEurope.pdf, Zugriff 5.9.2008.

um die Erfüllung der „European Security Strategy" (ESS) „Ein sicheres Europa in einer besseren Welt"[52] handelt.[53] Einführend behandelt die Studiengruppe unterschiedliche Konflikte, die neue Zugänge zur Konfliktlösung nahelegen. „Ein Ansatz der menschlichen Sicherheit der Europäischen Union bedeutet einen Beitrag zum Schutz von jedem individuellen menschlichen Leben und nicht nur die Verteidigung der Grenzen der Union, wie es der Sicherheitsansatz der Nationalstaaten war."[54]

Zum Problemaufriss stellt die Studiengruppe fest: „Es sind diese Konflikte, die zu ‚schwarzen Löchern' (im englischen Original: „black holes". der Verf.) geworden sind, die viele der neuen Quellen der Unsicherheit geschaffen haben, die direkten Einfluss auf die Sicherheit der BürgerInnen der Europäischen Union haben."[55] Bemerkenswert erscheint nach Jahrzehnten wissenschaftlich betriebener Konfliktursachenforschung der Begriff „black holes" als Charakteristikum aktueller Konflikte und Herausforderungen.

Ausgegangen wird vom „Vorrang der Menschenrechte" als Prinzip. Für die Studiengruppe gibt es drei Gründe für das Einführen einer „Human Security Doctrine": Die Moral, die rechtliche Verantwortlichkeit und ein aufgeklärtes Eigeninteresse (im englischen Original: „enlightened self-interest"). Für Einsätze im Rahmen der Doktrin wird von drei Aspekten des Multilateralismus ausgegangen: *erstens* die Zusammenarbeit mit internationalen Organisationen, *zweitens* abgestimmte Regeln und Normen für die gemeinsamen Wege und *drittens* die Koordination, statt einer Duplikation oder Rivalität. Auf der operationellen Ebene ist „die primäre Aufgabe jeder Stationierung [...] die Förderung der Rechtserzwingung"[56] (im englischen Original: law-enforcement, der Verf.).

Zur „angemessenen Verwendung von Gewalt" beschreibt die Studiengruppe: „Ein Minimum an Gewalt legt zum Beispiel nahe, dass es eine Überreaktion wäre, jemanden zu töten, der Gewalt androht, wenn man ihn auch festnehmen kann. Unser Ansatz legt nicht nahe, Gewaltanwendung unter allen Umständen zu vermeiden. Nichts sollte das inhärente Recht auf Selbstverteidigung untergraben. Wenn jemand Gewalt androht, kann ein Soldat adäquat antworten, ungeachtet ob die Gewalt durch Kapitel VI oder Kapitel VII der Charta der Vereinten Nationen autorisiert wurde."[57] Über

---

[52] Siehe Fußnote 2.

[53] Study Group on Europe's Security Capabilities (2004), a.a.O., S. 6; Die Übersetzungen des englisches Papiers ins Deutsche stammen vom Autor.

[54] Ebd., S. 9.

[55] Ebd., S. 7.

[56] Vgl. ebd., S. 16 f.

[57] Ebd., S. 20.

eine direkte Bindung der „Human Security Response Force" an ein aus-
drückliches Mandat des UN-Sicherheitsrates wird – gemäß der diesbezüglichen Völkerrechtspolitik der EU seit dem Kosovo-Krieg 1999 – nicht gesprochen. Der Kosovo-Krieg und die völkerrechtswidrige „humanitäre
Intervention" des Militärpakts NATO des Jahres 1999 war der Beginn der
„Erfolgs"geschichte der EU-Militarisierung. Mit Menschenrechten erneut
gegen das Völkerrecht zu Felde zu ziehen, scheint angesichts des tiefen
Spaltes in den Reihen der KriegsgegnerInnen erfolgversprechend.[58]

Hinsichtlich der benötigten Kapazitäten präzisiert die Studiengruppe ei-
ne „Human Security Response Force". Zu ihren Aufgaben zählen „die
(Wieder-)Herstellung von Recht und Ordnung, Wiederaufbau, humanitäre
Hilfe, Entwaffnung, Demobilisierung und Wiedereingliederung (DDR),
Übergangsjustiz (im englischen Original: transitional justice, der Verf.),
Institutionenbildung, Unterstützung der Zivilgesellschaft, unabhängige
Medien und Erziehung etc."[59] „Dies zu erreichen, gibt es ein Spektrum
von internationaler ziviler Präsenz, um Situationen zu beruhigen, Menschenrechtsverletzungen zu beobachten, Spannungen zu reduzieren, zivile
Expertise bereitzustellen, lokale Justiz und ihre Institutionen zu stärken
oder der Anwendung militärischer Gewalt, um körperliche Unversehrtheit
zu gewährleisten, kriegführende Parteien zu trennen und bewaffnete Gruppen zu entwaffnen."[60] Zu diesem Zwecke braucht es, so die Studiengruppe, zivil-militärische Kräfte.

Das Kontingent der „Human Security Response Force" soll 15.000 Personen umfassen. Mindestens ein Drittel der Gesamtzahl sollen PolizistIn-
nen und zivile SpezialistInnen sein, wobei 3 Teile vorgesehen sind. Der
erste Teil stützt sich auf bestehende zivil-militärische strategische Pla-
nungskapazitäten in Brüssel. Der zweite Teil besteht aus 5.000 Personen,
die rasch einsetzbar sein sollen. Der letzte Teil – 10.000 Personen mit einer
geringeren Verfügbarkeitsgeschwindigkeit – sollten ebenfalls regelmäßig
miteinander trainieren. Der Gesamtpool soll sich aus der 60.000 Personen
umfassenden EU-Eingreiftruppe sowie aus Kräften von Gendarmerie,
Guardia Civil und Carabinieri zusammensetzen; die zivile Komponente
umfasst Polizei, Rechtsspezialisten, Menschenrechtsbeobachter, Steuer-
und Zollbeamte, humanitäre Helfer, Doktoren und medizinisches Personal
etc., die von den Mitgliedstaaten verfügbar gemacht werden.[61]

---

58 Aus dem „Human Security"-Ansatz heute eine „Humanitäre Intervention" abzuleiten, ist
äußerst umstritten, vgl. Werthes/Bosold (2005), a.a.O., S. 9.

59 Study Group on Europe's Security Capabilities (2004), a.a.O., S. 21.

60 Ebd., S. 21.

61 Ebd., S. 22.

Wie im gesamten Bereich der EU-Sicherheitspolitik wird auch hier die Asymmetrie zwischen zivilen und militärischen Kapazitäten sichtbar. Dies gilt insbesondere für den Fall, dass obige notwendige und richtige Aufgaben – nämlich klassisch zivile Aufgaben – einer Truppe übergeben werden, die sich mit hoher Wahrscheinlichkeit in der Praxis mehrheitlich militärisch zusammensetzen wird (sofern diese zur Realisierung gelangt). Die qualitative und quantitative Herausbildung militärischer Kapazitäten für Einsatzszenarien aller Art genießt höchste Priorität, während die zivilen Aspekte vergleichbar unterbelichtet sind. Als Beispiel fungiert der von der Studiengruppe angeführte „Human Security Volunteer Service,„ in dem u.a. SchulabgängerInnen und StudentInnen für Missionen herangezogen werden sollen.[62] Klischeehafter kann es im Kapitel „Training, culture and ethos" fast nicht mehr zur Sache gehen, wenn man ausführt, es gehe um die „Aufrechterhaltung des militärischen Geistes von Aufopferung, Heldenmut, Disziplin und hoher Leistung gepaart mit dem zivilen Geist von Gehör schenken, individueller Verantwortung, Empathie und andere zu motivieren."[63]

Der rechtliche Rahmen derartiger Einsätze muss auf Basis der Gesetze der personalentsendenden Nationalstaaten stehen, muss mit dem gesetzlichen Rahmen anderer Mitgliedstaaten vereinbar sein, und drittens muss der EU-Rahmen Klarheit hinsichtlich möglicher Konflikte verschiedenster internationaler Gesetze schaffen und Beschwerdefällen Rechnung tragen können.[64]

Die Thematisierung nichtmilitärischer Herausforderungen könnte als Erfolg gewertet werden. Diese jedoch mit überwiegend klassischen Mitteln militärischer Sicherheitspolitik zu bearbeiten, ist zweifellos ein Schritt der Militarisierung und Instrumentalisierung des Zivilen.

In einer 1997 publizierten Studie über die Streitkräfte Österreichs 2005 stellt ein Forscherteam rund um den Militärsoziologen Lutz Unterseher fest: „Generell ist davon abzuraten, die Streitkräfte verstärkt auf die Wahrnehmung von Sekundäraufgaben hin zu orientieren. Und zwar nicht nur wegen der sich damit verschärft stellenden Effizienzproblematik (Streitkräfte, die alles können wollen, sind eine Absage an kostensparende Arbeitsteilung), sondern auch, weil sich damit diffuse Strukturgebilde ergeben würden, deren wirksame demokratische Kontrolle von der Sache her erschwert wäre."[65]

---

62 Ebd., S. 23.

63 Ebd., S. 23.

64 Ebd., S. 25 f.

65 Hartmut Bebermeyer / Charles Knight / Lutz Unterseher (1997), Die Streitkräfte Österreichs im Jahre 2005, Schlaining Working Papers 5/1997, Schlaining, S. 16.

4. Sicherheits- und Friedensbegriff

In Ergänzung zum UN-geprägten Begriff der „menschlichen Sicherheit" sei hier zum Engagement hinsichtlich der oben angesprochenen globalen Herausforderungen der positive Friedensbegriff von Johan Galtung eingeführt. Er differenziert den Gewaltbegriff in direkte Gewalt, strukturelle Gewalt[66] und kulturelle Gewalt.[67] Hiermit im Zusammenhang steht auch die Friedensdefinition. Galtung beschreibt einen negativen Friedensbegriff als das Fehlen von Krieg und direkter Gewalt und einen positiven Friedensbegriff als Abwesenheit von struktureller und kultureller Gewalt.

Sicherheit war und ist ein politisch besetzter Begriff. Wie „breit" oder „eng" der Begriff ausgelegt werden soll, wird daher immer ein Disput sein und von unterschiedlichen Beurteilungskriterien abhängen.

Heinz Magenheimer führt hinsichtlich eines engen Sicherheitsbegriffes aus: „Die Gefahr eines extrem weit gefächerten Sicherheitsbegriffes liegt in der Hereinnahme von solchen Politikfeldern in die Sicherheitspolitik – Rechts-, Verkehrs-, Schulweg-, Konsumenten-, Arbeitsplatz-, Reaktion-, Umweltsicherheit usw. –, die den Begriff sehr schnell ad absurdum führen und eine politische Umsetzung extrem erschweren würden."[68] Er befürchtet eine „wertmäßige Herabstufung anderer Politikfelder".[69] Er führt weiter aus: „An dieser Stelle sei auch vor der Überlegung gewarnt, nationale und internationale Sicherheit grundsätzlich entmilitarisieren zu wollen. [...] [Es] würde bei konsequenter Fortführung dieser Tendenz einem illusionären Pazifismus Vorschub geleistet"[70] (sic!).

Joachim Giller führt dagegen aus: „Da es kein fundamentales, alles überlagerndes Sicherheitsproblem mehr gibt, wird das europäische Umfeld von einer Reihe unspezifischer Risiken und möglicher Gefährdungen ge-

---

[66] Johan Galtung bezeichnet die strukturelle oder indirekte Gewalt als eine, „die ohne einen Akteur" ausgeübt wird. „Hier tritt niemand in Erscheinung, der einem anderen direkt Schaden zufügen könnte; die Gewalt ist in das System eingebaut und äußert sich in ungleichen Machtverhältnissen und folglich in ungleichen Lebenschancen. Ressourcen sind ungleich verteilt; beispielhaft hierfür stehen die Ungleichheit der Einkommensverteilung und Bildungschancen sowie der Analphabetismus [...] Vor allen Dingen ist die Entscheidungsgewalt bezüglich der Ressourcen ungleich verteilt.", Johan Galtung (1975), Strukturelle Gewalt. Beiträge zur Friedens- und Konfliktforschung, Reinbeck bei Hamburg, S. 12.

[67] „Unter kultureller Gewalt verstehen wir jene Aspekte von Kultur, die dazu benutzt werden können, direkte oder strukturelle Gewalt zu rechtfertigen oder zu legitimieren." Johan Galtung (1993), Kulturelle Gewalt; in: Der Bürger im Staat 43, 2/1993, S. 106.

[68] Magenheimer (2001), a.a.O., S. 25 f.

[69] Vgl. ebd., S. 26.

[70] Ebd., S. 27.

prägt. Nur ein umfassendes Sicherheitsverständnis kann daher Grundlage einer vorausschauenden Krisenvorsorge sein".[71] Er präzisiert weiter: „Um also die Aufgeschlossenheit für staatliche Sicherheits- und Krisenvorsorge weiter zu stärken, bleiben sozialer Ausgleich und soziale Gerechtigkeit substantielle Rahmenbedingungen einer nicht nur hinsichtlich des Gefährdungsspektrums, sondern auch hinsichtlich der Gesamtheit wirklich ,umfassend' angelegten Sicherheitspolitik."[72]

Die Interdependenzen der Weltpolitik, die Multipolarität, neue Akteure in der Weltpolitik, veränderte Kommunikationsmöglichkeiten und die Verletzlichkeit der Weltgesellschaft und Weltwirtschaft (und hier in erster Linie der G7) machen für eine Analyse einen breiten Begriff notwendig. Ein breiter Begriff und die entsprechende politische Diskussion und Praxis fördern ein neues Verständnis und Bewusstsein von Außen- und Krisenpräventionspolitik, welches über die staatliche Ebene mit guten Gründen hinausgeht und bei einem engen Sicherheitsbegriff aus dem Blickfeld gerät.

In der Debatte um „menschliche Sicherheit" und einen positiven Friedensbegriff ist eine stärkere Verbindung und Zusammenarbeit internationaler Organisationen (beispielsweise UNO bzw. Regional- und Unterorganisationen), staatlicher (Ministerien) und nichtstaatlicher Akteure (NGOs, Wissenschaft, Interessensvertretungen, Medien) von Bedeutung. Dies bedeutet auch eine Stärkung der Zivilgesellschaft.

Bei einem zu engen Begriff läuft man Gefahr, eine wichtige Erkenntnis aus den Augen zu verlieren: Bei den wenigsten globalen Herausforderungen (wie einleitend dargelegt), die im Zuge der Globalisierung hervortreten, kann das Militär eine zentrale Rolle bei der Konfliktlösung spielen. Zivile Aspekte werden durch militärisch dominierte Optionen, Möglichkeiten und Maßnahmen überlagert.[73]

Dass Fragen um Krieg und Frieden – wie im „human security"-Konzept präzisiert – keine reine Frage von Staatlichkeit ist, haben die vielfältigen Widerstandsaktionen unter dem Titel „Eine andere Welt ist möglich!" klar gezeigt. Zudem verweisen zahlreiche AutorInnen auf die Entstaatlichung, Privatisierung und Kommerzialisierung von Gewalt durch transnationale Unternehmen, Guerillabewegungen, TerroristInnen, auf eigene Rechnung agierende lokale Warlords, private Sicherheitsdienste, Schleuserbanden etc. hin.[74] Die Terroranschläge des 11.9.2001 durch „privatisierte Gewalt" ha-

---

71 Joachim Giller (1994), Der Begriff „Sicherheit" im Wandel. Vom umfassenden Sicherheitsverständnis zur präventiven Krisenvorsorge, in: Bundesministerium für Landesverteidigung (Hrsg.), Österreichische Militärische Zeitschrift, S. 459.

72 Ders. ebd., S. 460.

73 Vgl. Hauswedell (2006), a.a.O., S. 69.

74 Wenngleich diese im beschriebenen Prozess unterschiedliche Rollen einnehmen. Vgl.

ben einen medialen und wissenschaftlichen Focus auf die Debatte erreicht, die die zahlreichen entstaatlichten Konflikte in Afrika nicht erzielen konnten.[75]

Corinna Hauswedell plädiert für „eine größere analytische Trennschärfe und Umwertung von Sicherheit"[76], um einer Überdehnung des Begriffes entgegenzuwirken. „Nicht jedes Risiko muss zur Gefahr, geschweige denn zur Bedrohung werden. In der Logik absichtsvoll herbeigeführter Gefahren liegt es, dass sie leichter zu Bedrohungen werden können als zufällige oder strukturbedingte Risiken. Für den uns interessierenden Zusammenhang mag es deshalb hilfreich sein, der Sicherheit Eigenschaften zuzuweisen wie z.b. ‚gesellschaftliche', ‚strukturelle' oder ‚natürliche'."[77] Hauswedell spricht sich für eine ursachenorientierte Analyse aus. „Wenn Sicherheitspolitik und -vorsorge es unterlassen, nach den Ursachen neuartiger Bedrohungen zu fragen, entsteht ein borniertes *Security-First*-Konzept mit schwerwiegenden Eingriffen in Bürgerrechte, wie wir sie derzeit in der Innenpolitik der USA oder in Guantanamo beobachten können. [...] Zwischen Risiken und Gefahren, die sich in indirekter bzw. unbeabsichtigter Folge von Globalisierungsprozessen [...] entwickeln und solchen Bedrohungen, die mit erklärtermaßen gewaltträchtigen Absichten (organisierter Kriminalität, Terrorismus) stattfinden, muss analytisch klar differenziert werden, sonst werden zwangsläufig falsche Instrumente für Sicherheit bereitgestellt."[78] Sie schlägt angesichts der militärstrategisch geprägten Erweiterung des Sicherheitsbegriffes vor, die Aufgaben des Militärs auf den „Schutz vor rechtloser Gewalt" einzuschränken, und betont ein striktes Einordnen des Militärs in das UNO-System. Die NATO, wie auch die ESVP, sind nach Hauswedell diesbezüglich zu korrigieren.[79] Die Ausgaben für das Militär müssen sich nach den tatsächlichen militärischen Bedrohungen richten, nicht nach den Aufrüstungswünschen großer Militärmächte oder

---

Birgit Mahnkopf (2003), Sicherheit als öffentliches Gut. „Human Security" unter den Bedingungen der Globalisierung, in: Österreichisches Studienzentrum für Frieden und Konfliktlösung (Hrsg.), Projektleitung Thomas Roithner (2003), Europa Macht Frieden. Die Rolle Österreichs, Münster, S. 173-189, hier: S. 178 sowie Lock Peter (2007), Krieg ist Teil eines unmenschlichen Skandals, in: Karin Bock-Leitert, Thomas Roithner (Hrsg.), Der Preis des Krieges. Gespräche über die Zusammenhänge von Wirtschaft und Krieg, Münster: Monsenstein & Vannerdat, S. 150-162, sowie Werner Ruf (Hrsg.) (2003), Zur politischen Ökonomie der Gewalt. Staatszerfall und Privatisierung von Gewalt und Krieg, Opladen.

75 Vgl. Mahnkopf (2003), a.a.O., S. 178 f.
76 Hauswedell (2006), a.a.O., S. 63.
77 Ebd., S. 69.
78 Ebd., S. 69.
79 Ebd., S. 72.

jener Akteure, die aus jedem internationalen Problem eine Bedrohung und damit einen Auftrag für das Militär oder für Interventionstruppen herauslesen.

Die Herausforderungen im Sinne eines breiten Friedensbegriffes zu bearbeiten, seien hier als Beitrag zu einer „Kultur des Friedens" betrachtet. Die UNO hat die Dekade von 2001–2010 nicht umsonst zur Dekade für eine Kultur des Friedens und der Gewaltfreiheit[80] – und nicht zu einer Sicherheitsdekade – erklärt.

---

80 Vgl. Vereinte Nationen, Generalversammlung (1999), Erklärung über eine Kultur des Friedens und Aktionsprogramm für eine Kultur des Friedens, 107. Plenarsitzung der UN-Generalversammlung, 13.9.1999, in: Pete Hämmerle / Thomas Roithner (Hrsg.) (2003), Dem Rad in die Speichen fallen. Stimmen von FriedensnobelpreisträgerInnen und das Österreichische Netzwerk für eine Kultur des Friedens und der Gewaltfreiheit. Ein Arbeitsbuch, Wien, S. 319-333.

TEIL V:

UNBEKÖMMLICHE GERICHTE VOM GLOBALEN KONFLIKTHERD?
BEISPIELE VOM HORN VON AFRIKA UND DEM MITTLEREN UND
NAHEN OSTEN

DAS HORN VON AFRIKA: GEWALTKONFLIKTE, ANTI-TERROR-KRIEG UND FRIEDENSPERSPEKTIVEN IN EINER CHRONISCHEN KRISENREGION

VOLKER MATTHIES

Das Horn von Afrika war und ist eine chronische Armuts- und Krisenregion, in der es immer wieder zu einer destruktiven Einmischung externer Interessen kam und kommt.

Bei der Region Horn von Afrika handelt es sich sowohl historisch als auch gegenwärtig um eine der kriegsträchtigsten Regionen Afrikas und der (Dritten) Welt (Matthies 2005). Der Abessinienfeldzug des faschistischen Italien gegen Äthiopien in den 1930er Jahren wurde zu einem Vorläufer des Zweiten Weltkrieges und des Vernichtungskrieges der deutschen Wehrmacht in Osteuropa. Im nachkolonialen Afrika war die Region Schauplatz von zwei der intensivsten zwischenstaatlichen Kriege auf dem Kontinent: des Ogadenkrieges zwischen Äthiopien und Somalia 1977/78 sowie des Krieges zwischen Äthiopien und Eritrea 1998–2000. Hinzu kam mit dem „Dreißigjährigen Krieg" um die Unabhängigkeit Eritreas 1961–1991 – zeitweise (ab 1975) begleitet von den Tigray- und Oromo-Kriegen – einer der längsten Bürger- und Separationskriege in Afrika, gefolgt von dem bis heute anhaltenden kriegerischen Staatszerfall Somalias, einschließlich der dort Ende 2006 erfolgten Militärintervention Äthiopiens.

Unverkennbar ist, dass der gleichsam endemische kriegerische Konfliktaustrag am Horn von Afrika seit vielen Jahrzehnten eine der größten Blockaden für entwicklungspolitische und friedenspolitische Fortschritte in einer der ärmsten Regionen der Welt darstellt. Doch nicht nur für die Menschen, Gesellschaften und Staaten in der Region selbst waren und sind die dortigen kriegerischen Konflikte von hoher politischer Relevanz. Seit jeher war das Horn von Afrika auf Grund seiner exponierten geo-politischen Lage gegenüber der Arabischen Halbinsel, am Roten Meer und am nordwestlichen Indischen Ozean auch für fremde Mächte von großem Interesse. Dies gilt insbesondere für die Zeit seit der Eröffnung des Suezkanals im Jahre 1869. Die Sicherheit der Schifffahrtsrouten und der Ölversorgung standen dabei im Mittelpunkt des Interesses. Immer wieder kam es zu einer

255

Einbeziehung des Horns in globale Zusammenhänge und zu einer meist destruktiven Verknüpfung der lokalen und regionalen Konfliktformationen mit den Interessen- und Machtpolitiken fremder Mächte. Neben dem Südlichen Afrika war das Horn von Afrika während des Kalten Krieges der zweite große Brennpunkt der Ost-West-Rivalität in Afrika. Seinerzeit und neuerdings wieder im Kontext des internationalen Terrorismus galt und gilt die Region daher als ein „Hot Spot" der Weltpolitik (Bruchhaus/Sommer 2008).

In entwicklungspolitischer Perspektive stellt das Horn von Afrika schon seit langem ein „Armenhaus" dar, das immer wieder von katastrophalen Hungersnöten heimgesucht wurde. Dies wird sich wohl auch in der Zukunft nicht grundlegend ändern, denn etliche Problemlagen charakterisieren das Horn von Afrika (im Sinne des IGAD-Raumes)[1] als eine chronische Krisenregion: der demographische Zuwachs von derzeit 195 Millionen Menschen auf für das Jahr 2050 geschätzte 480 Millionen (und damit rund 25 % der Gesamtbevölkerung Afrikas), innerstaatliche und staatenübergreifende Gewaltkonflikte, Waffenhandel und Schmuggel sowie Viehdiebstahl, umfangreiche grenzüberschreitende Migration und ein hohes Maß an Binnenflüchtlingen, die Marginalisierung peripherer Gebiete und insbesondere nomadischer Bevölkerungsgruppen, sowie angesichts des Klimawandels eine sich beschleunigende ökologische Degradation (Abholzung und Wassermangel), strukturelle Ernährungsunsicherheit sowie eine verschärfte Konkurrenz um knapper werdende natürliche Ressourcen (wie Wasser, Holz und Ackerland).

Die Geschehnisse in Somalia stellen eine von der Weltöffentlichkeit weithin vergessene, skandalöse, politische humanitäre Katastrophe dar.

Nach dem Scheitern der UN-Mission 1995 verschwand Somalia für viele Jahre aus den internationalen Medien, ungeachtet der im Lande andauernden Gewaltkonflikte und humanitären Notlagen. Über ein Dutzend erfolgloser Friedensinitiativen in dem seit bald zwanzig Jahren zerfallenen Staat förderte den Frust und das Desinteresse der internationalen Gemeinschaft. Erst in den letzten Jahren brachten der überraschende Machtzuwachs islamischer Gerichtshöfe und damit im Westen verbundene Befürchtungen vor neuen Terrorgefahren sowie einige spektakuläre Piratenüberfälle das Land wieder in die Schlagzeilen. Dennoch richtete sich die Aufmerksamkeit der internationalen Öffentlichkeit vorzugsweise auf die Opfer anderer Gewalt-

---

[1] The Intergovernmental Authority on Development (IGAD).

konflikte (z.B. in Darfur), und nicht auf die sich verschärfende humanitäre Notlage in Somalia. Im Verlauf des Jahres 2007 spitzte sich nach dem Einmarsch äthiopischer Truppen und den darauf folgenden Kämpfen zwischen diesen und Truppen der somalischen Übergangsregierung einerseits und Widerstandsgruppen andererseits die humanitäre Situation dramatisch zu. Überfälle, Razzien, gezielte Tötungen von Zivilisten, Bombenattentate und der unterschiedslose Beschuss von ganzen Stadtvierteln mit Katjuscha-Raketen, Mörsern und Artillerie waren in Mogadischu an der Tagesordnung. Die Menschenrechtsorganisation „Human Rigths Watch" warf sowohl den äthiopischen Truppen als auch ihren Widersachern schwere Übergriffe gegen die Zivilbevölkerung und Kriegsverbrechen vor. Hunderttausende Bewohner Mogadischus flohen vor den Kämpfen ins Umland, wo sie kaum mit Nahrungsmittelhilfe versorgt werden konnten. Weithin unbeachtet von der Weltöffentlichkeit blieb auch das Flüchtlingsdrama im Golf von Aden: Tausende von Bootsflüchtlingen versuchten vom somalischen Puntland aus die Küste des Jemen zu erreichen, wobei nach Angaben des UNHCR Hunderte von Flüchtlingen den Tod fanden. Noch weit weniger beachtet wurden die humanitären Folgen der seit Juni 2006 stattfindenden brutalen Aufstandsbekämpfungsmaßnahmen der äthiopischen Armee in der Somali-Region im Osten Äthiopiens. Offiziell gegen bewaffnete Aktivitäten der „Ogaden National Liberation Front" (ONLF) gerichtet, waren von diesen Repressionsmaßnahmen vorwiegend große Teile der somalischen Zivilbevölkerung betroffen.

Somalia ist das Epizentrum der Gewaltkonflikte am Horn von Afrika.

Wesentliche Ursache des in den 1980er Jahren einsetzenden Bürgerkriegs und Staatszerfalls in Somalia war das hochrepressive und hochgradig außenabhängige Herrschaftssystem des Ex-Präsidenten Barre sowie dessen machtpolitische Instrumentierung des Clanwesens. Seither kam es im (ehemals italienischen) Süden des Landes zu vielfältigen Kleinkriegen rivalisierender bewaffneter Gruppen untereinander und gegen große Teile der Zivilbevölkerung. Zudem formierten sich ein „Kriegsherrentum" und eine Bürgerkriegs-Ökonomie. Vorherrschender Trend war und ist die Konsolidierung und Kontrolle von Teilterritorien und staatsähnlichen Gebilden durch jeweils dominante Kriegsherren, Milizen, Clan-Allianzen und islamische Autoritäten. In der abgespaltenen nordwestlichen „Republik Somaliland,", dem ehemaligen Britisch-Somaliland, kam es nach 1991 zu einer eigenständigen Rekonstruktion von Staatlichkeit. Im Nordosten formierte sich seit 1998 die autonome Region Puntland, die jedoch im Unterschied zu Somaliland keine eigenstaatliche Unabhängigkeit beansprucht.

Nach jahrelangen vergeblichen Anläufen gelang es endlich im Jahre 2004, eine neue somalische (Übergangs-)Regierung (TFG)[2] zu etablieren, die sich allerdings schwer tat, in Somalia selbst und in der Hauptstadt Mogadishu Fuß zu fassen. Dies konnte sie erst um die Jahreswende 2006/2007 mit massiver äthiopischer Militärunterstützung. Bei der TFG handelte es sich um ein überwiegend aus Kriegsherren bestehendes, dubioses, machtpolitisches Zweckbündnis. Trotz des formellen Clanproporzes wurde die TFG in weiten Teilen Somalias als ein Machtinstrument der Darod zulasten der in Mogadishu dominanten Hawiye wahrgenommen. Zudem war die TFG in sich gespalten, ineffektiv und extrem außenabhängig, namentlich von Äthiopien, was maßgeblich zu ihrer Unpopularität in Somalia beitrug. Demgegenüber stellte die Union der islamischen Gerichtshöfe (UIC) ein heterogenes und locker gefügtes Bündnis von Clan-Interessen und religiös-ideologischen Strömungen ohne eine zentrale Organisationsstruktur und Führung dar, hervorgegangen aus dem Zusammenschluss verschiedener lokaler und regionaler Sharia-Gerichte und deren Milizverbänden. Das Erstarken der UIC gegenüber der TFG und den Warlords in Mogadishu zwischen Juni und Dezember 2006 war nicht nur ihrer militärischen Schlagkraft geschuldet, sondern vor allem auch dem Macht- und Sicherheitsvakuum im Gefolge der Schwäche und Ineffektivität der TFG. Ihre zeitweilig große Popularität verdankte die UIC vor allem ihrer Fähigkeit, erstmals seit vielen Jahren wieder ein gewisses Maß an Sicherheit und Ordnung herzustellen.

Der ungelöste Konflikt zwischen Äthiopien und Eritrea trägt zur Destabilisierung der Region bei.

Eine weitere wichtige Konfliktformation am Horn von Afrika, die über Stellvertreterkonflikte eng mit den Geschehnissen in Somalia verbunden ist, stellt der ungelöste Grenzstreit im Gefolge des Krieges zwischen Äthiopien und Eritrea von 1998–2000 dar: Kerninhalte des Friedensabkommens von Algier vom Dezember 2000 waren die Einrichtung einer Pufferzone (auf eritreischem Gebiet) zwischen beiden Ländern, die Etablierung einer Friedensmission der Vereinten Nationen (UNMEE) sowie die Festlegung und Markierung der umstrittenen Grenzziehung.

Doch führte die langjährige Präsenz der UNMEE nicht zu einer nachhaltigen Entspannung im Konflikt. Die zur Klärung der Grenzfrage gebildete internationale Kommission hatte im April 2002 den Grenzverlauf „endgültig und bindend" geregelt. Dieser Schiedsspruch sprach die umstrit-

---

2 Transitional Federal Government (TFG).

tene, hart umkämpfte und für beide Seiten symbolisch außerordentlich wichtige Ortschaft Badme Eritrea zu. In Äthiopien führte der „Verlust" von Badme zu einem verstärkten innenpolitischen Druck auf die Regierung, den Schiedsspruch der Kommission nicht anzuerkennen. Infolge der ablehnenden Haltung Äthiopiens und der entsprechenden Frustration auf Seiten Eritreas kam es nachfolgend durch äthiopische und vor allem eritreische Blockaden und Restriktionen zur Behinderung der UNMEE und der Grenzmarkierung sowie schließlich zu einer Beendigung der Arbeit der Grenzkommission und zu einem Rückzug der UNMEE aus der Pufferzone auf äthiopisches Gebiet. In dem anhaltenden „Kalten Frieden" zwischen Äthiopien und Eritrea zeigt sich die Problematik der bisherigen Bemühungen um eine dauerhafte Friedensstiftung. In der offiziellen Wahrnehmung und Interpretation durch die Vereinten Nationen gilt der Konflikt zwischen beiden Ländern als „Grenzkonflikt". Daher sind völkerrechtliche Regelungen und die beidseitige Anerkennung des endgültigen Verlaufs der Grenze zwar unabdingbar, doch greifen alle Friedensbemühungen, die allein von der Grenzfrage als dem Kern des Konflikts ausgehen, letztendlich zu kurz. Denn offensichtlich geht es beiden Seiten um weiterreichende innen- und außenpolitische Zielsetzungen. Die eritreische Führung will die staatliche Unabhängigkeit gegenüber Pressionen von Seiten Äthiopiens absichern und dessen Hegemonialanspruch am Horn von Afrika zurückweisen. Zugleich dient die antiäthiopische, patriotische Mobilisierung der Bevölkerung aber vor allem auch der internen Machtsicherung des herrschenden Regimes. Äthiopien wiederum strebt eine Rolle als unbestrittene politische, ökonomische und militärische Hegemonialmacht am Horn an. Ferner nutzt es den Konflikt mit Eritrea ebenfalls für die interne Machtsicherung sowie für eine äthiopisch-patriotische Profilierung seiner Tigray-dominierten Regierung, die sich innenpolitisch immer wieder dem Vorwurf des Ausverkaufs nationaler Interessen ausgesetzt sieht.

Im engen Zusammenhang mit den Geschehnissen in Somalia führten Äthiopien und Eritrea in den letzten Jahren zudem regionale Stellvertreterkriege gegeneinander. Äthiopien ist angesichts mehrfacher äthiopisch-somalischer Kriege und pansomalischer Ansprüche auf das (äthiopische) Ogadengebiet ein historisch begründetes generelles sicherheitspolitisches Interesse an einem schwachen und uneinigen Somalia bzw. an einem dortigen pro-äthiopischen Regime zuzuschreiben. Aus diesem Grund ging Äthiopien bereits seit Mitte der 1990er Jahre mit einer grenzüberschreitenden Militäroperation gegen die islamistische und anti-äthiopische Al-Ittihad-al Islaami vor, unterstützte das abtrünnige Somaliland und das autonome Puntland, innersomalische Oppositionsgruppen und Kriegsherren sowie seit 2004 die schwache und von ihm abhängige somalische Übergangsregierung. Eritrea wiederum förderte während seines Krieges mit

Äthiopien anti-äthiopische Gruppierungen in Somalia und in Südostäthio-
pien sowie seit 2005/06 die UIC und wiederum Aufstandsbewegungen innerhalb Äthiopiens.

Der Anti-Terror-Krieg der USA am Horn von Afrika hat die dortigen Konflikte wesentlich verschärft und deren Lösung erschwert.

Die oben skizzierte dramatische Eskalation der Konflikte in Somalia lässt
sich wesentlich als eine kontraproduktive und destruktive Folgewirkung
des US-geführten Anti-Terror-Krieges am Horn von Afrika ansehen. Bereits seit den terroristischen Anschlägen auf die US-Botschaften in Nairobi
und Dar es Salaam im August 1998 und spätestens seit dem 11. September
2001 geriet das „staatenlose" Somalia in das Visier der Anti-Terror-Koa-
lition unter Führung der USA. Verschiedenen Gruppen, Organisationen
und Personen in Somalia wurde unterstellt, Kooperationspartner des transnationalen Terrorismus zu sein. Im Oktober 2001 verhängte die US-Regierung als erste operative Maßnahme Restriktionen gegen den Finanzdienst-
leister al-Barakat. Seither stehen Somalia und das Horn von Afrika im
Kontext des Anti-Terror-Krieges unter intensiver Beobachtung durch in
Dschibuti stationierte Luft- und Seestreitkräfte der USA und ihrer Verbündeten, darunter auch Deutschlands. Seit Oktober 2002 wurde die Lemonier-
Basis in Dschibuti zum Hauptquartier der „Combined Joint Task Force-
Horn of Africa" (CJTF-HOA) und mit etwa 2000 amerikanischen Soldaten
zu der einzigen Militärbasis der USA auf dem afrikanischen Kontinent
ausgebaut. Zugleich avancierte Äthiopien zu einem strategischen Verbündeten der USA. Parallel zu dieser strategischen Aufwertung kam es zu
einer wachsenden Entfremdung zwischen den USA und Eritrea. Äthiopien
wurde zum Mitglied der von den USA geführten „Trans-Saharan Counter-
terrorism Initiative" und kam in den Genuss von finanzieller Unterstützung,
militärischer Ausbildung und Ausrüstung. US-amerikanische Spezialein-
heiten durften Stützpunkte auf äthiopischem Territorium entlang der Grenze zu Somalia nutzen und von dort aus operativ tätig werden. Der äthiopische Geheimdienst arbeitete eng mit der CIA und anderen US-amerikanischen Diensten zusammen. Zugleich benutzte das äthiopische Regime
den Terrorismus-Diskurs, um unliebsame interne bewaffnete und unbe-
waffnete Oppositionsgruppen als „Terroristen" zu diskriminieren und zu
bekämpfen. Seit dem Jahre 2003 verschärften sich auch die Auseinandersetzungen (gezielte Tötungen und Entführungen) zwischen somalischen
Extremisten und ihren von Äthiopien und den USA unterstützten Widersa-
chen in Mogadishu. Seit Oktober 2004 kann geradezu von einem „Schmut-
zigen Krieg" in der somalischen Hauptstadt gesprochen werden, der sich
mit dem Jahre 2005 noch intensivierte. Anfang 2006 versuchten die USA,

den wachsenden Einfluss der Sharia-Gerichte im Norden Mogadischus zu konterkarieren, indem sie diesen ein dubioses Bündnis von Kriegsherren, die sog. „Allianz für die Wiederherstellung von Frieden und gegen Terrorismus", entgegenstellten.

Nach dem Sieg der UIC über diese von den USA finanzierten somalischen Warlords im Frühjahr 2006 und dem damit verbundenen offensichtlichen Scheitern ihrer bisherigen Eindämmungsstrategie kam es zu einer Konvergenz amerikanischer und äthiopischer Sicherheitsinteressen. Die USA unterstützten nun ein direktes militärisches Eingreifen Äthiopiens in Somalia, um dem Machtzuwachs der UIC Einhalt zu gebieten. Mit der im Dezember 2006 erfolgenden Militärintervention (Luftangriffe und Bodenoffensive) gelang dieses Ziel. In einem „Blitzkrieg" wurden die Kämpfer des UIC besiegt. Etliche Quellen deuten darauf hin, dass kleinere Gruppen von US-amerikanischen Kommando- und Verbindungssoldaten mit den äthiopischen Truppen vorrückten und als Bindeglied zur US-Basis in Dschibuti moderne Kommunikationstechnologie und Aufklärungsdaten nutzbar machten.

Doch war mit diesem militärischen Erfolg keineswegs eine nachhaltige Stabilisierung Somalias verbunden, wie die seither anhaltenden Anschläge und Kämpfe vor allem in Mogadischu belegen. Seit dem von den USA unterstützten Einmarsch Äthiopiens nach Somalia galt das Land als „neue Front im Krieg gegen den Terrorismus". Erstmals seit den frühen 1990er Jahren führte die US-Armee wieder mehr oder weniger offene und direkte Kampfhandlungen in Somalia durch. US-Spezialeinheiten und Geheimdienste jagten nun in enger Zusammenarbeit mit der äthiopischen Armee, der somalischen Übergangsregierung sowie mit Behörden in Kenia und in Äthiopien mutmaßliche Terroristen in Mogadishu, im südlichen Somalia, und sogar auch unter somalischen Flüchtlingsgruppen in Kenia. Verdächtige wurden nach Äthiopien verschleppt, das gewissermaßen eine „Lizenz zum Foltern im Dienst der USA" hatte, um Informationen über etwaige terroristische Aktivitäten und Personen zu erpressen.

Regionale Einmischungen und gravierende Fehleinschätzungen der internationalen Gemeinschaft trugen also wesentlich zu der dramatischen Eskalation der Gewaltkonflikte in Somalia bei. Die starke Bindung der TFG an Äthiopien diskreditierte diese in Somalia weithin als eine „Marionette ausländischer Interessen". Während die TFG infolgedessen fast ausschließlich über eine „externe Legitimation" verfügte, genoss die UIC demgegenüber ein hohes Maß an „interner Legitimation".[3] Dennoch unterstützte die internationale Gemeinschaft mit der TFG gerade denjenigen somalischen Akteur, der im Lande selbst die geringste Akzeptanz und Legi-

---

3 EED info Konflikte und Friedensarbeit, Nr. 32, Bonn, November 2006, S. 5 f.

timation fand. Auf den sich abzeichnenden rapiden Machtzuwachs der UIC reagierten die USA mit einem „terroristischen Generalverdacht" und einer politisch-militärischen Eindämmungsstrategie, hinter der offensichtlich eine übertriebene Furcht vor einer „Talibanisierung" Somalias und einem „zweiten Afghanistan" stand (Quaranto 2008). Dabei hatte das US-amerikanische „Combating Terrorism Center" in seiner Studie „Al-Qaída's (Mis)Adventures in the Horn of Africa" herausgefunden, dass es dieser Terror-Organisation ebenso wie auch anderen externen Akteuren, Mächten und internationalen Organisationen außerordentlich schwer falle, innerhalb der komplexen Sozialstrukturen, spezifischen kulturellen Bedingungen und dynamischen Machtkonstellationen in Somalia organisatorisch Fuß zu fassen, Operationsbasen aufzubauen und Mitstreiter zu rekrutieren. Die Frage, „inwieweit sich eine fundamentalistische Politik" des UIC „mit der traditionell apolitischen Interpretation des Sufi-Islam in Somalia vertragen hätte und ob sich durch eine Stärkung der moderaten Kräfte [...] vielleicht Chancen (auf einen friedlichen Ausgleich; VM) eröffnet hätten, ist durch das Eingreifen der äthiopischen Armee obsolet geworden" (Heinrich-Böll-Stiftung 2008, S. 27).

Doch hat gerade der verschärfte „Counter-Terrorism" der USA wiederum radikaleren Kräften innerhalb der UIC Auftrieb gegeben, die zunehmend antiwestliche, pansomalische und panislamische Parolen verkündeten. Die unter Druck der USA am 6. Dezember 2006 von den Vereinten Nationen verabschiedete Resolution 1725 zur Legitimierung einer Friedensmission (der IGAD/AU, allerdings unter Ausschluss der unmittelbaren Anrainerstaaten Somalias) zum Schutze der bedrohten TFG-Regierung bedeutete wiederum eine einseitige Parteinahme der internationalen Gemeinschaft im innersomalischen Konflikt. Dies gilt umso mehr für die tatkräftige Unterstützung der völkerrechtlich problematischen unilateralen äthiopischen Invasion durch die USA. In diesem Sinne lässt sich die Eskalation der Gewaltkonflikte in Somalia zusammenfassend als eine konterproduktive und destruktive Folgewirkung des US-geführten Anti-Terror-Krieges am Horn von Afrika ansehen.

Die von den USA geförderte Militärintervention Äthiopiens in Somalia hat sich als politisch, militärisch und humanitär konterproduktiv erwiesen.

Zwar gelang es zunächst, die bewaffneten Kräfte der UIC militärisch zu zerschlagen und der Übergangsregierung zur Machtübernahme in Mogadishu zu verhelfen, doch stellte sich dieser Blitzkrieg-Sieg zunehmend als ein Pyrrhus-Sieg heraus. Denn mit diesem raschen militärischen Erfolg war keineswegs eine nachhaltige Stabilisierung Somalias verbunden. Der sich reorganisierende bewaffnete Widerstand, vor allem von Seiten des islamistischen Kampfverbandes „Shabaab", verstärkte sich, band und bindet umfangreiche äthiopische Kräfte (ca. 25.000 bis 30.000 Mann) und fügte diesen immer wieder erhebliche Verluste zu. Die ohne Rücksichtnahme auf die Zivilbevölkerung eskalierenden Anschläge, Kämpfe und Repressionsmaßnahmen hatten und haben zudem eine humanitäre Katastrophe zur Folge, die bereits eingangs benannt wurde. Der Einsatz äthiopischer Truppen dauert damit weit länger als ursprünglich geplant und erweist sich zunehmend als äußerst kostspielig.

Die ursprünglichen Planungen sahen eine Truppen-Präsenz von maximal zwei Monaten vor. Im März 2007 sollten dann Friedenstruppen der Afrikanischen Union (AMISOM) mit etwa 8.000 Mann die äthiopischen Interventionskräfte ablösen. Doch erwies sich dies als eine Fehleinschätzung, da die meisten afrikanischen Regierungen zur Entsendung von Truppen nicht bereit waren. Nur Uganda und Burundi entsandten zusammen ca. 2.000 Soldaten, die mehr damit beschäftigt sind, sich selbst und einige neuralgische Punkte (See- und Flughafen, Sitz der TFG) zu schützen als für die Sicherheit der Bevölkerung zu sorgen. Die AMISOM war und ist offenkundig unfähig, die Sicherheitslage so weit zu stabilisieren, um einen Abzug der äthiopischen Armee zu ermöglichen.

So wurde nicht ganz zu Unrecht von Somalia als einem „Irak Äthiopiens" gesprochen. In politischer Hinsicht war ein wesentliches politisches Ziel der amerikanisch-äthiopischen Intervention die Zerschlagung des militanten Islamismus in Somalia. Doch wurde dieser letztlich infolge der Intervention eher gestärkt. Während die gemäßigten Kräfte des UIC ins Exil nach Eritrea gingen, dort die „Alliance for the Re-Liberation of Somalia" (ARS) gründeten und sich damit der unmittelbaren Einflussnahme auf die Geschehnisse in Somalia begaben, ging die im Lande verbliebene reorganisierte radikale Shabaab unter ihrem Führer Adan Hashi Ayro (den die US-Streitkräfte allerdings im April 2008 töteten) aus den Kämpfen gegen die äthiopischen Invasoren und die Milizen der Übergangsregierung gestärkt hervor. Auch in der Innenpolitik Äthiopiens ist der Militäreinsatz in Somalia durchaus umstritten, denn „im Unterschied zu dem Krieg gegen Eritrea 1998–2000 ist das militärische Engagement in Somalia [...] höchst unpopulär. Je mehr die Bevölkerung in Äthiopien die Folgen des Krieges in Somalia durch Rekrutierungskampagnen, Kriegsversehrte und Tote zu spüren bekommt, desto riskanter wird das Unternehmen".[4]

---

4   EED info Konflikte und Friedensarbeit, Nr. 35, Bonn, Februar 2008, S. 3.

Friedenspolitische Alternativen und Ansätze sind erkennbar, vor allem in Somaliland, bleiben jedoch bislang nur begrenzt wirksam.

Weithin unbekannt und kaum gewürdigt sind die enormen Leistungen der Zivilgesellschaft in Somalia und in anderen Regionen des Horns von Afrika, die einem Großteil der Bevölkerung das schwierige (Über-)Leben unter Kriegsbedingungen erleichtern und in Ermangelung funktionsfähiger staatlicher Strukturen auch immer wieder um Verbesserungen in den Bereichen von Wohlfahrt, Sicherheit und Frieden bemüht sind. Hierbei muss insbesondere die Rolle der Frauen hervorgehoben werden. Hinzuweisen ist in diesem Zusammenhang auch auf die große kommunale Bedeutung traditioneller Formen der friedlichen Konfliktregelung.

Ähnlich erfreulich, aber leider ebenfalls international nur wenig beachtet und gewürdigt, verlief bislang die Entwicklung im völkerrechtlich nicht anerkannten Somaliland, das manchmal geradezu etwas euphorisch als „Insel des Friedens" und „Hort der Demokratie" am Horn von Afrika bezeichnet wird. Hier kam es seit Anfang der 1990er Jahre unter Rückgriff auf traditionelle Mechanismen der Konfliktregelung zu einer eigenständigen Rekonstruktion von Staatlichkeit, zur Bildung einer legitimierten Regierung, zu einer Symbiose von traditionellen und modernen politischen Institutionen sowie zu einem weithin gelungenen friedlichen Wiederaufbau. Ein erhebliches Störpotential für die Stabilität Somalilands stellt allerdings dessen Konflikt mit Puntland über umstrittene Grenzregionen dar. Dies gilt ähnlich auch für pansomalisch und islamistisch motivierte Akteure, die in den letzten Jahren für etliche Gewaltakte in Somaliland verantwortlich waren. Doch selbst bei einer kritischeren Betrachtung der Entwicklungen in Somaliland ist der dortige friedliche Wiederaufbau, gerade auch im Vergleich zu den zahlreichen erfolglosen diesbezüglichen Bemühungen in Süd-Somalia, eine offensichtliche „Erfolgsgeschichte".

Im Süden Somalias bedarf es zunächst einer Entspannung der zugespitzten Sicherheitslage durch vereinbarte Sicherheits-Arrangements zwischen den Kontrahenten. Zur Linderung der humanitären Notlage muss diplomatischer Druck auf alle Gewaltakteure ausgeübt werden, um diese in die Schaffung und Aufrechterhaltung von sicheren Rahmenbedingungen für die humanitäre Nothilfe verlässlich einzubinden. Alle Überlegungen, Planungen und Beschlüsse, eine kohärente und umfassende Strategie der Vereinten Nationen für Somalia zu entwickeln und die administrative, politische oder gar militärische Präsenz der VN in Somalia wieder zu stärken, um eine Ablösung der ineffizienten AMISOM und einen Abzug der äthiopischen Truppen zu ermöglichen und realistische Friedensperspektiven auszuloten, machen nur dann einen Sinn, wenn sie auf einem politischen Prozess der Formierung einer erneuerten somalischen Regierung beruhen und breite Akzeptanz unter den somalischen Konfliktparteien und in der somalischen Bevölkerung finden.

Es muss in Somalia also endlich zu einer wirklich repräsentativen, inklusiven und effektiven Regierungsbildung sowie zu einer allseits akzeptierten friedenspolitischen „road map" kommen. Hierzu bedarf es international gestützter und geförderter Vermittlungsgespräche und Verhandlungsprozesse zwischen allen relevanten gesellschaftlichen und politischen Kräften im Lande. Solche bereits mehrfach (und zuletzt mit Hilfe der Vereinten Nationen im Juni 2008 in Djibouti) geführten Gespräche und Verhandlungen haben aber bislang infolge der mangelnden Kompromissbereitschaft bzw. der internen Uneinigkeit der Kontrahenten und der Nichtbeteiligung relevanter Gruppierungen leider keinen nachhaltigen Erfolg gehabt. Die konkrete Ausgestaltung ihres künftigen Staatswesens muss dabei Aufgabe der Somali selbst sein. Diese wird (der Heinrich-Böll-Stiftung 2008, S. 53 zufolge) darin bestehen, „einen Staat zu bauen, der stark genug ist, um die Entwicklung zu fördern, und der zugleich in Umfang und Auftrag außerordentlich schlank ist". Realistischerweise würde dies ein „Regieren ohne Regierung" erfordern, bei dem viele Staatsfunktionen zumindest vorerst lokalen Strukturen überlassen blieben.

Auf der regionalen Ebene müsste mit einer Mischung von Anreizen und Sanktionen das Muster wechselseitiger Einmischungspolitik und die Logik der Stellvertreterkriege durchbrochen werden. Von zentraler Bedeutung bleibt hierfür die friedliche Beilegung des schwelenden (Grenz-)Konflikts zwischen Äthiopien und Eritrea, da das Risiko eines neuerlichen Waffengangs als weiterhin sehr hoch einzuschätzen ist. Hier müssen also dringlich eine Deeskalation des Konflikts betrieben sowie ein Dialog zwischen den Kontrahenten gefördert werden (International Crisis Group 2008). Im Hinblick auf berechtigte Sicherheitsinteressen Äthiopiens im Ogadengebiet muss jedwede neue somalische Regierung diesen Interessen entgegenkommen, um einen friedensverträglichen modus vivendi mit dem militärisch, politisch und ökonomisch machtvolleren Nachbarland zu ermöglichen (Heinrich-Böll-Stiftung 2008, S. 53).

Auf der internationalen Ebene bedarf es der Förderung des innersomalischen Friedensprozesses durch alle relevanten internationalen Akteure. Zudem muss das Waffenembargo der Vereinten Nationen gegen Somalia endlich konsequent durchgesetzt werden. Der Westen und insbesondere die USA müssten sich darüber hinaus eine differenziertere Einschätzung des politischen Islam am Horn von Afrika zu eigen machen. Es ist dringend davor zu warnen, große Teile der islamischen Bevölkerung in Somalia unter einen „terroristischen Generalverdacht" zu stellen. Demgegenüber ist die beste Strategie zur Eindämmung realer und potenzieller terroristischer Gefahren die Schaffung legitimierter, inklusiver und effektiver administrativ-staatlicher Strukturen, die Herstellung von Sicherheit und Stabilität, die Förderung der Zivilgesellschaft und moderater islamischer Gruppen sowie eine spürbare Verbesserung der Lebensverhältnisse für die somalische Bevölkerung.

Ohne eine Überwindung historisch-struktureller Hindernisse wird es am Horn von Afrika keinen nachhaltigen Frieden geben.

In einer idealtypischen Perspektive muss ein Übergang von einer „Kultur der Gewalt und des Krieges" zu einer „Kultur der Gewaltlosigkeit und des Friedens" erfolgen. Dabei handelt es sich um einen langfristigen gesellschaftlichen und kulturellen Wandlungsprozess, der bislang allerdings (abgesehen von Ansätzen in Somaliland) noch kaum in Gang gekommen ist.

Von überragender friedenspolitischer Bedeutung ist zudem die Überwindung der derzeitigen autokratischen Formen der Herrschaftsausübung. Dies dürfte namentlich Regierungen in Äthiopien und Eritrea schwer fallen, sowohl infolge der historisch überkommenen zentralstaatlich-absolutistischen Herrschafts- und Staatradition als auch aufgrund ihrer Tradition als straff geführte ehemalige Kampfverbände. Frieden und Stabilität kann es ferner nur geben, wenn alle Teilregionen, alle Bevölkerungsgruppen und alle politischen Kräfte der Länder am Horn von Afrika auf faire Weise an der Ausübung politischer Macht und der Nutzung ökonomischer Ressourcen beteiligt sind. Wichtig sind auch ein Anti-Destabilisierungs-Regime und eine Förderung der regionalen Kooperation, um das überkommene Muster wechselseitiger Einmischung und Destabilisierung zu durchbrechen. Hierzu ist die Regionalorganisation IGAD auszubauen. Allerdings wird diese wohl auf Sicht eine Organisation „verfeindeter Brüder" bleiben, wie nicht zuletzt die Suspendierung der Mitgliedschaft Eritreas im Jahre 2007 zeigt. Erforderlich ist schließlich ein konstruktives Engagement externer Mächte und der internationalen (Geber-)Gemeinschaft, die friedenspolitische Anreize bieten und/oder friedenspolitischen Druck auf die Konfliktakteure am Horn von Afrika ausüben müssten. Die gegenwärtig vor allem von den USA betriebene Einbeziehung der Region in den globalen Anti-Terror-Krieg läuft demgegenüber Gefahr, alte Muster der interessen- und machtpolitischen Instrumentalisierung und gesellschaftlichen Spaltung zu reproduzieren. Dieser Gefahr entgegenzuwirken ist die politische Pflicht der Europäischen Union, die mit ihrem Konzept einer „Regionalen Partnerschaft für Frieden, Sicherheit und Entwicklung am Horn von Afrika" vom Oktober 2006 die Region zu einem „Testfall" ihrer neuen Afrika-Strategie machen will.

Insgesamt ist für das Horn von Afrika eine umfassende Sicherheitsarchitektur auf der Basis des Konzepts „menschlicher Sicherheit" zu fordern. Einer solchen Vision steht jedoch die derzeitige „Realpolitik" in der Region gegenüber, die durch anhaltende Gewaltkonflikte, hochgradige Militarisierung, autoritär-repressive Herrschaftsformen, tief sitzendes Misstrauen sowie gegenseitige und externe Einmischungspolitik gekennzeichnet ist. Vor diesem Hintergrund bleibt ein nachhaltiger Frieden am Horn von Afrika wohl noch auf längere Sicht ein rares Gut.

Literatur

Bruchhaus, Eva-Maria / Sommer, Monika M. (Hrsg.) (2008), Hot Spot Horn of Africa Revisited. Approaches to make Sense of Conflict, Berlin.

Combating Terrorism Center (2006), Al-Qaida's (Mis)Adventures in the Horn of Africa, West Point.

Feichtinger, Walter / Hainzl, Gerald (Hrsg.) (2005), Krisenherd Nordostafrika. Internationale oder afrikanische Verantwortung? Baden-Baden.

Glavitza, Rita (2008), „Doing things the traditional way" – Ressourcenkonflikte und Lösungsmechanismen am Horn von Afrika, in: Österreichisches Studienzentrum für Frieden und Konfliktlösung (ÖSFK) / Leitner, Georg / Glavitza, Rita / Roithner, Thomas / Elbling, Alexandra (Hrsg.), Rohstoff- und Energiesicherheit. Analysen und Perspektiven einer jungen ForscherInnengeneration, Schlaininger Arbeitspapiere für Friedensforschung, Abrüstung und nachhaltige Entwicklung (SAFRAN), Paper 04, Stadtschlaining, S. 59-76.

Heinrich-Böll-Stiftung (Hrsg.) (2008), Somalia am Horn von Afrika: Alte Konflikte und neue Chancen zur Staatsbildung, Schriften zur Demokratie, Bd. 6, Berlin.

Höhne, Markus V. (2007), Staatszerfall, Konfliktregelung und Staatsaufbau. Zur Diversifizierung der politischen und sozialen Realitäten in Somalia, in: Melha Rout Biel/Olaf Leiße (Hrsg.), Politik in Ostafrika - Zwischen Staatszerfall und Konsolidierung, Frankfurt am Main et al., S. 75-101.

International Crisis Group (2008), Beyond the Fragile Peace between Ethiopia and Eritrea: Averting New War, Africa Report No. 141, Nairobi/Brüssel, 17. Juni.

Jansen, Anne / Gronemeier, Katrin (2008), Annotierte Bibliographie zum Horn von Afrika 2005–2007, in: Afrika Spectrum 43 ‚1, S. 145-158.

Matthies, Volker (2005), Kriege am Horn von Afrika. Historischer Befund und friedenswissenschaftliche Analyse.

Matthies, Volker (2006), Konfliktlagen am Horn von Afrika, in: Aus Politik und Zeitgeschichte, 32-33, 7. August, S. 25-32.

Matthies, Volker (2007), Gewaltkonflikte und Friedensmöglichkeiten am Horn von Afrika, in: Friedensgutachten 2007, Berlin 2007, S. 285-296.

Prunier, Gerard (2008), Armed Movements in Sudan, Chad, CAR, Somalia, Eritrea and Ethiopia, Paper presented by Center for International Peace Operations, Berlin, Addis Ababa, February.

Quaranto, Peter J. (2008), Building states while fighting terror – contradictions in United States strategy in Somalia from 2001 to 2007, Institute for Security Studies (ISS), ISS Monograph Series, No. 143, Oxford, Mai.

Smidt, Wolbert G.C. / Kinfe, Abraham (Hrsg.) (2007), Discussing Conflict in Ethiopia. Conflict Management and Resolution, Berlin.

DER TEUFELSKREIS VON KRIEG, ARMUT, UNTERENTWICKLUNG UND DIKTATUR AM BEISPIEL DES MITTLEREN UND NAHEN OSTEN

MOHSSEN MASSARRAT[1]

Der Mittlere und Nahe Osten ist gegenwärtig die konfliktreichste Region in der Welt. Hier stoßen Welten aufeinander: Tradition und Moderne, extreme Armut und extremer Reichtum, säkulare und gottesstaatliche Tendenzen, Hegemonialinteressen der USA wegen der Ölquellen, die im Mittleren Osten lagern, und das Bedürfnis der Bevölkerungen der Region an Wohlstand und Stabilität, Nationalismus und religiösem Extremismus, Terror und Gegenterror. Mit Verweis darauf, die Ölressourcen der Welt lägen unter den Böden einer instabilen Region, wurde die Energieversorgung des Westens militarisiert. Die Militarisierung und Hegemonialisierung der Energieversorgung, so die Gegenthese, ist selbst die Ursache der Instabilität und Konflikte im Mittleren und Nahen Osten, nicht die Folge. Im Folgenden werden zunächst die Tiefenstruktur der Konflikte und die daraus hervorgegangenen Kriege untersucht und hiernach in einem zweiten Schritt die Erscheinungen von Armut und Elend als Folge von Konflikten und Kriegen an ausgewählten Beispielen beschrieben.

1. Konflikte und Kriege im Mittleren und Nahen Osten.

1.1 Historische Hintergründe und Tiefenstruktur der Konflikte

Die Strukturen der gegenwärtigen Konflikte im Mittleren und Nahen Osten, so wie wir sie heute wahrnehmen, sind äußerst komplex und vielschichtig. Sie wurzeln teils in der Geschichte der Region selbst und teils resultieren sie aus der Art und Weise, wie die historisch längst fällige Transformation der traditionellen Gesellschaften mit neokolonialistischen

---

1 Es handelt sich bei diesem Text um die überarbeitete Fassung der Aufzeichnung meines frei gehaltenen Vortrags anlässlich der Tagung „Globale Armutsbekämpfung – ein Trojanisches Pferd?" im Rahmen der 25. Internationalen Sommerakademie in der Burg Schlaining vom 6.-11. Juli 2008.

Interventionen von außen aufeinander prallen. Daher ist es sinnvoll, sich zunächst auf die Suche nach der Tiefenstruktur der gegenwärtigen Konflikte zu begeben.

Zunächst müsste festgehalten werden, dass bis Anfang des 20. Jahrhunderts in dieser Region zwei große Staaten nebeneinander existierten, nämlich das Osmanische Reich und der Iran. Trotz einiger Kriege herrschte seit dem 17. Jahrhundert im Großen und Ganzen ein modus vivendi zwischen diesen großen Territorialstaaten. Dagegen ging es zwischen Iran und dem zaristischen Reich im 18. und 19. Jahrhundert ziemlich heftig zu. In mehreren Kriegen verlor Iran fast ganz Zentralasien an Russland. Die zentralasiatischen Völker waren einige Jahrhunderte lang Tributpflichtige der iranischen Herrscherdynastien. Der Iran von heute ist allerdings seit der Mitte des 19. Jahrhundert genau so, wie wir es heute kennen. Ganz anders aber das Gebiet des Osmanischen Reiches.

Das Osmanische Reich war ein Territorialstaat mit einer typisch orientalischen Zentralmacht und orientalischen Despotie, der viele Nationalitäten, ethnische Gruppen und Staaten, einschließlich eines Großteils von Süd- und auch Osteuropa, in einem Staatsverband zusammengeführt hatte. Die treibende Kraft der Expansion der Osmanen war Machtansammlung und darüber hinaus auch die Unterwerfung der eroberten Gebiete – selbstverständlich mit Tributzahlungen an die Zentralmacht. Diese Zentralmacht war islamisch, hatte sich jedenfalls islamisch legitimiert, aber das Ziel aller Herrscher im Reich – es handelte sich um islamisierte Turkvölker mit teilweise persischer Sprache und Verwaltungtradition – war nicht, die Länder, die erobert worden sind, zu islamisieren. Der ganze Balkan, mit Ausnahme von Bosnien, wurde nämlich nicht islamisiert, wobei auch in Bosnien die Übernahme des Islam nicht mit Gewalt und Zwang einherging. Das Osmanische Reich war mehr oder weniger ein Riesenreich mit integrativen Staatsfunktionen, man kann auch sagen ein Staatsverband mit gemeinsamer Sicherheit für die eingebundenen Gebiete, aber ein despotisch regierter Staatsverbund. Hinsichtlich separatistischer Bestrebungen verstanden die osmanischen Herrscher keinen Spaß. Sie wurden mit aller Härte niedergeschlagen. Dieses Reich hat jedoch in Konkurrenz mit Europas aufsteigendem Kapitalismus allmählich nicht nur seine eigene ökonomische Selbständigkeit, sondern auch die meisten mit Europas Staaten geführten Kriege verloren. Die Niederlage in der Schlacht vor Wien 1683 war der Anfang des allmählichen Zusammenbruchs eines der größten Reiche in der Geschichte, dem auch die ökonomische Prosperität abhanden gekommen war. Versuche, von innen Reformen durchzuführen, sind gescheitert, so dass die in das Staatsgebilde zusammengeführten Völker und Staaten begannen, sich nach dem Gesetz von Zentrifugalkräften, vom Reich abzunabeln.

Durch Interventionen und Kriege von Europas Großmächten Frankreich, England und Russland wurde der Zerfall des osmanischen Staatsverbands in der ersten Hälfte des 19. Jahrhunderts beschleunigt. Ägypten, Griechenland und alle Balkanstaaten trennten sich vom Osmanischen Reich. Interne Faktoren wie ökonomische Stagnation, sinkende Steuereinnahmen und andauernde Finanzkrisen einerseits und der weiterhin anhaltende Druck von außen führten dazu, dass das Osmanische Reich Ende des 19. und Anfang des 20. Jahrhunderts schon vor dem Ersten Weltkrieg gänzlich zusammenbrach. Hieraus entstanden die Türkei – das Kernland des Osmanischen Reiches – und alle arabischen Staaten von Nordafrika bis zum Persischen Golf, die wir heute als selbständige Staaten kennen. Die Kolonialstaaten Frankreich und England – die USA waren im Hintergrund und noch nicht als aktive Großmacht außerhalb des amerikanischen Kontinents in Erscheinung getreten – spielten bei der Entstehung neuer Staaten mit kolonialistischen Motiven die Hebammenrolle und zogen die ihnen genehmen Staatsgrenzen durch Stämme und Regionen hindurch und ohne Rücksicht auf mögliche spätere Grenzkonflikte. So entstanden in Nordafrika Marokko, Tunesien, Libyen und Sudan als neue arabisch dominierte Staaten, während Algerien wegen seiner Ölreichtümer noch lange eine französische Kolonie blieb.

Aus dem arabisch geprägten Mittleren und Nahen Osten gingen so auch neue arabische Staaten hervor, die wie Syrien und Libanon der französischen Einflusszone zugeordnet wurden, und Palästina, Irak, Jordanien, die als britische Mandatsgebiete deklariert wurden. Zwischen dem Horn von Afrika und dem Persischen Golf entstanden teils entlang der Stammesgebiete und teils durch sie hindurch weitere arabische Staaten, wie Jemen, Saudi Arabien, die Arabischen Emirate, Kuwait und Oman. Die Kolonialherrscher definierten nicht nur die Grenzen, sie hoben zugleich die ihnen freundlich gesinnten Stammesfürsten als Könige dieser Staaten mit aus der Taufe. In allen neu gegründeten arabischen Staaten herrschten somit anfangs von Frankreich und Großbritannien abhängige Monarchien. Mit Ausnahme Saudi Arabiens und der Scheichtümer am Persischen Golf, die von Familienclans regiert wurden, wurden alle anderen Monarchien in den 1950er und 1960er Jahren Opfer des aufsteigenden panarabischen Nationalismus, sie wurden durch Militärputsche junger Offiziere hinweggefegt.

Horizontale Konfliktstrukturen

Dieser Überblick über das neu geschaffene Staatengebilde vorausgeschickt, möchte ich ein wenig auf die Tiefenstruktur horizontaler Konflikte eingehen, die bis heute die Ereignisse im Mittleren und Nahen Osten bestimmen. Diese sind – im Unterschied zu vertikalen Konflikten, die auf gesellschaftlichen Verwerfungen infolge historischer Transformation in die Moderne sowie auf sozialen Ungleichheiten beruhen – transnationale, territoriale, ethnisch und kulturell verursachte Konflikte, die teils aus den kolonialistisch machtpolitisch definierten Grenzbeziehungen und teils im Zuge der Modernisierung und des *nation building* entstanden sind.

Der *Israel-Palästina-Konflikt* ist ein Territorialkonflikt mit ethnischer Dimension, der ursächlich nicht mit dem Zusammenbruch des Osmanischen Reiches, sondern mit der zionistischen Bewegung europäischer Juden und den Bestrebungen, einen jüdischen Staat in Palästina zu gründen, zusammenhängt. Auf diesen Konflikt, der in die gesamte Region und darüber hinaus ausstrahlt und für politische Radikalisierung in der arabisch-islamischen Welt nachhaltig verantwortlich ist, bedarf einer gesonderten Darstellung, die im Rahmen dieses Vortrages nicht näher behandelt werden kann.

Von besonderer Tragweite ist hierneben der *Kurdistan-Konflikt* als ein ethnisch-territorialer Konflikt.

Kurdistan war vor dem Zusammenbruch des Osmanischen Reiches in zwei Teile gespalten, in den osmanischen und den iranischen Teil. Die kolonialistische Grenzziehung spaltete den osmanischen Teil Kurdistans abermals in zwei neue Teile, in ein türkisches und ein irakisches Kurdistan. Die im Vertrag von Sèvres 1920 in Aussicht gestellte Autonomie kurdischer Gebiete wurde nicht eingelöst. Im Vertrag von Lausanne 1923 wurde selbst dieses Zugeständnis an die Kurden in der Türkei und im Irak fallen gelassen. Die Bildung neuer machtpolitischer Allianzen mit Atatürk und der irakischen Monarchie waren für Großbritannien wichtiger als eine kurdisch-autonome Region in dem neu geschaffenen Staatensystem. Damit wurde aber ein kurdischer Dauerkonflikt vorprogrammiert. In der Türkei entstand unter der Führung der PKK ein Partisanenkrieg, der zwar den türkischen Nationalismus gestärkt und mehrere zehntausend Menschenleben gekostet, den Kurden jedoch bisher weder Unabhängigkeit noch Autonomie beschert hat.

Im Irak führte der Kampf der Kurden für Autonomie zu blutigen inner-irakischen Kriegen, in denen das Regime von Saddam Hussein nicht davor zurückschreckte, auch chemische Waffen gegen die kurdische Bevölkerung einzusetzen. In Irakisch-Kurdistan wurde nach dem Sturz von Saddam Hussein zwar eine autonome Verwaltung errichtet, die Lösung der kurdischen Frage wurde aber auf eine neue, durchaus nicht weniger gefahrvolle Stufe gehoben. Irakisch-Kurdistan hat durch seine Ausstrahlung schon jetzt Separationsbewegungen in der Türkei neuen Auftrieb gegeben und die Möglichkeit der Entstehung einer solchen Bewegung auch in Iranisch-Kurdistan gestärkt. Inzwischen sind neue Allianzen zwischen den USA und Israel einerseits und Irakisch-Kurdistan andererseits sichtbar geworden, deren Hauptzweck darin bestehen kann, den kurdischen Wunsch nach Unabhängigkeit für eigene machtpolitische Zwecke gegen die Türkei und vor allem gegen den Iran zu instrumentalisieren. Die Folgen separatistischer Kriege zur Schaffung eines einheitlichen kurdischen Staates sind aller Wahrscheinlichkeit nach nicht mehr, sondern weniger Stabilität und noch mehr Nationalismus, noch mehr Diktatur und Chaos im Mittleren Osten.

Territoriale und transnationale Ressourcenkonflikte

Ressourcenkonflikte sind weitere Beispiele horizontaler Konflikte mit geographischem bzw. geologischem Hintergrund. Manche Grenzlinien sind bei der Entstehung neuer Staaten zu Beginn de 20. Jahrhunderts nicht genau geregelt bzw. strittig. Beispielsweise war der Grenzverlauf im Schatt al-Arab zwischen Iran und Irak Gegenstand eines ständigen Konflikts zwischen beiden Ländern in den 1960er und 70er Jahren, der dann zum iranisch-irakischen Krieg 1980–1988 beigetragen hat. Des Weiteren sind die Territorialansprüche Iraks auf Kuwait als Ganzes zu erwähnen, die Saddam Hussein aus dem Zerfall des Osmanischen Reiches und der Unklarheit des durch den Völkerbund legitimierten Protektorats (hinsichtlich Kuwaits als Teils von Irak) abgeleitet hat. Auch dieser Streit spielte bei der gewaltsamen Besetzung Kuwaits durch Irak 1989 und des darauf folgenden Zweiten Golfkrieges zwischen USA und Irak eine wichtige Rolle. Hinzu kommt der iranisch-arabische Konflikt um den Anspruch auf die drei strategischen Inseln Abu Mussa, großer und kleiner Tomb im Persischen Golf sowie der Streit um den Namen des Persischen Golfes, den die arabischen Staaten in „arabischen Golf" umgetauft haben.

Auch Konflikte um *grenzüberschreitende Ressourcen wie Öl und Wasser* dürfen in diesem Zusammenhang nicht unerwähnt bleiben. Bei dem Überfall Saddam Husseins auf Kuwait ging es dem irakischen Regime nicht nur um den freien Zugang Iraks zu den Weltmeeren, sondern auch um Kuwaits Ölressourcen, die über 9 % der Ölweltressourcen ausmachen. Entzündet hatte sich der Streit konkret an der Nutzung des grenzüberschreitenden Ölfelds Rumaila. Derartige Öl- und Gasquellen gibt es im Mittleren Osten mehrere, die angesichts der spürbar werdenden Ölverknappungstendenzen zum Ausgangspunkt neuer blutiger Konflikte in der Zukunft werden könnten. Dies gilt beispielsweise für die Öl- und Gasquellen im Persischen Golf, für das Ölfeld Elburs im Kaspischen Meer und für die Öl- und Gas-Pipeline-Routen im gesamten Mittleren Osten.

Ähnliches kann auch über die mit der Bevölkerungszunahme knapper werdenden transnationalen Süßwasserquellen hervorgehoben werden, so z.B. um den Fluss Jordan und um die Flüsse Euphrat und Tigris. Mögliche Gegensätze bei der Nutzung dieser Wasserquellen könnten ebenfalls zu gewaltsamen Auseinandersetzungen zwischen den jeweiligen Anrainerstaaten führen.

Transformationskonflikte

Der gesamte Mittlere und Nahe Osten befindet sich seit Beginn des 20. Jahrhundert im historischen Transformationsprozess von traditionellen hin zu modernen Gesellschaften. Somit holt die Region eine Entwicklung nach, die in den letzten zwei bis drei Jahrhunderten in Europa stattgefunden hatte. Selbst in Europa war die langsame und ohne äußeren Druck vollzogene Transformation nicht ohne soziale und kulturelle Brüche, soziale Kämpfe, politische Umstürze und Revolutionen einhergegangen. Im Mittleren und Nahen Osten vollzieht sich dieser historische Prozess unter dem Druck der Globalisierung und mit vollem Tempo. Er verursacht daher auch hier schmerzvolle Prozesse der sozialen Entwurzelung, der kulturellen Entfremdung, der Migration und des *Nation Building*, die allesamt mit antikolonialistischen und nationalistischen Ideologien, politischen Umstürzen und sozialen Revolutionen einhergehen. Der Transformations- und Modernisierungsprozess in dieser Region erfolgt nach drei unterscheidbaren Mustern:

Erstens das iranische Modernisierungsexperiment in den 1940er und 50er Jahren, die ich die *sanfte Variante* der Modernisierung nennen möchte. Für diese Variante steht Mohammed Mossadegh, der als ein in der Schweiz ausgebildeter und überzeugter Demokrat mit Charisma den ungewöhnlichen Weg des antiimperialistischen Kampfes mit einer nationalen Bewegung für parlamentarische Demokratie verknüpfte. Im historischen Kontext der geschwächten Pahlawi-Monarchie in den Jahren nach dem Zweiten Weltkrieg und dem erneut wachsenden britischen Einfluss sorgte Mossadegh, als namhafter Abgeordneter des bis dato undemokratisch zustande gekommenen Parlaments, mit einer Gesetzesvorlage zur Nationalisierung der iranischen Ölindustrie für die Auflösung eines obrigkeitsstaatlich zustande gekommenen Parlaments für internationale Aufmerksamkeit. Erstmals in der iranischen Geschichte mobilisierte Mossadegh 1951 erfolgreich große Teile der Bevölkerung aus allen Schichten für die Wahl eines neuen und demokratisch gewählten Parlaments. Er wurde Ministerpräsident und setzte in genialer Weise gleichzeitig zwei sich ergänzende Ziele auf die politische Agenda: einerseits die Abschaffung neokolonialistischer Ölverträge mit der britischen Regierung, das lang ersehnte nationale Ziel der politischen Unabhängigkeit; andererseits durch demokratische Legitimierung der Nationalisierung der Ölindustrie die Verwirklichung eines nationalen Projekts auf demokratischem Weg. Der von Intellektuellen, dem nationalen Bürgertum und einem Teil des schiitischen Klerus unterstützte Kampf an zwei Fronten - nach Außen gegen Großbritannien und nach Innen gegen die mit Großbritannien liierte absolute Monarchie und deren sozialen Basis, der aus Großgrundbesitzern, Kompradoren-Bourgeoisie und Militär bestehenden Oligarchie (der berühmten 1000 Familien) - eröffnete eine gänzlich neue Perspektive für eine lebendige Demokratie, die auf das Bewusstsein aller nachfolgenden Generationen bis zur Gegenwart ausstrahlt.

Das Erfolgsrezept von Mossadeghs Weg der Modernisierung bestand im Respekt vor dem Recht, im politischen Sinn für die Symbiose zwischen Tradition und Moderne, in Glaubwürdigkeit und Kompromisslosigkeit bei der Trennung der monarchistischen Herrschaftsform von der demokratisch legitimierten Regierung, ebenso Härte und Kompromisslosigkeit in der Verteidigung nationaler iranischer Interessen bei gleichzeitigem Respekt vor dem Völkerrecht, in gewaltloser Machtübernahme und Machterweiterung und schließlich auch in Aufrichtigkeit im Umgang mit Anhängern und Gegnern. Doch dieser gewaltlose und hoffnungsvolle Weg der Modernisierung passte nicht in die gerade begonnene Ära des Kalten Krieges einschließlich der geostrategischen und ökonomischen Interessen westlicher Staaten, vor allem nicht der Interessen der neuen Supermacht USA, die Mossadegh als Handlanger der Sowjetunion, der den Iran in das kommunistische Lager führen wolle, diffamierten und seine Regierung 1953 durch einen CIA-geleiteten Militärputsch stürzten, den von Mossadegh eingeschlagenen Weg beendeten, den nach Rom geflohenen Schah wieder auf den Thron hievten und dadurch eine neue Phase der Diktatur im Iran einleiteten. Die gewaltsame Unterbrechung dieses authentischen Weges der nachholenden Demokratisierung und Modernisierung mündete 26 Jahre später 1979 in den antiwestlichsten Umsturz aller Zeiten, eben in die islamische Revolution, ein, die erdrutschartig die Welle eines weltweit erstarkten politischen Islams auslöste.

Zweitens die nationalistische Variante des Nation Building und der Modernisierung, die, in Atatürks Türkei längst etabliert, in den 1950er Jahren – durchaus unter dem positiven Einfluss von Mossadeghs Nationalisierung der Ölindustrie im Iran – in den bevölkerungsreichen arabischen Staaten in der Regel durch einen gewaltsamen Sturz arabisch monarchistischer Oberhäupter entstand, so in Ägypten, Syrien, Irak und Libyen. Alle Spielarten des arabischen Nationalismus, von Nassers moderatem Panarabismus bis zum aggressiv expansionistischen Baath-Nationalismus, beseitigten zwar die traditionell monarchistische Herrschaft, sie trugen auch durch Massenmobilisierung und teilweise auch durch Industrialisierung zum Nation Building und zur Modernisierung bei, sie riefen gleichzeitig aber auch Einheitsparteien und Ein-Mann-Diktaturen hervor, blockierten eben wegen ihrer stark nationalistischen Ausrichtung die Demokratisierung. Im Fall

Irak, als ein brutales und aggressives Nation-Building-Modell, ging der arabische Nationalismus mit der massivsten Unterdrückung der Kurden und oppositionellen Schiiten und darüber hinaus auch mit mehreren expansionistischen Kriegen einher, der letztlich zum Staatszerfall, zum Elend und zur Armut der großen Mehrheit der Bevölkerung beitrug.

Drittens und letztendlich die monarchistisch strukturierte Variante des Nation Building und der Modernisierung wie im Königreich Jordanien, in Saudi Arabien, in anderen Scheichtümern und in Oman am Persischen Golf. Gemeinsame Merkmale dieser arabischen Staaten sind die mangelnde Demokratisierung, die über Öleinnahmen importierte Modernisierung, die mehr oder weniger brüchige Identität und Nation Building sowie die politische Abhängigkeit von den Vereinigten Staaten. Offen bleibt, inwiefern im Mittleren Osten eine neue Welle von Instabilität und gewaltsamen Konflikten entstehen würde, sobald die militärische und politische Unterstützung dieser Monarchien durch die USA, insbesondere für den saudiarabischen Herrscherclan, abbröckelte oder aus welchen Gründen auch immer ganz ausbliebe.

Stellvertreter-Kriege im Kalten Krieg

Im Kalten Krieg zwischen Nato und Warschauer-Pakt-Staaten stand der Mittlere und Nahe Osten nach Europa an zweiter Stelle im Vordergrund der Blockkonfrontation. Dabei war die Parteinahme der Supermächte im Israel-Palästina-Konflikt – die USA auf der israelischen und die Sowjet Union auf der palästinensischen Seite –, die sich in beiden Nahostkriegen 1966 und 1973 manifestierte, nur ein Teil des Problems. Während westliche Staaten unter der Führung der USA mit aller Kraft selbst danach strebten, die Ölressourcen im Mittleren Osten zu kontrollieren und auf Mengen- und Preisstruktur des Öls Einfluss auszuüben, beschuldigten sie ihren Gegner im Kalten Krieg, die Sowjet Union, den Kommunismus bis zum Indischen Ozean vorzutreiben und durch den Zugriff auf mittelöstliche Ölquellen die Wirtschaft des Westens strangulieren zu wollen. Entlang dieses in den Mittleren und Nahen Osten hineingetragenen Konflikts sortierten sich die Verbündeten des jeweiligen Lagers: alle monarchistisch regierten Staaten in der Region, insbesondere das Schah-Regime im Iran, Saudi Arabien und Jordanien sowie Israel auf der Seite der USA; alle nationalistisch geprägten arabischen Republiken, vor allem Ägypten, Irak, Syrien und die Palästinenser, an der Seite der Sowjet Union. So begünstigte der Kalte Krieg sowohl regionale Gegensätze, wie beispielsweise im Wettkampf zwischen Iran und Irak um die regionale Hegemonie in den 1960er und 1970er Jahren, wie aber auch das regionale Wettrüsten, das im Zuge steigender Öleinnahmen in den 1970er Jahren erheblich forciert wurde und dadurch den Boden für die aufkommenden Kriege in den letzten drei Dekaden fruchtbar gemacht hat.

1.2 Hegemonialinteressen der USA, drei Golfkriege und Radikalisierung des politischen Islams

Das Chaos und das explosive Gemisch, das man gegenwärtig als die größte Herausforderung für den Weltfrieden bezeichnen könnte, speist sich bei genauem Hinsehen aus (a) den Hegemonialinteressen der USA in Verbindung mit den Ölquellen der Region, (b) dem Wettkampf zwischen dem arabischen Nationalismus und dem politischen Islam, (c) dem regionalen Wettrüsten, (d) dem internationalen Terrorismus einschließlich des 11. September 2001. Die Vereinigten Staaten verfolgten ihre Hegemonialinteressen seit ihrer ersten Intervention, dem CIA-Putsch 1953 im Iran, bis zur Gegenwart immer konsequenter, aggressiver, kriegerischer. Diese Interessen bestanden und bestehen immer noch darin, über den Hebel der Kontrolle der Ölquellen des Mittleren Ostens – hier lagern rund 60 % der Welt-ölressourcen – und der Frage der vermeintlichen Energiesicherheit, ihre eigenen Verbündeten, EU-Staaten, Japan u.a., der eigenen Führung unterzuordnen, sowie die neu aufsteigenden Mächte, z.B. China, Indien und andere große, von Ölimporten abhängige Schwellenländer, in Schach zu halten. Dieser energiepolitische Hebel der US-Hegemonie erstreckte sich (a) auf die zu produzierende Ölmenge durch Aufrechterhaltung von dauerhafter Ölüberproduktion, (b) auf die daraus folgenden niedrigen Ölpreise und (c) auf die Kontrolle sämtlicher Pipelines zu Lande, sowie der Häfen und der Transportrouten im Persischen Golf und dem Indischen Ozean. Nach dem Zerfall der Sowjet Union erweiterten die USA ihren Hegemonialeinfluss auf die Region des Kaspischen Meeres und sämtliche zentralasiatischen, einst zur Sowjetunion gehörenden öl- und gasreichen Staaten sowie deren geostrategisches Umfeld vom Mittelmeer bis zum Schwarzen Meer.

Das gesamte außenpolitische Verhalten der USA in den letzten drei Dekaden orientierte sich an diesen hier knapp skizzierten Hegemonialinteressen. Dazu gehören außenpolitische Strategien für den Mittleren Osten von der *Carter Doktrin* bis hin zum *Krieg gegen den Terror* nach dem 11. September: das strategische Bündnis mit Israel und den Ölmonarchien; alle taktischen Allianzen, wie beispielsweise mit den Modjahedin im afghanischen Krieg gegen die Sowjetunion, dann mit den Taliban gegen die Modjahedin, schließlich mit der afghanischen Nordallianz, um das Taliban-Regime zu stürzen; ihre de facto-Militärallianz mit Saddam Hussein im Krieg gegen den Iran im Ersten Golfkrieg, dem Krieg gegen denselben Saddam Hussein 1990 nach der Besetzung Kuwaits (der Zweite Golfkrieg), und schließlich dem Sturz Saddam Husseins 2003 (der dritte Golfkrieg); der Versuch einer Allianzbildung mit dem arabisch-sunnitischen Lager gegen die schiitische Allianz von Iran und Hisbollah im Libanon im Konflikt mit Irans Atomprogramm und letztendlich auch in Allianzen mit Militärdiktaturen und autoritären Herrschern nahezu aller ehemaligen zur Sowjetunion gehörenden zentralasiatischen Staaten.

Wie ineinander greifende Zahnräder einer Maschine wird das extern durch die US-Hegemonialinteressen getriebene Chaos vervollständigt, das durch einen internen Wettkampf zwischen dem arabischen Nationalismus und dem politischen Islam nach der Islamischen Revolution im Iran um die regionale Vorherrschaft entstanden war. Diese intern induzierte Seite des Chaos begann mit dem regionalen Wettrüsten und, wie bereits erwähnt, der regionalen Hegemonie zwischen dem westlich orientierten Schah-Regime im Iran und dem damals mit der Sowjetunion verbündeten Irak unter Saddam Hussein.

Beide Seiten pumpten die sprunghaft gestiegenen Öleinnahmen nach dem ersten Ölpreissprung 1973/74 zu einem großen Teil in die Rüstung und den Ausbau ihrer jeweiligen Armeen. Auch bei diesem intern verursachten Konflikt mischten die USA kräftig mit. Sie lieferten dem Iran die allerneusten F14-Militärflugzeuge, ca. 100 an der Zahl, Panzer, Munition und alle erforderliche Infrastruktur dazu. Ähnliches geschah mit Saudi Arabien und den übrigen Golfstaaten. Damit war nicht nur das Wunschprojekt des US-militär-industriellen Komplexes – ein regionales Wettrüsten – in Gang gesetzt, sondern auch gleichzeitig die erste große internationale Finanzkrise – als Folge steigender Ölpreise und Zahlungsbilanzdefizite der OECD-Staaten ausgelöst – wieder überwunden, indem die hunderte Milliarden überschüssigen Petro-Dollars der Ölstaaten des Mittleren Ostens in ihren ursprünglichen Kreislauf recycelt wurden. Der Irak beteiligte sich an diesem Wettrüsten durch ebenfalls umfangreiche Waffenimporte aus der Sowjetunion sowie aus Frankreich und Großbritannien.

Doch konnte das bis an die Zähne bewaffnete Schah-Regime seinen eigenen Sturz durch eine in Gang gekommene soziale Revolution nicht mehr verhindern, die durch ihre islamische Führung und Massenbasis in die Gründung des ersten islamischen Gottesstaates mündete. Die mehrere hunderttausend zählenden jungen Soldaten – überwiegend Söhne der entwurzelten bäuerlichen Landflüchtlinge, die der Schah zum Ausbau seiner eigenen Machtbasis für das Heer rekrutiert hatte –, wechselten an der Seite des Schah-Herausforderers Ayatollah Khomeini die Fronten, anstatt die wacklige Schah-Diktatur vor dem Untergang zu retten. Durch die islamische Revolution fiel nicht nur ein entscheidender Pfeiler der US-Hegemonie wie ein Kartenhaus in sich zusammen, sie veränderte über Nacht auch die Machtverhältnisse der gesamten Region des Mittleren und Nahen Ostens.

Die Veränderung der Machtverhältnisse durch den revolutionären, d.h. von breiten Volksmassen aktiv vorangetriebenen, Umsturz eines Regimes begünstigte übrigens, wie so oft in der Geschichte, einen regionalen Krieg. Die französische Revolution löste den Krieg der verängstigten feudalen Herrscher europäischer Staaten aus, die durch Krieg gegen Frankreich ein Überschwappen der Revolution auf ganz Europa zu verhindern suchten. Nach der russischen Revolution führten die Weißrussen mit Unterstützung des Auslands einen blutigen Bürgerkrieg gegen die Rote Armee. Die vietnamesische Revolution löste den von den Nachbarstaaten mitgetragenen Vietnamkrieg durch die USA aus. Im Falle Irans unterstützten die Herrschereliten fast aller arabischer Staaten am Persischen Golf – sowie Jordanien und Ägypten – Saddam Hussein moralisch und finanziell, als dieser den ölreichen Süden des Irans zu besetzte. Aus Angst, die islamische Revolution könnte auf die arabischen Staaten überschwappen, unterstützten sie Irak in diesem Krieg in der Hoffnung, die ausgebrochene islamische Revolution im Iran im Keim zu ersticken.

Für Saddam Hussein hatte sich ohnehin die historische Chance ergeben, Iran als regionale Führungsmacht endlich auszuschalten, nachdem mit der Monarchie auch die kaiserliche Armee sich aufgelöst hatte und viele Generäle, Armeekommandeure und Piloten der amerikanischen F 14-Kampfflugzeuge die Flucht in die USA ergriffen hatten. Doch unterschätzte Iraks panarabischer Führer, der schon immer von der Führung über die gesamte arabische Welt träumte, die neue politische Kraft einer rasch sich bildenden Volksarmee auf der iranischen Seite, die auch ohne eine versierte Militärmaschinerie der irakischen Armee Paroli bieten konnte. Der iranisch-irakische Krieg wurde zu einem acht Jahre währenden Stellungskrieg, weil die Führung der islamischen Revolution ihrerseits glaubte, die islamische Revolution durch einen Gegenkrieg in die arabische Welt hineintragen zu können und weil Israel, Großbritannien, und die USA aus unterschiedlichen Motiven beide Seiten großzügig mit Waffen versorgten. Sie setzten darauf, dass der Iran und der Irak als zwei mächtige OPEC-Staaten mit regionalem und ideologischem Führungsanspruch – der arabische Nationalismus und der neu erwachte politische Islam – sich im Krieg gegenseitig soweit wie möglich zermürbten. Das Ergebnis dieses Krieges waren eine Million Tote und Invalide, 300 Mrd. US-Dollar Kriegsschäden, der Zusammenbruch der Wirtschaft sowie Armut und Elend auf beiden Seiten.

Schon hier wird klar, wie sehr die historischen Ereignisse ineinander greifen und den Mittleren und Nahen Osten immer tiefer in den Abgrund stürzen. Wie der Sturz der demokratisch gewählten Regierung Mossadegh 1953 durch die USA zur Entstehung der islamischen Revolution entscheidend beitrug, so führte auch das von außen mitforcierte Wettrüsten in den 1970er Jahren den Mittleren und Nahen Osten unweigerlich zu einer Region der andauernden Kriege, der Zerstörung und des Elends, immer weiter entfernt von beginnender Demokratisierung und gutnachbarschaftlichen Beziehungen. So wurde das Ende des iranisch-irakischen Krieges in 1988 zum Ausgangspunkt neuer Kriege. Saddam Hussein wurde durch den Ersten Golfkrieg nicht zum allseits geliebten Führer aller Araber, sondern zu einem gedemütigten Herrscher eines Landes mit desolater Wirtschaft und einer für den Krieg umfunktionierten Sozialstruktur, der obendrein mit rund 100 Milliarden US-Dollar Kriegsschulden auch von Kuwait und Saudi Arabien finanziell abhängig wurde.

In dieser ausweglosen Krise griff er zur Flucht nach vorn und besetzte 1989 Kuwait, um über Nacht nicht nur die Schulden loszuwerden, sondern mit den Ölquellen Kuwaits auch zum Herrscher über ca. 20 % der Weltölressourcen aufzusteigen. Hieraus entstand der Zweite Golfkrieg, in dem die USA und ihre Alliierten die irakische Armee aus Kuwait hinauswarfen und sie brutal dezimierten, wobei zehntausende irakischer Soldaten in ihren Schützengräben in der kuwaitischen Wüste lebendig begraben wurden. Dennoch blieben Iraks Herrscher so viel politische Macht und militärische Tötungsausrüstung, um die Kurden und Schiiten, die dem Aufruf der US-Regierung blind gefolgt waren und durch eine Rebellion von innen das Regime besiegen sollten, blutig niederzuschlagen und die gesamte Bevölkerung für weitere Jahre zu unterdrücken.

Die Jahre der UN-Sanktionen zwischen 1990 und 2003 wurden zu einer Phase des schleichenden Krieges gegen das irakische Volk. Die Sanktionen trafen nicht das Regime, sondern brachten in erster Linie nur Elend für das kriegsgeplagte irakische Volk, das wegen Nahrungs- und Medikamentenmangel hunderttausende Hungertote und Kindersterblichkeit in beklagenswertem Ausmaß hinnehmen musste. Aus der Perspektive der Hegemonialinteressen der von den Demokraten geführten US-Regierung unter Präsident Bill Clinton erwies sich offenbar die Fortexistenz des regionalen Schreckgespenstes Saddam Hussein als durchaus nützlich, um Rüstungsexporte in alle Staaten des Mittleren und Nahen Ostens zu forcieren und somit auch das Wettrüsten in der Region aufrechtzuerhalten, um Saudi Arabien und die übrigen Ölscheichtümer enger an sich zu binden und die US-Militärstützpunkte in der Region auszubauen. Doch schien der neokonservativen US-Regierung mit dem neuen Präsidenten George W. Bush eine Politik der Duldung von Schreckgespenstern und Schurkenregimen – wie das von Saddam Hussein im Irak und der Taliban in Afghanistan – als unzureichend, um umfassende Hegemonialinteressen im Mittleren und Nahen Osten dauerhaft abzusichern. Die neokonservative Elite in den USA hatte sich offensichtlich darauf verständigt, die militärische Präsenz der USA im

Großraum *Greater Middle East* von den Südgrenzen Russlands bis zur Arabischen Halbinsel auf der Nord-Süd-Achse und von den chinesischen Grenzen bis nach Südeuropa auf der Ost-West-Achse flächendeckend und dauerhaft zu erweitern. Es ging den Neokonservativen mit ihrem Projekt *New American Century* immerhin um nichts weniger als (a) um die vollständige Kontrolle sämtlicher Öl- und Gasquellen dieses Raums, (b) um die Durchsetzung neoliberaler Konzepte der Privatisierung und der Liberalisierung im gesamten Raum, um die Grenzen für amerikanische Waren und amerikanisches Kapital zu öffnen, (c) um das Wettrüsten durch Recycling der Petro-Dollars aufrechtzuerhalten und zu intensivieren, (d) um zu verhindern, dass Ölexporte in Euro oder anderen internationalen Währungen abgewickelt würden, so dass die Position des Dollars als internationale Öl- und Leitwährung weiterhin unangetastet bliebe und schließlich darum, (e) die politische und militärische Einkreisung Russlands zu forcieren.

Diese wegen ihrer Tragweite neue Hegemonialstrategie der Neokonservativen legte nahe, die Taliban in Afghanistan und Saddam Husseins System im Irak militärisch zu beseitigen und im Iran einen wie auch immer gearteten Regimewechsel, wenn nötig auch durch einen weiteren Krieg, herbeizuführen. Für die öffentliche Legitimation der Beseitigung des Sturzes des Taliban-Regimes Ende 2001 kam der 11. September wie gerufen. Mit Al Qaidas Terroranschlägen auf dem Territorium der bis dahin als unangreifbar geltenden Hegemonialmacht schließt sich der Kreislauf der von dieser selbst entscheidend miterzeugten Kriege und Terroranschläge. Um Saddam Husseins Regime zu beseitigen, wurde die Lüge der unter UN-Beobachtung längst beseitigten irakischen Massenvernichtungsmittel in die Welt gesetzt, die nach dem militärischen Einmarsch der US-Armee im Irak 2003 offensichtlich wurde.

Mit der Eroberung Iraks und dem darauf folgenden Bürgerkrieg und Chaos scheinen aber die Grenzen der Umsetzung aller geopolitischen und hegemonialpolitischen Ziele der Neokonservativen erreicht worden zu sein. Sie treten jedenfalls auch hinsichtlich des Regime Change im Iran und ihrer Politik, die mindestens zweimal, zum einen während des israelischen Libanonabenteuers im Sommer 2006 und zum anderen im Frühjahr 2008 kurz vor dem Beginn eines Luftkrieges gegen den Iran stand, immer noch auf der Stelle. Das iranische Atomprogramm, das in den 1970er Jahren bereits mit Hilfe der USA und der Bundesrepublik Deutschland entstand, dann nach der islamischen Revolution eingestellt wurde und – just nach dem Einmarsch in den Irak – angeblich erst in 2004 entdeckt wurde, obwohl es iranische Regierungen mit Wissen der USA seit 1988 in seiner Neuauflage längst wieder aufgenommen und entwickelt hatten, konnte bisher in den USA selbst und international als Vorwand für einen neuen Krieg gegen den

Iran nicht hinreichend überzeugen, um auch ein weiteres Ziel in der Kette hegemonialpolitischer Ziele der USA zu verwirklichen.

Dass die bisherige US-Politik im Mittleren Osten im laufenden Jahrzehnt die Demokratisierung abermals auf Jahre oder Jahrzehnte erschwert, den Drang zur Weiterverbreitung von Atomwaffen erhöht, die Destabilisierung bei allen Teilkonflikten – vom Israel-Palästina-Konflikt bis zum Afghanistan-Konflikt und dem Iran-Atomkonflikt – vertieft und bisher auch noch mehr Chaos hinterlassen hat, kann nicht bestritten werden. Ob es in den USA zu einem Machtwechsel kommt und ob dann der Mittlere Osten jenseits imperialistischer und hegemonialpolitischer Interessen endlich in Ruhe gelassen wird, bleibt ungewiss. Dennoch ist es an der Zeit, dieser Region Gelegenheit zu geben, aus eigener Kraft, z.B. durch ökonomische Kooperation und gemeinsame Sicherheit, mehr Stabilität und Frieden zu erreichen und damit zu beginnen, die eigenen fossilen Energieressourcen statt für Rüstung und Kriege, Zerstörung, Elends- und Armutsproduktion für den Aufbau infrastruktureller Grundlagen des Wohlstands der eigenen Bevölkerung und für den Aufbau demokratischer Institutionen einzusetzen.

2. Armut als Kriegsfolge am Beispiel Iran und Irak

Nach dieser teils chronologischen, teils analytischen Darstellung der Ursachen von Kriegen und Konflikten im Mittleren Osten sollen – um der mir gestellten Aufgabe gerecht zu werden – auch am Beispiel von Iran und Irak in aller Kürze einige Erscheinungen der Armutsentwicklung als unmittelbare Kriegsfolge untersucht werden. Dabei war die Situation der Menschen während der Kriegsjahre 1980–1988 in beiden Ländern auf Grund von Öleinnahmen weniger dramatisch als in den Hungerregionen Afrikas und manchen asiatischen Staaten. Der *Welthungerindex* beträgt im Mittleren Osten in der Indexskala 6,2 und damit einen Bruchteil desselben für Afrika und Südasien, der mit 25 angegeben wird. Dieser Index wurde auf der Basis von drei gleichwertigen Indikatoren ermittelt: dem Anteil der Unterernährten, dem Anteil der Kinder unter fünf Jahren mit Untergewicht und der Sterblichkeitsrate von Kindern unter fünf Jahren.

Im Iran waren die Menschen in den unmittelbaren Kriegsregionen des Landes am Persischen Golf die Hauptleidtragenden des Ersten Golfkrieges. Sie verloren, besonders in den beiden großen Hafenstädten Khoramshar und Abadan, ihr Leben, ihre Häuser und Wohnungen, rund eine Million an der Zahl, ihre Arbeitsplätze, ihr gesamtes Vermögen. Die irakische Armee zerstörte beide Städte, Khoramshar sogar vollständig. Im Übrigen zogen die Kriegsfolgen im Iran nicht – wie es bei vielen anderen Kriegen der Fall ist – in der Hauptsache die untersten Einkommensgruppen in Mitleidenschaft, sondern sie führten durch steigende Inflationsraten von jährlich 19 % in den Kriegsjahren auch zur Armutsentwicklung bei mittleren Einkommensgruppen. Durch umfassende Förderprogramme haben die islamische Regierung und religiöse Stiftungen die hinterbliebenen Familien der Kriegsmärtyrer unterstützt, ihnen Privilegien, insbesondere Erleichterungen bei der Ausbildung ihrer Kinder, gewährt und durch Subventionierung von Grundnahrungsmitteln und medizinischer Versorgung die schlimmsten sozialen Folgen auch für andere von Armut betroffene Schichten aufgefangen.

Dennoch beeinträchtigte der acht Jahre während Krieg die Lebensbedingungen der unteren Schichten beträchtlich. Beispielsweise sank im Kriegszeitraum 1980–1988 das Pro-Kopf-Einkommen von ca. 2.000 US-Dollar auf 400 US-Dollar, fiel der UNDP-Wohlstandindex von 122 auf 78 und erhöhte sich der Anteil der Haushalte unter dem Existenzminimum um 58 %. 1988 waren 30 % der Stadtbevölkerung mit Hungerproblemen konfrontiert, auf dem Land, angesichts des Ausbaus der landwirtschaftlichen Produktion, der trotz Kriegswirtschaft erfolgte, dagegen „nur" mit 20 %.

Um das Ausmaß der Armutsentwicklung im Irak als Folge der drei Golfkriege seit 1980 bis zur Gegenwart zu begreifen, möchte ich hervorheben, dass der Irak vor dem Krieg mit dem Iran eines der am weitesten entwickelten Länder in der Region war – mit einem durchaus soliden Mittelstand, mit Schwer- aber auch Leicht- und Konsumgüterindustrie, einem funktionsfähigen Verwaltungsapparat, einem vorbildlichen Bildungssystem, mit drastisch reduzierter Analphabetenrate und einer sehr weit fortgeschrittenen Gesundheitsversorgung. Immerhin war es dem arabischen Nationalismus gelungen, nation building und gesellschaftliche Modernisierung in positivem Sinne voranzutreiben, bevor dessen aggressive Seite Krieg, Armut und Elend brachte. Im Irak erzielte die Bevölkerung 1982 ein deutlich höheres Pro-Kopf-Einkommen als im Iran, von über 4.500 Dollar/Jahr. Dieses sank jedoch von 4.500 in 1982 auf 800 Dollar in 2004. Laut Bericht von Caritas International gingen 30 % bis 40 % der Kinder in den Kriegsjahren, auch während der UNO-Sanktionen, nicht in die Schule, dies bei einer Bevölkerung, die zur Hälfte unter 30 Jahren alt ist. Zahlreiche Fachkräfte, darunter viele Ärzte, verließen aus Sicherheitsgründen das Land sowohl während der UN-Sanktionen, aber mehr noch nach dem Einmarsch der US-Streitkräfte in den Irak. Dadurch konnten häufig Krankheiten wie Kinderlähmung, Malaria, Augenkrankheiten, Herzkrankheiten überhaupt nicht behandelt werden. 2004 gab es 157 % mehr Patienten als 1990. Die Zahl der psychisch Kranken hat sich in den letzten zehn Jahren verdoppelt. Die Kindersterblichkeit stieg um 160 %, während in den Nachbarländern die Kindersterblichkeit sich deutlich reduzierte. Jedes siebte Kind erlebt nicht seinen fünften Geburtstag.

Nach UNICEF-Angaben starben mindestens 400.000 Kinder aufgrund mittelbarer Folgen des Krieges. 960.000 Kinder unter fünf Jahren gelten als chronisch unterernährt. 20 % der Kinder leiden unter akuter Mangelernährung. Hauptursachen dieser Situation sind die schlechte Wasserversorgung, das schlechte Trinkwasser und die mangelhafte Abwasserversorgung. 1990 hatten 95 % der Stadtbevölkerung und 75 % der ländlichen Bevölkerung einen Wasserhahn und damit sauberes Wassers. Während des Zweiten Golfkrieges (nach der Besetzung von Kuwait) wurden allerdings Wassereinrichtungen und Kläranlagen weitgehend durch die amerikanischen Streitkräfte zerstört. Auch danach und während der UN-Sanktionen konnten diese Einrichtungen nur teilweise repariert werden. Ein Großteil der übrig gebliebenen intakten Wassereinrichtungen wurde abermals 2003 im dritten Golfkrieg vernichtet, so dass 1,5 Mio. Iraker keine andere Wahl hatten, als verseuchtes Wasser zu trinken, und zwar über längerer Zeiträume, sowohl während der UN-Sanktionen und vor allem 2003 während des Krieges. Des Weiteren beklagt Irak etwa 3 Mio. Flüchtlinge und Migration von gut ausgebildeten Fachkräften.

Gravierender als „nur" physische Armut sind jedoch kulturelle Verelendung, Verzweiflung, Misstrauen, Hass und Feindschaft gegenüber der eigenen Bevölkerung, gegenüber den verschiedenen Gruppen, Radikalismus und Gewaltbereitschaft, die die drei Golfkriege über einen Zeitraum von 20 Jahren hinterlassen haben. Diese kulturelle Hinterlassenschaft der Kriege, die den Graben zwischen Kurden und Arabern sowie zwischen Sunniten und Schiiten vertiefte, prägte die bürgerkriegsähnliche Lage des Iraks in den letzten Jahren der Besatzung nach dem Einmarsch der US-Armee. Die Zerstörung schiitischer Heiligtümer und die gewaltsamen Reaktionen der schiitischen Milizen auf derartige Handlungen sind symptomatisch für eine soziale und kulturelle Zerrissenheit als Folge der Kriegsjahre, die schwerer zu überwinden sein dürfte als das gegenwärtige materielle Elend.

Zum Quellenhintergrund

Die obige Analyse beruht auf langfristigen und kontinuierlichen Beobachtungen und eigenen Forschungsarbeiten, darunter folgende Auswahl:

Mohssen Massarrat (Hrsg.) (1996), Mittlerer und Naher Osten. Geschichte und Gegenwart. Eine problemorientierte Einführung, Münster.

Ders. (2003), Amerikas Weltordnung. Hegemonie und Kriege um Öl, Hamburg.

Ders. (2006), Kapitalismus – Machtungleichheit – Nachhaltigkeit. Perspektiven revolutionärer Reformen, Hamburg (vor allem Kapitel 3).

TEIL VI:

WEGE AUS ARMUT UND KRIEG.
WAS KANN DIE ZIVILGESELLSCHAFT UND DIE STAATENWELT TUN?

HERRSCHAFT UND BEFREIUNG. GLOBAL GOVERNANCE UND EMANZIPATORISCHES HANDELN IM SICH GLOBALISIERENDEN KAPITALISMUS

ULRICH BRAND

Die Diskussion um die aktuelle Rolle von Staat und Politik sowie ihre Internationalisierung wird seit Mitte der 1990er Jahre unter anderem mit Begriffen wie *Governance* und *Global Governance* geführt. Der Begriff Global Governance wurde vor allem etabliert durch die gleichnamige UN-Kommission, die im Jahr 1994 ihren gleichnamigen Bericht vorlegte, und im deutschsprachigen Raum insbesondere vom Institut für Entwicklung und Frieden (INEF) und von der Stiftung Entwicklung und Frieden (SEF) vertreten und weiter verfeinert.[1] Prominentester Vertreter ist hier Franz Nuscheler.

Ich möchte in diesem Beitrag die herrschende Sichtweise von Global Governance hinterfragen, indem ich die Wirkungsmächtigkeit wie auch systematische Grenzen aufzeige. Global Governance ist in den letzten 15 Jahren zu einer Art „Wahrheitsregime" (im Sinne Michel Foucaults) der internationalen Politik geworden, es hat epistemische Macht. Wahrheit und politisch-ethische Vernunft gibt es nicht „objektiv", sondern es handelt sich um soziale Verhältnisse und Praxen. Sie werden machtförmig produziert. Global Governance ist aus solch einer Sicht dann ein herrschender Diskurs, wenn seine Problemdeutungen und die Vorschläge der Problembearbeitung weithin akzeptiert werden. Das ist meines Erachtens der Fall. Diese politische Akzeptanz wird verstärkt durch das Gegenüber, von dem sich Global Governance positiv abgrenzt: nämlich der vermeintliche Unilateralismus der letzten US-Regierungen.[2] So werden wir in den kommenden Monaten

---

[1] Vgl. zur deutschsprachigen Debatte etwa: CGG 1995, GL 1997, Brand/Brunnengräber /Schrader/Stock/Wahl 2000, Brand 2007; Ruppert 2003, Nuscheler 2000, Messner/ Nuscheler 2003, Schwerpunkt von „Nord-Süd aktuell" 2003, von Braunmühl/von Winterfeld 2003, Behrens 2005; mit Fokus Entwicklungszusammenarbeit Freudenschuß-Reichl/ Bayer 2008, Nuscheler 2008.

[2] Ich spreche von vermeintlichem Unilateralismus, da dies in einigen Bereichen der Fall ist (v.a. in der Militärpolitik), in anderen aber nicht: Finanz- und Handelspolitik, zum Beispiel.

eine Diskussion verfolgen können, der zufolge die neue US-Regierung sich im Sinne von Global Governance international kooperativer verhalten soll, da das dann „allen" nützt.

Notwendig sind jedoch, so mein Argument, alternative Deutungen der aktuellen Umbrüche, um die Formen politischer Steuerung angemessener zu verstehen. Hier scheint mir zentral, „der Politik" (sei sie nationalstaatlich, intergouvernemental oder im Modus von Governance) nicht per se die positiv regulierende und problemlösende Rolle zuzuweisen. Genau dies geschieht aber in den meisten Beiträgen zu Global Governance, denen zufolge Staat und staatliche Politik für das Allgemeininteresse und entsprechende Problemlösungen zuständig sind. Die dominanten Ansätze zu Global Governance schließen kritisches Nachdenken über den Staat vielfach aus. So sieht beispielsweise der britische Politikwissenschaftler Martin Shaw die progressiven Potentiale des Gobal-Governance-Begriffs, „but it fails to address concretely how state power and political struggle are implicated in current transformations" (Shaw 2000, S. 260).

Eine kritische Perspektive betont, dass der Staat und das internationale politische System nicht die Verwalter und Promotoren von (welt-)gesellschaftlichen Allgemeininteressen sind. Staatliche Akteure – insbesondere jene der OECD-Länder – treiben die aktuell als problematisch eingeschätzten Prozesse mit voran: die Liberalisierung der Finanz- und Gütermärkte, das Niederkonkurrieren schwächerer Volkswirtschaften, die Aufrechterhaltung des fossilen Energieregimes mit seinen klimatologischen Implikationen, und anderes mehr.[3]

Insofern sollte aus meiner Sicht eine *befreiungswissenschaftliche* Perspektive gegenüber einer *ordnungswissenschaftlichen* Sichtweise gestärkt werden. Nicht die Frage gesellschaftlicher Ordnung (und damit tendenziell der Festschreibung bestehender Macht- und Herrschaftsverhältnisse) steht im Zentrum, sondern die Zurückweisung von Macht und Herrschaft, die damit verbundenen Zumutungen für Menschen und Natur. Befreiung wird hier nicht als Blaupause verstanden, sondern als komplizierte und konfliktreiche Prozesse, in denen herrschende Strukturen sowie Denk- und Handlungsweisen verändert werden. In dessen Horizont steht, dass Werte wie Selbstbestimmung, Freiheit, ein solidarisches Miteinander und ein nachhaltiger Umgang mit den natürlichen Lebensgrundlagen der historischen Verwirklichung bedürfen. Aber dies bleibt kein Postulat, sondern wird mit der notwendigen Überwindung alltäglicher, in Subjekte eingeschriebener und

---

3 Vgl. ausführlich zur Transformation von Staat, Politik und Zivilgesellschaft, etwa Hirsch 2005, Demirovic 2007, 3. Teil, Sauer 2001, Altvater/Mahnkopf 2002, Candeias 2004, zur Rolle von Gewalt: Ruf 2003, zu den klimatologischen und klimapolitischen Dimensionen Kromp-Kolb/Kromp 2008, Altvater/Brunnengräber 2008.

kultureller, politisch-institutioneller und sozio-ökonomischer Herrschaftsverhältnisse verknüpft.

Daran festzuhalten ist in Zeiten riesigen Problemdrucks und der vielen
sofort notwendigen konkreten Schritte schwierig und intellektuell nicht
immer leicht durchzuhalten.[4] Der Druck der reformorientierten Position –
„wir wollen Realpolitik betreiben, die Bedingungen sind schlimm genug",
sinngemäß Franz Nuscheler in Burg Schlaining – ist groß.[5] Ich argumentie-
re auch nicht gegen Reformpolitik, obwohl der Begriff heute selbst hoch-
problematisch ist. Denn während damit vor 30 Jahren noch die Verbesserung der Lebensbedingungen von Menschen und Gesellschaften verstanden
wurde, bedeuten Reformen spätestens seit den 1990er Jahren die Verschlechterung der Lebensverhältnisse Vieler – und soziale Polarisierung.
Dennoch bedarf es einer schrittweisen Veränderung heutiger Verhältnisse,
was Lern- und Erfahrungsprozesse einschließt. Geschieht dies nicht, werden autoritäre Optionen gestärkt.

Wirkungsmächtigkeit und Kritik einer Weltsicht

Ich möchte in meinem Beitrag zunächst entlang von drei Dimensionen ver-
deutlichen, wo ich die Ansatzpunkte, Mächtigkeit und gleichzeitig die
Schwächen der herrschenden Vorstellungen von Global Governance sehe.
Anschließend werde ich – auf den Hegemoniebegriff Antonio Gramscis
zurückgreifend – ein alternatives, befreiungswissenschaftliches Verständnis
skizzieren, da es meines Erachtens mehr Raum bietet für emanzipatorisches
Handeln. Hier wird an jüngste Erfahrungen der globalisierungskritischen
Bewegung angeknüpft.

---

4   Eine wissenschaftlich und politisch herrschaftskritische Position zu vertreten bedarf auch
    sozialer Kontexte, in denen Positionen entwickelt, Diskussionen geführt und die eigene
    Marginalisierung reflektiert werden kann. Gerade im deutschsprachigen Raum werden im
    Bereich Internationale Beziehungen kritische Positionen systematisch ausgegrenzt und
    gelten häufig als unwissenschaftlich. Ansonsten dominiert ein liberaler Institutionalismus,
    und auch (neo-)realistische Positionen scheinen sich wieder auszubreiten.

5   An dieser Stelle möchte ich mich bei Prof. Nuscheler nicht nur für die exzellente Diskus-
    sion bedanken, sondern auch für seine große Offenheit, Differenzen zu benennen und
    anzuerkennen. Das war außergewöhnlich. Das findet gerade in der Global Governance-
    Diskussion seitens der liberal-institutionalistischen Positionen seit einigen Jahren kaum
    mehr statt (eine Ausnahme ist Behrens 2005).

Global Governance als mächtiges Deutungsmuster der aktuellen Umbrüche

Eine Aufgabe sozialwissenschaftlicher Analyse besteht darin, die herrschenden Denkformen zu dekonstruieren, d.h. freizulegen, inwieweit Begriffe und Weltdeutungen dominante gesellschaftliche Entwicklungen und damit verbundene Herrschaftsverhältnisse legitimieren und verharmlosen, reproduzieren und mitunter unsichtbar machen. Dies wird bei unserem Gegenstand besonders deutlich. Global Governance ist in den meisten Beiträgen, um es auf einen Nenner zu bringen, die Frage nach staatlicher (nicht nur nationalstaatlicher) Steuerungsfähigkeit in Zeiten der Globalisierung. Im Zentrum stehen die Bedingungen und Möglichkeiten staatlicher Kooperation, „um der Ohnmacht der Politik gegenüber der Eigendynamik der Globalisierungsprozesse entgegenwirken zu können" (Messner 2005, S. 37). Während der Governance-Begriff durchaus weiter gefasst wird in Bezug auf Formen kollektiver gesellschaftlicher Regelungen – von der gesellschaftlichen Selbstregelung über privat-öffentliche Arrangements bis hin zu staatlichem Handeln im eigentlichen Sinne (vgl. Benz 2004) –, konzentriert sich die Diskussion um Global Governance auf staatliches Handeln unter Berücksichtigung nicht-staatlicher AkteurInnen.

Häufig wird in der deutschsprachigen Debatte als Zweck und Ziel von Global Governance formuliert, es gehe um die „Entwicklung eines Institutionen- und Regelsystems und neuer Mechanismen internationaler Kooperation, die die kontinuierliche Problembearbeitung globaler Herausforderungen und grenzüberschreitender Probleme erlauben" (Messner 2000, S. 125). Als deren „Bausteine" gelten *erstens* eine Art Kant'sche Weltföderation – die war der Ausgangspunkt von Franz Nuscheler in Burg Schlaining – mit einem Minimum an Zentralstaatlichkeit und *zweitens* internationale Koordination, Kooperation und kollektive Entscheidungsfindungen, bei denen sich nationalstaatliche Regierungen zu Vereinbarungen verpflichten, dominante Staaten ihre Eigeninteresse zurückstecken, internationale Organisationen koordinierend tätig werden und zur Herausbildung globaler Sichtweisen beitragen und Regime verbindliche Regelwerke bilden (Messner/Nuscheler 2003, S. 15 ff.). Dieser daraus resultierende „Zwang zur Kooperation" verlangt *drittens* Souveränitätsverzichte und eine Entgrenzung von Politik. *Viertens* wird Global Governance notwendig von einer Regionalisierung begleitet, denn die „Architektur" – der Begriff wird inzwischen relativiert – muss von unten aufgebaut sein. *Fünftens* spielen nicht-staatliche AkteurInnen eine wichtige Rolle, wozu auch Nichtregierungsorganisationen gezählt werden. Der Global-Compact der UNO zwischen staatlichen und intergouvernementalen Organisationen und privatwirtschaftlichen Unternehmen wird als „globalisierter Neokorporatismus"

(Messner/Nuscheler 2003, S. 16) bezeichnet. Der normative Gehalt der Verwendung des Begriffs Global Governance wird schon bei dieser knappen Skizze sehr deutlich.

So wird in vielen Analysen der Staat und das intergouvernementale System zu einer Art Problemlöser im Sinne des Allgemeininteresses (an der Lösung von Problemen wie Hunger, Armut, Umweltzerstörung oder Arbeitsplätzen haben alle Interesse), ohne zu hinterfragen, ob die staatlichen Politiken selbst zur Problemverursachung beitragen oder die Problemlösungen selektiv bestimmten Ländern und Bevölkerungsgruppen nützen.

Das betrifft auch die Reduktion des Staates als ein Akteur unter vielen sowie eine Fokussierung der Exekutive unter Ausblendung der Legislative (vgl. zu Letzterem Beisheim/Brunnengräber 2008). Neue AkteurInnen und Politikmodi in den Blick zu nehmen ist wichtig, aber gleichzeitig „dangerous, if it serves to obscure the state core of contemporary globality" (Shaw 2000, S. 90). Shaw und viele andere weisen darauf hin, dass der Staat als institutionelles Terrain sozialer Auseinandersetzungen und herrschaftlicher Modus von Politik auch heute wichtige Funktionen erfüllt und zentral den Bestand der bürgerlich-kapitalistischen Gesellschaft sichert.

Wie gesehen, geht es den Protagonisten der Global Governance-Diskussion darum, politische Strukturen auch „von unten" mittels Regionalisierung aufzubauen. Aber auch hier sieht man – insbesondere am Beispiel der EU –, dass es weniger um die Lösung globaler Probleme geht, sondern um die Probleme der Großmacht EU. Die Lissabon-Agenda hin zum wettbewerbsfähigsten wissensbasierten Raum weltweit und militärische Aufrüstung dominieren die Agenda.

Dennoch gibt es kaum Bemühungen, die (welt-)gesellschaftlichen Transformationsprozesse und darin die Rolle von Staat und Steuerung genauer zu fassen. Bislang dominieren Fallstudien zu den fragmentierten Regelungsstrukturen, die Interaktionen zwischen ihnen gelangen selten in den Blick, und ein theoretisch elaboriertes Instrumentarium im Sinne einer „synthetischen Zusammenschau der transnationalen Strukturen und Prozesse gelingt schwer" (Mayntz 2000, S. 19). Generell kann festgehalten werden, dass die Governance-Theorien – das gilt auch für die Ansätze zu Global Governance – zuvorderst ein „selektives Interesse an Problemlösungsprozessen" haben (Mayntz 2004, S. 7; Franz Nuscheler in der Diskussion in Burg Schlaining). Der Anspruch an Problemlösungen gerät jedoch verkürzt, wenn der sich verändernde (welt-)gesellschaftliche Kontext nicht erfasst wird. Die Global Governance-Debatte wurde in den letzten Jahren selbst Teil eines hegemonialen Diskurses und sollte dies reflektieren, so Lothar Brock, „um die Brisanz des eigenen Ansatzes nicht unter sozialtechnologischen Machbarkeitsphantasien zu verschütten" (Brock 2003, S. 84).

Dies scheint mir der Kern der Wirkungsmächtigkeit. Die „sozialtechnologischen Machbarkeitsphantasien" gibt es deshalb, weil die meisten AutorInnen und politischen Protagonisten von Global Governance sich gegen Kritik abschotten.

Fehlende politisch-kulturelle Ökonomie der Globalisierung und ihrer Kritik

Wenn Franz Nuscheler in der Diskussion anmahnt, es solle ihm einer mal erklären, was unter Neoliberalismus zu verstehen sei, dann ist das keine rhetorische Volte, sondern systematisch: Das herrschende Global Governance-Verständnis interessiert sich nicht für herrschende polit-ökonomische und kulturelle Strategien, sondern bleibt im *power game* der Staaten verfangen, wobei insbesondere die schlechte, da unilateral agierende USA gegen die – bei allen Problemen und notwendigen Verbesserungen – gute, multilaterale EU gesetzt werden. Die Verwendung des Begriffs Neoliberalismus wird unter Ideologieverdacht gestellt und außerhalb des „Wahrheitsregimes" Global Governance gedrängt.[6] Doch analytisch gravierender ist, dass die Protagonisten des dominanten Global Governance-Begriffs auf eine politische Ökonomie der kapitalistischen Globalisierung verzichten. Denn es handelt sich eben nicht nur um einen intergouvernementalen Prozess, vielmehr verschieben sich gerade ökonomische Machtverhältnisse entscheidend.

Als normative Konzeption mag ein an Kooperation orientiertes Politikmodell in wichtigen Fragen durchaus nützlich sein. Aber es kann nicht ausgeblendet werden: Eine Kant'sche Weltföderation stellt sich nur gegen die Bedingungen des kapitalistischen Weltmarktes und der mit ihm verbundenen Interessen, Strategien und Konkurrenzverhältnisse her. Das wird aber de-thematisiert, wenn Globalisierung als eine Art Sachzwang verstanden wird. Zugespitzt ausgedrückt: Das Anliegen von Global Governance, politische Steuerung zu verbessern und Ordnung zu schaffen, ist Teil des Problems, solange die herrschaftliche neoliberal-imperiale Ordnung nicht thematisiert wird.

Eine politische Ökonomie von Global Governance würde auch den Problemfunktionalismus von Franz Nuscheler korrigieren. „Die Reorganisation staatlicher Funktionen und der Übergang von government zu governance reagieren nicht auf äußeren, gleichsam objektiven Problemdruck,

---

6   Analysen des Neoliberalismus finden sich in: Urban 2006, Butterwegge/Lösch/Ptak 2008, Harvey 2007.

sondern auf die veränderten Erfordernisse kapitalistischer Reproduktion" (von Braunmühl/von Winterfeld 2003, S. 23, Hervorhebung im Original). Die mit Immanuel Kant begründete Ausgangsannahme von Franz Nuscheler, dass Not zur Kooperation zwinge, blendet offenbar systematisch aus, dass heute vielfach die starken Staaten kooperieren, um die bestehenden Nord-Süd-Verhältnisse aufrecht zu erhalten.[7]

Eine breite Perspektive wird zwar immer wieder angemahnt, aber selten eingenommen. Das verwundert insbesondere angesichts der in den meisten Beiträgen zu Gobal Governance als notwendig konstatierten tiefgreifenden Umbrüche. Es herrscht ein starkes Vertrauen in die bestehenden Institutionen, den Politikmodus der Kooperation und grundsätzlich versöhnbare Interessen. Timothy Sinclair nennt dies eine „management vision of global governance" (Sinclair 2003).

Um das an einem Beispiel zu verdeutlichen: Die seit 15 Jahren stattfindende Klimapolitik ist zuvorderst keine angemessene Antwort auf ein Problem („Noth"), sondern muss durch das Nadelöhr des nordwestlichen Wohlstandsmodells und der Wettbewerbsfähigkeit hindurch. Die real existierenden Formen von *Global Environmental Governance* stellen die herrschenden Produktions- und Konsumnormen, die zu CO_2-Emissionen, Wasserknappheit u.a. führen, nicht infrage (vgl. Brand 2008, BUKO 2008). Auch in der internationalen Biodiversitätspolitik geht es nicht zuvorderst um den Schutz biologischer Vielfalt vor weiterer Erosion. Zentral ist hier der Aufbau eines international verbindlichen konstitutionellen Rahmens, um die Aneignung der genetischen Ressourcen durch die Agrar- und Pharmaindustrie sowie Forschungsinstitute samt der Absicherung ihrer geistigen Eigentumsrechte abzusichern (vgl. Brand et al. 2008). Es wird in den herrschenden Sichtweisen von *Global Environmental Governance* so getan, als wenn mittels internationaler Kooperation, westlichem wissenschaftlichem Wissen und erhöhter technologischer Effizienz die Probleme lösbar seien. Die hochgradige Konfliktförmigkeit wird ausgeblendet (vgl. hierzu ÖSFK 2008).

Das herrschende Verständnis von Global Governance blendet auch kulturelle Dimensionen der kapitalistischen Globalisierung aus, insbesondere die Dominanz bzw. den Dominanzanspruch männlich und herrschaftlich

---

7 Darüber hinaus wäre der Bezug auf Kant in zweierlei Hinsicht zu präzisieren. Es geht ihm nicht um Not, die zur Kooperation zwingt, sondern um Vernunft und Einsicht (Kant 1795, S. 58 ff.). Aber eben an dieser fehlt es systematisch unter den konkurrenziellen Bedingungen des kapitalistischen (Welt-)Marktes (was Kant so nicht sah). Dennoch und zweitens unterstreicht Kant, dass der „Handelsgeist" (ebd., S. 64) früher oder später sich durchsetzen werde und das Völkerrecht gegen den Krieg befördere, was man als Verweis des Königsberger Philosophen auf die politische Ökonomie deuten könnte – die in der Diskussion um Global Governance ausgeblendet bleibt.

codierten, westlich-wissenschaftlichen Denkens gegenüber anderen Welt-
sichten (Conrad/Randeria 2002). Governance als Praxis, als Denken über
Realität und damit Orientierung stiftend wird per se positiv konnotiert.
Ausgeblendet bleibt etwa die umkämpfte Konstitution des gesellschaftlich
relevanten Wissens um Probleme, die bereits Korridore legitimer Bearbeitung schafft. Deutlich wird dies daran, dass die Steuerungsperspektive
kaum den Anspruch westlich-männlicher Eliten infrage stellt, dass eben sie
am besten dazu in der Lage seien, die Welt „zu steuern". Das geschieht mal
aufgeklärt mit Partizipation in der Zuckerbrot-Variante, mal eher durch-
greifend mit der Peitsche.

Den eingeschränkten kulturellen Deutungsmustern der Welt sollten andere Perspektiven entgegen gehalten werden: Eine Kritik des Global Go-
vernance-Diskurses sollte darauf bestehen, dass das Ausgeschlossene, das
Negierte eine Rolle spielt: Was ist nicht benannt? Wo formulieren sich
welcherart Widerstände gegen die Zumutungen des globalisierten Kapitalismus? Wie stellen sich kritisch-emanzipative AkteurInnen eine Transformation des Politischen vor? Was geschieht heute bereits in dieser Richtung und wie wird es durch die herrschenden Entwicklungen untergraben
oder wie können sich diese AkteurInnen die bestehenden Widersprüche
zunutze machen?

Begrenzter Politik- und Machtbegriff

Die meisten Beiträge zu Global Governance fokussieren bei Politik auf
staatliches bzw. intergouvernementales Handeln, das in Kooperation mit
anderen Akteuren stattfinde. Politik wird zunehmend als möglichst effiziente Erreichung bestimmter (öffentlicher) Ziele definiert. Politik ist zuvorderst staatlich-interventionistisches Handeln im öffentlichen Interesse
durch die Bereitstellung und Verteilung von materiellen und immateriellen
Werten und rechtlich verbindlichen Entscheidungen. Damit bleiben die
machtförmigen Wirkungen von Institutionen am Rande, Fragen der Legitimität und des demokratischen Gehalts sind deutlich abgeschattet. Formen
internationaler Kooperation, da haben die Protagonisten der Diskussion
durchaus Recht, erhöhen die Handlungsfähigkeit von Nationalstaaten. Allerdings bleibt bei diesem Argument unterbelichtet, dass sich zuvorderst
die Handlungsfähigkeit der Regierungen der mächtigen Nationalstaaten
(und der EU) und die von ihnen vertretenen gesellschaftlichen Interessen
erhöhen. Man könnte bei den Beiträgen zu (Global) Governance von einer
Art *renoviertem Steuerungsoptimismus* sprechen.

An diesem Punkt sollen alternative Sichtweisen und praktisch entstehende Alternativen knapp skizziert werden.

Alternative Deutungen

Ein alternativer, hegemonietheoretisch informierter Macht- und Politikbegriff thematisiert die gesellschaftlichen Voraussetzungen von Global Governance, d.h. der politisch-institutionellen Dimensionen der kapitalistischen Globalisierung.

Hegemonie und gegen-hegemoniale Strategien

Staatliche Herrschaft ist nicht ein vom Rest der Gesellschaft losgelöstes Machtzentrum, sondern ein voraussetzungsvoller Prozess. Diesen Sachverhalt hat Antonio Gramsci mit seinen Überlegungen zu Hegemonie begrifflich verdichtet (vgl. Gefängnishefte 1991 ff., neuere Beiträge in Merkens/ Díaz 2007, Buckel/Fischer-Lescano 2007; auf internationale Verhältnisse bezogen: Scherrer 2003, Bieling 2007).

Hegemonie wird demzufolge verstanden als Fähigkeit herrschender Gruppen und Klassen, ihre Interessen durchzusetzen, so dass sie von subalternen Gruppen und Klassen als Allgemeininteresse angesehen werden und es weit gehend gemeinsame gesellschaftliche Vorstellungen über die Verhältnisse und ihre Entwicklung gibt. Insofern erzeugt Hegemonie einen „Konsens der Regierten". Mit Hegemonie ist entweder die ausdrückliche Zustimmung zu bestehenden Verhältnissen und Praktiken oder aber zumindest ihre passive Hinnahme gemeint.

Darüber hinaus ist Hegemonie eine umfassende materielle Praxis. Sie wird von Menschen alltäglich gelebt, wird von Kollektiven wie Unternehmern und Gewerkschaften, Staatsapparaten und Medien etc. weitgehend akzeptiert und vorangetrieben. „Konsens" ist dabei kein harmonischer Interessenausgleich. Der Begriff ist vielmehr vor dem Hintergrund sozialer Kämpfe und sich im politischen Prozess artikulierender (und teilweise erst bildender) Interessen zu verstehen. Die relative Stilllegung oder Institutionalisierung von Kämpfen erfolgt über soziale (asymmetrische) Kompromisse, in denen die relevanten und artikulierten Interessen mehr oder weniger berücksichtigt werden.

Ein Hegemonieverständnis im Sinne Gramscis impliziert, dass alternative Strategien, d.h. „gegen-hegemoniale" Projekte zwar innerhalb der Zivilgesellschaft entstehen können, aber nie durch die Zivilgesellschaft als Ganzes. Denn wenn unter Zivilgesellschaft in Anlehnung an Gramsci die sich herausbildende, reproduzierende bürgerliche Hegemonie über Medien, Verbände, Bildungsinstitutionen, Familie etc. verstanden wird, dann sind in ihr alle Konflikte und Ungleichheitsmuster der Gesellschaft präsent: klassen- und geschlechterförmige, ethnische Ausgrenzung, unterschiedliche

Nutzung von Ressourcen, verschiedene Wertorientierungen etc. Außerdem bleibt der Bereich privater Produktion ein zentrales Terrain sozialer Auseinandersetzungen. Eine Kritik von Hegemonie und Alternativen bilden sich also zunächst und notwendig in kleinen Bereichen der Zivilgesellschaft aus, nicht in deren mächtigsten Apparaten. Komplexe Herrschaftsverhältnisse müssen dementsprechend auf ähnlich vielschichtige Art und Weise infrage gestellt werden. Damit soll nicht die Flucht in die nichtssagende Formel „alles hängt mit allem zusammen" vorbereitet werden. Im Gegenteil: Die Suche nach *konkreten* Ansatzpunkten, strategisches Denken oder spezifische Verweigerungen sind enorm wichtig. Mit einem solchen Verständnis der Dekonstruktion von Hegemonie im Sinne Gramscis öffnet sich ein Feld für viele Auseinandersetzungen.

Nicht nur die „große Politik", gegen die Bewegungen und kritische Öffentlichkeit den berühmten „Druck von unten" erzeugen, steht hier im Zentrum, sondern darüber hinaus ist es wichtig, das weite Feld hegemonialer Verhältnisse zu analysieren und zu verändern. Gesellschaftliche Verhältnisse, die es durch eine Stärkung emanzipativer und herrschaftskritischer Kräfte zu verschieben gilt, werden in sehr vielen Bereichen stabilisiert, nicht nur über den Staat.

Eine solche Perspektive ist nicht „schwach", weil sie sich nicht auf vermeintliche große Machtfragen konzentriert. Natürlich bleiben staatliche Policies, Gesetze, finanzielle Umverteilung und die Anwendung physischer Gewalt wichtig. Der Staat und die bürgerliche Öffentlichkeit bleiben wichtig, sie sind aber nicht die zentralen Ansatzpunkte. Zentral ist m.E., den Staat weder als Instrument des Kapitals oder monströses Gegenüber zu begreifen, noch als mehr oder weniger neutrale und der Gesellschaft entgegen gesetzte Regulierungsinstanz. Der Staat beschreibt ein soziales Verhältnis, in dem Kämpfe präsent sind, der aber gleichzeitig diese maßgeblich beeinflusst.

Umgekehrt ist der Markt keine sich selbst regulierende Institution, sondern bleibt – auch als Weltmarkt – eingebettet in politische Institutionen und gesellschaftliche Wertvorstellungen. Der Markt funktioniert nicht, wenn er nicht rechtlich und mitunter offen gewaltförmig abgesichert wird, wenn Lohnabhängige oder KonsumentInnen massenhaft sich verweigern.

Aktuelle Transformation von Hegemonie: neoliberal-imperiale Globalisierung

Heute kann in den nordwestlichen Ländern durchaus von einer neoliberalen Hegemonie in dem Sinne gesprochen werden, dass im globalen Wettbewerb scheinbar ein „gemeinsames Interesse" unter dem Stichwort „Wirtschaftsstandort" erzeugt wird, welches den „Standort retten" soll. Die Gegner sind nicht Unternehmer oder jene, die von dieser Entwicklung materiell profitieren, sondern Menschen an anderen „Standorten". Konsens auf die heutige Situation bezogen bedeutet, dass viele Gewerkschaften sich in das Projekt der neoliberalen Globalisierung einbinden lassen, indem sie die KernarbeiterInnenschaft organisieren und soziale Spaltung und Ausgrenzung hinnehmen. Hegemonie wird nicht nur über den Staat, sondern gesamtgesellschaftlich hergestellt. Der gesellschaftliche „Ort" der Kämpfe um Hegemonie ist, so Gramsci, die Zivilgesellschaft. Soziale Auseinandersetzungen fokussieren sich nicht nur auf den Staatsapparat, sondern nehmen die *gesellschaftlichen* Kräfteverhältnisse in der Zivilgesellschaft und im Bereich privatkapitalistischer Produktion in den Blick. Ein weiterer Aspekt von Hegemonie besteht darin, dass es den herrschenden Kräften gelingt, die diskursiven und institutionellen Terrains der Auseinandersetzungen und Kompromissbildungen vorzugeben (vgl. Candeias 2004).

Allerdings müssen heute neben den neoliberal-imperialen Dynamiken auch die Brüche, Krisen und Kritik stärker berücksichtigt werden. Das entstehende Terrain, auf dem emanzipatorische, sozialdemokratische und konservative Akteure agieren, könnte – in seiner Vielfalt – als „Postneoliberalismus" bezeichnet werden (Sekler 2007, Brand/Sekler 2008, 2009). Real existierende Formen von Global Governance sind zum einen Teil der politisch-institutionellen Absicherung neoliberal-imperialer Entwicklungen (neben den OECD-Regierungen und der EU-Kommission die G8, WTO, IWF und Weltbank als prominenteste Institutionen). Zum anderen gibt es neue Diskurse und Formen von Global Governance, die stärker mit den Kritiken und Krisen umzugehen versuchen. FAO, UNDP, die Aufwertung der UNCTAD, einige Süd-Regierungen, aber auch die diskursiven Umorientierungen der Weltbank. Unter dem Begriff „Postneoliberalismus" können in den kommenden Jahren klärende Diskussionen zu den aktuellen Veränderungen geführt werden.

Sichtbare Alternativen und Handlungsfähigkeit im sich globalisierenden Kapitalismus

Alternative Deutungen gewinnen auch an Bedeutung durch die zunehmende praktische Kritik an der neoliberal-imperialen Globalisierung durch soziale Bewegungen, NGOs, Intellektuelle, von Teilen der Gewerkschaften und Parteien und auch von manchen Managern und Staatsbediensteten (verschiedene Positionen in Raza 2005, Brand 2005, Brand/Lösch/Thimmel 2007). Nach etwa zehn Jahren der Globalisierungskritik – wenn man die Proteste gegen die dritte WTO-Ministerkonferenz in Seattle im Jahr 1999 als „Wasserscheide" (Susan George) nimmt – wird die Notwendigkeit positiver Handlungshorizonte immer deutlicher. Und die gibt es. Ausdruck davon sind die vielfältigen Sozialforen, aber vor allem die millionenfachen praktischen Erfahrungen, wie die kapitalistische Globalisierung kritisiert und ihr etwas entgegengesetzt werden kann. Dabei wird weitgehend der Gefahr widerstanden, Alternativen auf gut gemeinte Vorschläge und Forderungen an Regierungen zu reduzieren.

Eine der interessantesten Erfahrungen der letzten Jahre besteht m.E. in folgendem Sachverhalt: Die Motivationen, sich gegen die herrschenden Entwicklungen zu stellen, sind naturgemäß unterschiedlich. Dies geschieht meist nicht mit einem abstrakten Fernziel, sondern als heute beginnender Prozess, um konkrete und allgemeine Lebensverhältnisse zu verändern, vielfach unter äußerst ungünstigen Bedingungen. Von den unzähligen Mechanismen, die solche Veränderungen verhindern, können jene, die das versuchen, ein alltagspraktisches Lied singen. Es wird immer deutlicher und akzeptierter, dass in einer ziemlich komplizierten und widersprüchlichen Welt emanzipatorische Ansprüche und Ansätze in *konkreten Konflikten* ausgefochten werden (Brand/Köhler/Wissen 2008). Was in den 1990er Jahren noch als Kritik an den „single-issue"-Bewegungen geäußert wurde, könnte zur Stärke werden. Wenn nämlich zu früh emanzipatorisches Handeln auf das „Allgemeine" der Gesamt(Welt-)Gesellschaft bezogen werden soll, dann droht eine Fokussierung von Parteien und Staat – die nämlich in der Regel für das Allgemeine sich zuständig erklären. Dann ist man schnell bei der „Standbein-Spielbein"-Metapher der Grünen, die aus heutiger Sicht eher zu einer Kooptierung der Anliegen sozialer Bewegungen führt. Zur „Basis" wurden immer stärker die professionalisierten ParlamentarierInnen. Damit sollen Parlamente nicht als unwichtig erachtet werden, doch sie sind derzeit nicht das Terrain, auf dem alternative Ansätze gefördert werden können. Es handelt sich eher um defensive Kämpfe (gegen Privatisierungen, gegen zu starken Sozialstaatsabbau u.a.).

Eine wichtige Dimension dieser „konfliktfeld-bezogenen" gegen-hegemonialen Perspektive liegt darin, ob die je konkreten Konflikte politisiert, d.h. über sich hinaus getrieben werden können. Damit kann ein „Drehen im eigenen Saft" genauso vermieden werden wie die Expertokratisierung von Konflikten. Wenn nämlich die Menschen bemerken, dass sie mit ihren Anliegen an Grenzen kommen, dann können eben diese Grenzen – die durch gesellschaftliche Verhältnisse bestehen – reflektiert werden. Damit besteht das Potential, sehr konkrete Konflikte um Land, Zugang zu Wasser, die Erhaltung des öffentlichen Nahverkehrs, etc. anzugehen. Damit können grundlegende Fragen an staatliche Politik, die Verfasstheit der Demokratie, die Macht bestimmter Akteure, die Verfügung über Eigentum und anderes gestellt werden.

Hier spielen Reflexionsangebote eine wichtige Rolle. Und hier laufen Global Governance-Deutungen fehl, da hier kein Platz für grundlegende

Kritik, Veränderungen jenseits der bestehenden Institutionen, Sichtweisen, die über den aufgeklärt-westlichen, elitär-männlichen Politiktypus, der vielfach entpolitisierend wirkt, hinausgehen. Ein kritisches Verständnis aktueller Umbrüche muss nicht auf den Global Governance-Begriff – im Sinne sich verändernder Formen (internationaler) institutioneller Politik – verzichten. Aber er muss präzisiert werden und kann vor allem nicht steuerungstheoretisch und -politisch eng geführt werden. Vielmehr ist institutionelle Politik ein voraussetzungsvoller Prozess, der sich gerade in den letzten Jahrzehnten zusammen mit seinen sozio-ökonomischen und kulturellen Voraussetzungen grundlegend transformiert.

Dabei ist heute keineswegs klar, wie eine andere Welt aussehen kann. Globalisierungskritische Strategien sind keine Bausteine im Sinne mehr oder weniger vorgefertigter Bestandteile eines noch zusammenzuführenden und zu verfeinernden Plans. Vielmehr sind damit Elemente gemeint, die zum Teil erst in Auseinandersetzungen, sich verschiebenden Kräfteverhältnissen, vorher noch nicht bestehender Ideen und Praxen sowie Lern- und Erfahrungsprozessen entstehen. Es geht um konkrete politische Vorschläge, aber auch um neue Formen von Politik und materieller Reproduktion, von Zusammenleben und Identitäten, von institutionellem und außerinstitutionellem Handeln. In dieser Offenheit liegt auch die Erfahrung des Scheiterns, weil es keinen klaren Weg gibt. Aber hier liegen auch große Herausforderungen und Chancen.

Literatur

Altvater, Elmar / Brunnengräber, Achim (Hrsg.) (2008), Ablasshandel gegen Klimawandel? Marktbasierte Instrumente in der globalen Klimapolitik und ihre Alternativen. Reader des Wissenschaftlichen Beirats von Attac, Hamburg.

Altvater, Elmar / Mahnkopf, Birgit (2002), Globalisierung der Unsicherheit, Münster.

Behrens, Maria (Hrsg.) (2005), Globalisierung als politische Herausforderung: Global Governance zwischen Utopie und Realität, Wiesbaden.

Beisheim, Marianne / Brunnengräber, Achim (2008), Das Parlament im Globalisierungsprozess. Ein Desiderat in der Parlamentarismus- und Global Governance-Forschung, in: Zeitschrift für Internationale Beziehungen 15(1), S. 73-100.

Benz, Arthur (2004), Governance – Modebegriff oder nützliches sozialwissenschaftliches Konzept? In: Benz, Arthur (Hrsg.), Governance – Regieren in komplexen Regelsystemen, Wiesbaden, S. 11-28.

Bieling, Hans-Jürgen (2007), Internationale Politische Ökonomie. Eine Einführung, Wiesbaden.

Brand, Ulrich (2005), Gegen-Hegemonie. Perspektiven globalisierungskritischer Strategien, Hamburg.

Brand, Ulrich (2008), Zwischen Schutz, Rechten und Kommerzialisierung. Die Konvention über biologische Vielfalt im Globalisierungsprozess und Chancen demokratischer Biodiversitätspolitik. Manuskripte Nr. 75 der Rosa-Luxemburg-Stiftung, Berlin.

Brand, Ulrich / Brunnengräber, Achim / Schrader, Lutz / Stock, Christian / Wahl, Peter (2000), Global Governance. Alternative zur neoliberalen Globalisierung? Münster.

Brand, Ulrich / Lösch, Bettina / Thimmel, Stefan (Hrsg.) (2007), ABC der Alternativen, Hamburg.

Brand, Ulrich / Görg, Christoph / Hirsch, Joachim / Wissen, Markus (2008), Conflicts in Global Environmental Regulation and the Internationalization of the State. Contested Terrains, London/New York.

Brand, Ulrich / Köhler, Bettina / Wissen, Markus (2008), Sozialökologische Konflikte. Emanzipatorische Umweltpolitik ist radikal-demokratische Gesellschaftspolitik, in: analyse & kritik 529 (Juni). www.akweb.de /ak_s/ak529/38.htm.

Brand, Ulrich / Sekler, Nicola (2008), Struggling between Autonomy and Institutional Transformations. Social Movements in Latin America and the Move towards Post-Neoliberalism, in: Macdonald, Laura & Arne Ruckert (Hrsg.), Post-Neoliberalism in the Americas: Beyond the Washington Consensus? (im Erscheinen).

Brand, Ulrich / Sekler, Nicola (2009), Special Issue zu „Postneoliberalismus" der Zeitschrift „Development Dialogue", www.dhf.uu.se.

Braunmühl, Claudia von / Winterfeld, Uta von (2003),: Global Governance. Eine begriffliche Erkundung im Spannungsfeld von Nachhaltigkeit, Globalisierung und Demokratie. Wuppertal Paper 135. http://www .wupperinst.org/uploads/tx_wibeitrag/WP135.pdf, Zugriff: 8.3.2007.

Brock, Lothar (2003), Verlassene Baustellen – Global Governance im Zeichen des Krieges, in: Fues, Thomas / Hippler, Jochen (Hrsg.), Globale Politik. Entwicklung und Frieden in der Weltgesellschaft, Bonn, S. 58-89.

Buckel, Sonja / Fischer-Lescano, Andreas (Hrsg.) (2007), Hegemonie gepanzert mit Zwang. Zivilgesellschaft und Politik im Staatsverständnis Antonio Gramscis, Baden-Baden.

BUKO – Arbeitsgruppe Soziale Ökologie (2008),Vergesst Kyoto! Die Katastrophe ist schon da, in: Widerspruch 54, S. 149-159.

Butterwegge, Christoph / Lösch, Bettina / Ptak, Ralf (Hrsg.) (2008), Neoliberalismus. Analysen und Alternativen, Wiesbaden.

Candeias, Mario (2004), Neoliberalismus, Hochtechnologie, Hegemonie. Grundrisse einer transnationalen kapitalistischen Produktions- und Lebensweise, Hamburg/Berlin.

CGG, Commission on Global Governance (1995), Our global neighbourhood, Oxford.

Conrad, Sebastian / Randeria, Shalini (2002), Geteilte Geschichte – Europa in einer postkolonialen Welt, in: Conrad, Sebastian / Randeria, Shalini (Hrsg.), Jenseits des Eurozentrismus, Frankfurt/M., S. 9-49.

Demirović, Alex (2007), Nicos Poulantzas. Aktualität und Probleme materialistischer Staatstheorie, Münster.

Freudenschuß-Reichl, Irene / Bayer, Kurt (Hrsg.) (2008), Internationale Entwicklungspolitik und Entwicklungszusammenarbeit, Wien, S. 305-324.

GL, Gruppe von Lissabon (1997), Grenzen des Wettbewerbs. Die Globalisierung der Wirtschaft und die Zukunft der Menschheit, München.

Gramsci, Antonio (1991 ff), Gefängnishefte, hrsg. von Bochmann, Klaus / Haug, Wolfgang-Fritz. Hamburg/Berlin.

Harvey, David (2007), Räume der Neoliberalisierung. Zur Theorie der ungleichen Entwicklung, Hamburg.

Hirsch, Joachim (2005), Materialistische Staatstheorie: Transformationsprozesse des kapitalistischen Staatensystems, Hamburg.

Immanuel Kant (1795), Zum ewigen Frieden. Ein philosophischer Entwurf. Königsberg: Nicolovius.

Kromp-Kolb, Helga / Kromp, Wolfgang (2008), Lösen „Peak Oil" und die Atomenergie das Klimaproblem? In: Österreichisches Studienzentrum für Frieden und Konfliktlösung (Hrsg.), Von kalten Energiestrategien zu heißen Rohstoffkriegen? Wien/Berlin, S. 101-115.

Mayntz, Renate (2000), Politikwissenschaft in einer entgrenzten Welt. MPIfG Working Paper 00/3. http://www.mpi-fg-koeln.mpg.de/pu /abstracts/dp00-3.html, Zugriff: 20.10.2004.

Mayntz, Renate (2004), Governance Theory als fortentwickelte Steuerungstheorie? MPIfG Working Paper 04/1; http://www.mpi-fg-koeln .mpg.de/pu/workpap/wp04-1/wp04-1.html, Zugriff: 18.11.2004.

Merkens, Andreas / Rego Díaz, Victor (Hrsg.) (2007), Mit Gramsci arbeiten. Texte zur politisch-praktischen Aneignung Antonio Gramscis,

Hamburg.

Messner, Dirk (2005), Global Governance: Globalisierung im 21. Jahrhundert gestalten, in: Behrens, Maria (Hrsg.), Globalisierung als politische Herausforderung: Global Governance zwischen Utopie und Realität. Wiesbaden, S. 27-54.

Messner, Dirk / Nuscheler, Franz (2003), Das Konzept Global Governance. Stand und Perspektiven, in: INEF-Report 67, Duisburg.

Nord-Süd aktuell 17 (3), 2003 (Schwerpunktheft „Governance").

Nuscheler, Franz (2000), Kritik der Kritik am Global Governance-Konzept, in: Prokla 30 (1), S. 151-165.

Nuscheler, Franz (2008), Die umstrittene Wirksamkeit der Entwicklungszusammenarbeit. Duisburg, INEF-Report 93/2008.

ÖSFK – Österreichisches Studienzentrum für Frieden und Konfliktlösung (Hrsg.) (2008), Von kalten Energiestrategien zu heißen Rohstoffkriegen? Wien/Berlin.

Raza, Werner (2005), Fairer Handel und Global Governance oder De-Globalisierung. Positionen der alter-mondialistischen Bewegung zur Zukunft des globalen Handelsregimes, in: Journal für Entwicklungspolitik XXI (4), S. 93-111.

Ruf, Werner (Hrsg.) (2003), Politische Ökonomie der Gewalt, Opladen.

Ruppert, Uta (2003), Zwischen analytischen Chancen und politischen Ambivalenzen: Global Governance aus feministischer Sicht, in: Fues, Thomas / Hippler, Jochen (Hrsg.), Globale Politik. Entwicklung und Frieden in der Weltgesellschaft, Bonn, S. 137-154.

Sauer, Birgit (2001), Die Asche des Souveräns. Staat und Demokratie in der Geschlechterdebatte, Frankfurt/M./New York.

Scherrer, Christoph (2003), Internationale Politische Ökonomie als Systemkritik, in: Hellmann, Gunther / Wolf, Klaus Dieter / Zürn, Michael (Hrsg.), Die neuen Internationalen Beziehungen. Forschungsstand und Perspektiven in Deutschland, Baden-Baden, S. 465-494.

Sekler, Nicola (2007), Postneoliberalismus, in: Brand, Ulrich / Lösch, Bettina / Thimmel, Stefan (Hrsg.) (2007), ABC der Alternativen, Hamburg.

Shaw, Martin (2000), Theory of the Global State. Globality as an Unfinished Revolution, Cambridge.

Sinclair, Timothy J. (2003) (Hrsg.), Global Governance: Critical Concepts in Political Science, London/New York.

Urban, Hans-Jürgen (Hrsg.) (2006), ABC des Neoliberalismus, Hamburg.

FRANZ NUSCHELER

Vorbemerkungen zur Einbettung des Themas in den Konferenzverlauf

Die Organisatoren der 25. Sommerakademie konfrontierten am Schlusstag einen Konstrukteur mit einem Kritiker des Global Governance-Konzepts. Der prominente Kritiker (Ulrich Brand) provozierte die „globale Gouvernante" mit der Unterstellung, dass Global Governance ein „Modell der neoliberal-hegemonialen Ordnung" darstelle. Der in einem Streitgespräch attackierte Verteidiger des Konzepts reagierte mit einer Kritik des weltpolitisch überholten Hegemonie-Begriffs und vor allem mit einer Kritik des analytisch wenig gehaltvollen Kampfbegriffes des Neoliberalismus. Kampfbegriffe dienen nicht dem Verstehen von Realitäten und Entwicklungstrends.

Der weltpolitische Akteur, der ein Hegemon in einer unipolaren Weltordnung sein will, es aber in einer multipolaren Welt nicht mehr sein kann, und der den neoliberalen *Washington-Consensus* propagierte, von dem inzwischen selbst die Weltbank abrückte, ist zugleich der heftigste Widersacher eines Modells von Global Governance, das auch den Hegemon in multilaterale Regelwerke einzubinden versucht. Die Gegenthese lautet also kurz und bündig: Global Governance ist kein „Modell der neoliberal-hegemonialen Ordnung". Quod est demonstrandum!

Um Missverständnisse zu vermeiden: Die Kritik am Hegemoniebegriff bezieht sich auf seine Verwendung in den Theorien und Analysen der internationalen Politik, nicht auf die Theorien der kulturellen Hegemonie, wie sie von Antonio Gramsci angedacht worden waren und u.a. vom Stanford-Soziologen John Meyer auf die weltweite Diffusion westlicher Werte und Konsummuster bezogen wurden. Aber auch in diesem Kontext ist der Begriff des Neoliberalismus eine mit beliebigen Assoziationen anzufüllende *„Catch-All-Phrase"*, also ein analytisch und interpretatorisch wenig gehaltvoller Kampfbegriff im ideologischen Dogmenstreit – ein „Gespenst", wie Carola Bielfeldt in ihrem Konferenzbeitrag anmerkte. Die Modernisierungstheorien, deren Kernaussagen Wolfgang Sachs im Buchtitel *„Wie im Westen, so auf Erden"*. verdichtete, waren gehaltvoller.

Versucht man die Komplexität des Weltregierens in Modellen zu verdichten und zu vereinfachen, dann haben wir weder eine völlig anarchische Unordnung oder gar – als Gegenstück – einen hierarchischen Weltstaat, aber auch keine hegemoniale Weltordnung, in der ein Hegemon (sprich USA) allein das Sagen hat, sondern eher eine horizontale Selbstkoordination des Staatensystems, die schon Elemente von Global Governance und im UN-Sicherheitsrat sogar weltstaatliche Elemente enthält (vgl. Rittberger 2004).

Der Schwerpunkt des Vortrags liegt auf einer Rekonstruktion der Debatte über Global Governance: Welche weltpolitischen, weltwirtschaftlichen und weltgesellschaftlichen Entwicklungen lagen der Konjunktur des Global Governance-Paradigmas zugrunde? Warum konnte die Enquete-Kommission des Deutschen Bundestages zur *„Globalisierung der Weltwirtschaft"* das Konzept zum Königsweg der politischen Gestaltung der Globalisierung aufwerten? Um seine Begründungszusammenhänge zu verstehen, ist also zunächst die Globalisierung das Explanandum.

Globalisierung: Ist die Welt noch regierbar?

Die weltpolitische Zeitenwende von 1989/90 läutete das „Zeitalter des Globalismus" ein. Seitdem wird in einer rasch wachsenden Menge von Publikationen, auf unzähligen Konferenzen in aller Welt, in Zukunftsentwürfen von akademischen Denkfabriken und internationalen Organisationen und in vielen Festreden über die tiefgreifenden Strukturveränderungen in allen Lebensbereichen geredet und geschrieben, die auf den inflationär gebrauchten Allerweltsbegriff „Globalisierung" gebracht wurden. Deshalb sollen hier nur einige Kernpunkte zusammengefasst werden, die den Hintergrund für die Diskussion über *Global Governance* bilden.

Bedeutung und Reichweite der Globalisierung bleiben umstritten. Buchtitel schwanken zwischen der „Globalisierungsfalle" (Martin/Schumann 1998) und der „Globalisierungslüge" (Zugehör 1998). Die einen halten die Globalisierung nur für einen Mythos oder ein interessengeleitetes Totschlagargument in der „Standortdebatte", die anderen für einen säkularen Megatrend und den am tiefsten greifenden sozio-ökonomischen und technologischen Strukturumbruch seit der Industriellen Revolution. Unumstritten ist, dass es eine Vermehrung und Verdichtung grenzüberschreitender Interaktionen gibt, die alle Staaten und Gesellschaften in ein Geflecht wechselseitiger Abhängigkeiten verstricken und sie, freilich mit unter-

schiedlichen Graden der Verwundbarkeit, internationalen Entwicklungstrends unterwerfen.

Hier wird Globalisierung zu einem Synonym von Interdependenz. Die
neue Qualität der Globalisierung besteht aber nicht nur in der Verdichtung
der Interdependenzen und wechselseitigen Verwundbarkeiten zwischen den
Staaten, sondern auch in einer Erosion der internen Souveränität, d.h. in der
Verengung der Handlungsspielräume von Regierungen.

Der Streit darüber, ob die sich wie in einem Spinnennetz ausweitenden
und verdichtenden Sphären von Interdependenzen und transnationalen
Interaktionen zutreffender auf den Begriff der Internationalisierung oder
Globalisierung gebracht werden sollten, ist ziemlich sophistisch. Es gibt
aber weitgehende Übereinstimmung über die Trends, Dimensionen und
Wirkungen der so oder so, aber hier Globalisierung genannten Entwicklungen in Weltgesellschaft, Weltwirtschaft und Weltpolitik:

1. Die Globalisierung ist weder etwas völlig Neues, sondern die Beschleunigung der schon vor Jahrhunderten eingeleiteten „Europäisie-
   rung der Welt", noch ein schicksalhaftes Naturereignis, sondern das Ergebnis politisch gewollter Deregulierungsstrategien. Es ist müßig, sie
   zu verteufeln, weil es unmöglich ist, aus den Entwicklungstrends der
   Weltgeschichte auszusteigen, aber es ist dringend geboten, ihre Eigendynamik politisch zu steuern und die Gestaltungskraft der Politik zu
   stärken. Heute rückt die Frage in den Mittelpunkt, wie die Nationalstaaten in zunehmend entgrenzten Räumen ihre Fähigkeit zur Politikgestaltung und Problemlösung erhalten können. Hier taucht die Streitfrage
   auf, ob *Global Governance* der „Ohnmacht des Staates im Kampf der
   Weltwirtschaft", die Claus Koch (1995) schon im Untertitel eines Buches feststellte, entgegenwirken kann.

2. Die Globalisierung birgt Risiken und Chancen; sie hat Gewinner und
   Verlierer, sowohl auf der Ebene der Staatenwelt als auch innerhalb der
   Gesellschaften in allen Weltregionen. Sie nutzt einerseits der technolo-
   gisch überlegenen „OECD-Welt" und bietet wettbewerbsfähigen
   Schwellenländern neue Chancen auf dem durch die WTO (*World Trade
   Organization*) deregulierten Weltmarkt und droht andererseits, ganze
   Regionen wirtschaftlich und politisch noch weiter zu marginalisieren.
   Der *Human Development Report* von 1999 unterfütterte diese Tendenz
   der ungleichen und deshalb konfliktträchtigen Verteilung von Kosten
   und Nutzen der Globalisierung mit Daten. Diese Polarisierungstenden-
   zen konterkarieren das von „Weltgruppen" idealisierte Konstrukt der
   „Einen Welt".

3. Der Weltmarkt fungiert als Weltgericht über die Wettbewerbsfähigkeit
   und damit über die Entwicklungsfähigkeit von Nationen. Unter den verschärften internationalen Konkurrenzbedingungen geraten überall, auch

in den OECD-Ländern, Sozial- und Umweltstandards unter Druck. Der zunehmend deregulierte Freihandel verstärkt die Versuchung, auf dem Rücken von Mensch und Natur Wettbewerbsvorteile zu erzielen. Die *„Gruppe von Lissabon"* (1997) drohte in ihren *„Grenzen des Wettbewerbs"*: Ohne ordnungspolitische Bändigung des Konkurrenzprinzips würde sich das sozialdarwinistische Prinzip des *„Survival of the Fittest"* durchsetzen, das sozialstaatliche und ökologische Grenzen ignoriert. Menschenrechtsorganisationen beschwören die Gefahr, dass die Globalisierung bereits erreichte Menschenrechtsstandards wieder unterminieren könnte.

4. Die Frage der Beherrschbarkeit von Weltproblemen, denen sich in der „globalen Risikogesellschaft" (Ulrich Beck) kein Staat entziehen kann, ist zum zentralen Problem der Weltpolitik geworden. Mit der Globalisierung von Ökonomie und Technologie, von Kommunikation und Transportsystemen internationalisieren sich auch Fehlentwicklungen. In einer interdependenten Welt kommt ein Inseldenken einem Realitätsverlust und einer Erkenntnisverweigerung gegenüber den Herausforderungen der vielschichtigen Interdependenzen gleich. Auch Probleme in scheinbar weit entfernten Regionen – wie Verelendung, Umweltzerstörungen, armutsbedingte Migration oder Kriege – haben globale Bumerangeffekte.

Der israelische Politologe Yehezkel Dror (1994) stellte in einem Bericht an den *Club of Rome* die skeptische Frage: „Ist die Erde noch regierbar?" Seine Antwort lautete: auf herkömmliche Weise nicht mehr. Weil sich die Schere zwischen der Globalisierung der Weltprobleme und der Fähigkeit der Staatenwelt, sie mit den herkömmlichen Verfahren und Instrumenten der nationalstaatlichen Macht- und Interessenpolitik zu bewältigen, immer weiter öffnet, muss die Politik, um ihrer eigenen Ohnmachtsfalle entgehen zu können, neue Wege in der Innen- und Außenpolitik beschreiten.

Wenn sich die Probleme globalisieren, muss sich auch die Politik globalisieren. Dann genügt auch nicht mehr ein punktuelles und reaktives Krisenmanagement, sondern es müssen neue Ordnungsstrukturen geschaffen werden. Wenn die Welt im 21. Jahrhundert noch regierbar sein soll, muss sie anders regiert werden als noch im ausgehenden Jahrhundert. Willy Brandt betonte schon vor zwei Jahrzehnten in der Einleitung zum Brandt-Bericht (S. 27):

> „Ob es uns paßt oder nicht: Wir sehen uns mehr und mehr Problemen gegenüber, welche die Menschheit insgesamt angehen, so daß folglich auch die Lösungen hierfür in steigendem Maße internationalisiert werden müssen. Die Globalisierung von Gefahren und Herausforderungen – Krieg, Chaos, Selbstzerstörung – erfordert eine Art ‚Weltinnenpolitik', die über den Horizont von Kirchtürmen, aber auch über nationale Grenzen weit hinausreicht."

Den Versuch, Antworten auf die Herausforderungen der Globalisierung zu finden, nennen die einen Globalpolitik oder Weltinnenpolitik, andere Weltordnungspolitik oder globale Strukturpolitik, viele inzwischen *Global Governance*, nachdem die *Commission on Global Governance* diesen Begriff in die internationale Diskussion eingeführt hat. Aber auch mit diesem Begriff werden unterschiedliche Vorstellungen assoziiert.

Die aus einem Forschungsprogramm der *United Nations University* (UNU) hervorgegangene Zeitschrift „*Global Governance*" setzt den Begriff mit einem Mehr an Multilateralismus, also mit einer Verdichtung der internationalen Zusammenarbeit in internationalen Organisationen und Regimen, gleich. Auf dieses Verständnis weist schon ihr Untertitel hin: „*A Review of Multilateralism and International Organizations*" hin. Hier bildet das UN-System den Nabel der Welt und von *Global Governance*.

Der 1995 vorgelegte Bericht der *Commission on Global Governance* rückte zwar auch die Reform des UN-Systems und der UN-Charta in den Mittelpunkt seiner strategischen Überlegungen, ging jedoch unter dem richtungsweisenden Titel „*Our Global Neighbourhood*" wesentliche Schritte weiter: Hier geht es nicht nur um ein Konzept von Globalpolitik durch die Aufwertung des UN-Systems, sondern schon um ein neues Politikmodell, in dem veränderte Rollen von Staaten-, Wirtschafts- und Gesellschaftswelt angelegt sind.

Bausteine der Global Governance-Architektur

In der Diskussion über die Chancen, die Globalisierung zu gestalten, den Weltfrieden zu organisieren und die Weltprobleme zu bewältigen, hält eine kleine Gruppe von „Globalisten" an der Vision des Weltstaates fest. Das zentrale Credo der „Weltföderalisten" lautet, dass „dauerhafter Friede eine Weltordnung voraussetzt, in der die staatliche Souveränität soweit eingeschränkt ist, dass durch eine den nationalen Regierungen übergeordnete Vollzugsgewalt globale Rechtsnormen unmittelbar gegen Individuen und Gruppen durchsetzbar sind" (Brauer 1995, S. 217). Dieses verklausulierte Plädoyer für einen Weltstaat teilen die *Global Governance*-Architekten nicht.

1. Global Governance heißt nicht *Global Government*, also Weltregierung oder Weltstaat. Ein solcher ist weder eine realistische noch eine erstrebenswerte Option, weil eine solche bürokratische Superbehörde kaum demokratische Legitimation gewinnen könnte und weit entfernt von den zu lösenden Problemen wäre. Weltweit steht Dezentralisierung auf der politischen Reform-agenda. Der Globalisierungsdruck befördert die Aufwertung regionaler Organisationen als Schutz- und Trutzbündnisse und mobilisiert auf nationaler und lokaler Ebene das Bedürfnis nach autonomen Handlungsspielräumen. Ein „Welt-King Kong" in Gestalt eines Weltstaates würde alle bekannten Übel des Zentralismus und Bürokratismus potenzieren.

Die Vision von *Global Governance* entspricht eher der bereits von Immanuel Kant anvisierten Weltföderation von freien Republiken mit einem notwendigen Minimum an Zentralstaatlichkeit. Auch seine Begründung, warum sich souveräne Staaten auf eine solche Föderation einlassen, bleibt gültig: Es ist die „Not", politische Handlungsfähigkeit zu erhalten. Gültig für den Diskurs über *Global Governance* bleibt auch der von Kant formulierte Imperativ des „Republikanismus", sprich der Rechtstaatlichkeit und der Demokratie.

2. *Global Governance* beruht auf verschiedenen Formen und Ebenen der internationalen Koordination, Kooperation und kollektiven Entscheidungsfindung. Internationale Organisationen übernehmen diese Koordinationsfunktion und tragen zur Herausbildung globaler Sichtweisen bei. Regime übersetzen den Willen zur Kooperation in verbindliche Regelwerke. In solchen Regimen verpflichten sich die Staaten durch vertragliche Vereinbarungen zur Bearbeitung von gemeinsamen Problemen. Sie wurden zutreffend als Kernelemente von *„governance without government"* bezeichnet (vgl. Rosenau/Czempiel 1992). Auch Hegemone lassen sich auf solche Regime ein, weil sie etwas regeln, was ihnen für das eigene Wohlergehen wichtig ist und was sie nicht allein regeln können.

3. Der Zwang zur Kooperation verlangt Souveränitätsverzichte, die Globalisierungseffekte und Interdependenzstrukturen schon längst erzwungen haben. Auch die Großmächte müssen sich, um sich als kooperationsfähig zu erweisen, mit „geteilten Souveränitäten" abfinden, die – wie das Beispiel der EU zeigt – keinen Verlust, sondern einen Zugewinn an gemeinsamer Handlungs- und Problemlösungsfähigkeit bewirken können. *Global Governance* macht das traditionelle Verständnis von Souveränität, die durch die zunehmende Entgrenzung der Staatenwelt durchlöchert wurde, endgültig zu einem anachronistischen Relikt eines durch das Spinnwebe-Modell abgelösten Billiardkugel-Modells internationaler Beziehungen.

4. Die Neuverteilung der weltwirtschaftlichen und weltpolitischen Gewichte, die auf den Begriff der „multipolaren Welt" gebracht wurde, war begleitet von einem Prozess der Regionalisierung, der durch den Globalisierungsdruck noch verstärkt wurde. Die Gleichzeitigkeit von Globalisierung und Regionalisierung und von Globalisierung und Lokalisierung („Glokalisierung,,) gehört zu den strukturbildenden Entwicklungstrends von Weltgesellschaft und Weltpolitik (vgl. Rotte 1996). In allen Regionen formieren sich mehr oder weniger erfolgreiche Kooperations- oder Integrationszonen, wobei die EU das am weitesten ent-

wickelte Modell von *Regional Governance* bildet. *Global Governance* muss auf solchen regionalen Kooperationskernen aufbauen und sie als organisatorischen Unterbau nutzen, weil das Subsidiaritätsprinzip auch im globalen Kontext sinnvoll bleibt und dem Aufbau teurer, aber ineffizienter bürokratischer Wasserköpfe vorbeugen kann.

5. *Global Governance* ist kein Projekt, an dem nur Regierungen oder internationale Organisationen als Instrumente der Staatenwelt beteiligt sind. Das neue und unterscheidende Konzept der *Commission on Global Governance* liegt nicht nur in einem Mehr an staatlich organisiertem Multilateralismus, sondern im „Zusammenwirken von staatlichen und nichtstaatlichen Akteuren von der lokalen bis zur globalen Ebene". Diese *„public-private partnership"* in horizontal und vertikal vernetzten Strukturen bezieht sich nicht nur auf die wachsende Bedeutung von global operierenden „Multis" und Medienkonzernen, die die globale Telekommunikation kontrollieren, sondern auch auf die zunehmend transnational organisierten Nichtregierungsorganisationen (NGOs). Sie gehören längst zur Dramaturgie von Weltkonferenzen und erhielten in einzelnen „weichen" Politikbereichen (Umwelt-, Menschenrechts- und Entwicklungspolitik) neben der konsultativen und korrektiven auch eine mitgestaltende Funktion. Sie profilierten sich als „Globalisierungswächter".

Die Staatenwelt kann nicht mehr wie auf dem Wiener Kongress in diplomatischer Exklusivität schalten und walten. Deshalb sprach UN-Generalsekretär Kofi Annan (1998) von einer „stillen Revolution" hinter den Kulissen der Staatenwelt. Die Initiativrolle von weltweiten NGO-Kampagnen beim Zustandekommen der Konvention gegen Landminen und die wirksame Einflussnahme von NGOs auf die nationale und internationale Umwelt- und Menschenrechtspolitik warfen die Frage auf, ob bereits eine „NGOisierung der Weltpolitik" stattgefunden habe (vgl. Messner 1996). Die NGOs praktizieren in UN-Gremien und auf den Weltkonferenzen bereits ein Stück *Global Governance*, aber eine „NGOisierung der Weltpolitik" haben sie nicht bewirkt und können sie – trotz einer gelegentlichen Selbstüberschätzung – nicht herbeiführen. Sie bringen aber in den verschiedenen Politikbereichen nicht nur erhebliche Potentiale der Problembearbeitung in das internationale System ein, sondern organisieren durch transnationale Aktionsformen auch eine „kontra-hegemoniale Globalisierung,,.

Die Nationalstaaten bleiben die Hauptakteure der internationalen Politik, die weiterhin allein autoritative Entscheidungen treffen können, und bilden die tragenden Pfeiler der *Global Governance*-Architektur. Sie ist aber ohne netzwerkartige Verstrebungen mit der Wirtschafts- und Gesellschaftswelt nicht mehr tragfähig. *„Public-private partnership"* bedeutet, dass der Staat in Kooperation mit gesellschaftlichen Gruppen gemeinsame

Problemlösungen erarbeiten muss. Längst haben sich partizipatorische *„bottom-up"*-Entscheidungsverfahren als leistungsfähiger gegenüber zentralistischen *„top-down"*-Verfahren erwiesen.

Voraussetzungen für Global Governance

Die *Commission on Global Governance* betonte drei Voraussetzungen für das Funktionieren von *Global Governance*, die schon Kant in seinen drei ersten Definitivartikeln zum *Ewigen Frieden* eingefordert hatte: Erstens kann ein langfristig gesicherter Frieden nur in und zwischen rechtsstaatlich verfassten („republikanischen") Staaten entstehen. Zweitens braucht eine friedensfähige Weltpolitik zwar keinen Weltstaat, aber die regulierende Kraft eines innerhalb der Föderation freier Republiken verbindlichen Völkerrechts. Drittens muss die sich herausbildende Weltgesellschaft auf einer „weltbürgerlichen Verfassung" mit „Weltbürgerrechten", also auf dem Fundament von universellen Menschenrechten, aufbauen.

1. *Global Governance* ist nur durch eine Stärkung globaler Rechtsstaatlichkeit möglich. Rechtsstaatlichkeit bedeutet *Good Governance* im Inneren (Rechenschaftspflichtigkeit der Regierenden, Unabhängigkeit der Justiz, Achtung der grundlegenden Menschenrechte) und Herrschaft des Völkerrechts in den internationalen Beziehungen. Hier zeichnet sich schon die Problematik ab, dass *Global Governance* überfordert ist, überall dort, wo Terror oder Anarchie herrschen, nicht nur das Gewaltmonopol wiederherzustellen, sondern auch demokratische Verhältnisse zu schaffen. Prinzipiell ist sie aber einer „Kultur legitimer Intervention" verpflichtet, die nicht tolerieren kann, wenn irgendwo auf der Welt – sei es in Ruanda, im Kosovo oder in Darfur – schwerste Menschenrechtsverletzungen geschehen (vgl. Senghaas 1994, Kap. 6).

2. Die Einrichtung des *Internationalen Strafgerichtshofes* war ein wichtiger Schritt zur Zivilisierung der internationalen Beziehungen, obwohl sich gerade einige Weltführungsmächte (USA, Russland, China) dem Gründungsbeschluss verweigerten. Die Verhaftung von General Pinochet durch die britische Polizei auf Antrag eines spanischen Richters war ein Signal, dass sich Diktatoren, die schwerer Menschenrechtsverletzungen angeklagt werden, in Rechtsstaaten nicht mehr sicher fühlen können. Die Konstruktion des *Internationalen Gerichtshofes* (IGH) in Den Haag als „Kathedrale des Völkerrechts" hat freilich noch den schweren Konstruktionsfehler, dass Staaten seine Entscheidungen ignorieren können, ohne Sanktionen befürchten zu müssen. Auch deshalb ist der Begriff der „Weltinnenpolitik", die eine sanktionsfähige supranationale Gewalt voraussetzen würde, problematisch.

3. Die Herausbildung einer internationalen Kooperationskultur setzt neben allgemein akzeptierten Regelwerken und Verfahrensregeln in Verhandlungssystemen ein Fundament an gemeinsamen Werten und Handlungsprinzipien sowie ein Mindestmaß an Vertrauen, Verlässlichkeit, Kompromissfähigkeit und Respekt vor den legitimen Interessen anderer voraus. Verbindliche Regelwerke bilden die Voraussetzung für jedwede Ordnung, sei es auf nationaler oder internationaler Ebene.

Wie der Streit über die Universalität der Menschenrechte und die Forderungen nach ihrer kulturellen Relativierung in „asiatischen Werten" oder „islamischen Werten" zeigt, wird allerdings schon die Herstellung eines ethischen Minimalkonsenses, der bereits in den Menschenrechtskonventionen angelegt ist, durch Kulturkonflikte erschwert. Während der Harvard-Politologe Samuel Huntington (1996) in seinem Szenario eines internationalen Kulturkampfes das Universalitätsprinzip zu einer juristischen Fiktion abwertete, setzte der Theologe Hans Küng (1997) alle Hoffnung darauf, dass durch einen interkulturellen Dialog eine „Weltethik" gefunden werden könne. Der eine will mit Dialog verhindern, was der andere notfalls mit Waffen beantworten will und dabei die eigentlichen Ursachen von Macht- und Verteilungskonflikten im Gewande von Kulturkonflikten übersieht.

Für die Option von Hans Küng spricht die Annahme, dass dem interkulturellen Dialog künftig eine ähnlich wichtige vertrauensbildende und friedensbewahrende Funktion zukommt wie früher der Rüstungskontrolle. Dieser interkulturelle Dialog muss allerdings die Nord-Süd-Einbahnstraße verlassen und auf eine „gemeinsame Kultur des Lernens" abzielen. Die westlichen Gesellschaften müssen aufhören, sich als „Belehrungsgesellschaften" zu verstehen und zu verhalten, und zu Lerngesellschaften mutieren.

Küngs Plädoyer für eine globale Verantwortungsethik ist mehr als der moralische Appell eines Theologen: Ohne eine solche Ethik, die Verantwortung für das „gemeinsame Überleben" übernimmt, kann *Global Governance* nicht funktionieren. Dies ist auch gemeint, wenn etwas pathetischer von der Welt als einer „Schicksals- und Verantwortungsgemeinschaft" die Rede ist. Traditionelle Begriffe der Sozialethik wie Gerechtigkeit und Solidarität erhalten einen globalen Referenzrahmen. Die prinzipielle Übereinstimmung über die normativen Strukturprinzipien von *Global Governance* ist also groß. Vom Konsens in Prinzipien zum Handeln nach diesen Prinzipien ist jedoch erfahrungsgemäß ein weiter Weg. Dann obsiegt häufig die machtgestützte Hegemonie über die Romantik einer internationalen Kooperationskultur. *Global Governance* ist eine Zielprojektion, keine Zustandsbeschreibung des internationalen Systems.

Widersprüche zwischen Einsichten und Handeln

Zwar wuchs unter den weltpolitischen Akteuren die Einsicht, dass die Glo-balisierung die Problemlösungsfähigkeit der Nationalstaaten überfordert und die bisher praktizierten Mechanismen des internationalen Krisenmana-gements – sei es im Rahmen der G7/G8 oder des UN-Sicherheitsrates – den sich abzeichnenden Herausforderungen nicht mehr gerecht werden. Der Problemdruck erzwang diese Einsicht. Aber ihr folgte nur ein zögerliches Durchwursteln zu einem reaktiven ad hoc-Krisenmanagement, das vor al-lem dann funktioniert, wenn die Interessen wichtiger Staaten bedroht sind.

Die Staaten – allen voran die Weltführungsmächte – tun immer noch so, als könnten sie die Weltprobleme von heute und morgen mit den natio-nalstaatlichen Politikmodellen von gestern lösen. Die „heilige Kuh" der längst anachronistisch gewordenen Souveränität und das Denken in den traditionellen Kategorien der nationalstaatlichen Macht- und Interessen-politik bilden noch schwer überwindbare Hürden auf dem Weg zum globa-len Denken und Handeln. Ein neues Paradigma kann diese Hürden noch nicht aus dem Weg räumen. Die Zweifel sind groß, dass *Global Gover-nance* die Verheißungen erfüllen kann, die ihre Architekten in das Projekt hineinprojizieren. So hielt beispielsweise Peter Opitz (1997, S. 51) den Hoffnungen auf *Global Governance* entgegen:

> „Je lauter der Ruf nach ‚global governance' wird, umso weniger ge-schieht; und je eindringlicher ‚globale Verantwortung' angemahnt wird, umso erbitterter wird der globale Kampf aller gegen alle."

Wir sind in der Tat in den 90er Jahren nicht, wie nach dem Ende des Kalten Krieges erhofft, einer „neuen Weltordnung" näher gekommen, sondern er-lebten vielmehr Rückfälle in eine nur partiell durch internationale Regel-werke geordnete „Weltunordnung". Dieter Senghaas (1994) stellte die ora-kelhafte Frage: „Wohin driftet die Welt?" Dieses Driften kann an vielen Beispielen illustriert werden:

• Unter dem wachsenden Druck grenzüberschreitender Probleme und der daraus erwachsenen Notwendigkeit zu verstärkter internationaler Zusammenarbeit wurde das ausgehende 20. Jahrhundert zwar zum „Jahrhundert der internationalen Organisationen und Regime", aber diese Instrumente kooperativen Handelns sind, wenn man von den internationalen Finanz- und Handelsorganisationen (IWF, Weltbank und WTO) absieht, die von OECD-Ländern mit Macht und Kapital ausgestattet wurden, noch keine handlungsmächtigen Akteure. Wir er-lebten vielmehr eine Krise des Multilateralismus, weil vor allem die Supermacht USA der Maxime folgte: soviel Unilateralismus wie möglich, nur soviel Multilateralismus wie im Eigeninteresse unbedingt nötig.

- Die Staatengemeinschaft hat sich zwar in einer Vielzahl von Resolutionen und völkerrechtlich verbindlichen Konventionen auf einen umfassenden Schutz der politischen, wirtschaftlichen, sozialen und kulturellen Menschenrechte verständigt, die ein normatives Gesamtkunstwerk eines „Weltethos" abgeben könnten, aber in der Staatenpraxis besteht eine eklatante Diskrepanz zwischen Normanerkennung und Normeinhaltung (vgl. Risse 2004). Der „Krieg gegen den Terror" hat nicht nur das geostrategische Taktieren mit Autokratien befördert, sondern auch in den OECD-Staaten eherne Prinzipien der Rechtsstaatlichkeit unterminiert. Die US-Administration unterlief mit der Erlaubnis „außergewöhnlicher Verhörmethoden" auch das strikte Folterverbot – und lieferte damit auch notorischen Folterregimen ein Alibi.

- Wir haben zwar inzwischen mit der WTO (*World Trade Organization*) ein umfassendes Handelsregime, aber wir haben noch keine sozialen und ökologischen Leitplanken, die der Ausbeutung von Mensch und Natur und dem „Raubtier-Kapitalismus" (Helmut Schmidt) Grenzen setzen könnten; wir haben keine internationale Wettbewerbsordnung, die die Belohnung eines solchen Verhaltens im internationalen Konkurrenzkampf verhindern könnte; und wir haben keine internationale Währungsordnung, die den spekulativen „Casino-Kapitalismus" bändigen könnte. Aber der Problemdruck – wie die Asien-Krise und das Dumping durch niedrige Sozial- und Umweltstandards – sorgte dafür, dass diese Themen auf die Agenden neuer Verhandlungsrunden gesetzt wurden.

- Wir haben zwar mit der auf der Rio-Konferenz von 1992 verabschiedeten *Agenda 21* ein umfassendes Aktionsprogramm zur Bewältigung der globalen Umweltprobleme, aber wir erlebten auf den Folgekonferenzen ein peinliches Feilschen der Staaten, sich unter dem Druck von mächtigen Interessengruppen möglichst um verbindliche Auflagen zur Verminderung der Umweltbelastungen zu drücken. Wir haben in der globalen Umweltpolitik einerseits viele gradualistische Fortschritte, aber in der Klimapolitik nur Trippelschritte.

- Auch auf den anderen Weltkonferenzen wurden richtungsweisende Aktionsprogramme zur Lösung der drängendsten Weltprobleme, wie dem Bevölkerungs- und Ernährungsproblem, verabschiedet (vgl. Fues/ Hamm 2001). Ihre Umsetzung könnte Katastrophenszenarien entschärfen, scheitert aber an der geringen Bereitschaft, die Konsequenzen aus den vorhandenen Einsichten und wohlfeilen Absichtserklärungen zu ziehen. Auch die Ängste vor der „Bevölkerungsexplosion" oder vor den „neuen Völkerwanderungen", die schon als neue Sicherheitsprobleme dramatisiert werden, konnten nicht verhindern, dass die Mittel für den UN-Bevölkerungsfonds (UNFPA) gekürzt wurden.

- Die entwicklungspolitische Alltagssprache meidet inzwischen den Begriff der Dritten Welt und fügt diese in die *„Eine Welt"* ein. Die Sozialethik hat die Normen der Gerechtigkeit und Solidarität längst internationalisiert. Gleichzeitig fand eine schleichende Abkoppelung der „armen Welt" aus dieser *„Einen Welt"* statt, die *Global Players* eher mit der mit einigen Schwellenländern in Lateinamerika und Fernost arrondierten „OECD-Welt" gleichsetzen.

- Ein geflügeltes Wort von Willy Brandt lautete: „Frieden ist nicht alles, aber ohne Frieden ist alles nichts." Die Welt ist nach dem Ende des Kalten Krieges nicht friedlicher geworden. Die Staatengemeinschaft reagiert in aller Regel gar nicht oder zu spät, wenn sich irgendwo kriegerische Konflikte abzeichnen. Sie propagierte die *„responsibility to protect"*, ließ aber diese Verantwortlichkeit in Darfur und anderswo vermissen.

Lassen diese Beobachtungen nicht doch den Schluss zu, den Peter Opitz gezogen hat: dass auch das laute Rufen nach *Global Governance* den „globalen Kampf aller gegen alle" nicht verhindern könne? Man könnte aber auch einen ganz anderen Schluss ziehen, der die argumentative Grundlage dieses Beitrags bildet: Um diesem hobbesianischen Bedrohungsszenario vorzubeugen, ist *Global Governance* dringend notwendig. Weil die Staatenwelt mit den konventionellen Methoden und Instrumenten die Weltprobleme nicht lösen kann, die Globalisierung die Steuerungskapazitäten der Nationalstaaten überfordert und auch Weltmächte zur eigenen Zukunftssicherung auf internationale Zusammenarbeit angewiesen sind, müssen die Weichen der Weltpolitik in Richtung Global Governance neu gestellt werden.

Längst gibt es solche Einsichten nicht nur in akademischen Denkfabriken, in Kreisen bekennender „Globalisten" und in Planungsstäben von Außenministerien. Es gibt auch schon vielfältige Ansätze zu *Global Governance* in verschiedenen Politikbereichen. Aber diese selektiven Formen von *Global Governance* werden den Herausforderungen der drängendsten Zukunftsprobleme noch nicht gerecht. Diese bestehen, wie Dirk Messner (2000, S. 284) feststellte, institutionell „in der Entwicklung eines Institutionen- und Regelsystems und neuer Mechanismen internationaler Kooperation, die die kontinuierliche Problembearbeitung globaler Herausforderungen und grenzüberschreitender Phänomene erlauben". Und sie bestehen programmatisch in der Erarbeitung realistischer und verbindlicher Problemlösungen und Aktionsfahrpläne.

Perspektiven des Global Governance-Projekts: Vision oder Illusion?

Das *Global Governance*-Projekt wurde mit mehrfachen Einwänden konfrontiert: Es sei ein theorieloses Konstrukt, das sich aus der kritischen Analyse der rauen Gegenwart in voluntaristische Zukunftsvisionen flüchte; es blende den Machtfaktor und Hegemonialinteressen aus und liefere deshalb angesichts der realen Machtverhältnisse in der Weltpolitik und in der globalen Ökonomie nicht einmal eine konkrete Utopie für die Welt von morgen; es ignoriere feministische Konzepte, vernachlässige emanzipatorische Konfliktstrategien und setze allzu sehr auf eine Kooperative *„Public-Private Partnership"* (vgl. Brand u.a. 2000). „Realisten" in Politik und Wissenschaft geben dem Projekt nur geringe Realisierungschancen. Sie erkennen im Gefolge der Globalisierung eher verschärfte Konkurrenzsituationen, Deregulierungswettläufe und Handelskonflikte, die sich auch durch *Global Governance* nicht bändigen lassen.

Zum Beginn des 21. Jahrhunderts ist *Global Governance* in der Tat noch ein brüchiges Projekt. Die Hinwendung der Bush-Administration zu einer unilateralistischen Hegemonialpolitik und die tendenzielle Demontage des UN-Systems, das den tragenden Stützpfeiler der *Global Governance*-Architektur bildet, unterminieren die Vision einer „neuen Weltordnung", in der nicht allein Macht, sondern internationales Recht und eine Kultur der Kooperation das Handeln der Staaten bestimmen sollten.

Weil die „globalen Gouvernanten" solche Entwicklungen nicht ignorierten und bereit waren, von ihren Kritikern (wie Ulrich Brand) zu lernen, luden sie im Rahmen der *Stiftung Entwicklung und Frieden*, die auf Initiative von Willy Brandt gegründet worden war und den Bericht der *Commission on Global Governance* durch eine Übersetzung in die deutsche Diskussion einführte, junge WissenschaftlerInnen ein, die Baustellen von Global Governance in Theorie und Praxis herausarbeiten sollten (SEF 2006). Die Arbeitsgruppe entdeckte die folgenden Defizite:

- Legitimations- und Demokratiedefizite, die entstehen, wenn Entscheidungen aus demokratisch legitimierten nationalstaatlichen Handlungsebenen auf regionale oder globale Ebenen verlagert werden, die keine demokratische Input-Legitimation beanspruchen können;

- Implementationsdefizite, die bereits durch die Widersprüche zwischen Normen und Faktizitäten illustriert wurden;

- Unterstützungsdefizite, die auch in den OECD-Staaten und besonders in den auf den Unilateralismus pochenden USA die Umsetzung von Global Governance-Imperativen erschwerten oder sogar blockierten;

315

- Defizite in der geographischen und problemspezifischen Reichweite, die aufzeigten, dass es erstens in den Weltregionen sehr unterschiedliche Verständnisse und Verwirklichungsgrade von Global Governance gibt und dieses Konzept noch weithin als „OECD-Konzept" perzipiert wird, zweitens ein Nebeneinander von Teilordnungen besteht, die sich hinsichtlich der Verregelungsdichte und des Verrechtlichungsgrades des transnationalen Regierens noch deutlich unterscheiden;

- Defizite in der Reflexion der normativen Grundlagen, von allzu ambitionierten normativen Leitbildern wie einer Weltsozialordnung oder globalen nachhaltigen Entwicklung ausgehen, aber zu wenig über ihre Realisierungschancen reflektieren.

Die „globalen Gouvernanten" haben diese Defizite durchaus realisiert und stimmen dem nüchternen Fazit des Vorsitzenden der *Commission on Global Governance* (Ingvar Carlsson) zu, dass das Glas von Global Governance erst halbvoll sei. Aber es ist eben dabei, sich in der Not globalen Regierens, das zur Bewältigung der globalen Herausforderungen notwendig ist, Schritt für Schritt zu füllen. Die sich jüngst abzeichnenden Krisen des globalen Kapitalismus – die Finanz- und Energiekrise, die Ernährungskrise und das Verfehlen der Millennium-Entwicklungsziele – steigern den Bedarf globalen Regierens.

Es gibt auch Entwicklungen, die *Global Governance* noch nicht zur Illusion machen: die Einrichtung einer Reihe von Regimen, die in verschiedenen Politikfeldern die internationale Zusammenarbeit vertiefen und verregeln; die Gründung des *Internationalen Strafgerichtshofes*, der weltweit Verbrechen gegen die Menschlichkeit ahnden soll; die Weiterentwicklung des Menschenrechtsschutzes bis hin zur Schutzverpflichtung für bedrohte Menschen durch die *„responsibility to protect"*; die Schaffung diverser globaler Fonds zur kollektiven Bearbeitung von Notlagen; die Herausbildung einer internationalen Zivilgesellschaft, die Politik nicht mehr den Staaten überlässt; den Versuch von Weltkonferenzen, kooperative Lösungen für die drängendsten Weltprobleme zu erarbeiten. Unter dem Druck dieser Probleme und der internationalen NGO-Szene bröckelte auch der neo-liberale *„Washington-Konsensus"*. Die Weltbank, dieser vermeintliche Gralshüter des Neoliberalismus, verkündete unter dem Einfluss ihres Chefökonomen Joseph Stiglitz die Botschaft *„Beyond Washington-Consensus"*. Er wurde im Jahr 2001 mit dem Nobelpreis ausgezeichnet.

In den zahlreichen internationalen Organisationen und Verhandlungsprozessen werden kooperative Denk- und Verhaltensmuster geübt und finden Lernprozesse statt, die auf die nationalen Entscheidungsprozesse zurückwirken. Der Problemdruck der steigenden Transaktionskosten bei Verzicht auf Kooperation wird auch die *Global Players* zur Regulation der unkontrollierten Eigendynamik der Globalisierung und die „einsame Supermacht" zur internationalen Kooperation zwingen, weil sie nicht allein oder im Verbund der G 8 oder NATO das Problem der Regierbarkeit der Welt lösen kann (vgl. Huntington 1999).

Hegemoniale Weltordnungsvorstellungen haben in einer polyzentrischen und turbulenten Welt keine Zukunft. Wir sind auf dem Weg zu einer „föderalen und subsidiären Weltrepublik", wie der Philosoph Otfried Höffe (1999) die von Kant im *„Ewigen Frieden"* angedachten Visionen auf den Begriff brachte. Paul Kennedy (2007), der Analytiker und Interpret globaler Entwicklungstrends, gab einem neuen Buch den kühnen Untertitel: *„Die Vereinten Nationen und der Weg zur Weltregierung"*.

Global Governance ist kein romantisches Projekt für eine heile Welt, sondern eine realistische Antwort auf die Herausforderungen der Globalisierung und globalen Risiken. Es ist ein evolutionäres Projekt, das sich nur schrittweise entwickelt. Trotz vieler Blockaden gibt es zu Beginn des 21. Jahrhunderts bessere Chancen für eine neue Weltordnung als zur Gründungszeit der Vereinten Nationen, in der sich schon der Kalte Krieg abzeichnete.

Literatur

Annan, Kofi (1998), The Quiet Revolution, in: Global Governance, Bd. 4(2), S. 123-138.

Brand, Ulrich / Brunnengräber, Achim / Schrader, Lutz / Stock, Christian / Wahl, Peter (2000), Global Governance. Möglichkeiten und Grenzen von Alternativen zur neoliberalen Globalisierung, Münster.

Brandt, Willy (Vorsitzender der Nord-Süd-Kommission der Vereinten Nationen) (1980), Das Überleben sichern. Gemeinsame Interessen der Industrie- und Entwicklungsländer.

Brauer, Maja (1995), Weltföderation. Modell globaler Gesellschaftsordnung, Frankfurt/M.

Commission on Global Governance (1995), Nachbarn in Einer Welt, Bonn (Stiftung Entwicklung und Frieden).

Debiel, Tobias (2000), Vereinte Nationen und Weltfriedensordnung, in: Franz Nuscheler (Hrsg.), Entwicklung und Frieden im 21. Jahrhundert, Bonn, S. 446-467.

Dror, Yehezkel (1995), Ist die Erde noch regierbar? Ein Bericht an den Club of Rome, München.

Fues, Thomas / Hamm, Brigitte (Hrsg.) (2001), Die Weltkonferenzen der 90er Jahre: Baustellen für Global Governance, Bonn.

Gruppe von Lissabon (1997), Grenzen des Wettbewerbs. Die Globalisierung der Wirtschaft und die Zukunft der Menschheit, München.

Höffe, Otfried (1999), Demokratie im Zeitalter der Globalisierung, München.

Huntington, Samuel P. (1999), The Lonely Superpower, in: Foreign Affairs, Bd. 78(2), S. 35-49.

Kennedy, Paul (2007), Parlament der Menschheit. Die Vereinten Nationen und der Weg zur Weltregierung, München.

Koch, Claus (1995), Die Gier des Marktes. Die Ohnmacht des Staates im Kampf der Weltwirtschaft, München/Wien.

Küng, Hans (1997), Weltethos für Weltpolitik und Weltwirtschaft, München.

Martin, Hans-Peter / Schumann, Harald (1998), Die Globalisierungsfalle, 10. Aufl., Reinbek.

Messner, Dirk (1996), Politik im Wandel. NGOs in der Irrelevanzfalle oder NGOisierung der (Welt-)Politik? in: Friedrich Ebert-Stiftung (Hrsg.), Globale Trends und internationale Zivilgesellschaft, Bonn.

Messner, Dirk (2000), Globalisierung, Global Governance und Perspektiven der Entwicklungszusammenarbeit, in: Nuscheler, Franz (Hrsg.), Entwicklung und Frieden im 21. Jahrhundert, Bonn, S. 267-294.

Messner, Dirk / Nuscheler, Franz (2000), Das Konzept Global Governance – Stand und Perspektiven, in: Stiftung Entwicklung und Frieden (Hrsg.), Global Governance für Entwicklung und Frieden, Bonn, S. 18-79.

Nuscheler, Franz (Hrsg.) (2000), Entwicklung und Frieden im 21. Jahrhundert, Bonn.

Nuscheler, Franz (2000), Kritik der Kritik am Global Governance-Konzept, in: PROKLA, Nr. 118, S. 151-156.

Opitz, Peter J. (Hrsg.) (1997), Der globale Marsch, München.

Risse, Thomas (2004), Menschenrechte als Grundlage der Weltvergemeinschaftung? Die Diskrepanz zwischen Normanerkennung und Normeinhaltung, in: Volker Rittberger (Hrsg.), Weltpolitik heute, Baden-Baden, S. 223-244.

Rittberger, Volker (2004), Weltregieren zwischen Anarchie und Hierarchie, in: Ders. (Hrsg.), Weltpolitik heute, Baden-Baden, S. 245-270.

Rosenau, James N. / Czempiel, Ernst-Otto (Hrsg.) (1992), Governance without Government, New York.

Rotte, Ralph (1996), Das internationale System zwischen Globalisierung und Regionalisierung, Baden-Baden.

Senghaas, Dieter (1994), Wohin driftet die Welt? Frankfurt/M.

Stiftung Entwicklung und Frieden (Hrsg.) (2006), Global Governance für Entwicklung und Frieden, Bonn.

Zugehör, Rainer (1998), Die Globalisierungslüge, Bad Honnef.

Zürn, Michael (1998), Regieren jenseits des Nationalstaates, Frankfurt/M.

Krieg und Armut gewaltfrei überwinden.
Das Beispiel Lumbumbashi, Demokratische Republik Kongo

Hildegard Goss-Mayr, Pete Hämmerle

Nicht die großen Zusammenhänge von Armut und Krieg, Sicherheit und Entwicklung dienten als Ausgangspunkt für den Workshop „Krieg und Armut gewaltfrei überwinden. Das Beispiel Kongo", sondern die konkreten Erfahrungen einer Gruppe gewaltfreier AktivistInnen, der *Groupe d'Action Non-violente Evangélique (GANVE)*, in ihrem seit rund 20 Jahren andauernden Kampf um Gerechtigkeit, Menschenrechte und ein friedliches Zusammenleben an einem konkreten Ort: in Lubumbashi, der Hauptstadt der Provinz Katanga im Südosten der Demokratischen Republik Kongo (DRK). Aber auch dieser Weg führte die TeilnehmerInnen des Workshops zu den Themen und Fragestellungen der Sommerakademie: Armut und Hunger, Analphabetismus, Ausbeutung von Mensch und Natur für wirtschaftliche Interessen, Krieg um Macht und Verfügungsgewalt über Ressourcen – nur wurden sie bewusst aus der Perspektive gewaltfreien Widerstandes von der Basis her betrachtet, und dann erst der Zusammenhang mit der Verantwortung des Nordens für die globale Situation der Ungerechtigkeit und mit unserer eigenen Situation hergestellt. Da außerdem noch eine Einordnung des Fallbeispiels aus der DRK in ein Modell des Aufbaus gewaltfreier Aktionen und praktische Übungen dazu auf dem Programm standen, entfaltete sich der Ablauf der vier Workshop-Nachmittage jeweils in einem Dreischritt Fallbeispiel – Theorie der Gewaltfreiheit – gewaltfreie Praxis.

Zum geschichtlichen Hintergrund des Fallbeispiels

Die Kolonialisierung des Kongo begann ab dem 15. Jahrhundert, zunächst durch Portugal, ab der Berliner Konferenz 1884/85 durch den belgischen König Leopold II., dem das gesamte Kongobecken als Privatbesitz zugesprochen wurde. Aufgrund der brutalen Ausbeutung der natürlichen Ressourcen und der KongolesInnen wurde der Kongo 1908 in eine belgische Kolonie umgewandelt, was jedoch keinerlei Verbesserung der Lebensbedingungen der Bevölkerung zur Folge hatte, sodass sich ab den 20er Jahren des letzten Jahrhunderts Widerstand gegen die Verhältnisse zu regen begann. Am 30. Juni 1960 wurde die Republik Kongo-Kinshasa überraschend und relativ überstürzt in die Unabhängigkeit entlassen.

Im selben Jahr wurde Patrice Lumumba zum Ministerpräsidenten gewählt, jedoch schon kurze Zeit später aufgrund seiner Sympathien für ein pan-afrikanisches, sozialistisches Modell ermordet. Das Land war unter verschiedenen politischen Führern zerrissen. Die Provinz Katanga, die wegen ihrer Kupfervorkommen immer wieder besonders umstritten war, erklärte 1960 einseitig ihre Unabhängigkeit, die jedoch nicht anerkannt und u.a. durch Einsatz einer UNO-Truppe bekämpft wurde. 1964 gelangte Mobutu Sese Seko durch einen Militärputsch an die Macht, begann den Prozess der „Zairisierung" des Landes (Umbenennung von DRK auf Zaire, Verbannung westlicher Einflüsse) und errichtete eine im Laufe der Jahre zunehmend repressive totalitäre Herrschaft. Die Erlöse der reichhaltigen natürlichen Ressourcen wanderten zu einem Großteil in die Taschen Mobutus und seiner ausländischen UnterstützerInnen, während das Volk unter Ausbeutung und Diktatur litt und gelegentliche Aufstände wie 1977–1979 in Katanga mit ausländischer Hilfe blutig niedergeschlagen wurden.

Erst im Zuge des Genozids in Ruanda (1994), der darauf folgenden Flüchtlingswellen in den Osten Kongos und der Verschiebung der Kräfteverhältnisse in der gesamten Region der Großen Seen gelang es Laurent-Désiré Kabila 1997, den Diktator Mobutu zu stürzen, was allerdings in der Folge nur zu einer weiteren Verschlechterung der Lage der Bevölkerung, vor allem seit dem Beginn des „ersten Afrikanischen Weltkriegs" 1998, führte. Trotz eines Waffenstillstandsvertrages 1999 dauerten die Kämpfe noch lange an, erst seit der Bestätigung Joseph Kabilas im Amt des Präsidenten 2006 – in den ersten freien Wahlen seit über 45 Jahren – scheint sich die kriegerische Situation langsam zu beruhigen, was auch im Waffenstillstand von Goma mit den aktiven Widerstands- und Rebellengruppen vom 23. Jänner 2008 zum Ausdruck kommt.

Gründung der Gewaltfreien Christlichen Aktionsgruppe GANVE 1989

In der Situation diktatorischer Unterdrückung durch Präsident Mobutu trifft Jean Goss, Ehrenpräsident des Internationalen Versöhnungsbundes, am 4. August 1989 in Lubumbashi ein, begleitet von Abbé Achille Nzengu, dem Verantwortlichen für Pastoralarbeit in Zaire, der ihn für ein Seminar zur Schulung in Gewaltfreiheit eingeladen hatte. Durch ein Missverständnis kam er vier Tage verspätet. Man hatte die Hoffnung auf sein Kommen bereits aufgegeben, und die Geheimpolizei hatte sich zurückgezogen. Im Stillen, von Mund zu Mund, werden Gruppen, Ordensgemeinschaften, Persönlichkeiten usf. von Jeans Ankunft informiert: Am nächsten Tag treffen 110 Personen mit großen Erwartungen zum Seminar ein – ohne Geheimpolizei!

Abbé Achille beschreibt im Rückblick die Bedeutung dieses Seminars so:

„Zu einem Zeitpunkt, da die Mehrzahl der Bevölkerung des Zaire wegen Verhaftungen, Entführungen, Folter und Mord sich aus Angst schweigend der Diktatur unterwarf, ... erschien Jean wie ein ganz erstaunlicher, völlig freier Mensch, ganz ohne Angst, der es wagte, die Wahrheit, die ganze Wahrheit bis zum Eingeständnis seiner eigenen Grenzen demütig öffentlich auszusprechen. Er prangerte das Übel der Kolonialregime an, Lüge, Unterdrückung und Ausbeutung der gegenwärtigen diktatorischen Regime sowie die Passivität und die häufige Zusammenarbeit der Kirche und des Volkes mit diesen Regimen.

Was waren die Früchte dieses Auftretens? Das erste war der Appell an das Gewissen der Teilnehmer, ihre Verantwortung vor der Geschichte ihres Volkes neu aufzunehmen. Ein dringlicher Appell, sich aufzurichten und zu engagieren, zu kämpfen, nicht gegen die Übeltäter, sondern gegen das Unrecht, das sie verkörpern.

Ein weiteres Ergebnis von Jeans Arbeit war *die Befreiung von Angst:* von der Angst, die Wahrheit zu sagen, das Unrecht zu verurteilen, sich zu engagieren.

Eine weitere Konsequenz war die *Umkehr der Herzen und Gewissen* einer beachtlichen Anzahl der Teilnehmer. Eine Umkehr, die darin besteht, mit dem Bösen, Grundlage aller menschlichen Ungerechtigkeit, zu brechen, d.h. mit Lüge, Gewalt und Ausbeutung, um die Forderungen der Werte des Evangeliums anzunehmen: jene der Wahrheit, der Gerechtigkeit, des Friedens, der Nächsten- und Feindesliebe wie der Vergebung erlittenen Übels.

Eine weitere Frucht von Jeans Gegenwart war die Wiederentdeckung der Botschaft Jesu als Quelle der Inspiration für ein *sozial-politisches Engagement,* d.h. als Inspiration für den Dienst am Wohl aller und für das gewaltfreie Ringen als Weg zu einer friedlichen Lösung der Konflikte.

Ein letztes wichtiges Ergebnis ist die *Entstehung von Gruppen* – wie GANVE – , die sich bis heute in verschiedenen Gebieten des Landes für Gerechtigkeit durch aktive Gewaltfreiheit einsetzen."[1]

---

1   Actes du Colloque Jean Goss, Paris, 30.10. 1993, S. 61 ff.

Jean wurde so zum Geburtshelfer der Kraft der Gewaltfreiheit, der Kraft der Befreiung und des Friedenschaffens, die in jedem Menschen – gleichgültig welcher Weltanschauung, Religion, ethnischer Zugehörigkeit oder Kultur – grundgelegt ist. Sie gründet auf der *unbedingten Achtung jedes Menschen* und kämpft für Frieden in Gerechtigkeit mit Mitteln, die diese Achtung beinhalten, d.h. mit *gewaltfreien Mitteln*. Sie ist die „Waffe" der Befreiung der Unterdrückten und Armen.

Im Anschluss an dieses Seminar gründeten TeilnehmerInnen die Gruppe GANVE mit der Zielsetzung, die Haltung der Gewaltfreiheit in sich und in ihrer Umgebung zu entfalten, aus dieser Kraft dem herrschenden Unrecht zu widerstehen und Alternativen zu entwickeln.

Aktive Gewaltfreiheit als Grundhaltung

In der ersten Phase des gewaltfreien Engagements von GANVE steht also die Frage der Grundlagen, der Voraussetzungen gewaltfreien Handelns im Mittelpunkt. In der Arbeit des Internationalen Versöhnungsbundes, der vor mittlerweile fast 100 Jahren als christlich-ökumenische Bewegung gegründet wurde, waren es immer wieder Menschen mit religiösen Wurzeln, die aus ihrer jeweiligen Tradition heraus die aktive Gewaltfreiheit als Lebenshaltung entwickelten und auf der Basis ihrer Spiritualität umzusetzen versuchten. In der praktischen Zusammenarbeit mit gewaltfreien Personen und Gruppen in verschiedenen Teilen der Welt wuchs die Einsicht, dass diese Gewaltfreiheit im Kern sowohl den großen Weltreligionen wie vielen humanistischen Weltanschauungen zugrunde liegt, weshalb der Versöhnungsbund heute Menschen verschiedener Hintergründe in rund 50 Ländern der Welt umfasst, die sich gewaltfrei für Gerechtigkeit, Menschenrechte, Frieden, Versöhnung und die Erhaltung unserer natürlichen Lebensgrundlagen einsetzen.

Mit Hilfe der Methode eines „Positionsbarometers" trugen die TeilnehmerInnen des Workshops zunächst ihr eigenes Vorverständnis, ihre Erfahrungen und Meinungen zur Frage „Wo stehe ich in Bezug auf Gewaltfreiheit?" zusammen. In Anknüpfung daran und an das Fallbeispiel wurden dann einige zentrale Merkmale der aktiven Gewaltfreiheit herausgearbeitet:

- Aktive Gewaltfreiheit hat nichts mit Passivität zu tun, die durch das Hinnehmen einer Unrechtssituation und das Schweigen dazu den Status quo verfestigt. Gleichzeitig greift sie aber auch nicht zum Mittel der Gegengewalt, um Unrecht zu überwinden, weil dadurch die Spirale der Gewalt nicht durchbrochen werden kann. Vielmehr stellt sie einen „dritten Weg" dar, um Veränderungen herbeizuführen.

- Die Ablehnung aller Formen von Gewalt und der Verzicht darauf („A-himsa", Nicht-Gewalt nach Mahatma Gandhi) sowie der Einsatz einer eigenen, positiven Kraft („Satyagraha", Festhalten an der Wahrheit, Kraft der Gerechtigkeit und der Liebe – M. L. King) sind die beiden Seiten dessen, was heute mit aktiver Gewaltfreiheit bezeichnet wird.

- Aktive Gewaltfreiheit besteht aus einer Kombination dieser Grundhaltung und entsprechender Methoden, die stets aufeinander bezogen sind und einander bedingen. Mittel und Ziel existieren nicht getrennt von einander, sondern die Grundhaltung kommt immer in entsprechenden Handlungen zum Ausdruck.

- Kern der aktiven Gewaltfreiheit und des dementsprechenden Menschenbildes ist die absolute Achtung des menschlichen Lebens, der Würde jedes Menschen, und der Glaube daran, dass jeder Mensch dazu fähig ist, sich in seinem Innersten durch die Kraft der Gewaltfreiheit ansprechen zu lassen und sich zu verändern. Das bedingt auch, stets die Wahrheit des/der Anderen sowie die eigenen Anteile an einer ungerechten Situation zu suchen und anzuerkennen und das Gegenüber als Person zu achten.

- Schließlich kann es in einem gewaltfreien Kampf nicht um den eigenen Sieg und die Niederlage des/der Anderen gehen, sondern stets um die Suche nach (gemeinsamen) Lösungen, die die Grundbedürfnisse aller Beteiligten berücksichtigen und gleichzeitig bestehendes Unrecht überwinden.

Im Sinne der Sensibilisierung für Unrecht und Gewalt, wie sie auch in den Anfängen von GANVE eine wichtige Rolle spielten, sammelten die TeilnehmerInnen einer Arbeitsgruppe Beispiele und Möglichkeiten solidarischen Handelns im Nord-Süd-Konflikt für unsere Situation. Da Gewaltfreiheit nicht vom Himmel fällt, sondern immer neu eingeübt werden muss, wurden in einer zweiten Untergruppe Ausbildungsmöglichkeiten und Trainings für gewaltfreies Handeln und Friedensengagement in Österreich und darüber hinaus vorgestellt.

Widerstand gegen Massaker und Vertreibung – Aufbau eines alternativen Landbaus

Sehr rasch begann die junge Gruppe GANVE, sich Unrechtssituationen zu stellen: sie besuchten Gefängnisse und setzten sich gegen Misshandlungen und Folter ein; sie überwachten die Qualität der Medikamente in Apotheken. Bald waren sie gezwungen, in einer schweren Krise ihrer Stadt und der Provinz Katanga gewaltfrei einzuschreiten. Anfang der 90er Jahre war der Kupferpreis auf dem Weltmarkt eingebrochen. Das bedeutete im Kupfergürtel Katanga: Einschränkung der Produktion, Massenentlassungen von BergarbeiterInnen, Arbeitslosigkeit und Hungersnot. In dieser Situation beschlossen Verantwortliche der Region, sich der ArbeiterInnen, die aus der Nachbarprovinz Kasai zugewandert waren und einer anderen Ethnie angehörten, zu entledigen, sie zu vertreiben. Man säte ethnischen Hass. Unruhen brachen an der Universität aus; in der emotional aufgeheizten Situation war ein Massaker zu befürchten.

GANVE, selbst eine ethnisch gemischte Gruppe, konnte nicht schweigen, musste handeln. Sie suchten nach einflussreichen Kräften, die ihre kleine Bewegung im Ringen um eine friedliche Lösung zu unterstützen vermochten. Unter der noch immer oppressiven Diktatur entdeckten sie nur eine Kraft, die sie ansprechen und gewinnen könnten: *die religiösen FührerInnen*. Diese wären imstande, das in seiner Mehrheit tief gläubige Volk dazu zu bewegen, *kein Blut zu vergießen*. Sie machten sich an die Arbeit: Nach beharrlichen Vorgesprächen konnten sie ökumenische Gottesdienste veranstalten – auch die muslimische Minderheit mit ihren Imamen wurde einbezogen –, in welchen die religiösen FührerInnen öffentlich bezeugten: *Das Leben ist von Gott, von Allah geschaffen, es ist heilig und unantastbar. Es muss geschützt werden!*

Durch diese Gebetsstunden, die viele berührten und aufrüttelten, vorbereitet konnte GANVE in Zusammenarbeit mit zahlreichen Betroffenen das zweite große Problem angehen: *Die Überwindung des Hungers*. Diesem fielen vor allem die geschwächten Kinder zum Opfer. Man beschloss, einen großen *Friedensmarsch* zu veranstalten, um die brachliegenden ehemaligen Gemeinschaftsfelder der Umgebung von Lubumbashi, die unter der Diktatur vom Militär beschlagnahmt worden waren, zu besetzen und zu bebauen. In schwierigen Verhandlungen konnte das Militärkommando davon überzeugt werden, die Felder freizugeben (auch SoldatInnen und deren Familien kennen den Hunger!). Gemeinsam bearbeiteten nun Menschen *aller ethnischen Gruppen* den Boden: Die gemeinsame Arbeit für das Leben, zur Stillung der Bedürfnisse, die allen gemeinsam sind, überwand den Hass und die propagandistisch aufgebauten Feindbilder. Die Massaker waren verhindert worden, das Leben siegte! Diese Initiative hatte Auswirkungen in der ganzen Region. Noch heute, zwanzig Jahre später, umgibt ein Grüngürtel Lubumbashi, der für viele arme Menschen das Leben verbessert.

Ein Modell gewaltfreier Aktion

Aus ihren Erfahrungen mit Aktionen von Gruppen wie GANVE und vielen anderen haben Jean Goss und Hildegard Goss-Mayr ein Stufenmodell für gewaltfreie Aktionen entwickelt, das vor allem in Konflikten mit großem, offensichtlichem Unrechtspotential (direkter, struktureller und kultureller Gewalt) und sehr ungleicher Machtverteilung immer wieder zur Anwendung kam. Es gliedert sich in eine Vorbereitungs- und eine Durchführungsphase, wobei auf jeder Stufe zusätzlich noch das Aufzeigen und Vorleben konkreter *positiver Alternativen* zur herrschenden Situation (im Fallbeispiel: die gemeinsame Bebauung des Bodens) und eine *Evaluierung* des durch den jeweiligen Schritt Erreichten hinzukommen.

In der Phase der Vorbereitung ist es zunächst wichtig, dass die direkt vom Unrecht Betroffenen sich ihrer Situation bewusst stellen und sich zum Handeln entschließen. Sie schließen sich in *Kern- oder Basisgruppen* zusammen und bereiten sich gemeinsam auf die gewaltfreie Aktion vor: innerlich, indem sie z.b. ihre Grundhaltung der Gewaltfreiheit stärken, und äußerlich, z.b. durch das Einüben gewaltfreier Praktiken in Rollenspielen, Trainings usw. Ein Angelpunkt in der Vorbereitung ist die *Analyse* der Situation und ihres gesellschaftlichen Umfeldes, die vor allem handlungsorientiert vorgenommen wird: Wer sind die Beteiligten am Konflikt, welche Interessen und Bedürfnisse haben sie, wo liegt der Anteil der eigenen Gruppe am Status quo, welche potentiellen BündnispartnerInnen gibt es? Die Analyse aus der Kraft der Wahrheit wird so selbst zum Instrument der gewaltfreien Veränderung und dient als Grundlage für die Erarbeitung einer *Strategie* bezüglich der nun folgenden Durchführung der gewaltfreien Aktion.

Diese setzt mit dem Versuch des Dialogs mit dem Gegner/der Gegnerin ein, der im Unterschied zu Verhandlungen mit dem Ziel der Durchsetzung eigener Interessen von der Achtung der Wahrheit des/der Anderen und den eigenen Defiziten ausgeht und diese benennt, dann aber auch die Unrechtssituation klar darstellt und konstruktive Vorschläge zur Lösung unterbreitet. So ist der *gewaltfreie Dialog* der Ort, wo gemeinsame Lösungen gefunden werden können, und der als Grundpfeiler der gewaltfreien Aktion immer wieder gesucht werden muss (in unserem Beispiel etwa mit den religiösen FührerInnen und dem Militärkommando). Die nächste Stufe, falls der Dialog scheitert oder gar nicht zustande kommt, bilden die *direkten gewaltfreien Aktionen*. Sie umfassen ein breites Spektrum öffentlicher (z.B. Flugblätter, Infostände, Demonstrationen, etc.), symbolischer (z.B. die ökumenischen Gottesdienste, der Friedensmarsch, etc.) und wirtschaftlicher Aktionen (z.B. Boykotts, Streiks, etc.). Zielsetzung dieser Stufe ist es, die Situation der Ungerechtigkeit einer breiteren Öffentlichkeit bewusst zu machen und dadurch die eigene Position durch Solidarisierung weiterer Bevölkerungsteile zu stärken. Erweisen sich auch die der jeweiligen Situation angemessenen direkten gewaltfreien Aktionen als wirkungslos oder ungeeignet, eine Veränderung im Dialog herbeizuführen, kommt als höchste Eskalationsstufe gewaltfreier Aktion die *Nicht-Zusammenarbeit* mit dem Unrechtssystem bzw. der *zivile Ungehorsam* zum Einsatz. Diese beruhen auf der Tatsache, dass jede Herrschaft letztlich nur durch das Mitmachen eines Großteils der Bevölkerung Bestand haben kann, und dass durch die Verweigerung der Zusammenarbeit auf legale Weise (z.b. Kriegsdienstverweigerung) oder in bewusster Übertretung von Gesetzen Veränderung möglich wird. Die Besetzung des brachliegenden Landes und die folgende gemeinsame Bebauung zeigen Merkmale aller Stufen der gewaltfreien Aktion einschließlich der konstruktiven Alternative zur Überwindung des Hungers.

Krieg und Analphabetismus – die Kampagne „Schule für alle!"

Zugang zu Schulbildung für alle als Voraussetzung für ein Leben in Würde und Partizipation hatte für GANVE seit ihrer Gründung hohe Priorität. Bereits im Schuljahr 1995/1996, als deutlich wurde, dass Korruption bei der Vorbereitung der Staatsexamen die reichen StudentInnen privilegierte und unbemittelte auszuschließen drohte, organisierte GANVE in Lubumbashi durch Aufkleber, Proteste und Vorsprachen bei den Schulbehörden eine so intensive Kampagne, dass die Prüfung verschoben und später unter kontrollierten Bedingungen durchgeführt werden musste.

Hatte die Republik Kongo sich durch die Unterzeichnung der Menschenrechtserklärung verpflichtet, den Artikel 26 zu beachten, der *das Recht auf freie Grundschulausbildung allen* Kindern zusichert, so kam es doch bereits unter der Regierung Mobutu zu Ausfällen der Bezahlung von LehrerInnen öffentlicher Schulen und in der Folge zu langen Streiks. Durch den Machtkampf, der nach dem Sturz Mobutus durch L. D. Kabila (1997) ausbrach und der den Kongo in einen internationalen Großkrieg um die Ausbeutung wertvoller Rohstoffe (Coltan, Gold) stürzte, brach das Staatswesen weitgehend zusammen. Die LehrerInnen öffentlicher Schulen wurden nicht mehr bezahlt. Als Notlösung wurde ein System *punktueller* finanzieller Unterstützung (FIP) durch die Eltern eingeführt, das jedoch bald zu einer Dauereinrichtung wurde (Schulgeld). Eine Katastrophe für die Kinder aus armen Stadtvierteln!

Hochmotivierte und engagierte LehrerInnen von GANVE erkannten die Dramatik der Situation und beschlossen, eine große Kampagne *„Schule für alle!"* in Gang zu setzen. Es gelang, LehrerInnen- und Elternvereinigungen, insgesamt 15 Organisationen der Zivilgesellschaft, vorwiegend Frauen, zu solidarisieren. In neun Bezirken der Stadt wurde mit 12.000 Fragebögen eine Enquete über die Konsequenzen des Systems FIP mit dem Ergebnis durchgeführt, dass 70 % der Kinder in den Armenvierteln die Schu-

le wegen des Schulgeldes nicht besuchen können; dass Korruption und Be-
stechung an der Tagesordnung sind.

Durch Flugblätter, Vorträge und Straßentheater fordert die Kampagne
darauf LehrerInnen, Eltern und SchülerInnen heraus, ihre Verantwortung
zu übernehmen, und mahnt bei der Schulbehörde deren Verpflichtungen
ein. Unermüdlich arbeiten die Mitglieder der Kampagne jahrelang unter
schwierigsten Bedingungen (Hungersnot in LehrerInnenfamilien!), ohne
Fortschritte zu sehen.

Als 2003 die Unterrichtsministerin nach Lubumbashi kommt, be-
schließt das Leitungskomitee der Kampagne einen *Friedensmarsch* durchzuführen mit der Zielsetzung, ihr eine Dokumentation über die Schulsitua-
tion zu überreichen. Der Marsch wird verboten, von den Frauen trotzdem
durchgeführt. Die Polizei schreitet ein. Frauen werden gewaltsam festge-
nommen, einigen gelingt es dennoch, die Dokumentation zu übergeben.
Die Festgenommenen aber beginnen sofort ein Gespräch mit der Polizei.
Sie bezeugen die Wahrheit, die Wirklichkeit der Situation: *„Auch Eure
Kinder leiden darunter, die ganze Republik leidet ... "* Beeindruckt von dem
Mut der Frauen und der Ehrlichkeit ihres Anliegens solidarisiert sich
schließlich der Polizeichef mit den Frauen. Sie werden entlassen. Die Kraft
der Armen hat gesiegt.

Die Nachricht von diesem Ereignis erreicht nicht nur die Hauptstadt
Kinshasa, sondern durcheilt wie ein Lauffeuer die ganze Republik. Der
Druck auf die Regierung ist enorm, sie sucht eine Lösung. Leider kann nur
eine Teillösung, eine Überbrückungszahlung durch UNESCO, erreicht
werden. Obgleich sich seither die Bedingungen für das Schulwesen gebes-
sert haben, bleibt die Zielsetzung *„Schule für alle"* weiterhin eine Herausforderung für die gewaltfreie Bewegung und die Zivilgesellschaft der DR
Kongo.

Im Workshop wurden anschließend an das Fallbeispiel und zur Herstellung eines Bezugs zu unserer Realität zwei Rollenspiele zum Thema Stu-
diengebühren in Österreich durchgeführt und ausgewertet, um so vor allem
die Aspekte des gewaltfreien Dialogs mit den TeilnehmerInnen praktisch
einzuüben.

Internationale Solidarität: Der Kongo-Appell 1999/2000

Der Genozid an Tutsi und gemäßigten Hutu in Ruanda 1994 und die
Machtübernahme durch den Tutsi-Präsidenten Paul Kagame hatten zur
Folge, dass rund 1,2 Millionen Menschen nach Kivu in den Osten der DR
Kongo flohen, darunter viele bewaffnete KämpferInnen der Hutu-Milizen.
Gleichzeitig wurden die Tutsi in Süd-Zaire von Mobutu verfolgt und erho-

ben sich mit Unterstützung von Ruanda und Uganda unter der Führung Laurent-Désiré Kabilas, was 1997 zum Sturz Mobutus führte. In der Folge zerbricht die Allianz Kabilas mit Ruanda und Uganda, die aufständische Militäreinheiten im Osten unterstützen, worauf Präsident Kabila Zimbabwe, Angola, Namibia und Tschad zu Hilfe ruft. Die Kämpfe weiten sich zum „Afrikanischen Weltkrieg" mit einer geschätzten Opferzahl von drei bis vier Millionen KongolesInnen aus. Große Teile der DR Kongo sind von aufständischen oder ausländischen Truppen besetzt, die Staatsgewalt existiert praktisch nicht mehr, die Bodenschätze (Gold, Diamanten, Kobalt, Coltan, etc.) werden geplündert und die Erlöse zum Ankauf westlicher Waffen verwendet. Es herrschen Armut, Hunger und Chaos – und all dies vollzieht sich praktisch unbemerkt von internationalen Medien und Öffentlichkeit. Schließlich wird am 10. Juli 1999 in Lusaka ein Friedensabkommen zwischen den beteiligten Staaten unterzeichnet, dessen Umsetzung aber schon in den Ansätzen stecken bleibt.

In dieser Zeit ergreifen der Internationale Versöhnungsbund, Pax Christi International, das Internationale Friedensbüro und Dialog International die Initiative und formulieren einen Internationalen Kongo-Appell, um die Weltöffentlichkeit auf diesen „vergessenen Krieg" aufmerksam zu machen und den Sicherheitsrat und den Generalsekretär der Vereinten Nationen zum sofortigen Handeln zu bewegen. Die zentralen Forderungen des Appells lauten:

„Die Unterzeichnenden ersuchen dringend als Sofortmaßnahme ein wirksames, totales Waffenembargo (gemäß VN-Charta VII, 41) gegen alle Kriegsparteien in der DRK, einschließlich der an diesem Krieg beteiligten Staaten (Zimbabwe, Angola, Namibia, Ruanda, Uganda, Burundi) zu beschließen.

Wir ersuchen die VN weiterhin um entschiedene Hilfeleistung bei der Implementierung der Friedensvereinbarung von Lusaka wie für die Abhaltung einer internationalen Konferenz für Gerechtigkeit und Frieden in Zentralafrika."

Der Kongo-Appell wurde von rund 50 international bekannten Persönlichkeiten unterzeichnet, darunter FriedensnobelpreisträgerInnen, aktive und ehemalige PolitikerInnen, kirchliche FührerInnen und VerteterInnen wichtiger Nichtregierungsorganisationen. Aus Österreich konnten dafür Altbundespräsident Kirchschläger, Nationalratspräsident Fischer sowie die Kardinäle König und Schönborn gewonnen werden. Nach Übergabe an die UNO im Februar 2000 beschloss diese in der Resolution 1291 die Einrichtung der MONUC (Mission der VN in der DRK) mit 5000 Blauhelm-SoldatInnen und weitere Maßnahmen zur Stabilisierung der Situation, die sich allerdings unter dem Präsidenten Joseph Kabila erst langsam einstellte. Der Internationale Kongo-Appell als gewaltfreie Initiative zur Solidarisierung

329

einer breiteren Öffentlichkeit mit den Opfern von Krieg und Gewalt im Kongo leistete dazu einen beachtlichen Beitrag und kann als Beispiel dafür dienen, wie gewaltfreie Initiativen auch auf globaler Ebene Einfluss gewinnen können.

SOMIKA – Gewaltfreier Kampf um Trinkwasser, humane Arbeitsbedingungen und Wahrung der Ökologie

In den letzten Jahren war GANVE mit Problemen konfrontiert, unter welchen die gesamte subsaharische Zone Afrikas leidet: Abbau von Bodenschätzen mit Verpestung von Wasser, Luft und Erde unter Missachtung der ArbeiterInnen wie der Lebensbedingungen der Bevölkerung. Es handelt sich um interkontinentale, globale Zusammenhänge von Unrecht. In dieser Situation muss der gewaltfreie Kampf um Gerechtigkeit gleichfalls eine internationale Dimension und Vernetzung erreichen.

Die Situation in Lubumbashi

2001 errichtet das Unternehmen SOMIKA, das Kupfer und Kobalt abbaut und bearbeitet, *ohne Bewilligung* in der für industrielle Nutzung verbotenen Zone der Stadt, nahe der Sammelstelle von 70 % des Trinkwassers, einen Betrieb, dessen Abwässer die Wasserqualität schwer gefährden.

Ab 2003 initiiert GANVE in Zusammenarbeit mit Menschenrechtsorganisationen der Region (CADOC) gewaltfreie Initiativen: Untersuchung des Trinkwassers im Betrieb SOMIKA, das hochgradig durch Schwermetalle verseucht ist. Untersuchung der ArbeiterInnen, die an Lungenbeschwerden und Hautverletzungen mit manchmal tödlichem Ausgang leiden. Die Initiative geht mit einem Bericht an die Öffentlichkeit und stellt die Forderung, SOMIKA zu verlegen, um die Gesundheit der Bevölkerung der Großstadt nicht zu gefährden. Die Diskussion ist damit losgetreten.

2004 besichtigt der Bürgermeister unangemeldet den Betrieb und wendet sich daraufhin gemeinsam mit dem Gouverneur der Region mit einer öffentlichen Aufforderung an die Direktion von SOMIKA, den Betrieb zu verlegen.

Nun reagiert SOMIKA mit einer Gegenkampagne, die die InitiatorInnen angreift und mit großen finanziellen Mitteln Gegenbeweise erbringt; es kommt zu Todesdrohungen. Doch der Bürgermeister wie der Gouverneur stehen weiter zu der Initiative von GANVE.

Im Mai 2005 verlangt der Präsident der DR Kongo in einer öffentlichen Erklärung die Verlegung von SOMIKA. Damit scheint GANVE den langen, harten Kampf gewonnen zu haben und schreibt an den Versöhnungsbund, der die Gruppe durch die Jahre wirksam unterstützte:

„Wir kämpften mit viel bescheideneren Mitteln als unsere Gegner, die nicht nur Dollar verteilen konnten, sondern auch von den mächtigen Bergbauunternehmen der Region unterstützt wurden.

Unsere Kraft in diesem Kampf ist die *Wahrheit*: Sie ist eine Kraft, eine wirksame Waffe, denn sie setzt sich zugunsten der Schwachen ein; ihr Ziel ist der Schutz von tausenden menschlichen Leben. Es ist ein Kampf für das Leben! In diesem Kampf waren wir nicht allein. Wir haben unsere Kraft aus Christus geschöpft, der die Wahrheit ist.

Wir danken unserer Bevölkerung, die ihre Verantwortung übernahm. Und schließlich danken wir Euch, Freunde und Kameraden unseres Kampfes, die Ihr uns von nahe und fern unterstützt habt. Ihr wart gegenwärtig. Gemeinsam ringen wir um größere Gerechtigkeit, mehr Frieden in der Welt!

(17.5.2005)   Eure GANVE"

Doch das Jahr 2005 vergeht, SOMIKA arbeitet weiter. GANVE wird sich bewusst, dass eine Lösung nur durch den Zusammenschluss und die Intervention mächtiger NGOs sowie der einschlägigen UN-Organisationen (WHO, ILO und UNDP) herbeigeführt und so das Unrecht an ArbeiterInnen und Bevölkerung überwunden werden kann. Der französische Versöhnungsbund startet eine internationale Unterschriftenkampagne, in deren Verlauf es gelingt, die weltweit bekannte und geschätzte Organisation „Ärzte der Welt" dafür zu gewinnen, sich des Problems lokal wie in seinem großen Zusammenhang anzunehmen. Denn neue Bedingungen können nur durch das Zusammenwirken des lokalen gewaltfreien Widerstandes mit internationaler, globaler Solidarität errungen werden. Ein langer Weg steht bevor, auf dem GANVE mutig engagiert ist.

Resümee

Die Feedbackrunde der TeilnehmerInnen ergab eine große Zufriedenheit mit dem Workshop im allgemeinen, vor allem die Kombination und der Wechsel von Fallbeispiel und persönlichem Zeugnis dazu, theoretischen Grundlagen zur aktiven Gewaltfreiheit und ihren Methoden sowie praktischen Spielen und Übungen – für die allerdings kaum ausreichend Zeit zur Verfügung stand – stieß auf große Zustimmung.

Uns erschien es vor allem wichtig aufzuzeigen, dass gewaltfreies Engagement dort – in der Demokratischen Republik Kongo – und hier – in Österreich, in der EU – möglich und bei allen Unterschieden der Situation durchaus auch vergleichbar ist. Damit die Überwindung von Armut und

Hunger durch gewaltfreies Handeln Wirklichkeit werden kann, bedarf es der internationalen Zusammenarbeit genauso wie des persönlichen Einsatzes auf jeweils lokaler Ebene – mit einem langen Atem und der Hoffnung, dass eine andere Welt möglich ist.

NEUE AKTEURE IN DER HUMANITÄREN HILFE.
EIN SCHRECKGESPENST GEHT UM

MARTINA SCHLOFFER[1]

Niemand würde ernsthaft behaupten, es gäbe weltweit zu viel humanitäre Hilfe. Dennoch ist die Zunahme der Akteure in dem Bereich – der humanitären Helfer verschiedenster Provenienz, allen voran der Militärs – ein viel und kontrovers diskutiertes Thema. Warum die große Skepsis, wo doch eine Zunahme von humanitärer Hilfe allseits freudig begrüßt werden sollte?

Diese Frage soll auf den kommenden Seiten genauer betrachtet werden. Wer sind die viel diskutierten „neuen Akteure"? Was sind beabsichtigte oder unbeabsichtigte Wirkungen ihres Engagements, was sind die Bedenken der Kritiker? Der Fokus liegt dabei bei den multinationalen Truppen und den zivil-militärischen Beziehungen. Sie sind nur ein Akteur von vielen, doch sie scheinen aufgrund purer Ressourcenstärke und Visibilität am meisten Wirkung zu erzielen[2] – zu hinterfragende Wirkungen, wenn man der teilweise vehement vorgebrachten Kritik der Hilfsorganisationen folgt.

Die Komplexität des Themas ist unerschöpflich, hinter jedem betrachteten Aspekt finden sich neue, die Aspekte sind undurchschaubar ineinander verwoben. Viel wurde in den vergangenen Jahren darüber diskutiert, aber es gibt – außerhalb einiger organisationsinterner Richtlinien – nur wenig konkrete Unterstützung für jene, die das Phänomen in ihrer täglichen Arbeit trifft. Es soll uns daher auf den folgenden Seiten nicht das im gegebenen Rahmen (und vermutlich auch insgesamt) hoffnungslose Streben leiten, die Komplexitäten der Situation perfekt zu durchschauen. Ziel ist vielmehr die Suche nach gangbaren Wegen, wie den derzeitigen Änderungen des Umfelds der humanitären Hilfe in der täglichen Praxis begegnet werden könnte.

---

1 Martina Schloffer arbeitet seit 12 Jahren für das Rote Kreuz. Der folgende Artikel reflektiert persönliche Meinungen der Autorin, die nicht notwendigerweise die Position des Roten Kreuzes darstellen.

2 Wiewohl auch andere, z.B. die wirtschaftlichen Akteure, deren Präsenz und Aktivität im Vergleich zu Militärs in der Akutsituation weniger visibel ist, detaillierte Betrachtung wert wären.

Wer sind die „neuen" Akteure in der humanitären Hilfe?

Dazu muss wohl erst nach dem Begriff „humanitär" an sich gefragt werden. Er hat sich zu einer beliebten Allzweckbezeichnung entwickelt. Seine inflationäre Verwendung wirkt oft und aus den verschiedensten Gründen absurd, definitiv verwirrend, ist jedoch per se meist nicht falsch und sicherlich nur selten unbedacht: wenn z.b. multinationale militärische Einsätze zu „humanitären" Interventionen werden oder ein Genozid im UN-Sicherheitsrat zur „humanitären Krise" wie in Ruanda.

In der breitesten Interpretation ist eine humanitäre Aktion jegliche Form von Intervention gegen jegliche Form menschlichen Leidens.[3] Damit ist der Einsatz von militärischen Mitteln, z.b. im Rahmen des *peace enforcement* ebenso eine humanitäre Aktion wie die Verhängung von wirtschaftlichen Sanktionen zur Schwächung eines Regimes.[4] Am anderen Ende der Bedeutungsskala finden wir die sehr eng definierte „neutrale, unparteiliche humanitäre Hilfe" – Hilfe, deren oberstes Ziel ist, Menschen in akuter Not das Leben zu retten oder ihr Überleben in Würde zu sichern, ungeachtet ihrer ethnischen, politischen, religiösen Zugehörigkeit oder Nationalität, rein auf Basis ihrer Bedürftigkeit.

Dieses enge Verständnis haben viele humanitäre Hilfsorganisationen zu ihrem Credo gemacht, und auch die EU hat sich in ihrem 2007 beschlossenen *Konsens zur Humanitären Hilfe* auf dieses Verständnis festgelegt.[5]

Jeder theoretische und praktische Dialog muss daher im Bewusstsein stattfinden, dass verschiedene Akteure auch verschiedenes unter einer humanitären Aktion bzw. unter humanitärer Hilfe verstehen, und dass sie

---

[3] Hassner, (1998), From War & Peace to Violence & Intervention, S. 16, in: Moore (Hrsg.) (1998), Hard Choices: Moral Dilemmas in Humanitarian Intervention, Lanham.

[4] Über die tatsächliche Sinnhaftigkeit von Sanktionen zur Erreichung des Zieles besteht Uneinigkeit. Ebenso wie beim Einsatz militärischer Mittel liegt dahinter jedoch die Idee, dass mit dem Blick auf ein langfristiges „humanitäres" Ziel, mittelfristig Leiden der Bevölkerung akzeptiert wird.

[5] Zu finden unter http://ec.europa.eu/echo/files/policies/consensus/consensus_en.pdf; Auszug:
„10. The EU is firmly committed to upholding and promoting the fundamental humanitarian principles of humanity, neutrality, impartiality and independence. This principled approach is essential to the acceptance and ability of the EU, and humanitarian actors in general, to operate on the ground in often complex political and security contexts. [...] 11. The principle of humanity means that human suffering must be addressed wherever it is found, with particular attention to the most vulnerable in the population. The dignity of all victims must be respected and protected.
12. Neutrality means that humanitarian aid must not favour any side in an armed conflict or other dispute. 13. Impartiality denotes that humanitarian aid must be provided solely on the basis of need, without discrimination between or within affected populations. ..."

vermutlich unterschiedliche Ziele und Inhalte damit verbinden. Wenn in der Folge in diesem Text von „neutraler, unparteilicher humanitärer Hilfe" gesprochen wird, dann wird damit auf die obige Definition verwiesen. Nur „humanitäre Hilfe" oder „humanitäre Aktion", ohne genauer beschreibende Attribute, lässt den Interpretationsraum offener – z.b. für parteiliche Hilfe oder Hilfe, die nur unter Bedingungen oder gegen Gegenleistungen gegeben wird.

Zurück zu den Akteuren: Die wichtigsten Akteure im Umfeld der humanitären Hilfe sind, ohne Anspruch auf Vollständigkeit, die klassischen humanitären Hilfsorganisationen (UN-Organisationen, MSF, Rotes Kreuz, Care, etc.), privatwirtschaftliche Unternehmen, nationale, multinationale und internationale militärische/politische Akteure und zahllose NGOs und GOs jeder Größe und Provenienz. Keiner von ihnen ist tatsächlich neu. Doch ihre Anzahl ist in den vergangenen zwei Jahrzehnten enorm angestiegen, ihre Ziele und Arbeitsweisen verändern sich, und damit verändert sich auch das Umfeld, in dem humanitäre Hilfe stattfindet.

So einfach und übersichtlich die obige Aufzählung erscheint, so irreführend kann sie für die Praxis sein, denn dort verschwimmen die Abgrenzungen: Militärs bedienen sich privatwirtschaftlicher Unternehmen oder humanitärer NGOs zur Umsetzung ihrer Ziele; Regierungen, Einzelpersonen oder Unternehmen gründen und steuern ihre eigenen humanitären NGOs; staatliche Geldgeber-Institutionen werden selbst operativ; Hilfsorganisationen treten in Joint Ventures mit der Wirtschaft, etc.

Für die praktische Arbeit im Einsatz erscheint deshalb eine Betrachtung der tatsächlichen Ziele und Arbeitsweisen der Akteure nützlicher, auch wenn diese im Chaos der Situation nicht immer einfach erkennbar sind: Vielfach ist bei Akteuren die humanitäre Hilfe ein Mittel zum Zweck, um andere Ziele zu erreichen. Dazu gehören z.B. wirtschaftliche Ziele, wie die Sicherung eines zukünftigen Absatzmarktes in einem Noch-Konfliktgebiet, oder Imageaufbesserung im Ziel- oder Herkunftsland (z.B. Medien, die eigene Hilfsaktionen durchführen; Wirtschaftsunternehmen, politische Akteure), missionarische Ziele (Vergrößerung einer religiösen Gemeinschaft), um nur einige der vielen Varianten aufzuzählen. Solche Hilfe kann unparteilich für die Bedürftigsten gegeben werden, oft ist sie aber auch nur für spezifische Zielgruppen zugänglich oder gar nur unter Bedingungen.

Bedauerlicherweise mangelt es hier oft an Transparenz. Es ist nicht einfach, hinter öffentlich kommunizierten Zielen und Grundsätzen die zugrunde liegenden tatsächlichen Ziele zu erkennen. Gesondert zu betrachten ist zudem jener Bereich, in dem das übergeordnete Ziel ebenfalls ganz oder teilweise in einem weiteren Sinn als humanitär bezeichnet werden kann, wie politische Ziele der Friedenssicherung oder Demokratisierung.

Das verdeutlicht, dass es in einer Betrachtung der Akteure nicht um Gut oder Böse, um verwerfliche Ziele oder begrüßenswerte Ziele geht. Eine so einfache Lösung bietet die Komplexität der Situation leider nicht. „Moral factors do not lie apart from this clutter of complexity and difficulty. They are embedded, often discordantly; moral imperatives do compete not only with more material and temporal elements but also with one another", konstatierte Jonathan Moore schon 1998.[6]

Es gilt, die unterschiedlichen Ziele transparent, die Arbeitsweisen und Entscheidungen der Akteure dadurch berechenbarer zu machen und den Dialog zu fördern, damit die Helfer in ihrer täglichen Arbeit im generell undurchschaubaren und sich schnell entwickelnden Umfeld der so genannten *complex emergencies* notwendige Hilfe für bedürftige Menschen bestmöglich koordinieren und umsetzen können. Ein solcher Austausch mit den zahllosen kleinen, oft kurzlebigen Akteuren ist schwierig und beschränkt sich im Moment vermutlich auf relative zufallsgenerierte, anlassbezogene Gespräche.[7] Zwischen den relativ großen, langfristig aktiven Akteuren ist es aber ein laufender, wenn auch noch ausbauwürdiger, Prozess.

So auch zwischen Hilfsorganisationen und den Militärs. Deren Engagement in der humanitären Hilfe hat sich in den vergangenen Jahren massiv verändert. Vereinfacht ausgedrückt könnte man von einer Militarisierung der Hilfe sprechen, die Hand in Hand geht mit einer Erweiterung von UN-Friedensmandaten auf zivile Aspekte.[8] Bevor wir darauf näher eingehen, sei hier nochmals auf das oben schon erwähnte moralische Dilemma hingewiesen: Es kann im Folgenden nicht um eine Verurteilung des multinationalen militärischen Engagements gehen. Eine solche wäre weder vertretbar noch zielführend. Im Gegenteil, der Einsatz militärischer Mittel dient letztendlich der Erreichung politischer Ziele, und militärische Einsätze im „internationalen Auftrag" werden auch von den Hilfsorganisationen oft als moralisch notwendig betrachtet und sogar gefordert. Die Verwendung der kapazitätsstarken militärischen Ressourcen für humanitäre Hilfe ist manchmal der einzige mögliche und sinnvolle Weg, Hilfe für Menschen zu bringen, die sonst keine Hilfe erhalten würden.

---

6   Moore 1998, a.a.O., „Introduction", S. 2.

7   Obwohl es sicherlich für viele Aktive im humanitären Bereich eine ständige persönliche Herausforderung ist, so manchen Akteur auch von der Vorrangigkeit der Humanität vor anderen Zielen zu überzeugen oder ihn wenigstens zu einer Abstimmung der Aktionen mit den anderen Akteuren zu bringen.

8   Siehe dazu und zum Folgenden u.a. Bessler/Seki (2006), Civil-Military Relations in Armed Conflicts: A Humanitarian Perspective; unter: http://www.coe-dmha.org/liaison /Vol_3No_3/Dept01.htm, S. 1 ff., und Rana (2004), Contemporary Challenges in the civil-military relationship: Complementary or incompatibility? (http://www.icrc.org/Web/eng /siteeng0 .nsf/htmlall/66DDF7/$File/irrc_855_Rana.pdf .

Die Militarisierung der Hilfe

Humanitäre Hilfe als Mittel, um militärische Ziele zu erreichen: In einem integrierten Ansatz verwenden Militärs immer strukturierter humanitäre Hilfe als Teil der militärischen Strategie, so z.b. in „hearts and minds"-Kampagnen, um die Herzen der lokalen Bevölkerung zu gewinnen und, damit eng verwoben, durch humanitäre Hilfsaktionen mit dem Ziel des Schutzes der Truppen, der Gewinnung von Informationen oder als Multiplikationsfaktor für einen Einsatzerfolg.

Eine solche Verwendung von humanitären Aktivitäten für militärische Ziele ist keineswegs neu, sondern war Teil aller großen militärischen Aktionen des 20. Jahrhunderts. So haben z.b. die in Afghanistan 2004 implementierten Pronvincial Reconstruction Teams ihre Wurzeln im Strategic Hamlet Project der US-Truppen im Vietnamkrieg. Damals wurden Spezialtruppen an der Seite von USAID-Repräsentanten in einer „hearts and minds"-Kampagne entsandt, um Entwicklungsunterstützung für die Bevölkerung verbunden mit einer Kampagne gegen die Untergrundkämpfer durchzuführen.

Das übergeordnete Ziel ist politisch-militärisch. Die humanitäre Hilfe ist dabei eines aus einer Reihe von Mitteln, um das übergeordnete Ziel zu erreichen.

„CA [Civil Affairs[9]] encompasses the activities that military commanders take to establish and maintain relations between their forces and the civil authorities and the general population, resources and institutions in friendly, neutral or hostile areas where their forces are employed. Commanders plan and conduct CA activities to facilitate military operations and help achieve politico-military objectives derived from US national security interests."[10]

Im Rahmen dieser Entwicklung werden auch immer mehr zivile Mitarbeiter in die militärische Struktur integriert, die Seite an Seite mit ihren uniformierten Kollegen auf das gemeinsame Ziel hinarbeiten.

---

9 „Civil Affairs" ist der von den US-amerikanischen Armed Forces verwendete Begriff für die zivil-militärischen Beziehungen. Im europäischen Raum ist eher der auch von der NATO verwendete Begriff CIMIC (Civil Military Cooperation) bekannt. Die detaillierte inhaltliche Bedeutung der Begriffe divergiert, so dass die humanitären Organisationen seit einigen Jahren in der Diskussion zum Überbegriff „civil military relations / Zivil-militärische Beziehungen" greifen, wenn von dem Phänomen in allgemeinerem Sinn die Rede ist.

10 Joint Chiefs of Staff Library, June 2004, http://www.dtic.mil/doctrine/, zitiert in Rana 2004, a.a.O., S. 572.

Veränderte Rolle des Militärs: Nach Ende des Kalten Kriegs waren die Militärs einem veränderten Rechtfertigungsdruck ausgesetzt. Die Notwendigkeit des Unterhalts kapazitätsstarker, teurer militärischer Ressourcen wurde hinterfragt, neue Aufgabenfelder gesucht. Folge war u.a. eine stärkere Involvierung nationaler Heere in die Katastrophen- und humanitäre Hilfe international,[11] als logische Erweiterung einer selbstverständlichen nationalen Rolle des Militärs. Die Nutzung der militärischen Ressourcen nicht nur für bewaffneten Kampf, sondern auch für Hilfe für in Not geratene Bevölkerung bringt nebenher einen Sympathie-Effekt im Herkunftsland der jeweiligen Truppen, und erhöhte Akzeptanz – politisch, medial und in der Bevölkerung – von multinationalen Einsätzen. Dieser Teil der militärischen Arbeit ist damit ein wichtiger Aspekt der nationalen Kommunikationsstrategie und in der Argumentation solcher Einsätze.

Weiterentwicklung der multinationalen Friedensmandate: Die Änderung der Konflikte (ein Anstieg der internen Konflikte, die sich mit niedriger Intensität über lange Jahre hinziehen; eine nicht selten zweistellige Zahl aktiv kämpfender Konfliktparteien; weniger Schonung oder aktive Involvierung der Zivilbevölkerung) bringt langwieriges Leid für die Zivilbevölkerung der Konfliktregion. Die Lösungsansätze in der internationalen Gemeinschaft, insbesondere der UN, haben sich in den vergangenen 20 Jahren den komplexeren Erfordernissen angepasst.

Traditionell fanden Friedensmissionen unter dem Prinzip eines Einverständnisses der (nicht mehr) kämpfenden Parteien statt, um z.B. die Einhaltung von Waffenstillstandsabkommen zu überwachen, Truppenrückzüge zu unterstützen, Wahlen zu beobachten oder auch zu organisieren. Konflikte in den frühen 90er Jahren, insbesondere im Nordirak und in Somalia, brachten den Schritt vom „peace-keeping" zum „peace-enforcement", und in den Jahren darauf folgte ein exponentieller Anstieg der zivilen und humanitären Aufgaben. Diese Aufgaben sind vielfältig und reichen von Straßenreparatur, Hilfsgüterverteilung, Überwachung von Flüchtlingsrückkehr, Überwachung der Polizei, Wiederaufbau der staatlichen Administration, Festnahme von Kriegsverbrechern bis hin zur kompletten Übernahme der Regierungsfunktion, wie z.B. durch die UNTAET in Osttimor.[12]

---

[11] Vgl. zum Beispiel die Petersberg-Aufgaben, zu finden unter http://europa.eu/scadplus /glossary.

[12] Kommentierte Überblicke über diese Entwicklungen finden sich u.a. in Studer (2001), The ICRC and civil-military relations in armed conflict unter http://www.icrc.org/Web /eng/siteeng0.nsf/htmlall/57JR5R/$File/367-392_Studer.pdf; S. 371f, und Bessler/Seki, 2006, a.a.O., S. 3 ff. Mehr ins Detail gehen u.a. Jones/Cherif (2003) Evolving Models of Peacekeeping: Policy Implications & Responses, unter: http://www.peacekeepingbest practices.unlb.org/.

Die heutigen „peace-building"-Mandate, die so genannte dritte Generation der multinationalen Friedensoperationen, verlangen von den eingesetzten Militärs neue Herangehensweisen: Die zur Verfügung stehenden zivilen und militärischen Mittel werden weniger als voneinander getrennte Aspekte betrachtet, sondern können und sollen zur Erreichung des übergeordneten Zieles, zur Umsetzung des Auftrages integriert verwendet werden. Die multinationalen Truppen übernehmen Verantwortung für die Erreichung der (nicht-militärischen) Ziele entsprechend dem ihnen aufgetragenen Mandat.

Vor diesem Hintergrund ist es nicht überraschend, dass sich die Vorgangsweise der Truppen in Bezug auf die Integration humanitärer Aktion in ihre Arbeit in den vergangenen zehn Jahren stark weiterentwickelt hat. Während in der Kosovo-Krise 1999 das „doing good" der Truppen zwar intensiv aber noch wenig strukturiert wirkt, haben die Militärs ihre Ansätze im Bereich der zivil-militärischen Beziehungen in den Jahren darauf klarer definiert und fokussiert.

Ebenso logisch erscheint die von den Truppen und von politischer Seite massiv an die nicht-militärischen Akteure im Umfeld herangetragene Erwartung, dass *alle* zur Erreichung der (zumeist) im internationalen Konsens vereinbarten friedenschaffenden Ziele zusammenarbeiten sollten.

Die humanitären Hilfsorganisationen in der Kassandra-Position

Jene Hilfsorganisationen, die in dieser Situation zur Vorsicht mahnen, Distanz halten und nicht zum integrierten Teil des Gesamtbemühens werden, stehen nahezu in der Defensive. Sie werden als unflexibel betrachtet und als unfähig, sich neuen Erfordernissen und begrüßenswerten Entwicklungen anzupassen. Tatsächlich erweckt der argumentative Rückzug auf „Mandat" und „Neutralität und Unparteilichkeit" nicht selten den Eindruck einer verzweifelten Verteidigung eigener Pfründe.

Die Bedenken der humanitären Hilfsorganisationen beziehen sich nicht auf die multi-dimensionalen, integrierten Operationen an sich. Die Involvierung von multinationalen Truppen in weiterentwickelte Ansätze für Friedensschaffung und Staatsaufbau *(nation-building)* ist für sich nicht das Problem. Sorge bereitet ihnen vielmehr, dass die Bereiche der humanitären Hilfe (die in ihrer Sicht strikt neutral und unparteilich sein sollte), die politischen Bereiche und das Militärische dabei ineinander verschwimmen und dass im Zuge dessen früher oder später die Bevölkerung und die Konfliktparteien die handelnden Institutionen und Organisationen nicht mehr auseinander halten werden können. Wenn die Militärs dann auch noch humanitäre Hilfe immer wieder als Mittel für andere Zwecke einsetzten,[13] werde, so die Hilfsorganisationen, der Raum für eine Umsetzung von tatsächlich neutraler und unparteilicher humanitärer Hilfe auf Dauer bedenklich eingeschränkt.

Die Sicherheit von Bevölkerung und von humanitären Helfern ist gefährdet und der Zugang zu hilfsbedürftiger Bevölkerung in umkämpften Gebieten wird noch schwieriger, als er heute schon ist.

Verschiedene Denkweisen treffen aufeinander

Die Frustration der Beteiligten in dieser noch lange nicht zu Ende geführten Diskussion ist verständlich: Die Militärs haben den Auftrag, mit einem Ansatz, der humanitäre, politische und militärische Mittel integriert, ein hochgestecktes Ziel zu erreichen, das sich generell auf den Endzustand eines verbesserten Status der betroffenen Bevölkerung und auf ein Ende ihres konfliktbedingten Leids subsumieren lässt. Tendenziell betrachten die Truppen ihre Arbeit als von neutralen und unparteilichen Prinzipien geleitet. Ihnen gegenüber stehen Vertreter großer Hilfsorganisationen, die von einer Wahrung der Neutralität und der Unparteilichkeit sprechen und mit dieser Begründung lieber eine Hilfsaktion abbrechen, als ihre Hilfsgüter unter dem bereitgestellten Schutz von Truppen zu verteilen, weil sie nicht mit ihnen in enger Kooperation gesehen werden wollen.

Als ob das nicht schon reichte, ergibt sich in der täglichen Praxis im Einsatzgebiet gelegentlich ein vollkommen gegenteiliger Eindruck: Truppen sehen sich dort nicht selten den an Forderungen grenzenden Erwartungen von Hilfsorganisationen (vor allem jener aus ihrem eigenen Herkunftsland) gegenüber, logistische Unterstützung, Transport oder gar Unterkunft für die Helfer bereitzustellen, Sicherheit bei den Ausfahrten der Hilfsorganisation zu gewährleisten, Informationen zu liefern und wenn möglich auch noch zu helfen, Kontakte aufzubauen.

Hier gilt es, die Unterschiede zwischen den einzelnen Hilfsorganisationen zu sehen. Zahllose eher kleine NGOs, oft an die tausend in einem Gebiet so klein wie ein österreichisches Bundesland, arbeiten meist nur temporär und gezielt für eine ganz bestimmte Konfliktsituation oder gar Bevölkerungsgruppe. Sie haben generell weniger Probleme mit enger Zusammenarbeit, bewegen sich dankbar in den von multinationalen Truppen als gesichert freigegebenen Gebieten und lassen sich auch unter Vertrag

---

13 „If they were to deliver these people to the criminal justice system, we will come back in and start the rebuilding of Falluja. That is their choice", General Mark Kimmit, CENTCOM-Sprecher, Irak, April 2004.

nehmen, um als zivile Organisation humanitäre Hilfe des Militärs durchzuführen.

Im gleichen Umfeld arbeiten einige sehr große (mit Ausnahmen) internationale Hilfsorganisationen, die aufgrund ihrer gegenüber allen, auch gegenüber multinationalen Truppen, konsequent vertretenen Neutralität und Unparteilichkeit nicht nur in „gesicherten" Gebieten Hilfe leisten können, sondern auch den notleidenden Menschen in so genannten Rebellengebieten, die für die meisten anderen unzugänglich sind. Solche Hilfsorganisationen bauen auf das Vertrauen aller Konfliktparteien in ihre strikte Neutralität und Unparteilichkeit. Ihre Anwesenheit und Arbeit wird auf diese Weise von den Entscheidungsträgern (Aufständischen, Warlords, Unabhängigkeitskämpfern, wie immer sie auch bezeichnet werden mögen) akzeptiert. Insbesondere in komplexen Konfliktsituationen sind Aufbau und Erhalt dieses Vertrauens ein schwieriges Unterfangen, das nur mit sehr viel Diplomatie, Konsequenz und Zähigkeit – nicht immer, doch erstaunlich oft – zum Erfolg führt.

Das übergeordnete Ziel ihrer Aktivitäten ist die weiter oben schon genannte unparteiliche, neutrale humanitäre Hilfe für *alle* Betroffenen. Das Leben der Menschen soll gerettet und Überleben mit einem Mindestmaß an Würde soll gesichert werden, ungeachtet ihrer ethnischen, politischen, religiösen Zugehörigkeit oder Nationalität, rein auf Basis ihrer Bedürftigkeit. Damit wird ein Dilemma deutlich, das in der Theorie klein aussieht, in der täglichen Praxis aber zu enormen Missverständnissen führen kann, wenn es nicht transparent für alle Beteiligten auf dem Tisch liegt: Der Auftrag der internationalen Gemeinschaft, das oberste Ziel einer meist langfristig angelegten multinationalen Friedensoperation, ist auch die Beendigung des Leidens der betroffenen Bevölkerung. Jedoch langfristig. Um dahin zu kommen, nimmt die internationale Gemeinschaft ungern, aber doch, temporäres Leid als notwendiges Übel in Kauf – z.B. bei Hunger und Ausfall der medizinischen Versorgung, bei Sanktionen, Tote und Verletzte bei Kampfhandlungen oder durch Hilfe, die an Bedingungen wie Informationsweitergabe geknüpft ist.[14]

Zwei Ansätze, jeder mit nachvollziehbarer moralischer Legitimität, stehen nebeneinander und leiten die täglichen Entscheidungen der Handelnden im Konfliktgebiet. Der Druck auf die Hilfsorganisationen ist dabei groß, sich dem Bemühen der multinationalen Truppen anzuschließen, insbesondere angesichts von Sicherheitsproblemen, die den Helfern immer

---

[14] „… on May 12th 2004, MSF publicly condemned the distribution of leaflets by the coalition forces in southern Afghanistan in which the population was informed that providing information about the Taliban and al-Quaeda was necessary if they wanted the delivery of aid to continue." Pressestatement MSF, 28. Juli 2004.

mehr Schwierigkeiten bereiten. Natürlich wäre es einfacher, sich von bewaffneten Truppen beschützen zu lassen und Verteilungen in relativer Sicherheit durchzuführen, vor allem in Gebieten, in denen der Konflikt nicht aktuell ist, bereits beendet wurde und die Situation gerade Zugang zu allen Betroffenen erlaubt.

Doch das wäre kurzsichtig, so die Position einiger Hilfsorganisationen. Multinationale Truppen könnten jederzeit in Kampfhandlungen verwickelt werden oder sie sind es bereits gleichzeitig in anderen Regionen des gleichen Konfliktgebietes. Sie werden somit von jemandem im Umfeld als militärischer Feind betrachtet, und sei dieser „jemand" auch eine noch so kleine Gruppe.

Die Hilfe der Militärs ist langfristig nicht vom Ziel neutraler, unparteilicher Hilfe geleitet, sondern von ihrem –wie oben schon betont in seiner Legitimität hier nicht hinterfragten – politisch-militärischen Ziel. Die Bevölkerung und Konfliktparteien werden früher oder später die Akteure und verschiedenen Institutionen im Umfeld der Hilfe nicht auseinanderhalten können, wenn sie eng zusammenarbeiten und immer wieder gemeinsam gesehen werden oder gar die gleichen Fahrzeuge oder Flugzeuge benutzen, wie in Somalia in den frühen 90er Jahren, als die Flugzeuge der UN-Hilfsorganisationen auch für Waffentransport genutzt wurden. Damit werden die Neutralität und Unparteilichkeit der Hilfsorganisationen von der Bevölkerung nicht mehr als solche wahrgenommen. Jene Neutralität und Unparteilichkeit, die für einige Hilfsorganisationen die Basis für den Zugang zu umkämpften Gebieten ist, damit auch dort der leidenden Bevölkerung geholfen werden kann; jene Neutralität, die den humanitären Helfern Sicherheit und Bewegungsfreiheit gibt, weil sie sich darauf verlassen können, nicht angegriffen zu werden. Leidvolle Erfahrungen der Bevölkerung, dass Hilfe nur unter Bedingungen gegeben wird oder dass die Helfer gleichzeitig verdeckt Informationen sammeln, die später für militärische Aktionen genutzt werden, schädigt das Vertrauen in *alle* Helfer noch weiter.

Fazit ist, dass die Helfer ihre Akzeptanz, ihre Sicherheit und ihre Bewegungsmöglichkeit in der Region verlieren. Der Raum für die neutrale und unparteiliche humanitäre Hilfe wird eingeschränkt. Der Zugang zu manchen Bevölkerungsteilen bzw. Bedürftigen in kritischen Gebieten wird schwieriger oder unmöglich. Das kurzfristige Mehr an Hilfe in einem eingeschränkten Gebiet wird so mit einem langfristigen Weniger an Hilfe bezahlt.

Als im Kosovo 1999 NATO-Truppen in Mazedonien und Albanien einen großen Teil der Hilfe für die Flüchtlinge aus dem Kosovo trugen, bombardierten NATO-Truppen gleichzeitig Serbien. Der Reiz für die Hilfsorganisationen, mit den „unparteilich" außerhalb des Konfliktgebietes in Mazedonien helfenden Soldaten zusammen zu arbeiten, war groß, und viele haben es auch getan. Jene, die gleichzeitig in Serbien halfen, standen aber damit vor einem Problem. So wurde z.b. einem IKRK-Mitarbeiter der Zugang zu einem Gefängnis in Serbien verweigert,[15] mit der Frage, wie er behaupten könne, neutral zu sein, wenn doch seine Rotkreuz-Kollegen in Mazedonien und Albanien für die NATO-Truppen arbeiteten.[16]

Der Druck auf die Hilfsorganisationen ist groß, endlich zu akzeptieren, dass sie ab jetzt eben nicht mehr neutral sein könnten, und im ungünstigsten Fall eben nur in von multinationalen Truppen gesicherten Gebieten und in zumindest loser Kooperation mit ihnen arbeiten könnten. „Barno [United States Armed Forces Commander of Operation Enduring Freedom in Afghanistan] suggested that it was time for relief groups to accept that they could not be neutral after a stream of deliberate attacks on de-miners and well-diggers [...] ‚They probably have to, and they are, realizing that they are now operating in a different world' he said".[17]

Würden sich die Hilfsorganisationen in die breiten, gemeinsamen Bemühungen integrieren, müssten sie sich auch nicht aufgrund von Sicherheitsproblemen vollständig aus einem Gebiet zurück ziehen, – was immer wieder vorkommt. Hier schließt sich ein weiterer Argumentationskreis: Hilfsorganisationen werden von manchen Konfliktparteien und der Bevölkerung nicht mehr als neutral betrachtet, weil diese sie in der Betrachtung nicht von den (ebenso als Helfer, häufig in Zivil oder gemeinsam mit Hilfsorganisationen auftretenden) Truppen trennen können. Die Hilfsorganisationen werden in Sicherheitsprobleme verwickelt, im Extremfall sogar zum Ziel von Attacken. In dieser Situation stehen sie vor den Alternativen, entweder ihre Arbeit ganz einzustellen oder sich unter den Schutz eben jener Truppen zu stellen, die zumindest zu einem Teil die Ursache des Problems sind. Eine der Folgen ist, dass multinationale Truppen dann tatsächlich einem humanitären Vakuum in einer Region gegenüberstehen und es als ihre Verantwortung sehen, selbst für Hilfe in solchen Vakuum-Regionen zu sorgen.[18] Leer gehen dabei jene Bedürftigen aus, die sich außerhalb des von Truppen gesicherten Einsatzgebietes befinden, oder – im schlimm-

---

15 Das IKRK hat aufgrund der Genfer Abkommen die Aufgabe, Kriegsgefangene zu besuchen, um korrekte Haftbedingungen sicherzustellen.

16 Leider konnte ich nicht mehr feststellen, wer der Betroffene war, um den tatsächlichen Hergang dieses damaligen Vorfalls bestätigen zu lassen.

17 Associated Press, 20. Dez. 2003, General plans changes in Afghan strategy.

18 Es gilt nochmals zu betonen, dass es zahlreiche unterschiedliche Hilfsorganisationen gibt und nicht alle dem Prinzip der Neutralität und Unparteilichkeit mit langfristig vorausschauenden Ansätzen folgen. Manche der Hilfsorganisationen gehen den gegenteiligen Weg und fordern den Schutz – wissend, dass sie damit zwar bei einigen Bevölkerungsteilen an Vertrauen gewinnen, bei anderen aber verlieren.

sten Fall – nicht interessant für das politisch-militärische Ziel der Truppen sind.

Es ist ein düsteres Bild, das hier gemalt wird. Zum Teil basiert es auf Erfahrungen, zum Teil auf Befürchtungen um die langsame Verdrängung einer tatsächlich „menschlichen" humanitären Hilfe, die bedingungslos allen, die in Not sind, gegeben wird und die nicht Mittel zum Zweck ist. Dem gegenüber stehen neue integrierte Ansätze und das gemeinsame (vielleicht nicht weniger idealistische) Bemühen, Menschen in einem Konfliktgebiet langfristig ein Ende des Leids zu bringen – auch wenn dafür in pragmatischer Vorgehensweise kurz- und mittelfristig manchmal humanitäre Kosten entstehen und in denen akute Not der Menschen auch einmal bewusst zur Erreichung von längerfristigen Zielen instrumentalisiert wird.[19]

Weiterentwicklung des Denkens bei allen Beteiligten

Die Akteure arbeiten in komplexen Situationen in Konflikt- oder Postkonfliktgebieten. Ein unabhängiges Nebeneinander ihrer unterschiedlichen Herangehensweisen ist nicht möglich, jede ihrer Aktionen beeinflusst die Situation für die anderen. Gleichzeitig macht es keinen Sinn, den Druck in der Diskussion aufrechtzuerhalten und ständig zu versuchen, einander von der Überlegenheit des eigenen und von der Unrichtigkeit oder Überalterung des jeweils anderen Ansatzes zu überzeugen. Verhärtete Diskussionspositionen und Schwarz-Weiß-Malerei bringen uns hier nicht weiter. Die Militärs müssen und werden weiterhin auch manchmal Nothilfe leisten, und die Hilfsorganisationen werden hoffentlich weiter die Wichtigkeit der neutralen unparteilich gegebenen Hilfe nicht einem Diktat von kurzsichtigem Pragmatismus oder politischen Zielen unterwerfen.

Wie kann in dieser Situation sichergestellt werden, dass die Unterscheidung zwischen jenen, die politisch-militärische Ziele verfolgen und den humanitären Helfern klar und wahrnehmbar bleibt? Wie kann gewährleistet werden, dass es Raum für eine humanitäre Hilfe gibt, die nicht von militärisch-politischen Zielen geleitet ist? Wo ist Kooperation und Informationsaustausch sinnvoll, wo nicht?

Ein Referenzpapier der IASC[20] zum Thema gibt einige Denkansätze vor:[21]

---

[19] Siehe weiter oben das Zitat zum Wiederaufbau von Fallujah.

[20] Das IASC, Inter-agency Standing Committee, wurde von den UN gegründet und dient der Koordination, Weiterentwicklung und Entscheidungsfindung in der internationalen Katastrophenhilfe. Ihm gehören die operationellen humanitären UN-Organisationen an, eine permanente Einladung gilt u. a. für ICRC, IFRC, IOM, UNHCHR. Das Forum dient der Koordination, Weiterentwicklung und Entscheidungsfindung in der Katastrophen-

- *Dialog und Interaktion:* Die IASC erinnert an die Wichtigkeit von Dialog und Interaktion zwischen den Akteuren, um die humanitären Prinzipien zu schützen, um Inkonsistenzen, Doppelgleisigkeit und Wettbewerb zu verhindern, und auch um – wenn angebracht – gemeinsame Ziele zu verfolgen.

- *Balance zwischen Prinzip und Pragmatismus:* Sie fordert die Akteure auf, eine vernünftige Balance zwischen manchmal kurzfristig notwendigen pragmatischen Ansätzen und dem gültigen Primat von Neutralität und Unparteilichkeit der Hilfe zu finden.

- *Sicherheit und klare Unterscheidung:* Allen Beteiligten muss bewusst sein, dass jegliche Wahrnehmung von humanitären Akteuren, die den Eindruck erweckt, sie würden sich dem Militär anschließen, negative Auswirkungen auf die Sicherheit aller humanitären Helfer und damit auf den Zugang zur bedürftigen Bevölkerung hat. Sowohl die Hilfsorganisationen als auch die Militärs sind deshalb aufgerufen, eine klare Unterscheidbarkeit von Militärs und Zivilen aufrechtzuerhalten. Hilfsorganisationen dürfen sich und ihre Arbeit niemals als Teil der militärischen Operation darstellen, und militärisches Personal darf nicht als zivile humanitäre Helfer auftreten. Für eine klare Unterscheidbarkeit sind auch die humanitären Hilfsorganisationen verpflichtet, ihre operationelle Unabhängigkeit aufrecht zu erhalten. All dem sollte eine eindeutige Aufgabenteilung unterliegen, bei der jeder Teil die Aufgabe erfüllt, für die er am besten geeignet ist: Militärs für Schaffung und Aufrechterhaltung von Sicherheit, die Hilfsorganisationen für humanitäre Hilfe.

- *Eindeutiges Labeling:* Ohne Frage müssen Militärs in besonderen Situationen Hilfe für Bedürftige leisten. Doch, so die IASC, sollte heute das Bewusstsein bestehen, dass die so genannten humanitären Interventionen oder humanitäre Hilfe von Militärs korrekterweise als „militärisches Engagement in der Nothilfe" zu bezeichnen sind – nicht zuletzt, weil die von Militärs gegebene Nothilfe nicht dem Ziel neutraler, unparteilicher humanitärer Hilfe folgt, sondern militärisch-politischen Zielen. Es könnte an dieser Stelle mit zweckfremder Wortklauberei argumentiert werden, doch bedeuten Unterschiede in der Bezeichnung auch Unterschiede in der Vorgangsweise. So dürfte z.B. das Militär seine Nothilfe dann nur in Uniform und nicht in zivil leisten, was der oben geforderten klaren Unterscheidung zugute käme.

---

hilfe; mehr unter: http://ochaonline.un.org/webpage.asp?Page=661.

21 „Civil-Military Relationship in Complex Emergencies – An IASC Reference Paper", Juni 2004, unter: http://www.ochaonline.un.org/cmcs/guidelines; Für die Ausführungen im Folgenden und vertiefte Diskussion des IASC-Papieres siehe insbesondere Bessler/Seki, 2006, a.a.O., S. 4 ff.

- *Militärische Mittel als „last resort":* Nicht zuletzt wird auch von der IASC eingefordert, dass von Militärs geleistete Nothilfe tatsächlich der letzte Ausweg sein sollte, wenn keine andere Möglichkeit besteht, adäquate Hilfe zu den Bedürftigen zu bringen.

Die Vorschläge der IASC zeigen einen gangbaren Weg auf, der in der Praxis getestet und vermutlich noch gemeinsam weiterentwickelt werden muss. Nicht in Frage steht jedoch, dass jeglicher Weg für eine sinnvolle und für die Zielerreichung optimale Koexistenz der humanitären und militärischen Akteure wohl auf verbessertem *Wissen um die Ziele, Arbeits- und Denkweisen der anderen Akteure und deren Akzeptanz* basieren muss – generell wie auch in einer konkreten Operation. Die Möglichkeiten, das auszubauen, sind vielfältig: gegenseitige Teilnahme an Trainings, in Betracht Ziehen der Positionen des Gegenübers für die eigene Entscheidungsfindung, konstruktiver, laufender Dialog auf jeder Ebene, etc. Die Meinungen und Herangehensweisen der Akteure müssen deshalb nicht übereinstimmen – doch jene des Gegenübers sollten grundsätzlich akzeptiert und eine vernünftige Herangehensweise nicht durch gegenseitige Bekehrungsversuche blockiert werden. Der massive Druck auf die Hilfsorganisationen, doch zugunsten pragmatischer Ansätze und politischer Ziele ihre eigenen humanitären Ziele zu missachten, verspricht ebenso wenig Erfolg wie eine vermauerte Position von Hilfsorganisationen, dass die Militärs keinerlei Nothilfe für bedürftige Menschen leisten dürften.

Im Sinne einer effektiven Gesamtbearbeitung der Situation ist *ein konstruktiver laufender Dialog* ganz oben auf der Liste der verbesserungswürdigen Punkte. Er kann auf Basis gegenseitigen Kennens, gegenseitiger Akzeptanz und verringerter Kontaktscheu geschaffen werden. Obwohl militärische und humanitäre Organisationen normalerweise unterschiedliche Ziele und Prioritäten verfolgen, ist nicht ausgeschlossen, dass beide ähnliche Aktivitäten in derselben Region durchführen. Genau deshalb ist Dialog so essentiell,[22] um, wie oben schon ausgeführt, Konflikt, Wettbewerb, Verwirrung unnötige Duplikation oder Ineffizienz zu vermeiden.[23]

(Der Begriff Koordination wird in der Diskussion häufig vermieden, da er von hierarchischer Aufgabenzuteilung über ein klassisches „auf Zusam-

---

[22] Vgl. Rana, 2004, a.a.O., S. 576.

[23] Nur eines von vielen Beispielen unnötigen Aufwandes: In Kunduz, Afghanistan, beschlossen die Provincial Reconstructions Teams der UN-beauftragten internationalen Stability Forces (ISAF) einseitig, ein Spital zu unterstützen, das bereits vom IKRK Hilfe erhielt. Das IKRK zog sich aus der Hilfe für das Spital zurück, um Duplikation zu vermeiden. Es musste jedoch bald darauf die Hilfe für das Spital wieder neu aufnehmen, als die nächste Rotation der ISAF-Truppen beschloss, dass das Spital nicht mehr in ihre Zielprioritäten oder Finanzierung passe.

menarbeit angewiesen" bis hin zu gelegentlicher Zusendung von Email-Rundschreiben alles bedeuten kann. Solche Missverständlichkeiten sind dem ohnehin schon schwierigen Dialog nicht unbedingt zuträglich.)

- *Austausch von Informationen:* Es wäre einfältig, zu denken, dass bei einem verbesserten Dialog ein voller Informationsaustausch stattfinden kann. Weder werden die Militärs alle ihre Informationen an die Hilfsorganisationen weiter geben, noch werden Hilfsorganisationen Informationen weitergeben, durch die sie ihren Status und das Vertrauen, das ihnen Bevölkerung und Konfliktparteien entgegenbringen, gefährden könnten. Hier empfindet man als humanitärer Helfer einen erstaunlichen Druck, denn scheinbar erwarten militärische Einheiten, dass sie zwar selbst nicht informieren müssen, die anderen Organisationen jedoch sehr wohl die moralische Verpflichtung hätten, alle Informationen, die für die Erreichung der militärisch-politischen Ziele nützlich sein könnten, preiszugeben. Nichtsdestotrotz existieren zwischen diesen beiden inhaltlichen Extremen *viele Informationsinhalte, die problemlos ausgetauscht werden können.* Diese Möglichkeit muss aktiv von allen Seiten genützt werden, um die Arbeit aller Akteure zu verbessern.

Auf Basis einer verbesserten gegenseitigen Kenntnis von grundsätzlicher Herangehensweise und Zielen und eines lebendigen Dialogs können aktuelle Fragestellungen in einem operationellen Kontext konstruktiver miteinander besprochen werden. Die jeweilige Vorgehensweise der einzelnen Akteure kann bestmöglich abgestimmt werden. Gleichzeitig kann geklärt werden, wo eine Abstimmung von Vorgehensweisen aufgrund von unterschiedlichen Zielen, Methoden und Prinzipien auch bei bester Motivation an nicht beugbare Grenzen stößt. Die so geschaffene Transparenz hilft, Konfusion, Duplikation und Konflikte zu vermeiden.

Das Umfeld für die humanitäre Hilfe in *complex emergencies* hat sich in den vergangenen Jahren durch die Veränderung der Konflikte, durch die Vermehrung und neue Arbeitsweisen der Akteure, inklusive der internationalen Gemeinschaft, drastisch verändert. Es gilt in den kommenden Jahren herauszufinden, was davon Erfolg bringt, welche unerwarteten oder unerwünschten Nebenwirkungen der neuen Methoden (wie die aufgetretenen Sicherheitsprobleme für die humanitären Helfer) akzeptiert werden und wo Wirkungen durch entsprechende Adaptierungen der Ansätze – sowohl die neuen integrierten der Militärs wie auch jene der Hilfsorganisationen – abgemildert werden sollten. Gleichzeitig ist zu erwarten, dass die Situation mit dem in diesem Text nur kurz gestreiften intensiven Einstieg von anderen Akteuren und der starken Vernetzung all ihrer Aktivitäten vermutlich noch komplexer werden wird. Umso wichtiger ist es für jene, deren oberstes und unangefochtenes Ziel tatsächlich eine Verringerung von Leid und eine Verbesserung der Lebenssituation für die Menschen ist, einen produktiven Weg neben- und miteinander zu finden – egal, ob sie militärisch-politische Wege beschreiten oder jene der humanitären Hilfe.

ANHANG

AUTORINNEN UND AUTOREN

Elmar Altvater, Professor i.R. am Institut für Politikwissenschaft, Freie
Universität Berlin
www.polwiss.fu-berlin.de/people/altvater/

Carola Bielfeldt, Institut für Politikwissenschaft, Universität Innsbruck
www.uibk.ac.at/

Ulrich Brand, Professor für Politikwissenschaft, Universität Wien; Aktivitäten u.a. bei ATTAC und den Weltsozialforen
http://public.univie.ac.at/index.php?id=17066

Claudia Derichs, Politikwissenschaftlerin mit den regionalen Schwerpunkten Asien und Naher Osten am Institut für Sozialwissenschaften, Universität Hildesheim
www.uni-hildesheim.de/de/23300.htm

Hildegard Goss-Mayr, Ehrenpräsidentin des Internationalen Versöhnungsbundes, Niwano-Friedenspreisträgerin
www.versoehnungsbund.at

Gunther Hauser, Institut für Friedenssicherung und Konfliktmanagement, Landesverteidigungsakademie
www.bmlv.gv.at/wissen-forschung/publikationen/person.php?id=365

Pete Hämmerle, seit 20 Jahren Mitarbeiter im Internationalen Versöhnungsbund
www.versoehnungsbund.at

Claudia Haydt, Religionswissenschafterin und Soziologin, Vorstandsmitglied der Informationsstelle Militarisierung (IMI), Tübingen, Lektorin an der Fachhochschule Kärnten
http://haydt.myblog.de

Franz Küberl, Präsident Caritas Österreich
www.caritas.at

Peter Lock, Sozialwissenschafter, Koordinator der European Association for Research on Transformation (EART), Hamburg, EU-Projektpartner von Challenge: The Changing Landscape of European Liberty and Security www.peter-lock.de/

Gerald Mader, Präsident des Friedenszentrums Schlaining www.aspr.ac.at

Ueli Mäder, Professor für Soziologie, Universität Basel, Dekan der Philosophisch-Historischen Fakultät, Leiter des Nachdiplomstudiengangs für Konfliktanalysen und Konfliktbewältigung www.soziologie.unibas.ch/index.php?id=33

Volker Matthies, Professor für Politikwissenschaft, Universität Hamburg www.afk-web.de/html/beisitzer_in.html

Mohssen Massarrat, Professor i.R. am Fachbereich Sozialwissenschaften, Universität Osnabrück www.home.uni-osnabrueck.de/mohmass/index.html

Franz Nuscheler, Professor Emeritus an der Universität Duisburg-Essen, Senior Fellow am Institut für Entwicklung und Frieden (INEF) und an der Johannes Kepler Universität Linz, Friedens- und Entwicklungsforscher http://inef.uni-due.de/page/Mitarbeiter.html/fnuscheler

Agnes Otzelberger, war 2008 Praktikantin in der Programmabteilung von CARE Österreich und befindet sich derzeit im Masterstudium am Institute of Development Studies www.care.at

Thomas Roithner, Wissenschaftlicher Mitarbeiter am Österreichischen Studienzentrum für Frieden und Konfliktlösung (ÖSFK), Büro Wien, Koordinator der Sommerakademie www.thomasroithner.at

Werner Ruf, Professor i.R. für internationale und intergesellschaftliche Beziehungen und Außenpolitik, Universität Kassel www.werner-ruf.net

Martina Schloffer, Abteilungsleiterin Internationales Katastrophenmanagement des Österreichischen Roten Kreuzes, Einsätze u.a. in Eritrea, Vietnam, Ost-Timor, Irak, Sri Lanka und Kosovo www.roteskreuz.at/

Dieter Senghaas, Professor für Friedens-, Konflikt- und Entwicklungsforschung, Institut für Interkulturelle und Internationale Studien, Universität Bremen
www.iniis.uni-bremen.de/homepages/senghaas/index.php

Peter Strutynski, Politikwissenschafter, Universität Kassel, Sprecher des Bundesausschuss Friedensratschlag
www.uni-kassel.de/fb5/frieden/

Rainer Tetzlaff, Professor für Politikwissenschaft, Friedensforscher und Afrikaspezialist, Universität Hamburg, seit 2008 „Wisdom Professor of African and Development Studies" an der Jacobs-Universität Bremen
www.jacobs-university.de/directory/rtetzlaff/index.php

Astrid Wein, Programmdirektorin von CARE Österreich,
www.care.at

Andreas Zumach, Journalist, UNO-Korrespondent für deutsche, schweizerische und österreichische Zeitungen, Rundfunk und Fernsehanstalten, Buchautor, Genf,
www.bits.de/zumach.

ÜBER DEN HERAUSGEBER

In der südburgenländischen Stadtgemeinde Stadtschlaining sind zwei Friedensinstitutionen beheimatet: Das 1982 gegründete Österreichische Studienzentrum für Frieden und Konfliktlösung (ÖSFK) und das 1987 mit Hilfe von europäischen UNESCO-Organisationen gegründete Europäische Universitätszentrum für Friedensstudien (EPU). Beide Institutionen sind als private, gemeinnützige, überparteiliche und unabhängige Vereine organisiert und beide werden von ihrem Gründer und geschäftsführenden Präsidenten Gerald Mader geleitet. Beiden Institutionen wurde 1995 von der UNESCO der Preis für Friedenserziehung verliehen.

Das ÖSFK hat das Ziel, zur weltweiten Förderung des Friedens und zur Förderung einer friedlichen Konfliktlösung auf allen Ebenen beizutragen. Entsprechend engagiert sich das ÖSFK in Forschung, Ausbildung und friedenspolitischer Praxis. Den Ausbildungsschwerpunkt bilden Programme zur Qualifizierung von Fachkräften für Regierungs- und Nichtregierungsorganisationen, die sich mit Friedenseinsätzen in Konfliktregionen beschäftigen, wie das „International Civilian Peace-keeping and Peace-building Training Program" (IPT), das „Mission Preparation Training Program for the OSCE" (MPT) und die „Summer Academy on OSCE". Die viel besuchte deutschsprachige Sommerakademie fand im Jahr 2008 zum 25. Mal statt. Für die EU ist das ÖSFK ein wichtiger Koordinator zur Entwicklung von EU-weiten Ausbildungsstandards und Trainingsprogrammen für Fachkräfte, die in den Bereichen Rechtstaatlichkeit und zivile Administration in Krisengebieten eingesetzt werden.

Im Bereich Mediation in internationalen Krisenregionen konnten in den letzten Jahren Dialogworkshops und Vermittlungsprojekte in Kooperation mit dem österreichischen Außenministerium durchgeführt werden. Seit 1996 werden spezifische Programme in Südosteuropa und dem Südkaukasus durchgeführt und seit 1997 auch in Afrika. Seit 2001 engagiert sich das ÖSFK in Zentralasien und unterstützt die Friedensbemühungen in Sri Lanka.

Die EPU führt englischsprachige Studienprogramme in „Peace and Conflict Studies" auf postgraduiertem universitärem Niveau durch. Die EPU verbindet akademische Analyse mit Praxisorientierung und persönlichem Lernen, das durch die Dynamik einer internationalen und multikulturellen Studiengemeinschaft gefördert wird.

Seit dem Jahr 2000 betreibt das ÖSFK das Europäische Museum für Frieden. Das Museum wurde mit einem vom Ministerium für Bildung, Wissenschaft und Kultur verliehenen Anerkennungspreis im Rahmen des Museumspreises 2001 ausgezeichnet.

Das Friedenszentrum Burg Schlaining veröffentlicht u.a. die Reihe „dialog. Beiträge zur Friedensforschung", die Zeitschrift „Friedens-Forum" sowie die Publikationsreihen „workingpapers" und „SAFRAN" (Schlaininger Arbeitspapiere für Friedensforschung, Abrüstung und nachhaltige Entwicklung). Das Institut verfügt über eine Infrastruktur mit den in der Burg Schlaining befindlichen Büroräumlichkeiten, dem „Haus International", der Friedensbibliothek in der einstigen Synagoge, dem Hotel Burg Schlaining und dem Konferenz- und Seminarzentrum in der Burg.

Bezugsadresse:

ÖSFK Wien, Thomas Roithner, Wiedner Gürtel 10, A – 1040 Wien, Mail: roithner@aspr.ac.at

STICHWORTVERZEICHNIS

Der nachstehende Index zeigt Stichwörter und ihre Fundstellen dann, wenn sich im Text der AutorInnenbeiträge eingehendere Ausführungen finden. Er zeigt nicht jedes Vorkommen eines Stichwortes über alle Texte und auch nicht jedes erste Vorkommen innerhalb eines Beitrages. Mithin sind im Umfeld der bezeichneten Fundstelle weitere Aussagen zum Stichwort zu erwarten. Von Fall zu Fall werden Fundstellen mit einem Stichwort angezeigt, das sich im Text nicht unmittelbar wiederfindet. Hier wird versucht, verwandte Gegenstände mit Bezeichnungen anzusprechen, die aus anderen Kontexten – auch solchen anderer AutorInnen – gewonnen wurden.

356

DIALOG – BEITRÄGE ZUR FRIEDENSFORSCHUNG

In der Reihe „Dialog – Beiträge zur Friedensforschung", herausgegeben vom Österreichischen Studienzentrum für Frieden und Konfliktlösung, erschienen jüngst:

Die Neue Weltordnung in der Krise – Von der uni- zur multipolaren Weltordnung? Friedensbericht 2008; Projektleitung Ronald Tuschl, Dialog 55, 261 Seiten, Wien/Berlin 2008.

Von kalten Energiestrategien zu heißen Rohstoffkriegen? Projektleitung Thomas Roithner, Dialog 54, 313 Seiten, Wien/Berlin 2007.

Krisenherd Naher und Mittlerer Osten, Friedensbericht 2007; Projektleitung Ronald Tuschl, Dialog 53, 260 Seiten, Wien/Berlin 2007.

Gute Medien – Böser Krieg? Medien am schmalen Grat zwischen Cheerleadern des Militärs und Friedensjournalismus; Projektleitung: Thomas Roithner, Dialog 52, 256 Seiten, Münster 2007.

Konstruktiver Pazifismus im 21. Jahrhundert, Symposium zum 80. Geburtstag von Dr. Gerald Mader, Hrsg.: Dieter Senghaas, Dialog 51, 170 Seiten, Wien 2006.

Europa und die Dynamik der globalen Krise, Friedensbericht 2006; Projektleitung: Ronald H. Tuschl, Dialog 50, 268 Seiten, Münster 2006.

Die Weltunordnung von Ökonomie und Krieg, Projektleitung: Thomas Roithner, Dialog 49, 300 Seiten, Wien 2006, 3. Auflage.

Der Krieg der Armen? Der internationale Terrorismus in der Neuen Weltordnung, Friedensbericht 2005; Projektleitung: Ronald H. Tuschl, Dialog 48, 259 Seiten, Münster 2005.

„Die Wiedergeburt Europas". Von den Geburtswehen eines emanzipierten Europas und seinen Beziehungen zur „einsamen Supermacht", Projektleitung: Thomas Roithner, Dialog 47, 306 Seiten, 2005.

Pax Americana und Pax Europaea. Konsens oder Konflikt um eine neue Weltordnungskonzeption? Friedensbericht 2004; Projektleitung Ronald Tuschl, Dialog 46, 300 Seiten, 2004.

Neutralität im Neuen Europa. Österreichs Beitrag zur Finalität der Union, (gemeinsam hrsg. mit IIP Wien), Dialog 45, 150 Seiten, 2004.

Schurkenstaat und Staatsterrorismus. Die Konturen einer militärischen Globalisierung, Dialog 44, 240 Seiten, 2004.

Jihad vs. McWorld? Friedenspolitik im Spannungsfeld zwischen Globalisierung und fundamentalistischer Bedrohung, Dialog 43, 288 Seiten, 2003.

Europa Macht Frieden. Die Rolle Österreichs, Dialog 42, 348 Seiten, 2003.

Ground Zero. Friedenspolitik nach den Terroranschlägen auf die USA, Dialog 41, 271 Seiten, 2002.

Globe 2001. Friedenspolitik an der Schwelle eines neuen Jahrtausends, Dialog 40, 180 Seiten, 2002.

Nach der Jahrtausendwende. Zur Neuorientierung der Friedensforschung im 3. Jahrtausend, Dialog 39, 345 Seiten, 2001.

Wie sicher ist Europa? Perspektiven einer zukunftsfähigen Sicherheitspolitik nach der Jahrtausendwende, Dialog 38, 236 Seiten, 2001.

Besondere Neuerscheinung:

Im Februar 2008 ist im Rahmen eines dreijährigen Forschungsprojektes des ÖSFK folgender Band erschienen:
Österreichisches Studienzentrum für Frieden und Konfliktlösung (Hrsg.), Projektleitung und Koordination: Mader Gerald und Roithner Thomas: Europäische Friedenspolitik. Inhalte, Differenzen, Methoden und Chancen, 488 Seiten, ISBN 978-3-8258-0932-4, Lit-Verlag, Münster/ Hamburg/Berlin/London/Wien, Februar 2008, € 9,80.

SAFRAN – Schlaininger Arbeitspapiere für Friedensforschung, Rüstungskontrolle und Nachhaltige Entwicklung

In der Reihe *SAFRAN – Schlaininger Arbeitspapiere für Friedensforschung, Abrüstung und Nachhaltige Entwicklung,* herausgegeben vom Österreichischen Studienzentrum für Frieden und Konfliktlösung, erschienen jüngst:

Österreichisches Studienzentrum für Frieden und Konfliktlösung, Leitner Georg, Glavitza Rita, Roithner Thomas (Hrsg.): Krieg und Armut – Analysen und Perspektiven einer jungen ForscherInnengeneration, SAFRAN – Schlaininger Arbeitspapiere für Friedensforschung, Abrüstung und nachhaltige Entwicklung, Paper 05, ca. 100 Seiten, Quelle: http://www.aspr.ac.at/sak2008/safran05.pdf, Wien – Stadtschlaining, Dezember 2008.

Österreichisches Studienzentrum für Frieden und Konfliktlösung, Rita Glavitza, Georg Leitner, Thomas Roithner, Alexandra Elbling (Hrsg.): Rohstoff- und Energiesicherheit – Analysen und Perspektiven einer jungen ForscherInnengeneration, SAFRAN Paper 04, 1. Auflage, Quelle: http://www.aspr.ac.at/sak2007/safran04.pdf, Februar 2008.

Österreichisches Studienzentrum für Frieden und Konfliktlösung, Rita Glavitza, Georg Leitner, Thomas Roithner, Alexandra Elbling (Hrsg.): Medien und Krieg. Analysen und Perspektiven einer jungen ForscherInnengeneration, SAFRAN Paper 03, 1. Auflage, 52 Seiten, Quelle: http://www.aspr.ac.at/sak2006/safran03.pdf, Februar 2007.

Rita Glavitza: Failed Somalia? Prozesse und Strategien lokaler Akteure zum Nation- und State-Building, SAFRAN Paper 02, Österreichisches Studienzentrum für Frieden und Konfliktlösung, Thomas Roithner, Alexandra Elbling (Hrsg.), 2. Auflage, 36 Seiten, € 2,--, Oktober 2006.

Georg Leitner: Die Bedeutung von Nationalismus im Tschetschenien-Konflikt, SAFRAN Paper 01, Österreichisches Studienzentrum für Frieden und Konfliktlösung, Thomas Roithner, Alexandra Elbling (Hrsg.), 1. Auflage, 28 Seiten, € 2,--, Juni 2006.

Bezugsadresse:

ÖSFK Wien, Thomas Roithner, Wiedner Gürtel 10, A – 1040 Wien, Mail: roithner@aspr.ac.at

Dialog
Beiträge zur Friedensforschung

Österreichisches Studienzentrum für Frieden und Konfliktlösung (Hg.)

Die Weltunordnung von Ökonomie und Krieg

Von den gesellschaftlichen Verwerfungen der neoliberalen Globalisierung zu den weltumspannenden politischen Ansätzen jenseits des Casinokapitalismus. Projektleitung: Thomas Roithner

Der vorliegende Band stellt die globalen Zusammenhänge zwischen Ökonomie und Krieg in einen breiteren Kontext und bedient sich dabei eines umfassenden Friedensbegriffs – über den Zustand von Nicht-Krieg hinausgehend –, wie auch der Untertitel des Buches signalisiert. Die „Weltordnung von Ökonomie und Krieg" wird aus Sicht der Friedens- und Militärwissenschaft, der Wirtschaftswissenschaften, der Philosophie, der Kommunikationswissenschaften, der Gewerkschafts- und Friedensbewegung, der Entwicklungspolitik, des Journalismus sowie der Politik diskutiert.

Bd. 49, 3. Aufl.. 2008, 304 S., 12,90 €, br.,
ISBN 978-3-8258-9723-9

Österreichisches Studienzentrum für Frieden und Konfliktlösung (Hg.)

Konstruktiver Pazifismus im 21. Jahrhundert

Symposium zum 80. Geburtstag von Dr. Gerald Mader

Im Pazifismus gab es immer zwei Orientierungen: Die in der kritischen Öffentlichkeit prominenteste war der Anti-Militarismus – mit dem Slogan: „Die Waffen nieder!" Weniger publikumswirksam, aber langfristig umso bedeutungsvoller waren und sind jene Versuche, die jenseits aller berechtigten Kritik zu einer positiven Friedensperspektive gelangen wollen. Denn nicht nur gilt es, die den Frieden verhindernden und ihm entgegenwirkenden Strukturen, Verhaltensweisen und Mentalitäten abzubauen bzw. zu überwinden. Ein besonderes Anliegen von Pazifismus muss sein, Bedingungen aufzuzeigen, die friedensförderlich sind und überdies dauerhaften, also nachhaltigen Frieden begründen. Dieser Herausforderung stellen sich die AutorInnen dieses Bandes.

Bd. 51, 2006, 176 S., 9,90 €, br., ISBN 3-8258-9835-0

LIT Verlag GmbH & Co. KG Wien – Zürich

Auslieferung Österreich: Medienlogistik Pichler-ÖBZ GmbH & Co KG
IZ-NÖ Süd, Straße 1, Objekt 34, A-2355 Wiener Neudorf, Postfach 133
Tel. +43 (0) 2236 / 63 535 - 236, Fax +43 (0) 2236 / 63 535 - 243, e-Mail: bestellen@medien-logistik.at

Auslieferung Deutschland: Fresnostr. 2 48159 Münster
Tel.: 0251 / 620 32 22 – Fax 0251 / 922 60 99
e-Mail: vertrieb@lit-verlag.de – http://www.lit-verlag.de

Österreichisches Studienzentrum für Frieden und Konfliktlösung (Hg.)
Gute Medien – Böser Krieg?
Medien am schmalen Grat zwischen Cheerleadern des Militärs und Friedensjournalismus.
Projektleitung: Thomas Roithner
Der vorliegende Band „Gute Medien - Böser Krieg?" geht den Fragen nach, ob sich die „vierte Gewalt"
vom Kriegsberichterstatter zum Brandstifter bewegt, welche Rolle die Medien im „permanenten Krieg
gegen den Terror" haben, wie sich arabische Medien und Medienstrategien nach dem 11.9.2001 gestalten
und vor allem, welche medienpolitischen Ansätze zur konfliktsensitiven Berichterstattung in Wissenschaft
und Praxis diskutiert und umgesetzt werden.
Das hier eröffnete Spannungsfeld von „Medien am schmalen Grat zwischen Cheerleadern des Militärs
und Friedensjournalismus" wird aus Sicht der Friedens- und Militärwissenschaft sowie einem breiten
Spektrum journalistischer und kommunikationswissenschaftlicher Zugänge bearbeitet.
Mit Beiträgen von Mira Beham, Nadine Bilke, Freimut Duve, Karin Kneissl, Heinz Loquai, Gerald Ma-
der, Thomas Roithner, Jürgen Rose, Werner Ruf, Thomas Seifert, Hans-Christoph Graf Sponeck, Aktham
Suliman und Andreas Zumach.
Bd. 52, 2007, 176 S., 9,80 €, br., ISBN 978-3-8258-0137-3

LIT Verlag GmbH & Co. KG Wien – Zürich
Auslieferung Österreich: Medienlogistik Pichler-ÖBZ GmbH & Co KG
IZ-NÖ Süd, Straße 1, Objekt 34, A-2355 Wiener Neudorf, Postfach 133
Tel. +43 (0) 2236 / 63 535 - 236, Fax +43 (0) 2236 / 63 535 - 243, e-Mail: bestellen@medien-logistik.at
Auslieferung Deutschland: Fresnostr. 2 48159 Münster
Tel.: 0251 / 620 32 22 – Fax 0251 / 922 60 99
e-Mail: vertrieb@lit-verlag.de – http://www.lit-verlag.de

Österreichisches Studienzentrum für Frieden und Konfliktlösung (Hg.)

Krisenherd Naher und Mittlerer Osten

Eine Region am Rande des Flächenbrands mit realistischer Friedensperspektive? Friedensbericht 2007. Projektleiter: Ronald H. Tuschl

Welche Ursachen, Folgen und Wirkungen haben die jeweiligen Konfliktherde rund um den angeblichen Kernkonflikt Israel/Palästina? Bleibt die Region ein Pulverfass oder gibt es eine Chance auf eine langfristige Lösung? Wird es dem Libanon gelingen, seine multiethnische Gesellschaft befrieden zu können? Gibt es für den vom Bürgerkrieg erschütterten Irak eine Hoffnung auf eine demokratische Zukunft? Droht der iranischen Führung ein ähnliches Schicksal wie dem Diktator Saddam oder ist dieses Land ein Faktor für Stabilität und Frieden in dieser Region? Welche Rolle nehmen internationale Akteure wie die EU oder die USA bei einer kurz-, mittel- und langfristigen Lösung des regionalen Konflikts ein? Welche Rolle spielen dabei die regionalen und internationalen Medien als meinungsbildende Faktoren in dieser Konfliktregion und welcher Mittel bedienen sich Israelis und Araber im Informationskrieg? All diesen Fragen wurde auf der diesjährigen *State-of-Peace-Konferenz 2007* in Stadtschlaining auf den Grund gegangen, um friedenspolitische Antworten auf den Krisenherd Naher und Mittlerer Osten geben zu können.
Bd. 53, 2007, 264 S., 9,80 €, br., ISBN 978-3-8258-0138-0

LIT Verlag GmbH & Co. KG Wien – Zürich

Auslieferung Österreich: Medienlogistik Pichler-ÖBZ GmbH & Co KG
IZ-NÖ Süd, Straße 1, Objekt 34, A-2355 Wiener Neudorf, Postfach 133
Tel. +43 (0) 2236 / 63 535 - 236, Fax +43 (0) 2236 / 63 535 - 243, e-Mail: bestellen@medien-logistik.at
Auslieferung Deutschland: Fresnostr. 2 48159 Münster
Tel.: 0251 / 620 32 22 – Fax 0251 / 922 60 99
e-Mail: vertrieb@lit-verlag.de – http://www.lit-verlag.de

Österreichisches Studienzentrum für Frieden und Konfliktlösung (Hg.)
Von kalten Energiestrategien zu heißen Rohstoffkriegen?
Schachspiel der Weltmächte zwischen Präventivkrieg und zukunftsfähiger Rohstoffpolitik im Zeitalter des globalen Treibhauses. Projektleitung: Thomas Roithner
Der vorliegende Band geht den Konflikten und kriegerischen Auseinandersetzungen am Ende des fossilen Energiezeitalters auf den Grund. Welche militärischen Aspekte und Folgen hat die Debatte um die Energiesicherheit in der EU und den USA? Wie gestaltet sich die Ressourcenpolitik Chinas, Russlands und Indiens? Ein Zentrum der Analysen sind die Ressourcenkonflikte im Mittleren Osten und Zentralasien. Die Auseinandersetzung um die neue Kolonialisierung Afrikas und die Frage nach einer selbständigen Energiepolitik Lateinamerikas im „geostrategische Hinterhof" von EU und USA spielen eine wichtige Rolle. Abschließend wird die Frage aufgeworfen, warum um wie eine neue Ressourcen- und Energiepolitik die Wirtschafts- und Gesellschaftspolitik verändert. Das „Schachspiel der Weltmächte zwischen Präventivkrieg und zukunftsfähiger Rohstoffpolitik im Zeitalter des globalen Treibhauses" wird aus Sicht der Friedens- und Konfliktforschung, der Sozial- und Wirtschaftswissenschaft, der Naturwissenschaft, des Journalismus, der Politik, der Militärwissenschaft und aus Sicht der sozialen Bewegungen beleuchtet.
Bd. 54, 2008, 312 S., 9,80 €, br., ISBN 978-3-8258-0931-7

LIT Verlag GmbH & Co. KG Wien – Zürich

Auslieferung Österreich: Medienlogistik Pichler-ÖBZ GmbH & Co KG
IZ-NÖ Süd, Straße 1, Objekt 34, A-2355 Wiener Neudorf, Postfach 133
Tel. +43 (0) 2236 / 63 535 - 236, Fax +43 (0) 2236 / 63 535 - 243, e-Mail: bestellen@medien-logistik.at
Auslieferung Deutschland: Fresnostr. 2 48159 Münster
Tel.: 0251 / 620 32 22 – Fax 0251 / 922 60 99
e-Mail: vertrieb@lit-verlag.de – http://www.lit-verlag.de

Österreichisches Studienzentrum
für Frieden und Konfliktlösung (Hg.)
Projektleitung: Ronald H. Tuschl

Die Neue Weltordnung
in der Krise

Von der uni- zur multipolaren Weltordnung?
Friedensbericht 2008

LIT

Österreichisches Studienzentrum für Frieden und Konfliktlösung (Hg.)
Die Neue Weltordnung in der Krise
Von der uni- zur multipolaren Weltordnung? Friedensbericht 2008

Hatte der deutsche Friedensforscher Ernst-Otto Czempiel zu Beginn der 90er Jahre doch Recht, als er eine Transformation der Weltordnung von einer bi- in eine multipolare Weltordnung prognostizierte? Ist die von den USA derzeit getragene Unipolarität nur eine Zwischenphase, die durch eine globale Multi-polaritt abgelßt wird? Welche Rolle wird dabei Europa zufallen? Wer rettet die Welt vor dem drohenden "kologischen Kollaps? Ist das Konzept der „Global Governance" eine unverwirklichbare Utopie oder ein realistisch anzustrebender Ausweg aus der unipolaren Krise? Welche Chancen haben südliche Regionen wie Asien und Lateinamerika in solch einer neuen Konstellation und welche Rolle werden Russland und Indien darin einnehmen? Last, but not least: Droht der Welt ein von Terror begleiteter Kulturkampf ohne absehbares Ende oder bestehen Chancen auf einen interkulturellen bzw. interreligiösen Dialog, der die derzeitige, fragile Weltordnung aus ihrer Krise führt? All diesen Fragen wurde auf der heurigen State-of-Peace- Konferenz 2008 auf den Grund gegangen, deren Ergebnisse in diesem Friedensbericht dokumentiert sind.

Bd. 55, 2008, 264 S., 9,80 €, br., ISBN 978-3-8258-1450-2

LIT Verlag GmbH & Co. KG Wien – Zürich

Auslieferung Österreich: Medienlogistik Pichler-ÖBZ GmbH & Co KG
IZ-NÖ Süd, Straße 1, Objekt 34, A-2355 Wiener Neudorf, Postfach 133
Tel. +43 (0) 2236 / 63 535 - 236, Fax +43 (0) 2236 / 63 535 - 243, e-Mail: bestellen@medien-logistik.at
Auslieferung Deutschland: Fresnostr. 2 48159 Münster
Tel.: 0251 / 620 32 22 – Fax 0251 / 922 60 99
e-Mail: vertrieb@lit-verlag.de – http://www.lit-verlag.de